注册会计师考试辅导用书·

精准冲刺99记

公司战略与风险管理

斯尔教育　组编

電子工業出版社
Publishing House of Electronics Industry
北京·BEIJING

图书在版编目（CIP）数据

精准冲刺99记. 公司战略与风险管理 / 斯尔教育组编. -- 北京 : 电子工业出版社, 2025. 4. --（注册会计师考试辅导用书）. -- ISBN 978-7-121-50026-8

Ⅰ. F23

中国国家版本馆CIP数据核字第2025342S5G号

责任编辑：张春雨
印　　刷：河北鸿运腾达印刷有限公司
装　　订：河北鸿运腾达印刷有限公司
出版发行：电子工业出版社
　　　　　北京市海淀区万寿路173信箱　　邮编：100036
开　　本：787×1092　1/16　　印张：19.5　　字数：483千字
版　　次：2025年4月第1版
印　　次：2025年4月第1次印刷
定　　价：42.00元（全2册）

凡所购买电子工业出版社图书有缺损问题，请向购买书店调换。若书店售缺，请与本社发行部联系，联系及邮购电话：（010）88254888，88258888。

质量投诉请发邮件至zlts@phei.com.cn，盗版侵权举报请发邮件至dbqq@phei.com.cn。

本书咨询联系方式：faq@phei.com.cn。

开卷必读

一、图书定位

《注册会计师考试辅导用书·冲刺飞越》共包括两册，分别是《精准冲刺99记　公司战略与风险管理》和《精准冲刺200题　公司战略与风险管理》，适合用于在考前对重点内容进行再次学习、练习和背诵。

《精准冲刺99记　公司战略与风险管理》精选了公司战略与风险管理科目考试中的99个重难点，以真题考查的知识点为导向，收录重要考点。因此，考前“吃透”本书就足够了。需要说明的是，本书并未按照官方教材的章节顺序进行编写，而是将关联性较大的知识点组成“模块”，旨在帮助大家了解知识点之间的联系，游刃有余地应对综合性题目。

《精准冲刺200题　公司战略与风险管理》为配套的练习题用书，建议大家将其中每一道题目和《精准冲刺99记　公司战略与风险管理》进行链接。使用《精准冲刺200题　公司战略与风险管理》的正确方法是：先紧跟课程，学习完一个模块的知识点之后再练习题目，这样做的好处有两点：

（1）避免盲目做题。在熟悉、复习知识点后再进行练习，会大大提高做题的正确率和学习的质量。

（2）可以查漏补缺，巩固知识。在熟悉、复习知识点后再进行练习，可以对学过的知识进行巩固，查漏补缺，及时发现问题，及时解决。

二、《精准冲刺99记　公司战略与风险管理》特色介绍

《精准冲刺99记　公司战略与风险管理》共设置两个特色栏目，分别是“通关绿卡”和“记忆口诀”，其中包含大量解题技巧和方法，掌握后可以大大提高解题正确率和效率。

“通关绿卡”和“记忆口诀”栏目的作用有：

（1）揭示命题角度及出题方式。总结出题人的切入点及套路，不让考生轻易落入命题陷阱中，帮助考生“避坑排雷”。

（2）梳理记忆口诀。这些口诀朗朗上口，方便记忆，辅助快速记忆知识点。

（3）总结做题思路。针对不同题型，给出针对性的解题思路和步骤，辅之以《精准冲刺200题　公司战略与风险管理》的练习，对于提高解题速度和正确率大有帮助。

考前冲刺，坚持为贵！

祝各位顺利通关，前程似锦！

目录

第一模块
战略与战略管理

第二模块
战略分析

第三模块
战略选择

第四模块 战略实施

第五模块 公司治理

第六模块
风险与风险管理

第一模块

战略与战略管理

【学习提要】

（1）近三年考试分值：约6分。

（2）学习方法：以客观题为主，战略创新管理相关内容可考查主观题。

（3）本模块同《打好基础》第一章。

脉络图（第1记～第8记）

战略

- 使命 → 三个方面：目的、宗旨、经营哲学
  - （具体化）↓
- 目标
  - 两个体系：财务+战略
  - 两个维度：长期+短期
  - （如何实现）↓
- 战略
  - 三个概念：传统、现代、综合
  - 三个层次：总体、竞争、职能

战略管理

- 基本理论
  - 内涵与特征——综合性、高层次、动态性
  - 过程——战略分析→战略选择→战略实施
- 两个话题
  - 创新管理
    - 四种类型——产品、流程、定位、范式
    - 四个方面
      - What：架构/组件
      - Where：基础产品/产品家族
      - How：渐进、突破
      - When：流变、过渡、成熟
    - 四个阶段——搜索→选择→实施→获取
    - 一个组织——创新型组织的七大要素
    - 三个模型——阶段—门、3M、IPD
  - 利益相关者的权力运用
    - 利益相关者的矛盾
      - 投资者与经理人
      - 员工与企业
      - 企业利益与社会效益
    - 利益相关者的权力与运用
      - 权力来源：资源控制、地位、个人素质和影响、参与过程、联合程度
      - 权力运用：对抗、规避、折中、协作、和解

第 1 记 2分

战略的相关概念以及战略的层次

1-1

（一）使命

公司的使命首先是阐明企业组织的根本性质与存在理由，包括三个方面：

三个方面	掌握要点
公司目的	对于营利组织：为股东创造价值、履行社会责任
公司宗旨	经营范围，即所从事的业务类型
经营哲学	价值观、信念、行为准则、对利益相关者的态度、政策和目标、管理风格 提示：措辞上更倾向于精神层面和道德层面（如各类四字成语或短语）或企业内部管理（如提及“员工”）

（二）目标

公司使命的具体化，是行动的承诺，需要所有管理者的参与。

分类依据	类型	指标
按内容	财务目标	市场占有率、收益增长率、投资回报率、股利增长率、股票价格评价、现金流等（即各种“率”+股价+现金流）
	战略目标	获取足够的市场竞争优势，在产品质量、客户服务或产品革新等方面压倒竞争对手，使整体成本低于竞争对手的成本（重点关注），提高公司在客户中的声誉，在国际市场上建立更强大的立足点，建立技术上的领导地位，获得持久的竞争优势，抓住诱人的成长机会等
按时间	短期目标	集中精力提高公司的短期经营业绩和经营结果
	长期目标	促使公司的管理者考虑现在应该采取什么行动，才能使公司进入一种可以在相当长的一段时期内良性经营的状态

（三）战略

概念	特点	终点	途径
传统概念（波特）	计划性+全局性+长期性	关注	关注+明确计划
现代概念（明茨伯格）	风险性+应变性+竞争性	不关注	关注+不是明确计划（安排的或临时的）
综合概念（汤姆森）	预谋战略+适应性战略	关注	关注+不是明确计划（安排的或临时的）

通关绿卡

命题角度：战略相关概念的辨析。

使命、目标和战略这三组概念相对晦涩，有较高的辨析难度，可结合下图理解：

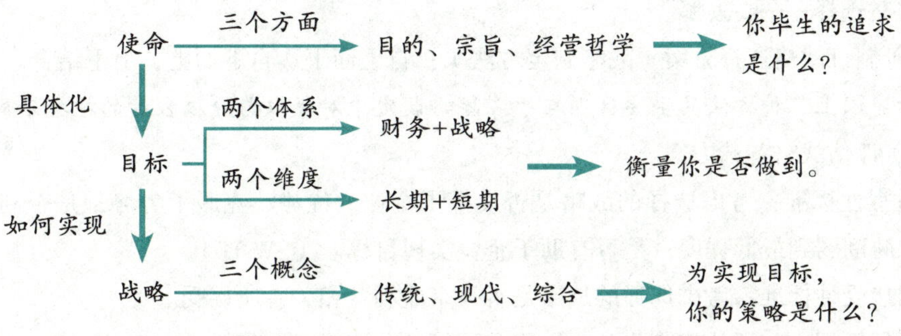

（四）公司战略的层次

三个层次	掌握要点
总体战略	选择可以竞争的经营领域（落脚点是“经营领域”）
竞争战略	如何在各自的经营领域竞争（落脚点是“竞争”）
职能战略	如何发挥协同作用（单个职能内部协同+不同职能之间协同）

第2记 战略管理的特征与过程 1分

（一）战略管理的特征

特征	掌握要点
综合性	（1）所有层次：战略管理的对象不仅包括研究开发、生产、人力资源、财务、市场营销等具体职能，还包括统领各项职能战略的竞争战略和公司层战略。 （2）所有部门：战略管理是一项涉及企业所有管理部门、业务单位及所有相关因素的管理活动
高层次	（1）高瞻远瞩：战略管理是一种关系到企业长远生存发展的管理。 （2）高管推动：战略管理必须由企业的高层领导来推动和实施
动态性	战略管理需要适应企业内外部各种条件和因素的变化进行适当调整或变更

（二）战略管理的过程

1. 战略分析——你在哪

（1）外部环境分析：宏观环境、产业环境和竞争环境。

（2）内部环境分析：企业的资源与能力、价值链和业务组合。

2. 战略选择——要去哪

（1）制订战略选择方案（战略制定方法）：自上而下、自下而上、上下结合。

提示：以上三种方法的主要区别在于在战略制定中对集权与分权程度的把握不同。

（2）评估战略备选方案。

①适宜性标准：考虑选择的战略是否发挥了企业的优势、克服了劣势；是否利用了机会，将威胁削弱到最低程度；是否有助于企业实现目标。（SWOT）

②可接受性标准：考虑选择的战略是否被企业利益相关者所接受。

③可行性标准：评估战略收益、风险和可行性分析的财务指标。

（3）选择战略：依目标（最有利方案）、提上级（例如国企、集团公司）、请专家（客观）。

3. 战略实施——怎么去

战略实施要切实做好以下工作：

（1）调整和完善企业的组织结构。

（2）推进企业文化的建设。

（3）运用财务和非财务手段、方法，监督战略实施进程。

（4）采用数字化技术，支持企业数字化转型和数字化战略的实施。

（5）协调好上述几个方面的关系。

第 3 记　战略创新的类型　2分

类型	含义	掌握要点
产品创新	组织提供的产品和服务的变化	自研、研发、设计、推出新产品
流程创新	产品和服务的生产和交付方式的变化	生产流程变革、设备更新
定位创新	通过重新定位用户对既有产品和服务的感知来实现的创新	产品定位改变或市场定位改变
范式创新	影响组织业务的思维模式和实践规范的变化（本质上是商业模式创新）	（1）思维模式改变，关键词：管理者认为、公司决定； （2）商业模式改变，关键词：盈利模式或运营模式改变

提示：

（1）如何找到与“创新”有关的案例线索？

“创新”意味着现在做的与过去做的不一样了，所以体现“差异性”的表述则为创新，如“与××不同”“然而”“摒弃了××做法”等。

（2）定位创新与范式创新有何关系？

定位创新本身就意味着“思维模式”的变化，因此从主观题的角度，定位创新对应的案例内容通常也适用于范式创新。

第4记 探索战略创新的不同方面 2分

（一）创新的层面——在组件层面还是架构层面

组件层面的创新是指只涉及单一技术的产品、服务的局部创新；架构层面的创新则是指涉及多种技术的产品、服务的整体性、系统性创新。

（二）创新的基础产品和产品家族

要使持续的创新达到理想的效果，可考虑依托一个稳健的基础产品或可以扩展的产品家族，为创新提供一定范围的延展空间。

（三）创新的新颖程度——渐进性创新还是突破性创新

（1）渐进性创新：发生在某些时点，影响企业体系当中的某些部分；

（2）突破性创新：全面性的变化过程，使企业整个体系发生改变。

（四）创新生命周期——时机

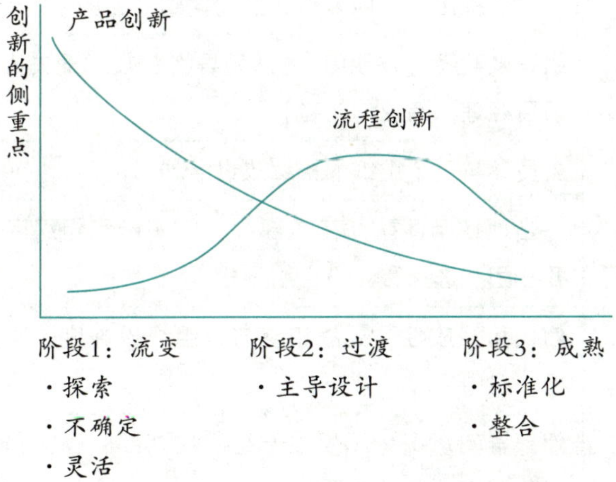

阿伯内西和厄特巴克的创新生命周期模型

创新特征	流变阶段	过渡阶段	成熟阶段
竞争重点	产品性能	产品差异化	降低成本（产品价格）
创新的驱动因素	客户（客户需求），先驱企业（技术投入）	制造商（提升技术能力）	供应商（降本增效）
创新的主要类型	产品经常性的重要变化	重大流程创新	渐进性的产品创新和流程创新
产品线	多样性，包括定制的设计	出现主导设计	无差异的标准化
生产流程	灵活但低效，目标带有实验性，而且经常变化	更加严格和明确	高效，通常形成资本集约化并且相对严格

3分

第 5 记

建立创新型组织的组成要素

组成要素	关键特征
共同使命、领导力和创新的意愿	明确阐述共同的使命感； 延伸战略目标——“高管层的承诺及领导力”
合适的组织结构	关键问题是在“有机的”（适合快速变革的环境）和“机械的”（适合稳定的环境）模式之间找到恰当的平衡
关键个体	组织发起者、发明者/团队领导者、技术把关人员和其他角色（如项目经理、商业创新者）
全员参与创新	全员参与整个组织的持续改进活动
有效的团队合作	适当地使用团队（在本部门、跨职能和组织间）来解决问题，需要在团队选择和建设上给予投入
创造性的氛围	信任和开放性、挑战和参与、组织松弛度、冲突和争论、风险承担、自由
跨越边界	外部导向意识：不仅限于组织内外部的顾客和终端用户，更需要与利益相关者建立联系

通关绿卡

命题角度：创新型组织的组成要素案例分析。

客观题或主观题考点，需准确记忆7个组成要素，并通过关键词找到对应的要素内容：

（1）共同使命、领导力和创新的意愿：“某领导认为”“为了×××，某领导决定×××”“实现某领导或企业的梦想”；

（2）合适的组织结构：“灵活的、有机的跨部门组织”“项目团队”；

（3）全员参与创新：“组织整体的创新能力”“让每一个人去挑战”；

（4）有效的团队合作+创造性的氛围：“信任与开放”“挑战和参与”“组织松弛度”“冲突和争论”“风险承担”“自由”；

（5）关键个体：“项目发起人号召”“××领导严格把控进度”“××领导促进团队间信息的交流与沟通”；

（6）跨越边界：“与外部顾客建立联系”“与其他利益相关者（如供应商、竞争者、合作者等）建立联系（供应链网络、产业集群、合作学习俱乐部）”“平台战略”。

第6记 创新管理过程与流程模型 2分

（一）创新管理的主要过程

阶段	目标	关键词
搜索阶段	如何找到创新的机会	（1）搜索环境中有关潜在变革的信号（或诱因）； （2）利用这些诱因制订创新计划
选择阶段	要做什么以及为什么	从事三个方面研究： （1）当前可利用的技术和市场机会的信号；（外部研究） （2）公司现有知识库相关的产品和服务，即独有能力；（内部研究） （3）如何通过创新提高企业整体业务绩效，即确保创新战略和企业整体战略紧密结合（内外结合）
实施阶段	如何实现创新	（1）围绕创新逐渐形成相关知识； （2）持续运用更多的相关知识巩固创新
获取阶段	如何获得利益	（1）收割：通过流程创新（降本增效）获取更多收益； （2）保持：运用知识产权保护机制维护竞争优势； （3）引领：在“再创新”中占据主动地位，掌控和引领创新的发展方向

（二）创新管理流程模型

模型	掌握要点
阶段—门模型	（1）每个阶段之间设置了一道决策门，由跨职能的团队或决策委员会依据有关技术、市场、财务等方面的信息，对项目的阶段活动成果进行分析和评估，评估结果分为“进入下一阶段”“放弃”和“返工”。 （2）特点：能及早发现和纠正问题，控制项目风险；能有效控制资源的使用，确保每个阶段都有足够的资源支持
3M创新漏斗模型	（1）涂鸦式创新：头脑风暴、自由探索（15%的时间用于自由思考）、组织提供各类支持、允许创新志愿者犯错。 （2）设计式创新：列入加速发展计划；获得各职能部门的支持，通过一系列流程，最终实现初步商业化；鼓励团队。 （3）引领式创新：追加投资；邀请专家指导，并提供营销和供应链方面的支持，生产和销售规模逐步扩大；奖励团队和个人
集成产品开发（IPD）流程	（1）摒弃“纯技术”路线，注重市场和客户需求。 （2）将产品开发作为投资进行管理（技术/商业可行性评估）。 （3）强调企业内外部的沟通与协作

1分

第7记

战略管理中利益相关者的矛盾与均衡

1-7

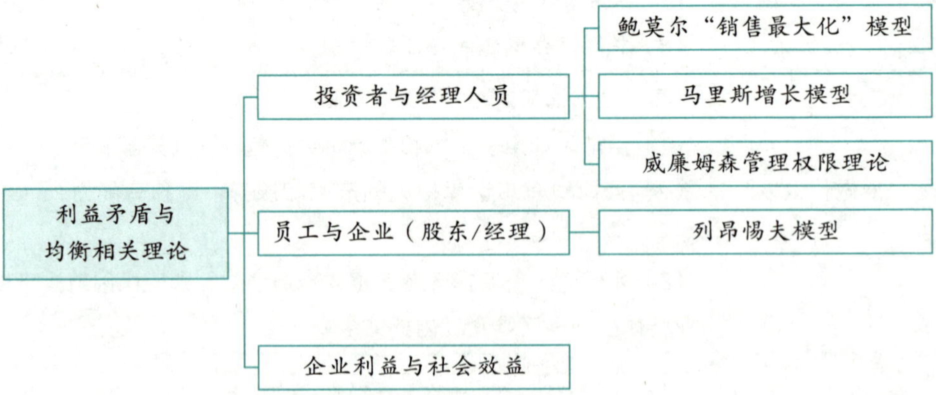

利益矛盾与均衡相关理论

矛盾类型	理论名称	矛盾	均衡
股东与经理	鲍莫尔“销售最大化”模型	经理：图名（销售最大化） 股东：图利（利润最大化）	两种产出量中选择一个中间点
	马里斯的增长模型	经理：规模增长； 股东：适度增长	企业增长率在双方都接受的一个区域内
	威廉姆森的管理权限理论	经理：个人利益（权力、声望最大化，主要体现在雇员开支、酬金开支和可支配的投资开支） 股东：公司利益	把个人利益和公司利益区别开来
员工与企业（股东或经理）	列昂惕夫模型	员工：工资更多、工作稳定； 企业：利润更多、人数适中	工资博弈（取决于各方的议价能力）
企业与社会	—	企业：利润最大化； 社会：承担社会责任	存在讨价还价的均衡点（“商业伦理”问题）
利益相关者	—	各个利益相关者均有各自的目标	承认共存的需要，最终均衡点低于最大值（“组织呆滞”问题）

提示：社会责任包括三个方面。

（1）保证企业利益相关者的基本利益要求。

（2）保护自然环境。

（3）赞助和支持社会公益事业。

记忆口诀

命题角度：社会责任的三个方面。

口诀：人与自然构成社会。

解释：人（利益相关者）与自然（自然环境）构成社会（社会责任）。

第 8 记 利益相关者的权力来源与运用

1分

（一）权力的来源

（1）对资源的控制与交换的权力。

（2）在管理层次中的地位。

①法定权（我做的决策你要服从，来源于对奖励或惩罚的行使）；

②奖励权（为了获得奖励，下属主动执行命令——积极且长期的关系）；

③强制权（或惩罚权，为了避免惩罚，不得不服从命令——敌对且短期的关系）。

（3）个人的素质和影响。

①非正式职权的权力来源；

②包括专家权（特殊知识的占有）、榜样权（特殊的能力或性格、让人服从的气质或形象）；

③相对更持久；

④正式组织、非正式组织均存在。

（4）参与或影响企业的战略决策与实施过程。

（5）利益相关者集中或联合的程度。

（二）权力的运用

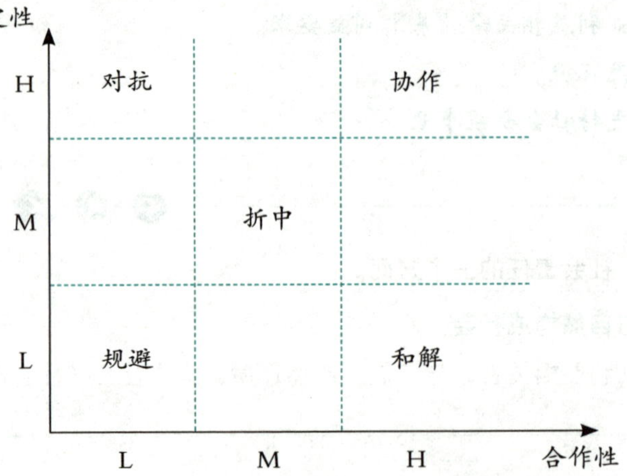

对待矛盾与冲突的行为模式

策略类型	掌握要点
折中	（1）双方都让步，达成一个打了折的目标； （2）可以是积极方式（承诺），也可以是消极方式（威胁、惩罚）
协作	双方利益都满足（而非“让步”），共同实现最佳目标
和解	单方让步（默认也算让步），一方满足另一方要求
对抗	迫使对方满足自身要求，通常与“和解”组合出现
规避	事先跑（预期惹不起就躲）/事后跑（一看苗头不对就躲）

提示：做题时务必看清题目提问的对象，明确立场后再作答。

【斯考卡片】
扫码背重点

第二模块

战略分析

【学习提要】

（1）近三年考试分值：约18分。

（2）学习方法：本模块介绍各类战略分析工具，在各类题型中均会考查，需全面掌握，并就主观题考点进行背记，主要包括：宏观环境分析、产业五种竞争力、战略群组理论、钻石模型、核心能力特征、价值链分析。

（3）本模块同《打好基础》第二章。

脉络图（第9记～第22记）

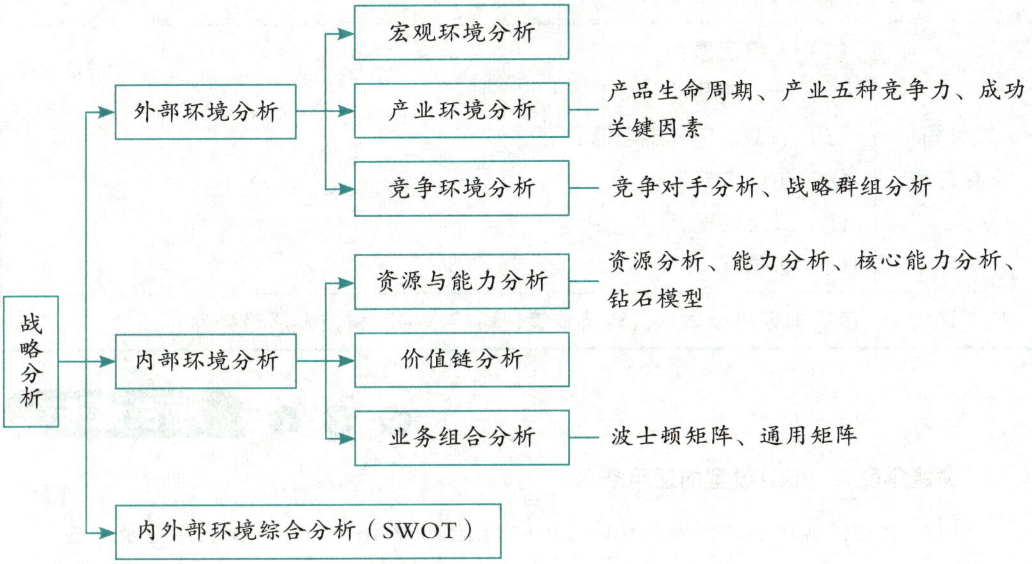

第9记 宏观环境分析（PEST） 2分

要素	阐释
政治和法律环境	（1）政局稳定状况； （2）政府行为对企业的影响； （3）推行的基本政策（例如，外交政策、人口政策、税收政策、进出口限制等），以及这些政策的连续性和稳定性； （4）各政治利益集团对企业活动产生的影响

续表

要素	阐释
经济环境	（1）社会经济结构（产业结构、分配结构、交换结构、消费结构和技术结构等）； （2）经济发展水平与状况（例如，GDP、人均GDP、税收水平、通货膨胀率、贸易差额和汇率、失业率、利率、信贷投放以及政府补助等）； （3）经济体制（例如，国有、民营等）； （4）宏观经济政策（例如，综合性的全国发展战略和财政政策、货币政策、产业政策、国民收入分配政策等）； （5）其他经济条件（例如，工资水平、供应商及竞争对手的价格变化等经济因素）
社会和文化环境	（1）人口因素； （2）社会流动性； （3）消费心理（或习惯）； （4）生活方式变化； （5）文化传统； （6）价值观
技术环境	包括国家科技体制、科技政策、科技水平和科技发展趋势等

通关绿卡

命题角度1：PEST模型的适用条件。

PEST模型的应用层次是外部环境分析中的宏观环境分析，如果题目中提及“国家政策”“经济发展”“行业情况”等词汇，则适用该模型。但如果题目中提及“经营思路”“战略举措”“经验技术”等词汇，则应当属于内部环境分析的范畴。

命题角度2：PEST模型的要素类型判断与案例分析。

客观题、主观题均可能考查，难度适中。下面总结几个易混易错的内容：

第一，“政策”一定是P吗？

答：不一定。根据教材说法，“综合性的全国发展战略和财政政策、货币政策、产业政策、国民收入分配政策”属于经济环境（E），“科技体制、科技政策”属于技术环境（T）。若考查客观题（小概率），可按教材分类进行判断；若考查主观题（大概率），建议既分类为经济环境（E）或技术环境（T），同时也分类为政治和法律环境（P）（提示：主观题的评分原则是多写不扣分）。

第二，“税收”一定是P吗？

答：不一定。税收政策可能是政治和法律环境，但税收水平（税收水平通常用税收收入占国内生产总值，即GDP的比例来衡量）一定是经济环境。

第三，“政府”一定是P吗？

答：不一定。政府补助属于经济环境，因为政府补助本质上是企业从政府无偿取得货币性资产或非货币性资产，是一种经济补偿。

另外，需要注意的是，如果在主观题中要求同学们对案例进行宏观环境分析，并逐项分析各个因素是有利影响还是不利影响，一定要先“认清自己的身份”，明确立场后再来判断。

第10记 产品生命周期模型

1分

（一）产品生命周期各阶段的主要特征

项目	导入期	成长期	成熟期	衰退期
销量（用户）	用户很少，只有高收入用户尝试新的产品	快速增长，用户群已经扩大	市场巨大，但基本饱和，主要靠老客户重复购买	用户对性价比要求很高
成本	营销成本高，广告费用大	广告费用较高，但每单位成本下降	—	下降
价格和利润	价格高、毛利高、净利少	价格和利润均最高	价格和利润均下降	价格低、毛利低
生产	产能过剩	产能不足，需向大批量转换	局部产能过剩	产能严重过剩
产品	质量有待提高	质量参差不齐	产品标准化，改进缓慢	产品出现质量问题
竞争	很少	加剧	出现挑衅性的价格竞争	只有大批量生产并有自己销售渠道的企业才有竞争力
经营风险	非常高	较高水平，但有所下降	进一步降低，中等水平	进一步降低
战略目标	扩大市场份额，争取成为“领头羊”	争取最大市场份额，并坚持到成熟期到来	在巩固市场份额的同时提高投资报酬率	防御，获取最后的现金流

续表

项目	导入期	成长期	成熟期	衰退期
战略路径	投资于研究开发和技术改进，提高产品质量	市场营销（改变价格形象和质量形象的好时机）	提高效率，降低成本	控制成本，以求能维持正的现金流量

提示：产品生命周期模型以产业销售额增长率曲线的拐点划分。产业的增长与衰退由于新产品的创新和推广过程而呈“S”形。

（二）产品生命周期模型的局限性

（1）分不清：一个产业究竟处于生命周期的哪一个阶段通常不清楚；

（2）有特例：产业的增长并不总是呈“S”形；

（3）易臆想：公司认定所给的生命周期一成不变；

（4）差异大：每一阶段相联系的竞争属性随着产业的不同而不同。

通关绿卡

命题角度：基于案例描述判断产品生命周期所处阶段。

客观题高频考点，个别年份在主观题考查，需根据各阶段的关键词进行判断：

阶段	关键词
导入期	用户少、竞争少； 战略路径：研发提质
成长期	用户或销量迅速增多、利润最高、竞争加剧、出现兼并； 战略路径：市场营销
成熟期	市场饱和（销量增长缓慢）、价格竞争、产品标准化； 战略路径：降本增效
衰退期	低价低毛利、产品有问题； 战略路径：控成本，正流量

2分

第11记

产业五种竞争力

（一）五种竞争力的威胁与应对

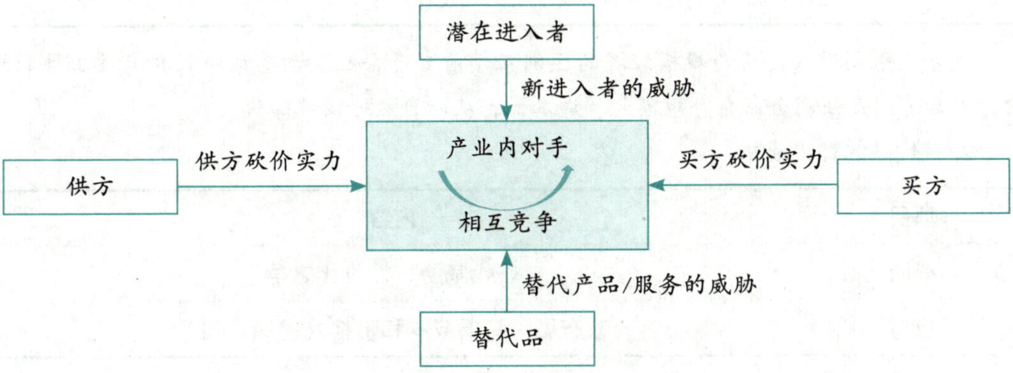

驱动产业竞争的力量

1. 潜在进入者的进入威胁

<table>
<tr><th>项目</th><th>内容</th></tr>
<tr><td>威胁</td><td>瓜分份额、激发竞争</td></tr>
<tr><td>应对</td><td>设置障碍：
（1）结构性障碍：
①波特七分法：规模经济、产品差异、资金需求、转换成本、分销渠道、其他优势及政府政策。
②贝恩三分法：
a.规模经济；
b.现有企业对关键资源的控制；
c.市场优势（品牌优势、政策优势）。
提示：学习曲线VS规模经济。
<table>
<tr><th>概念</th><th>区别</th><th>联系</th></tr>
<tr><td>学习曲线</td><td>经验积累导致单位成本下降</td><td rowspan="2">①交叉影响产品成本的下降水平；
②不具有必然关系，但在特定行业存在反向关系，例如：
a.铝罐制造（简单资本密集型）：学习曲线小，规模经济大；
b.计算机软件开发（复杂劳动密集型）：学习曲线大，规模经济小</td></tr>
<tr><td>规模经济</td><td>产量增加导致单位成本下降</td></tr>
</table>
</td></tr>
</table>

续表

项目	内容
应对	（2）行为性障碍： ①限制进入定价（防守）； ②进入对方领域（进攻）

提示：限制进入定价与规模经济的区别在于前者是企业主动实施的且具有攻击性的降价，而后者则是强调企业自身规模大、成本低，从而自然地实施降价。

2. 替代品的替代威胁

项目	内容
威胁	替代威胁：性价比之争
应对	老产品：降低成本和价格（提高价值）

3. 供应者、购买者讨价还价的能力

项目	内容
威胁	讨价还价能力。其大小取决于： （1）集中程度或业务量大小（“集中化”）： ①若购买者的购买数量较多（占供应方销量比例较大）或购买者比较集中，则购买者议价能力增强； ②若供应者所在的行业由几个公司控制，且行业集中度较高，则供应者议价能力增强。 （2）产品差异化程度与资产专用性程度（“差异化”）： 产品差异化越高或资产专用化程度较高时，议价能力越强。 （3）纵向一体化程度（“一体化”）： ①若购买者实行或可能实行后向一体化（给供应者带来威胁），则其议价能力增强； ②若供应者实行或可能实行前向一体化（给购买者带来威胁），则其议价能力增强。 （4）信息掌握的程度（“透明化”）： 信息掌握程度越高，议价能力越强
应对	内部发展、外部发展、战略联盟（一体化战略的实现途径）

提示：本质上，上下游各主体之间议价能力的大小主要取决于一方（假定为A）进入另一方（假定为B）的难易程度，强势一方议价能力强，弱势一方议价能力弱。例如，若A更容易进入B的领域，则A议价能力更强；反之，则B议价能力更强。教材观点只是假定购买者更容易进入上游（即后向一体化的方向），供应商更容易进入下游（即前向一体化的方向），但这并不绝对。若考查客观题，按上述结论判断；若考查主观题，则需结合案例判定谁是强势方、谁是弱势方。

4. 产业内现有企业的竞争

项目	内容
威胁	争夺市场占有率（如价格战、广告战等）。 同业竞争中的竞争强度影响因素： （1）产业内有众多的势均力敌的竞争对手； （2）产业发展缓慢（市场需求降低）； （3）顾客认为所有的商品都是同质的； （4）产业中存在过剩的生产能力； （5）产业进入障碍低而退出障碍高
应对	基本竞争战略

（二）应对五种竞争力的战略

（1）成本领先+差异化：公司必须自我定位，通过利用成本优势或差异优势把公司与五种竞争力相隔离，从而能够超过它们的竞争对手——对应波特提出的成本领先战略和差异化战略。

（2）集中化：公司必须识别在产业的哪一个细分市场中，五种竞争力的影响更少一点——对应波特提出的集中化战略。

（3）建联盟（“友”）+设障碍（“敌”）：公司必须努力去改变这五种竞争力。公司可以通过与供应者或购买者建立长期战略联盟，以减少相互之间的讨价还价；公司还必须寻求进入阻绝战略来减少潜在进入者的威胁等。

通关绿卡

命题角度1：进入障碍的辨析。

（1）进入障碍包括结构性障碍和行为性障碍，前者是行业客观特征所决定的，后者是在位企业主动实施的行为。

（2）结构性障碍有3种具体表现（贝恩理论），其中“市场优势”主要指品牌优势。

（3）行为性障碍有2种具体手段，其中“限制进入定价”是主动实施的、具有攻击性的降价，而非由于自身规模经济而实施的降价。

命题角度2：讨价还价能力大小的判断。

（1）影响讨价还价能力大小的“四化水平”：集中化、差异化、一体化、透明化；

（2）如何理解集中化？——“玩家少，占比大”；

（3）除了一体化之外，其他均为正比关系；

（4）一体化：购买者→后向一体化、供应者→前向一体化。

2分

第12记

成功关键因素（KSF）分析

（一）不同产业中的成功关键因素

部门类别	成功关键因素
铀、石油	原料资源
船舶制造、炼钢	生产设施
航空、高保真音响	设计能力
纯碱、半导体	生产技术
百货商场、零部件	产品范围、选址
大规模集成电路、微机	工程设计和技术能力
电梯、汽车	销售能力、售后服务
啤酒、家电	销售网络 提示：啤酒行业还包括“酿酒能力+上乘广告”
服装生产	设计和色彩、低成本制造能力
铝罐行业	工厂与用户的距离（影响装运成本）

（二）不同产品生命周期的成功关键因素

项目	导入期	成长期	成熟期	衰退期
市场	广告宣传，了解需求，开辟销售渠道	建立商标信誉，开拓新销售渠道	保护现有市场，渗入别人的市场	选择市场区域，改善企业形象
生产经营	提高生产效率，开发产品标准	改进产品质量，增加花色品种	加强和顾客的关系，降低成本	缩减生产能力，保持价格优势
财力	利用金融杠杆	集聚资源以支持生产	控制成本	提高财务管理和控制系统的效率
人力资源	使员工适应新的生产和市场	发展生产和技术能力	提高生产效率	面向新的增长领域
研究开发	掌握技术秘诀	提高产品的质量和功能	降低成本，开发新品种	面向新的增长领域

（三）不同职能领域的成功关键因素

职能领域	成功关键因素
技术	（1）科学研究技能； （2）在产品生产工艺和过程中进行有创造性的改进的技术能力； （3）产品革新能力； （4）在既定技术上的专有技能； （5）运用互联网发布信息、承接订单、送货或提供服务的能力 【关键词：研究、技术、革新、互联网】
制造	（1）低成本生产效率（获得规模经济，取得经验曲线效应）； （2）固定资产很高的利用率（在资本密集型/高固定成本的产业中尤为重要）； （3）低成本的生产工厂定位； （4）能够获得足够的娴熟劳动力； （5）劳动生产率很高（对于劳动力成本很高的商品来说尤为重要）； （6）低成本的产品设计和产品工程（降低制造成本）； （7）能够灵活地生产一系列的模型和规格的产品以满足顾客的订单 【关键词：低成本、高效率+生产/劳动】
分销	（1）强大的批发分销商/特约经销商网络； （2）能够在零售商的货架上获得充足的空间； （3）拥有自己的分销渠道和网点； （4）分销成本低； （5）送货很快 【关键词：与“渠道”相关】
市场营销	（1）快速准确的技术支持； （2）周到的客户服务； （3）顾客订单的准确满足（订单返回很少或者没有出现错误）； （4）产品线和可供选择的产品很宽； （5）商品推销技巧； （6）有吸引力的款式/包装； （7）顾客保修和保险； （8）精明的广告 【关键词：与“4P”相关（不包含渠道）、客服】
技能	（1）劳动力拥有卓越的才能（对于专业型服务机构尤为重要）； （2）质量控制诀窍； （3）设计方面的专有技能（对于时装和服装产业尤为重要）； （4）在某一项具体技术上的专有技能；

续表

职能领域	成功关键因素
技能	（5）能够开发出创造性的产品和取得创造性的产品改进； （6）能够使最近构想出来的产品快速地经过研究与开发阶段到达市场上的组织能力； （7）卓越的信息系统（对于航空旅游业、汽车出租业、信用卡行业和住宿业尤为重要）； （8）能够快速地对变化的市场环境作出反应（快速推出新产品）； （9）能够娴熟地运用互联网和电子商务做生意； （10）拥有比较多的经验和诀窍 【关键词：技能、才能、诀窍、卓越】

第13记 竞争对手分析（单一竞争对手）

2分

（一）竞争对手的假设

假设包括竞争对手对自身企业（内部）的假设和对所处产业以及其他企业（外部）的假设。分析竞争对手的假设可以考虑如下几个方面：

（1）竞争对手的公开言论、领导层和销售队伍的宣称及其他暗示。

（2）竞争对手在产品设计方法、产品质量要求、制造场所、推销方法、分销渠道等哪些方面的坚持。

（3）竞争对手根深蒂固的价值观和观察、分析事物方法。

（4）竞争对手对产品的未来需求和产业发展趋势的看法。

（5）竞争对手对其竞争者们的目标和能力的看法。

提示：关键词为“竞争对手对××看法或坚持”。

（二）竞争对手的未来目标

一般而言，分析竞争对手未来竞争战略的目标，可以考虑7个因素。但如果竞争对手是某个较大公司的一个子公司，还需要注意其他几个方面。具体内容如下：

分析对象	考虑因素
竞争对手本身	分析竞争对手未来竞争战略的目标，可以考虑以下因素： （1）竞争对手的财务目标。 （2）竞争对手对于风险的态度。 （3）竞争对手的价值观。

续表

分析对象	考虑因素
竞争对手本身	（4）竞争对手的组织结构。 （5）竞争对手的会计系统、控制与激励系统。 （6）竞争对手领导阶层的情况。 （7）对竞争对手行为的各种政府或社会限制
竞争对手的母公司（若涉及）	（1）母公司的总体目标和经营现状。 （2）母公司对子公司及其业务的态度。 （3）母公司招聘、激励、约束子公司经理人员的方法。 提示：不包括母公司自身招聘、激励、约束经理人员的方法

（三）竞争对手的现行战略

揭示竞争对手正在做什么、能够做什么。非常有用的一种方法是，了解竞争对手在其各项业务和各个职能领域采用的关键性经营方针，以及它如何寻求各项业务之间及各个职能之间的相互联系。

（四）竞争对手的能力

第一步：分析竞争对手的优势与劣势。

竞争对手在主要业务领域优势和劣势的分析框架（或维度）包括：产品、分销渠道、营销与销售、运营、研究和工程能力、总成本、财务实力（现金流、筹融资）、组织、综合管理能力、公司业务组合、其他。

第二步：分析竞争对手的能力。

竞争对手的能力取决于其在主要业务领域中的优势和劣势。具体分析时，应着重分析其下列能力：

（1）核心能力。

（2）成长能力。

这种能力取决于企业人员、技术开发与创新、生产能力、财务状况等。

（3）快速反应能力——“迅速”。

由如下因素决定：自由现金储备（扣除了资本性支出）、留存借贷能力、厂房设备的余力、定型的但尚未推出的新产品。

（4）适应变化的能力——“顺应”。

（5）持久力。

由如下因素决定：现金储备、管理人员的协调统一、长远的财务目标等。

第14记 2分

产业内的战略群组

（一）重要观点

（1）如果产业中所有的公司基本认同了相同的战略，则该产业中就只有一个战略群组；就另一极端而言，每一个公司也可能成为一个不同的战略群组。

（2）选择划分产业内战略群组的特征要避免选择同一产业中所有公司都相同的特征。

（二）战略群组分析的作用

（1）**有助于了解战略群组内企业竞争的主要着眼点。**

（2）**有助于很好地了解战略群组间的竞争状况。**

（3）**有助于了解各战略群组之间的"移动障碍"**。

（4）**利用战略群组图还可以预测市场变化或发现战略机会。**

通关绿卡

命题角度：战略群组案例分析。

高频考点，在客观题、主观题中均有可能考查。难点在于，主观题中如何区分第一句（主要着眼点）和第二句（竞争状况）。可按照以下两点进行辨析：

第一，"主要着眼点"侧重于在表述战略群组内的各个企业是为了什么而竞争，因为只有明确这一点，他们才能确定好自己的战略方向，例如国际大牌（群组1）更加关注产品外观性，而普通品牌（群组2）则只关注实用性。

第二，"竞争状况"侧重在表述战略群组之间的竞争态势是否激烈，关键词通常为"激烈的竞争"。

需要同学们注意的是，从应试角度，这两句话有时可能会对应同一句案例原文，例如"某公司对市场竞争格局有了清晰的把握"，这句话既可以指各个群组内的竞争着眼点，也可以指群组之间的竞争格局。

2分
第15记

企业资源分析

（一）企业资源的类型

类型	内容
有形资源	包括物质资源（企业的土地、厂房、生产设备、原材料、地理位置等）和财务资源（应收账款、有价证券等）
无形资源	包括品牌、商誉、技术诀窍、专利、商标、企业文化、社会网络、组织模式和组织经验以及信息、数据（战略性资源）等
人力资源（最重要）	包括员工的数量和结构（年龄结构、受教育结构）；员工的知识、能力和素质；组织、管理、培育、发展人力资源的体制和机制

（二）决定企业竞争优势的企业资源判断标准

标准	内容
稀缺性	某种资源是其他竞争者难以轻易取得的
不可模仿性	（1）物理上独特的资源。 （关键词：国家级保密配方、极佳的地理位置、拥有矿物开采权、拥有专利生产技术等） （2）具有路径依赖性的资源。 （关键词：长期形成的，与制度、管理、人员有关） （3）具有因果含糊性的资源。 （关键词：企业文化、优越的人力资源、组织经验） （4）具有经济制约性的资源。 （关键词：市场空间、垄断优势）
不可替代性	举例：旅游景点的独特优势就很难被其他景点的资源所替代
持久性	举例：品牌资源随着时代的发展在不断升值

2分
第16记

企业能力分析

（一）研发能力

（二）生产管理能力

（三）营销能力

（1）产品竞争能力。

①产品的市场地位：通过市场占有率、市场覆盖率等指标来衡量；

②产品的收益性：通过利润空间和量本利进行分析；

③产品的成长性：通过销售增长率、市场扩大率等指标进行比较分析。

（2）销售活动能力。

①销售组织分析：对销售机构、销售人员和销售管理等基础数据的评估；

②销售绩效分析：以销售计划完成率和销售活动效率分析为主要内容；

③销售渠道分析：分析销售渠道结构、中间商评价和销售渠道管理。

（3）市场决策能力。

（四）财务能力

（五）组织管理能力

（1）职能管理体系的任务分工；

（2）岗位责任；

（3）集权和分权的情况；

（4）组织结构（直线职能、事业部等）；

（5）管理层次和管理范围的匹配。

通关绿卡

命题角度：企业能力类型的判断。

主观题高频考点，难点在于营销能力与组织管理能力的判断。同学们可结合下表辨析：

能力分类	关键词
营销能力—产品竞争能力	产品质量好、成本低、销量高、口碑好、利润高
营销能力—销售活动能力	渠道广、物流快、销售队伍强、渠道管理好、持续推品牌
营销能力—市场决策能力	积极推行、战略布局、管理层决定、某领导认为
组织管理能力	某企业实施跨国并购、进军国际市场、开设了多个门店、设立新的品牌，完善战略布局、集团管控模式

提示：“组织管理能力”和“市场决策能力”的对应案例原文可能会有重叠。

第17记 2分

企业的核心能力

（一）核心能力的特征

（1）价值性：做得比竞争对手更优秀，包括向顾客提供超出期望的利益、为企业创造长期竞争优势、超过行业平均水平的利润。

（2）独特性：同行竞争者不会拥有、长期积累和优化的结果、难以通过市场交易获取、难以通过复制或模仿获得。

（3）可延展性：能够不断衍生出新的核心产品和最终产品，也可以溢出、渗透、辐射、扩散到企业经营的其他相关产业，从而使企业在原有业务领域保持竞争优势的同时，在其他相关业务领域获得持续竞争优势。

（4）不可替代性：不具有持续性的能力（如一时的声誉）无法成为核心能力。

（5）动态性：随着时间和环境的变化，企业的核心能力也会发生变化和调整。引起企业核心能力变化的主要因素有技术进步（如数字化、智能化技术发展）、消费者需求的变化、竞争对手的行动和企业自身资源及其配置的改变等。

（6）整合性：核心能力是企业将多个领域的多种优势资源融合在一起，从而产生协同作用的结果。（关键词：多个部门或职能协作或发挥合力）

（二）核心能力的识别与评价

（1）企业的自我评价。

（2）产业内部比较。

（3）基准分析：基准对象选择主要关注3个方面：

①占用较多资金的活动；

②能显著改善与顾客关系的活动；

③能最终影响企业结果的活动。

（4）成本驱动力和作业成本法。

（5）收集竞争对手的信息。

（三）基准类型

分类	内容
内部基准	企业内部各个部门之间互为基准进行学习与比较
竞争性基准	直接以竞争对手为基准进行比较
过程或活动基准	以具有类似核心经营的企业为基准进行比较，但是二者之间的产品和服务不存在直接竞争的关系。这类基准分析的目的在于找出企业做得最突出的方面
一般基准	以具有相同业务功能的企业为基准进行比较
顾客基准	以顾客的预期为基准进行比较

通关绿卡

命题角度：基准分类的辨析。

客观题高频考点，需重点辨析竞争性基准、过程或活动基准、一般基准：

类型	关键信息
竞争性基准	同一行业有竞争（碧桂园、万达）
一般基准	同一行业无竞争（西南航空、海南航空）
过程或活动基准	不同行业无竞争（碧桂园、宝洁）
内部基准	集团内部各公司比、公司内部各部门比
顾客基准	与用户调研问卷的结果比

多数情况下，同学们可以基于上述方法判断，但教材上还提供几个相对难以理解的举例。从应试角度，无须纠结教材举例是否得当，只要能够做好匹配关系即可。

（1）过程或活动基准的特殊举例：一家电冰箱制造商以一家生产空调的企业为基准对象进行比较。这两家企业生产的产品不具有直接竞争的关系，但是两家企业都具有家电技术研发、制造、营销等类似的核心经营业务。

（2）一般基准的特殊举例：金融业和酒店业都是服务行业，具有相同的业务功能，因此，一家金融企业就可以以一家酒店为基准对象进行比较。

第18记 钻石模型分析 2分

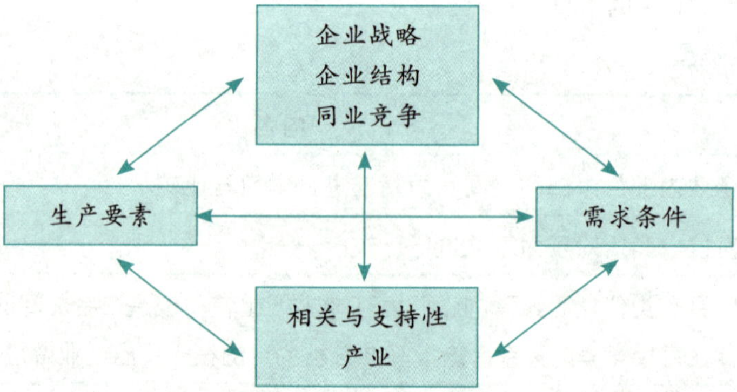

用于国家产业竞争优势分析的钻石图

（一）生产要素

分类依据	要素名称	要素举例
获得方式	初级生产要素（可被动继承）	天然资源、气候、地理位置、非技术工人、资金等
	高级生产要素（靠后天培养）	现代通讯、信息、交通等基础设施，以及受过高等教育的人力、研究机构等
专业程度	一般生产要素（可广泛运用）	公路系统、资本、受过大学教育且上进心强的员工（补充举例，无须掌握）
	专业生产要素（应用于专业领域）	高级专业人才（技术型人力）、专业研究机构和教育机构以及专用的软、硬件设施（先进的基础设施）等

（二）需求条件

（1）国内需求市场是产业发展的动力。

（2）内行而挑剔的客户激发国内企业的竞争优势。

（3）前卫的需求引导企业满足预期性需求。

（三）相关与支持性产业

（1）一个优势产业不是单独存在的，它一定是同国内相关强势产业一同崛起。

（2）本国供应商是产业创新和升级过程中不可缺少的一环。

（四）企业战略、企业结构和同业竞争

（1）企业的战略取向是影响国家竞争力的重要因素。

举例：美国企业高管多为财务背景，缺乏对产品设计、制造和改进过程的重视（例如，美国汽车工业竞争力相对较弱）。而德国和日本企业高管多为具有工程师背景的人，因此有效地提高了它们在相关产业中的国际竞争力。

（2）创造与持续产业竞争优势的最大关联因素是强有力的竞争对手。

通关绿卡

命题角度：钻石模型的要素类型辨析。

客观题和主观题高频考点。建议掌握各个要素的内涵，并结合以下关键词应对主观题：

要素	关键词
生产要素	初级要素：天然资源、气候、地理位置、非技术工人、资金； 高级/专业要素：现代通讯、信息、交通、受过高等教育的人力、高级专业人才、研究机构、专用的软硬件设施+各类企业能力（如创新能力、技术实力）。 提示：本质上，生产要素的关键词可以类比“企业资源的类型”，即有形资源、无形资源和人力资源

续表

要素	关键词
需求条件	某个国家某个产业能否满足消费者的需求，或者存在预期的需求变化（如成为消费热点）
相关与支持性产业	上游供应商、下游渠道商、配套产业或业态
企业战略、企业结构和同业竞争	某个国家某个产业整体的“管理意识形态”“经营策略”“经营状况”“同业之间的企业合作与竞争”

另外，从应试角度，如果在考试中看到与“政策”相关的表述，可直接判定其不属于钻石模型的四要素，而是属于宏观环境分析（PEST）中的政治和法律要素。

第 19 记 价值链分析 3分

2-11

（一）价值链的两类活动

1. 基本活动

名称	示例
内部后勤（进货物流）	原材料的装卸、入库、盘存、运输以及退货（给供应商）等
生产经营	加工、装配、包装、设备维修、检测等
外部后勤（出货物流）	最终产品的入库、接受订单、送货等
市场销售	广告、定价、销售渠道等
服务	培训、修理、零部件的供应和产品的调试等

2. 支持活动

名称	示例
采购管理	企业聘请咨询公司为企业进行广告策划、市场预测、管理信息系统设计，法律咨询等
技术开发	有的属于生产方面的工程技术，有的属于通信方面的信息技术，还有的属于领导的决策技术（仅客观题适用）
人力资源管理	招聘、雇用、培训、提拔和退休等
企业基础设施	组织结构、惯例、控制系统以及文化等

（二）价值链的确定

价值链中的每一项活动都能进一步分解为一些相互分离的活动。价值链分解的适当程度依赖于这些活动的经济性和分析价值链的目的。分离这些活动的基本原则是：

（1）具有不同的经济性（与众不同）；

（2）对产品差异化产生很大的潜在影响（对实现产品差异化影响大）；

（3）在成本中所占比例很大或所占比例在上升（对实现成本领先影响大）。

（三）价值链分析（三个步骤）

（1）点：**确认支持企业竞争优势的关键性活动**。

（2）线：**明确价值链内各种活动之间的联系**。

（3）链：**明确价值系统内各项价值活动之间的联系**。

通关绿卡

命题角度1：价值链活动的类型判断。

客观题高频考点，个别年份会在主观题中考查，大家需重点掌握以下易混易错内容：

（1）进货物流的“货”是原材料，出货物流的“货”是产成品；

（2）设备维修是生产经营，（产品）修理是服务；

（3）零部件的供应和产品的调试是服务（可通俗理解为：手机屏幕坏了，需要去维修店换屏，换好后再做调试以确认修好）；

（4）高管是基础设施，领导的决策技术是技术开发；

提示：这一点在主观题中略有特殊，通常将与“领导”“高管”等相关的内容，归类在“基础设施”，且案例的关键词为“××认为”“××意识到”等，而不再去区分是否是“决策技术”。

（5）“厂房”不是企业基础设施，不属于价值链活动，但“建厂房”属于生产经营；

（6）狭义采购管理包括“提出采购申请（PR）——询价——筛选供应商——下订单（PO）”，而内部后勤衔接在采购管理后，包括“装卸——入库——仓储”。

命题角度2：找到案例如何体现价值链分析的“三句话”。

分析要点	做题技巧	典型示例
关键性活动	可以是基本活动，也可以是支持活动，且该活动能够帮助企业形成竞争优势	“某企业核心优势在于科研与技术支持”“某企业将自身业务聚焦在营销环节上”“要想实现战略目标，必须从提高质量入手”

续表

分析要点	做题技巧	典型示例
活动间联系	技巧一：找“支持活动”，因为此类活动支持着企业全部活动以及整个价值链。 提示：此时也说明该活动是关键性活动	“某公司在某领域的研发费用占销售收入相较于同类企业偏高”
	技巧二：案例中连续出现多个价值活动	“某公司在某领域的专有技术，增强了该公司在某方面的研发能力和生产能力”“某公司通过建设新工厂，实现一站式生产，既能保证产能，也能更好地对产品进行质量管理”
	技巧三：案例出现收购，增强了自身能力或实现很好整合	“某公司收购了A公司，增强了公司在汽车组装方面的能力”
价值系统	技巧一：案例出现收购，增强了自身能力或与上下游建立联系	“某公司收购了A公司，增强了公司在汽车组装方面的能力”“某公司与客户和供应商的无缝信息化对接也在积极推进”
	技巧二：企业拥有良好的周边配套产业	“某企业设立在某个园区，该园区拥有物流、电商园等配套产业”
	技巧三：案例出现“平台战略”“生态战略”等	“以网络效应吸引生产企业、客户等多方加入，搭建起跨企业、跨区域、跨行业的医疗设备资源合作、共享的专业化平台”

第20记 波士顿矩阵 2分

2-12

（一）基本原理

市场引力与企业实力决定了企业的产品结构。

（二）业务组合划分

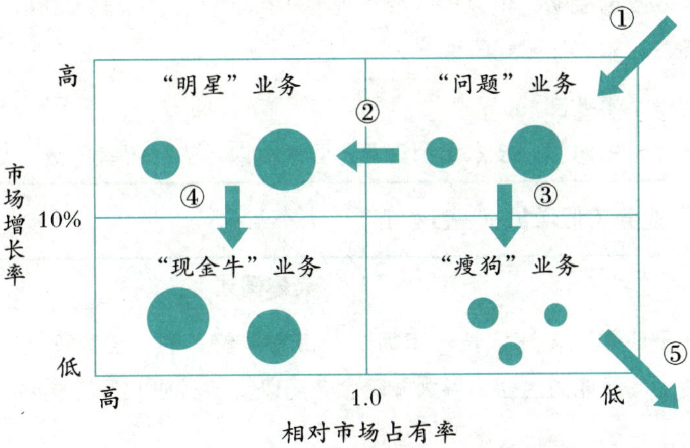

波士顿矩阵

矩阵要素	含义	界限
纵轴 （反映市场引力）	市场增长率，指企业所在产业某项业务前后两年市场销售额增长的百分比	10%
横轴 （反映企业实力）	相对市场占有率，指以企业某项业务的市场份额与这个市场上最大竞争对手的市场份额之比	1.0
圆圈面积	圆圈面积的大小表示该业务或产品的收益与企业全部收益的比	—

（三）不同业务组合下的特点、战略及管理组织选择

1."问题"业务（高增长——弱竞争）

项目	具体阐述
特点	（1）最差的现金流量状态； （2）需要企业大量投资以支持其生产经营活动；但能够生成的资金很少
应对战略	采取选择性投资战略： （1）对于短期内通过改进可转化为"明星"的业务：重点投资——发展； （2）对于有希望成为"明星"的业务：纳入长期计划，持续改进与扶持——发展； （3）对于没希望成为"明星"的业务——收割/放弃
管理组织选择	组织：智囊团或者项目组织等形式； 人才：选拔有规划能力、敢于冒风险的人负责

2.“明星”业务（高增长——强竞争）

项目	具体阐述
特点	（1）处于迅速增长的市场，具有很大的市场份额； （2）增长和获利极好； （3）需要大量的投资，企业需在短期内优先供给它们所需的资源，支持它们继续发展
应对战略	采取发展战略：积极扩大经济规模和市场机会，以长远利益为目标，提高市场占有率，加强竞争地位——发展
管理组织选择	组织：事业部； 人才：由对生产技术和销售两方面都很内行的经营者负责

3.“现金牛”业务（低增长——强竞争）

项目	具体阐述
特点	处于成熟的低速增长的市场中，市场地位有利，盈利率高，本身不需要投资，反而能为企业提供大量资金，用以支持其他业务的发展
应对战略	采用收割或保持战略： （1）对不再增长的业务——收割： ①把设备投资和其他投资尽量压缩； ②采用榨油式方法，争取在短时间内获取更多利润，为其他产品提供资金。 （2）对仍有所增长的业务——保持： 进一步进行市场细分，维持现存市场增长率或延缓其下降速度
管理组织选择	组织：事业部； 人才：最好是市场营销型人物

4.“瘦狗”业务（低增长——弱竞争）

项目	具体阐述
特点	处于饱和的市场当中，竞争激烈，可获利润很低，不能成为企业资金的来源
应对战略	采用收割或放弃战略： （1）首先减少批量，逐渐撤退： ①对于还能自我维持的业务：缩小经营范围，加强内部管理——收割； ②对市场增长率和企业市场占有率均极低的业务，立即淘汰——放弃； （2）其次是将剩余资源向其他业务转移
管理组织选择	整顿产品系列，最好将“瘦狗”产品并入其他事业部，统一管理

（四）波士顿矩阵的局限性

（1）在实践中，企业要确定各业务的市场增长率和相对市场占有率是比较困难的。

（2）波士顿矩阵过于简单。

（3）波士顿矩阵假设企业的市场份额与投资回报是呈正相关的，但事实并不一定如此。

（4）波士顿矩阵假设资金是企业的主要资源，但也可能是时间和人员的创造力。

（5）波士顿矩阵在实际运用中有很多困难。

通关绿卡

命题角度1：波士顿矩阵的基本原理以及业务类型的判断。

客观题高频考点，非常重要，从考查方式来看，既可以是根据题干描述，判断业务类型；也可以是题目直接或间接给出业务类型，判断选项描述的特点是否符合该业务类型。具体来说，建议同学按照如下要点进行掌握：

（1）基本原理相关。

纵轴：市场增长率，代表市场前景——提示：产业，而非企业；

横轴：相对市场占有率，代表竞争地位——提示：相对，何为最大竞争对手。

（2）业务组合的特点、战略以及管理组织选择。

①问题业务：最差现金流、选择性投资战略（发展、收割/放弃）、项目团队；

②明星业务：大量投资且优先供给、发展战略、生产+销售；

③现金牛业务：为其他业务提供资金、收割或保持战略、市场营销；

④瘦狗业务：不能成为企业资金来源、收割或放弃战略、整顿产品系列。

（3）解题技巧。

紧盯题目中的“形容词”和“关键词”，体会出题人的意图，从而判断象限位置，例如：

①市场增长率：界限是10%，考试时有2种命制方式：

第一，直接给出数据，直接判断；

第二，没有数据，仅有定性描述，则需要通过抓取一些关键词（如形容词）来体会出题人的意图。

分类	常见关键词
市场增长率高	“市场发展迅猛”“发展前景广阔”“市场处于成长期”
市场增长率低	“市场发展缓慢”“发展前景堪忧”“市场处于成熟期”

②相对市场占有率：界限是1，考试时也有2种命制方式：

第一，给出市场份额排名，通过简单计算即可得出；

第二，没有数据，仅有定性描述，则需要通过抓取一些关键词来体会出题人的意图。

分类	常见关键词
相对市场占有率高	“保持较高的市场份额”“处于行业领先地位”“竞争优势显现”“一线主流品牌”
相对市场占有率低	“市场逐渐萎缩”“在某领域竞争优势不足”“没有获利/处于亏损状态”

命题角度2：波士顿矩阵的运用战略总结。

业务类型	发展	保持	收割	放弃
问题业务	√	—	√	√
明星业务	√	—	—	—
现金牛业务	—	√	√	—
瘦狗业务	—	—	√	√

1分

第21记 通用矩阵

2-13

（一）基本原理

（1）通用矩阵改进了波士顿矩阵过于简化的不足；

（2）坐标轴：增加了中间等级。纵轴：多个指标反映产业吸引力；横轴：多个指标反映企业竞争地位。

（二）具体应用

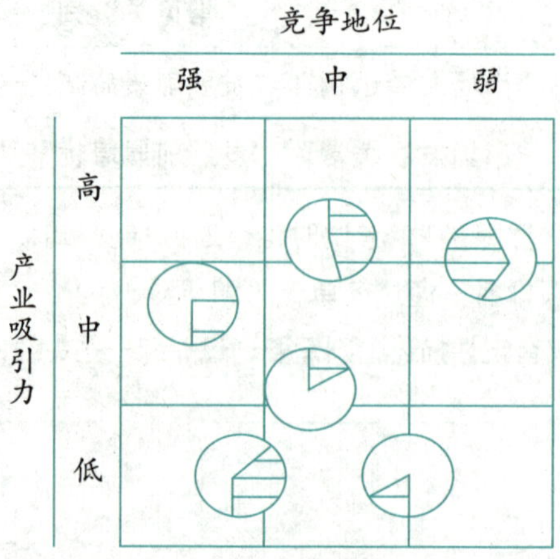

通用矩阵

业务位置	应对战略
处于左上方三个方格的业务	采取增长与发展战略，企业应优先分配其资源
处于右下方三个方格的业务	一般应采取停止、转移、撤退战略
处于对角线三个方格的业务	采取维持或有选择地发展的战略，维持原有的发展规模，同时调整其发展方向

第22记 SWOT分析 2分

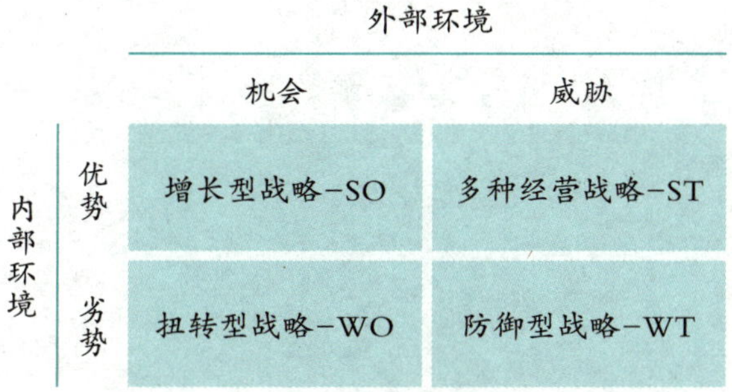

SWOT分析

（一）SO增长型战略

企业具有很好的内部优势以及众多的外部机会，应当采取增长型战略，如开发市场、增加产量等。

（二）WO扭转型战略

企业面临着良好的外部机会，却受到内部劣势的限制，应采用扭转型战略，充分利用环境带来的机会，设法清除劣势。

（三）WT防御型战略

企业内部存在劣势，外部面临威胁，应采用防御型战略，进行业务调整，设法避开威胁和消除劣势。

（四）ST多种经营战略

企业具有内部优势，但外部环境存在威胁，应采取多种经营战略，利用自己的优势，在多样化经营上寻找长期发展的机会；或进一步增强自身竞争优势，以对抗威胁。

【斯考卡片】
扫码背重点

第三模块

战略选择

【学习提要】

（1）近三年考试分值：约40分。

（2）学习方法：构建知识框架，全面细致复习，并结合各类背记技巧掌握本章内容。

（3）本模块同《打好基础》第三章。

脉络图（第23记～第49记）

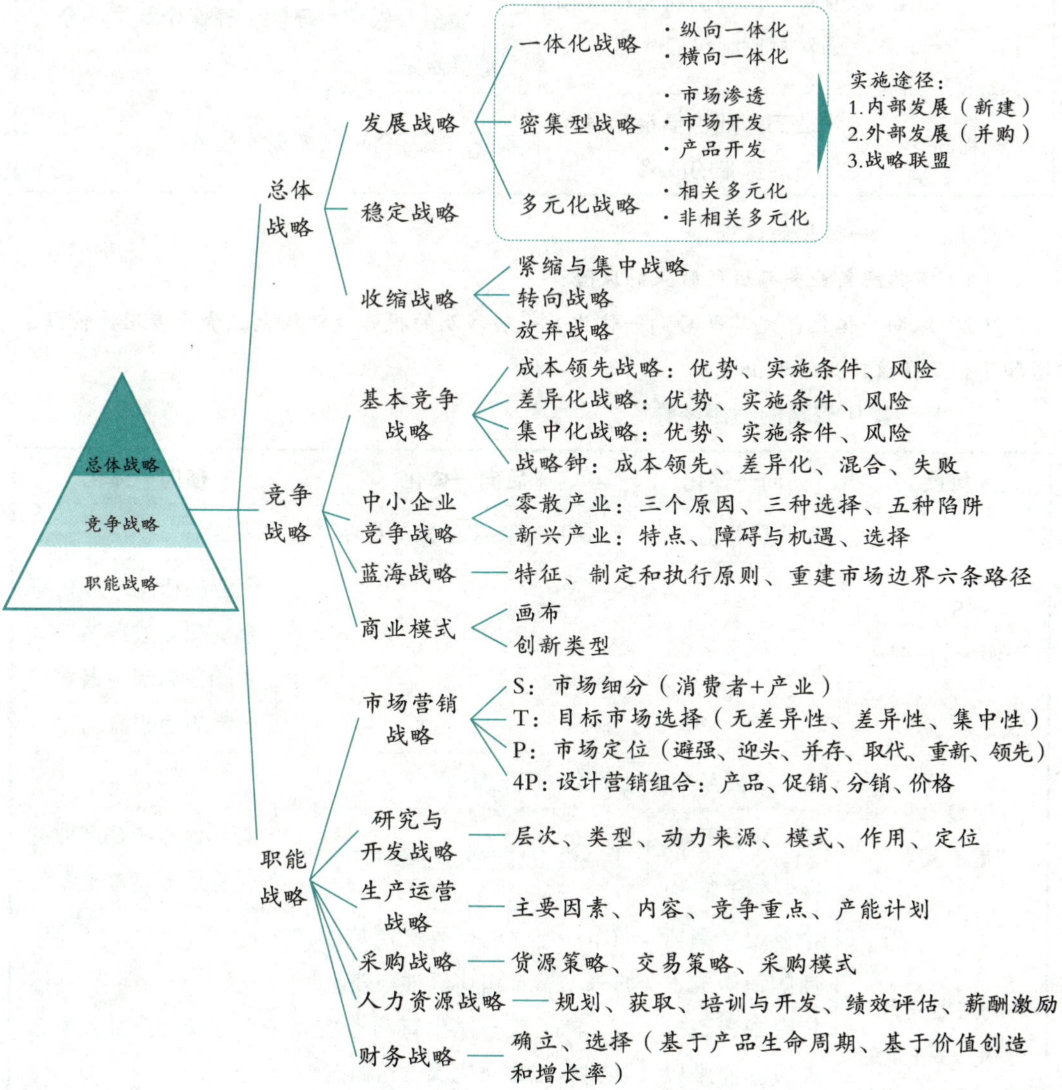

4分

第23记 一体化战略

（一）一体化战略的含义与动因

类型		含义	动因（或优点）
纵向	前向一体化	获得分销商或零售商的所有权或加强对他们的控制权的战略	通过控制销售过程和渠道，有利于企业控制和掌握市场，增强对消费者需求变化的敏感性，提高企业产品的市场适应性和竞争力
	后向一体化	获得供应商的所有权或加强对其控制权的战略	有利于企业有效控制关键原材料等投入的成本、质量及供应可靠性，确保企业生产经营活动稳步进行
横向		企业向产业价值链相同阶段方向扩张的战略	实现规模经济以获取竞争优势

提示：纵向一体化的风险。

（1）不熟悉新业务领域所带来的风险；

（2）纵向一体化，尤其是后向一体化，一般涉及的投资数额较大且资产专用性较强，增加了企业在该产业的退出成本。

（二）一体化战略的适用条件

维度	前向一体化	后向一体化	横向一体化
S：资源能力+其他	企业具备前向/后向/横向一体化所需的资金、人力资源等		
	—	—	企业的横向一体化符合反垄断法律法规，能够在局部地区获得一定的垄断地位
O："虚虚实实"	虚：企业所在产业的增长潜力较大		
	实：销售环节的利润率较高	实：供应环节的利润率较高	实：企业所在产业的规模经济较为显著
T：利益相关者（供应商+渠道商的成本与可靠性、竞争者）	企业现有销售商的销售成本较高或者可靠性较差而难以满足企业的销售需要	（1）企业现有供应商的供应成本较高或者可靠性较差； （2）后向一体化有利于控制原材料成本，确保价格稳定； （3）供应商数量较少而需求方竞争者众多	企业所在产业竞争较为激烈

通关绿卡

命题角度1：一体化战略的类型判断。

客观题和主观题高频考点，难度适中，同学们可结合其内涵与关键词进行判断：

战略类型	内涵	关键词（与“动因”的关键词类似）
前向一体化	向产业链下游延伸	渠道、市场、消费者、产品竞争力
后向一体化	向产业链上游延伸	原材料、投入成本、质量、供应可靠性
横向一体化	向同类产业延伸	规模经济、获取竞争优势

命题角度2：一体化战略的动因案例分析。

主观题考点，考试中可能表述为“动因”或“优势”，可按照以下三个技巧来寻找案例线索：

技巧1：案例背景往往是“动因”，关键词：为了、随着；

技巧2：实施战略之后达到的效果往往为“优势”，关键词：提高、改善等；

技巧3：“比较优势”也是“优势”，即如果题目中有表达A企业在某方面比B企业做得好，则视为“优势”。

4分

第24记

密集型战略（安索夫矩阵）

3-2

（一）密集型战略的类型

		产品	
		现有产品	新产品
市场	现有市场	市场渗透：在单一市场，依靠单一产品，目的在于大幅度增加市场占有率	产品开发：在现有市场上推出新产品；延长产品生命周期
	新市场	市场开发：将现有产品推销到新地区；在现有实力、技能和能力基础上发展，改变销售和广告方法	多元化：以现有业务或市场为基础的相关多元化；与现有产品或市场无关的非相关多元化

（二）密集型战略的适用条件

战略类型	适用条件
市场渗透（现有市场+现有产品）	（1）企业拥有强大的市场地位，并且能够利用经验和能力来获得强有力的独特竞争优势； （2）企业决定将利益局限在现有产品或市场领域； （3）整个市场正在增长； （4）市场渗透战略对应的风险较低、高级管理者参与度较高，且需要的投资较少； （5）其他企业由于各种原因离开了市场
市场开发（新市场+现有产品）	（1）企业拥有扩大经营所需的资金和人力资源； （2）企业在现有经营领域十分成功； （3）企业存在过剩的生产能力（否则无法交付）； （4）存在未开发或未饱和的市场； （5）可得到新的、可靠的、经济的和高质量的销售渠道； （6）企业的主业属于正在迅速全球化的产业
产品开发（新产品+现有市场）	（1）企业具有较强的研究与开发能力； （2）企业产品具有较高的市场信誉度和顾客满意度； （3）企业所在产业属于适宜创新的高速发展的高新技术产业； （4）企业所在产业正处于高速增长阶段； （5）主要竞争对手以近似价格提供更高质量的产品

4分

第25记　多元化战略

3-3

（一）类型

类型	采用原因
相关多元化（同心多元化）	有利于企业利用原有产业的产品知识、制造能力、营销渠道、营销技能等优势来获取融合优势，即两种业务或两个市场同时经营的盈利能力大于各自经营时的盈利能力之和
非相关多元化（离心多元化）	主要目标不是利用产品、技术、营销渠道等方面的共同性，而是从财务上考虑平衡现金流或者获取新的利润增长点，规避产业或市场的发展风险

（二）优点与风险

维度	优点	风险
原有业务	（1）利用未被充分利用的资源； （2）运用盈余资金； （3）运用企业在某个产业或某个市场中的形象和声誉来进入另一个产业或市场	来自原有经营产业的风险
新业务	（1）更容易地从资本市场中获得融资； （2）当企业在原产业无法增长时找到新的增长点； （3）获得资金或其他财务利益（如累计税项亏损）	（1）产业进入风险； （2）产业退出风险
整体业务	分散风险	（1）市场整体风险； （2）内部经营整合风险

通关绿卡

命题角度1：发展战略类型的辨析。

客观题、主观题高频考点，也是考试难点。

（1）密集型战略类型的辨析。

依据安索夫矩阵判断，即结合案例材料，分析产品和市场的“新”与“旧”。其中，“产品”的判断相对容易，难点在于如何判断是否存在“新市场”。具体而言，“新市场”有2个标志：第一，新的“地理区域”；第二，新的“渠道”（例如从单纯的线下业务转为“线上+线下”双渠道业务）。

（2）战略类型辨析的通用方法。

需要注意的是，战略举措本身不构成类型判断的要件，战略举措的目的才是判断核心。因此，依据各种战略类型的“目的”去判断是最有效的方法。

例如：“改变产品包装”属于“产品开发”战略吗？答案是不一定。如果是为促销而改变包装，属于市场渗透，例如春节限定包装。如果是为满足顾客其他需求而改变包装，属于产品开发。例如，普通瓶装水变为会议专用小瓶装。

再例如：“肉类加工厂收购上游养殖场”属于何种战略？答案仍是不一定。如果收购上游养殖场是为了控制原材料的供应稳定和成本，则属于“一体化战略（后向一体化）”；但如果是为了规避当前肉类加工行业的风险或为了获取新的利润增长点，则属于“多元化战略（相关多元化）”。

因此，总结所有战略类型的“目的”如下：

战略类型	目的
前向一体化	控制销售过程和渠道，提高产品竞争力
后向一体化	控制关键原材料投入的成本和质量等，确保生产稳定
横向一体化	实现规模经济，获取竞争优势
市场渗透	（通过促销）增加现有产品或服务的市场份额
市场开发	（通过开辟新市场）扩大市场份额
产品开发	满足现有市场（或客户）的新需求或延长产品生命周期
多元化	相关多元化：获取融合优势； 相关多元化/非相关多元化：获取新的利润增长点（如进入新领域）或分散风险

命题角度2：密集型战略与一体化战略适用条件的案例分析。

密集型战略和一体化战略的适用条件是高频考点，且往往会“结伴”出现。因此，需要了解上述战略适用条件的内在联系，有利于快速找到并匹配相关案例线索，提高得分率。

（1）内在联系1——“做得好”：

①市场渗透：企业拥有强大的市场地位，并且能够利用经验和能力来获得强有力的独特竞争优势。

②市场开发：企业在现有经营领域十分成功；企业存在过剩的生产能力。

③产品开发：企业产品具有较高的市场信誉度和顾客满意度；或企业具有较强的研究与开发能力。

④一体化战略：企业具备前向/后向/横向一体化所需的资金、人力资源等。

（2）联系2——“增长快”：

①密集型战略—市场渗透：整个市场正在增长；

②密集型战略—市场开发：企业的主业属于正在迅速全球化的产业；存在未开发或未饱和的市场；

③密集型战略—产品开发：企业所在产业属于适宜创新的高速发展的高新技术产业；企业所在产业正处于高速增长阶段；

④一体化战略：企业所在产业的增长潜力较大。

命题角度3：多元化战略优点与风险的案例分析。

客观题和主观题考点，难度适中。首先，多元化战略优点或动因的案例分析方法与“一体化战略动因”完全一致，再结合多元化战略优点的含义即可锁定案例线索；其次，多元化战略的风险需结合关键信息进行判断，但需要注意的是，“来自原有经营产业的风险”与“市场整体风险”“内部经营整合风险”往往可能对应同样的案例线索，同学们需要提前建立预期。

教材表述	关键线索
来自原有经营产业的风险	资源有限或管理层精力有限，导致原有业务做不好
产业进入风险	不懂新业务、无经验；不知竞争者的策略
产业退出风险	前期投入太高，导致退出成本太高
市场整体风险	外部环境影响下，各项业务都做不好
内部经营整合风险	新旧业务在财务流、物流、决策流、人事流上有冲突，导致各项业务做不好；企业文化无法融合

2分

第26记 收缩战略

3-4

（一）收缩战略的实施原因

（1）**主动原因**：满足企业战略重组的需要。

（2）**被动原因**。

①**外部原因**：例如宏观经济形势、产业周期、技术、政策、社会价值观或时尚等方面发生重大变化、市场达到饱和、竞争行为加剧或改变等外部环境危机。

②**内部原因**：例如内部经营机制不顺、决策失误、管理不善等内部环境危机。

（二）收缩战略的方式

方式	内容
紧缩与集中战略	（1）机制变革。 包括：调整管理层领导机构；制定新的政策和建立新的管理控制系统；改善激励机制与约束机制。

续表

方式	内容
紧缩与集中战略	（2）财政和财务战略。 如建立有效的财务控制系统，严格控制现金流量；与关键的债权人协商，重新签订偿还协议，甚至把需要偿付的利息和本金转换成其他的财务证券（如把贷款转换成普通股或可转换优先股）等。 （3）削减成本战略。 如削减人工成本、材料成本、管理费用以及资产（内部放弃或改租、售后回租等）；缩小分部和职能部门的规模
转向战略	转向战略更多涉及企业经营方向或经营策略的改变。具体做法有： （1）重新定位或调整现有的产品和服务。 （2）调整营销策略。在价格、促销、渠道等环节推出新的举措
放弃战略	放弃战略是将企业的一个或若干个部门出售、转让或停止经营。这个部门可以是一个经营单位（如子公司、事业部）、一项业务、一条流水线等。具体做法有：特许经营、分包、卖断、管理层杠杆收购、拆产为股/分拆

（三）收缩战略的退出障碍

（1）固定资产的专用性程度；

（2）退出成本；

（3）内部战略联系；

（4）感情障碍；

（5）政府与社会约束。

通关绿卡

命题角度：收缩战略类型的判断。

客观题、主观题高频考点，需要精准掌握三种细分战略类型的内涵，并通过抓准关键线索进行辨析：

收缩方式		关键线索
紧缩与集中战略	机制变革	换领导、改政策、改机制
	财政和财务战略	建财务系统、改偿债协议（本质上都是改善现金流）
	削减成本战略	降成本、缩规模（注意与“放弃战略”区别）
转向战略		调整定位；调整市场营销组合（即4P）
放弃战略		转让、出售、停止经营；5种具体措施

4分

第27记

发展战略的主要途径——外部发展（并购）战略

（一）并购的类型

分类标准	类型	特点
并购双方所处产业	横向并购	并购双方处于同一产业
	纵向并购	并购双方的经营对象密切联系，但处于不同产销阶段
	多元化并购	并购双方处于不同产业，经营无密切联系
被并购方态度	友善并购	并购双方通过友好协商确定并购条件和实现产权转让
	敌意并购	并购双方协商不成采取强制手段或未经协商强行收购
并购方身份	产业资本并购	并购方为非金融企业
	金融资本并购	并购方为投资银行或非银行金融机构
并购资金来源	杠杆并购	并购方的主体资金来源是对外负债（70%及以上）
	非杠杆并购	并购方的主体资金来源是自有资金

（二）并购的动机

（1）避开进入壁垒，迅速进入，争取市场机会，规避各种风险。

（2）获得协同效应。

（3）克服企业负外部性，减少竞争，增强对市场的控制力。

（三）并购失败的原因

（1）事前：决策不当。

（2）事中：支付过高的并购费用。

（3）事后：并购后不能很好地进行企业整合。

（4）特殊情形：跨国并购面临政治风险。

通关绿卡

命题角度1：并购战略动机的案例分析。

客观题、主观题高频考点，难度不高，教材原文表述的“三句话”基本就是案例线索。但额外提示以下三点：

第一，第一句话和第三句话在主观题中可不作明确区分，其内涵基本相似。但在客观题中，这两者有细微差别，需要选择最优选项：第一句话的重点是“争取市场机会”，第三句话的重点是“增强对市场的控制力”。因此，前者更适用于“小吃大”，后者更适用于“大吃小”。

第二，虽然第三句话中有“克服企业负外部性”，但这一表述在历年考试中从未出现过与之完全匹配的关键词。建议在答题时寻找与“增强对市场的控制力”相关的表述即可。例如“进一步巩固了其行业领先地位”“在新能源电池领域更具号召力”等。

第三，协同效应指的是“1+1>2”，其对应的案例线索有三类：

（1）并购方在某一方面有优势；

（2）被并购方在另一方面有优势；

（3）双方并购后更具优势，如生产、营销和人员方面的统一调配；企业资源的优势互补与共享等。

命题角度2：并购失败原因的案例分析。

客观题、主观题高频考点，但难度不高，可结合以下总结的关键词或案例线索进行定位：

教材原文	关键词或案例线索
决策不当	并购前，被并购方存在的隐患或风险；聘请专业的顾问进行调查（以避免决策不当）
支付过高的并购费用	并购价格或溢价过高；聘请专业的顾问进行估值（以避免支付过高的并购费用）
并购后不能很好地进行企业整合	并购前，被并购方存在的隐患或风险（导致并购后不能很好地整合）；并购后，双方在经营、财务、技术、人员、文化等方面的整合情况
跨国并购面临政治风险	国际投资并购下的政治风险、国家之间的冲突等

2分

第28记　发展战略的主要途径——内部发展（新建）战略

（一）实施内部发展战略的原因

（1）开发新产品的过程使企业能深刻地了解市场及产品；

（2）保持统一的管理风格和企业文化；

（3）为管理者提供职业发展机会；

（4）这可能是唯一合理的、实现真正技术创新的方法；

（5）可以有计划地进行，容易从企业资源获得财务支持，并且成本可以按时间分摊；

（6）内部发展的成本增速较慢；

（7）不存在合适的收购对象；

（8）代价较低，因为获得资产时无须为商誉支付额外的金额；

（9）并购通常会产生隐藏的或无法预测的损失，而内部发展不太可能产生这种情况；

（10）风险较低。

（二）内部发展战略的缺点

（1）在市场上增加了竞争者，这可能会激化某一市场内的竞争；

（2）从一开始就缺乏规模经济或经验曲线效应；

（3）进入新市场可能要面对非常高的障碍；

（4）企业不能接触到其他企业的知识及系统；

（5）当市场发展得非常快时，内部发展会显得过于缓慢。

（三）应用条件

（1）进得去：产业处于不均衡状况，结构性障碍还没有完全建立起来；产业内现有企业的行为性障碍容易被制约。

（2）抗得过：企业有能力克服结构性与行为性障碍，或者企业克服障碍的代价小于企业进入后的收益。

第29记 3分 发展战略的主要途径——战略联盟

（一）战略联盟的动因

（1）开拓新的市场。

（2）实现资源互补。

（3）促进技术创新。（一提）

（4）避免经营风险。（降风险）

（5）避免或减少竞争。（降竞争）

（6）降低协调成本。（降成本）

（二）主要类型及特点

<table>
<tr><th colspan="2">类型</th><th>内容</th></tr>
<tr><td rowspan="2">股权式联盟</td><td>合资企业</td><td rowspan="2">（1）优点：
①有利于扩大企业的资金实力；
②通过部分“拥有”对方的形式，增强双方的信任感和责任感，因而更有利于长久合作。
（2）缺点：灵活性差</td></tr>
<tr><td>相互持股投资</td></tr>
</table>

续表

类型		内容
契约式联盟	功能性协议	（1）优点： ①更强调协调与默契，更具有战略联盟的本质特征； ②经营灵活性、自主权和经济效益等更为优越。 （2）缺点： ①企业对联盟的控制能力差； ②组织松散、缺乏稳定性和长远利益； ③联盟内成员之间的沟通不充分； ④组织效率低下等

（三）战略联盟的管控

（1）订立协议。

（2）建立合作信任的联盟关系。

（四）网络合作联盟

（1）概念。

除了战略联盟的创立企业以外，所有愿意参与并且符合标准的企业都能够通过直接或者间接的方式进入多重合作关系之中，以网络的方式实现相互关联。

（2）联盟新成员引入的评估与判断标准。

①对相关业务领域的理解、优势和潜力；（如新企业的资源状况与战略）

②与现有联盟成员企业的业务内容的重叠度；（现在）

③与现有联盟成员企业战略的相容性；（未来）

④与现有联盟成员企业的合作历史。（过去）

（3）网络合作联盟的类型。

类型	适应条件	特点
稳定网络合作联盟	成熟行业，创新发生不频繁，竞争优势存续时间较长，顾客需求相对固定且可预测	①保持领先：通过网络合作延伸自身的竞争优势，从而保证竞争优势的领先性。 ②规模经济：通过实现规模经济或者范围经济，持续地在相对成熟的核心业务中创造价值，提升自己的经济效益，获得利润
动态网络合作联盟	产品创新频繁、产品生命周期较短的行业	①灵活聚散：实现更敏捷、更灵活的聚散。 ②实现创新：通过资源的共享不断地探索新想法，实现产品与服务的创新

（4）网络合作联盟的优势与风险。

项目	具体内容
优势	①不断形成更大的网络合作联盟，让更多成员企业共同实现联盟。 ②分享更多资源，实现优势互补，增加了获得额外竞争优势的可能性。 ③通过共享资源和能力，推动创新的产生。 ④改变了原来只有物理集聚才能实现的资源与能力的共享，提高了额外获得资源与能力的可能性。 提示：上述优势的表述基本可以类比“战略联盟的动因”
风险	①企业可能会因为联盟的存在而仅仅局限于与现有合作者合作，而放弃与其他公司发展联盟的机会，为企业的资源共享和创新设置了障碍。（对外不合作） ②联盟内部的负面事件和矛盾冲突也有可能给企业带来种种不利影响，甚至使联盟成为企业的负担，从而拖累公司的业绩与未来发展（对内有冲突）

通关绿卡

命题角度1：战略联盟类型的判断。

客观题和主观题高频考点，难度适中，提示以下三个要点：

（1）合资企业是联盟双方共同设立一家企业，涉及资产或人员的合并；但相互持股投资不涉及资产或人员的合并，仅涉及持股。

（2）相互持股投资必须是“双向持股”，如果仅有单方面持股，可能是并购（大量持股），也可能是契约式联盟（少量持股）。

（3）并非只要涉及“持股”，就一定是股权式联盟，因为契约式联盟也可以涉及少量的股权投资，从而有利于双方开展更加深入的合作。

命题角度2：战略联盟动因的案例分析。

主观题高频考点，难度适中，提示以下两个要点：

（1）此类主观题的解题思路与“一体化战略动因”基本一致，即“背景材料（为了、随着）+成效（提高、改善）”。

（2）从案例分析角度，由于这六句话的字面含义很明确，所以找到关键词并不难，但需要注意的是，这六句话并非独立关系，其内涵上存在较大的重合度，最典型的是，“开拓新的市场”和“促进技术创新”均可视为“实现资源互补”，分别是客户资源和技术资源的互补，因此实际作答时可能存在同一句案例原文对应多个动因的情况，请同学们提前建立预期，提高做题速度。

记忆口诀

命题角度：战略联盟的动因。

开拓互补，一提（创新）三降（成本、竞争、风险）。

3分

第30记

基本竞争战略——成本领先战略

3-8

项目	内容
优势	（1）形成进入障碍（价格低廉）； （2）增强讨价还价能力（供需双方）； （3）降低替代品的威胁（性“价”比）； （4）保持领先的竞争地位（价格优势）
实施条件	（1）市场情况——外部： ①消费者： a.关心价格：产品具有较高的价格弹性，市场中存在大量的价格敏感用户； b.不关心品牌：购买者不太关注品牌； c.转换成本较低。 ②竞争者：价格竞争是市场竞争的主要手段。 ③产品：产业中所有企业的产品都是标准化的产品，产品难以实现差异化。 （2）资源和能力——内部： ①选择适宜的交易组织形式（自制或外购中，选择成本更低的方案）； ②降低各种要素成本； ③资源集中配置； ④在规模经济显著的产业中装备相应的生产设施来实现规模经济； ⑤提高生产能力利用程度； ⑥提高生产率； ⑦改进产品工艺设计
风险	（1）消费者：市场需求从注重价格转向注重产品的品牌形象，使得企业原有的优势变为劣势。 （2）竞争者：产业的新进入者或追随者通过模仿或者以更高技术水平设施的投资能力，达到同样甚至更低的产品成本。 （3）成本：技术的变化可能使过去用于降低成本的投资（如扩大规模、工艺革新等）与积累的经验一笔勾销

3分
第31记

基本竞争战略——差异化战略

项目	内容
优势	（1）形成进入障碍（产品特色）； （2）增强讨价还价能力（供需双方）； （3）抵御替代品的威胁（“性”价比）； （4）降低顾客敏感程度（培养客户忠诚度）
实施条件	（1）市场情况—外部： ①消费者：顾客的需求是多样化的； ②竞争者：企业所在产业技术变革较快，创新成为竞争的焦点； ③产品：产品能够充分地实现差异化，且为顾客所认可。 （2）资源和能力—内部： ①有能够确保激励员工创造性的激励体制、管理体制和良好的创造性文化； ②具有强大的研发能力和产品设计能力； ③具有很强的市场营销能力； ④具有从总体上提高某项经营业务质量、树立产品形象、保持先进技术和建立完善分销渠道的能力
风险	（1）消费者：市场需求发生变化。 （2）竞争者：竞争对手的模仿和进攻使已建立的差异缩小甚至转向。 （3）成本：企业形成产品差别化的成本过高。

2分
第32记

基本竞争战略——集中化战略

项目	内容
优势	（1）能够抵御产业五种竞争力的威胁； （2）可以增强相对的竞争优势
实施条件	（1）市场情况—外部： ①消费者：购买者群体之间在需求上存在着差异。 ②竞争者：在目标市场上，没有其他竞争对手采用类似的战略。

续表

项目	内容
实施条件	③产品（或市场）：目标市场在市场容量、成长速度、获利能力、竞争强度等方面具有相对的吸引力。 （2）资源和能力—内部： 企业资源和能力有限，难以在整个产业实现成本领先或差异化，只能选定个别细分市场
风险	（1）消费者：购买者群体之间需求差异变小。 （2）竞争者：竞争对手的进入与竞争。 （3）成本：狭小的目标市场导致高成本。

通关绿卡

命题角度：三种基本竞争战略的案例分析。

主观题高频考点，个别年份会考查客观题，难点适中，提示以下重点：

（1）三种基本竞争战略的优势：

与“一体化战略的动因”的解题技巧类似，此处更强调获取“比较优势”。

（2）三种基本竞争战略的实施条件：

①市场情况：从“消费者”“竞争者”“产品/市场”三个维度进行记忆：

类型	消费者	竞争者	产品/市场
成本领先	关心价格、不关心品牌、转换成本低	价格战是主要手段	标准化
差异化	需求多样化	创新是主要焦点	差异化
集中化	群体之间需求多样化	没有其他竞争对手	有吸引力

②资源和能力：

a.成本领先战略：可结合记忆方法进行背记。

b.差异化战略：存在一定辨析难度，特别是第4条“具有从总体上提高某项经营业务质量、树立产品形象、保持先进技术和建立完善分销渠道的能力”，此句在案例中较为隐晦。具体而言，有两类关键线索可对应这句话：

第一，“管理层的理念正确、决策正确或者公司实施了一项重要战略或措施”；

第二，“业务质量”“产品形象”“先进技术”“分销渠道”等。

（3）三种基本竞争战略的风险：

从"消费者""竞争者"和"成本"三个维度进行记忆：

类型	消费者	竞争者	成本
成本领先	需求变化	进入/模仿	技术变化导致投资泡汤
差异化	需求变化	进攻/模仿	投资过高
集中化	需求变化	进入/模仿	市场狭小导致高成本

（4）三种基本竞争战略的辨析：

核心方法就是结合上述优势、实施条件的关键词进行辨析。另外，提示以下两点：

①差异化战略的关键词还有"率先"，集中化战略的关键词还有"专注/聚集于某个细分市场"。

②在主观题中，优先将类型锁定在成本领先战略和差异化战略，除非案例中有特别明显的与集中化战略相匹配的关键词。

第33记 2分 基本竞争战略的综合分析——"战略钟"

3-11

类型	内容
低价低值战略	（1）有生命力的战略，尤其在面对收入水平较低的消费者群体的企业，很适合采用该战略。 （2）可以看成是一种集中成本领先战略
低价战略	企业寻求成本领先战略时常用的典型途径，即在降低价格的同时，努力保持产品（或服务）的质量不变
高值战略	以相同或略高于竞争者的价格向顾客提供高于竞争对手的顾客认可价值
高价高值战略	（1）以特别高的价格为顾客提供更高的认可价值。 （2）这种战略在面对高收入消费者群体时很有效果。 （3）可以看成是一种集中差异化战略

续表

类型	内容
混合战略	在为顾客提供更高的认可价值的同时，获得成本优势（物美价廉）。 可行原因： （1）规模经济：提供高质量产品的公司会增加市场份额，这又会因为规模经济而降低平均成本。 （2）经验曲线：生产高质量产品的经验累积和降低成本的速度比生产低质量产品的快。 （3）效率提升：注重提高生产效率可以在高质量产品的生产过程中降低成本

通关绿卡

命题角度：战略钟模型下的战略类型判断以及概念辨析。

客观题考点，虽然难度不高，但有不少易混易错的内容，需提醒大家关注：

（1）混合战略不是任意两种竞争战略的混合，而是仅有一种组合：成本领先+差异化；

（2）低价低值战略是一种很有生命力的战略，而不是属于失败战略；

（3）有低价战略，但没有低值战略；有高值战略，但没有高价战略（因为违背了基本的商业逻辑）；

（4）战略钟体系与基本竞争战略的对应关系：

①成本领先战略包括低价低值战略（集中成本领先战略）和低价战略（成本领先战略）；

②差异化战略包括高值战略（差异化战略）和高价高值战略（集中差异化战略）。

第34记　基本竞争战略的应用　4分

3-12

（一）零散产业的竞争战略

1. 造成产业零散的原因

（1）进入障碍低或存在退出障碍——进入障碍低是产业形成零散的前提。

（2）市场需求多样化导致高度产品差异化——需求多样化和消费地点分散化。

（3）不存在规模经济或难以达到规模经济。

（4）其他原因。

2. 零散产业的战略选择

类型	途径
克服零散——获得成本优势	（1）连锁经营或特许经营（如711、麦当劳）； （2）技术创新以创造规模经济（如工业4.0、直播带货）； （3）尽早发现产业趋势（顾客的偏好、渠道的变化、政府的政策等）
增加附加值——提高产品差异化程度	许多零散产业的产品或服务是一般性的商品，提高差异化主要靠增加商品附加值（如海底捞火锅）
专门化——目标集聚	（1）产品类型或产品细分的专门化（如地方菜系、专做护发）； （2）顾客类型专门化（如儿童摄影、大码服装）； （3）地理区域专门化（如广式凉茶）

3. 谨防潜在的战略陷阱

（1）避免寻求支配地位——“没有金刚钻，别揽瓷器活”。

（2）保持严格的战略约束力——易变的战略可能在短期产生效果，但是长期来看，会削弱自身竞争力。（关键词：战略频繁调整）

（3）避免过分集权化——集权化影响生产效率，延缓反应时间，管理人员主动性小。

（4）了解竞争者的战略目标和管理费用——家族式的企业与股份制企业的目标往往不同。

（5）避免对新产品做出过度反应——投资过度不容易收回。（关键词：新产品）

（二）新兴产业的竞争战略

1. 新兴产业内部结构的共同特征

（1）**技术的不确定性**；

（2）**战略的不确定性**；

（3）**成本的迅速变化**；

（4）**萌芽企业和另立门户**；

（5）**首次购买者**。

记忆口诀

命题角度：新兴产业内部结构的共同特征。

口诀：购买新战机，成本太高。

解释：购买（首次购买者）新（萌芽企业）战（战略不确定）机（技术不确定），成本（成本迅速变化）太高。

2. 新兴产业的发展障碍与机遇

（1）发展障碍。

①专有技术选择、获取与应用的困难；

②原材料、零部件、资金与其他供给的不足；

③顾客的困惑与等待观望；

④被替代品的反应；

⑤缺少承担风险的胆略与能力。

（2）发展机遇。

①进入障碍：新兴产业进入成本相对较低；

②产业内现有企业的竞争：竞争结构还没有完全建立起来，竞争代价小。

3. 新兴产业的战略选择

（1）塑造产业结构；

（2）正确对待产业发展的外在性；

（3）注意产业机会与障碍的转变，在产业发展变化中占据主动地位；

（4）选择适当的进入时机与领域。

通关绿卡

命题角度1：新兴产业内部结构的共同特征和发展障碍的案例分析。

主观题高频考点，其中新兴产业的共同特征与发展障碍可一并考查，做如下几点提示：

第一，“共同特征”和“发展障碍”有以下三组对应关系：

（1）“技术的不确定性”完全对应“专有技术选择、获取与应用的困难”；

（2）“首次购买者”完全对应“顾客的困惑与等待观望”；

（3）“成本的迅速变化”可能对应“原材料、零部件、资金与其他供给的不足”。

第二，“缺少承担风险的胆略与能力”在案例中通常较为隐晦，根据历年答案，对应的案例线索通常为“某企业做出了一项较为冒险的决定，或者鼓足勇气做了某件事情（而其他新兴产业的企业都不敢这样做）”。

命题角度2：新兴产业战略选择的案例分析。

主观题高频考点，有一定难度，需结合关键线索和解题技巧来寻找案例线索：

教材表述	关键词或案例线索
塑造产业结构	在新兴行业中实施了某些关键举措；引领了××/完善了××；占据主导地位/率先推出××

续表

教材表述	关键词或案例线索
正确对待产业发展的外在性	企业与所在产业（如上下游企业）、其他产业（如金融业）、其他机构（如医院、大学、政府机构等）之间的关系；企业推动了产业或其他利益主体的发展；企业引导或改变了客户的认知
注意产业机会与障碍的转变，在产业发展变化中占据主动地位	与“塑造产业结构”的案例线索相同；积极应对供应者、购买者、竞争者在产业发展过程中对自身态度和行为的变化
选择适当的进入时机与领域	进入时机正确，获得市场支配地位

记忆口诀

命题角度：新兴产业的战略选择。

口诀：塑造外在，注意时机。

解释：塑造（塑造产业结构）外在（正确对待发展外在性），注意（注意转变）时机（适当进入时机）。

第35记 蓝海战略 3分

（一）蓝海战略的制定原则和执行原则

类型	具体原则	要点	降低的风险因素
制定原则	重建市场边界	必备的分析工具和框架	↓搜寻的风险
	注重全局而非数字	超越小步改进价值的境界	↓规划的风险
	超越现有需求	强调审视“非顾客”之间强大的共同点需求，而非顾客间的差别	↓规模的风险
	遵循合理的战略顺序	效用、价格、成本、接受	↓商业模式风险

续表

类型	具体原则	要点	降低的风险因素
执行原则	克服关键组织障碍	跨越认知、资源、动力和组织政治方面的障碍	↓组织的风险
	将战略执行建成战略的一部分	鼓舞人们行动起来，去执行蓝海战略	↓管理的风险

（二）蓝海战略与红海战略关键性差异

（1）**规避竞争，拓展非竞争性市场空间**。

（2）**创造并攫取新需求**。

（3）**打破价值与成本互替定律，同时追求差异化和低成本**。

（三）重建市场边界的基本法则——六条路径框架

开创蓝海战略	通俗释义
审视他择产业	在书店开设水吧
跨越战略群组	从低端酒店转做高端酒店
重新界定产业的买方群体	医药行业不再关注医生，而去关注患者
放眼互补性产品或服务	水壶中添加过滤器可使水质更健康
重设客户的功能性或情感性诉求	理发店提供按摩、茶饮等其他服务
跨越时间，参与塑造外部潮流	探索既有业务与元宇宙的结合，引领趋势

通关绿卡

命题角度：蓝海战略特征与重建市场边界基本法则的案例分析。

主观题高频考点，近两年也有“客观化”趋势，有一定难度。结合教材例题以及历年真题答案，总结如下解题技巧：

（1）考查蓝海战略的特征。

教材原文	关键线索
规避竞争，拓展非竞争性市场空间	没有竞争或竞争较少；“我与你不同”
创造并攫取新需求	消费者（提示：观众、游客、学生、患者都是消费者，不同案例背景，消费者有所不同）
打破价值与成本互替定律，同时追求差异化和低成本	成本

（2）考查重建市场边界的基本法则。

教材原文	关键线索
审视他择产业	A产业/产品与B产业/产品相结合，前者更强调不同产业，后者更强调产业内的不同细分市场
跨越产业内不同的战略群体	
放眼互补性产品或服务	A产业/产品与B产业/产品相结合，且A、B之间存在功能互补，实现1+1>2
重设功能性或情感性诉求	A产业/产品与B产业/产品结合或分离，导致顾客所感知的功能或情感发生转换（更多或更少）
跨越时间，参与塑造外部潮流	顺应潮流、适应趋势
重新界定买方群体	客户群体发生变更（注意：客户群体的扩大并不等同于变更）

记忆口诀

命题角度：重建市场边界的基本法则。

可以按照“找对象”的逻辑来背记：

（1）恋爱初期：审视（审视他则产业）不同（跨越不同战略群体），重设（重设功能性或情感性诉求）互补（放眼互补性产品或服务）。

（2）如果谈了两年（跨越时间），两个人还是没办法做到互补，咱就换个人谈（重新界定买方群体）。

第36记 商业模式 2分

（一）商业模式画布

商业模式画布是一种用来描述、可视化、评估和创新商业模式的通用语言，包括四个板块、九个要素：

（1）客户板块：客户细分、客户关系、渠道通路。

（2）供给板块：价值主张。

（3）基础设施板块：核心资源、关键业务、重要合作。

（4）财务板块：成本结构、收入来源。

要素	掌握要点
价值主张	常见因素： 需求创新；性能改进；定制产品或服务；提供保姆式服务；改进设计；提升品牌/地位；优化定价；改进便利性/实用性
客户细分	①大众市场：大范围的客户具有大致相同的需求和问题（如消费类电子行业）。 ②利基市场：某一小群客户的共同需求（如汽车零部件制造商依赖于主流汽车制造商的采购）。 ③区隔化市场：客户需求相似却略有不同（如个人资产10万元以下和50万元以上的群体）。 ④多元化市场：客户需求不同且相互独立（如亚马逊同时支持IT云服务和零售业务）。 ⑤多平台或多边市场：客户需求不同却相互依存（如信用卡公司的客户既包括持卡人群体，也包括接受卡片的商家群体）
渠道通路	①类型：自有渠道（自建销售队伍、在线销售）、合作伙伴渠道（合作伙伴店铺、批发商）、混合渠道。 ②阶段：扩大知名度、客户评价、完成购买、传递价值主张、售后服务
客户关系	①个人助理（如呼叫中心、电子邮件）。 ②自助服务（如自助超市）。 ③专用个人助理（如私人理财经理）。 ④自动化服务（如主动推送、智能客服）。 ⑤社区（如企业微信社群）。 ⑥共同创作（如豆瓣影评、耐克鞋定制）
重要合作	①非竞争者之间的战略联盟关系。 ②竞争者之间的战略合作关系。 ③为开发新业务而构建的合资关系。 ④为确保获得供应品而与供应商建立的合作关系
成本结构	①成本驱动型，如采用低价的价值主张、最大程度地采用自动化和外包（如廉价航空）。 ②价值驱动型，如增值型的价值主张和高度个性化服务（如豪华酒店）
收入来源	①资产销售（如销售商品或服务）。 ②使用收费（如电信运营商收费、客房收费）。 ③订阅收费（如爱奇艺会员费）。 ④租赁收费（如神州租车）。 ⑤授权收费（如影视出品方持有版权，但是将使用权提供给第三方平台）。 ⑥经纪收费（如信用卡发卡机构针对每一笔交易向商家和持卡人按交易额度收取的费用、房产中介成单后收取的佣金）。 ⑦广告收费（如分众传媒按曝光时长收费、各类App开屏广告）

续表

要素	掌握要点
关键业务	①制造产品（如制造企业）。 ②平台/网络（如微软需要对其他商家的软件和Windows操作系统的交互界面进行管理）。 ③问题解决（如咨询公司、医院）
核心资源	①实体资产（如生产设施、不动产、系统、销售网点和分销网络等）。 ②知识资产（如品牌、专有知识、专利和版权、合作关系和客户数据库等）。 ③人力资源。 ④金融资产

（二）商业模式创新及其类型

商业模式创新是企业探索创造与获取价值的新方法、新逻辑，主要包括四个构成要素：价值主张、价值创造、价值获取、价值实现。具体包括三种类型：平台商业模式、长尾商业模式、免费商业模式。

1. 平台商业模式

平台商业模式是一种基于外部供应商和顾客之间价值创造互动的商业模式。平台连接两个或两个以上的特定群体，为其提供互动机制和交流平台，满足所有人的需求，并从中获利。以多边平台商业模式为例，其商业模式画布如下：

关键要素	主要内容
客户细分	有2个或更多细分客户群体；每个客户群体都有各自的价值主张与收益流；这些客户群体相互依存
渠道通路	—
客户关系	—
价值主张	吸引客户群体；双边匹配；交易闭环，降低交易成本
关键业务	平台服务、管理及升级
核心资源	平台
重要合作	—
成本结构	平台开发管理、商业补贴
收入来源	每个客户群体都产生收益流；部分客群享受免费服务或补贴、定价决策决定了平台的商业成败

2. 长尾商业模式

企业可以利用互联网技术（如精准推荐）和电子商务平台，将小众市场的产品或服务（如冷门图书、滞销商品）进行规模化、专业化和精细化的经营，从而满足消费者个性化、差异化的需求。其商业模式画布如下：

关键要素	主要内容
客户细分	聚焦于小众产品的客户和小众市场内容的提供者
渠道通路	互联网
客户关系	依赖互联网维护客户关系
价值主张	提供宽范围的非热销品（利基产品）
关键业务	平台服务、管理及升级
核心资源	平台
重要合作	小众产品提供者、用户创造的产品
成本结构	平台开发和维护
收入来源	多种多样的小众产品收入

3. 免费商业模式

类型	典型举例
增值服务收费模式	①淘宝网的用户可以免费建立自己的店铺，但天猫网的用户就需要具备品牌并缴纳一定费用。如果新上架的商品需要树立和拓展知名度，淘宝也会提供收费的推广服务。 ②奇虎360公司推出永久免费的杀毒软件，但向企业客户提供的安全存储器及一对一远程服务等则收取费用。 ③搜索引擎商Google、百度等依托海量的免费网络用户，将搜索结果的排名向企业进行竞价销售，赚取服务费
广告模式（三方市场模式）	电视广告，所有消费者免费观看，但根据不同时段不同节目的收视率向做广告的企业收费（最终付费者是购买做广告企业产品的消费者）
交叉补贴模式（基本品免费、互补品收费模式）	①剃须刀架的使用寿命比较长，免费送给客户，而刀片属于易耗品，按价向客户出售，公司通过用销售刀片的收入补贴剃须刀架来获得持续盈利。 ②通讯运营商往往推出赠送手机活动，客户通过购买特定的话费套餐"免费"获得一部手机。在正常使用话费的条件下，客户省去购买一部手机的费用，而通信运营商绑定了客户，可以长期收取话费、赚取通讯利润，同时手机生产商通过向通信运营商销售手机赚取了利润
非货币市场模式	①有些企业利用用户的创造性，鼓励用户参与改进产品或服务的活动，如内容创作、插件开发、提供反馈等，并以免费产品、服务或特权回报用户。 ②有些网站规定用户要免费获取某些更高级别的浏览权限，就需要在各种论坛或用户群里发布推广网站的信息

第37记 市场营销战略 4分

- 战略层面
  - 市场细分 Segmenting
    - 消费者市场细分：地理、人口、心理、行为
    - 产业市场细分：用户行业类别、用户规模、用户地理位置、用户购买行为
  - 目标市场选择 Targeting
    - 无差异性、差异性、集中性
  - 市场定位 Positioning
    - 避强、迎头、并存、取代、重新、领先
- 战术层面
  - 设计营销组合 4P
    - 产品策略
      - 产品组合、品牌、新产品开发
    - 促销策略
      - 四要素：广告促销、营业推广、公关营销、人员推销
      - 三策略：推式、拉式、推拉结合
    - 分销策略
      - 渠道的结构：长度（直接、间接）、宽度（选择、密集、独家）、广度（单渠道、多渠道、跨渠道、全渠道）
      - 渠道系统：松散、垂直、水平
    - 价格策略
      - 基本定价方法：成本、需求、竞争
      - 主要定价策略：心理、产品组合、折扣与折让、差别
      - 新产品定价策略：渗透、撇脂、温和、免费

（一）市场细分

1. 消费者市场细分的依据

依据	具体变量
地理因素	国家、地区、城市农村、地形气候、交通运输条件
人口因素	年龄、性别、收入水平、职业、受教育程度、家庭规模、家庭生命周期阶段、社会阶层、宗教信仰、民族及国籍
心理因素	个性、爱好、价值观念、生活方式、购买动机、追求的利益
行为因素	消费者购买或使用某种产品的时机（节日、非节日）、消费者对某种产品的使用率（轻度、中度、重度）、消费者进入市场的程度（潜在、初次、常规）、消费者对品牌或企业的忠诚度（不忠诚、中等忠诚、强烈忠诚）

2. 产业市场细分的依据

（1）第一种分类：

依据	典型举例
用户的行业类别	飞机制造商所需要的轮胎必须达到的安全标准比农用拖拉机制造商所需轮胎必须达到的安全标准高得多；智能手机、电脑制造商采购产品时最重视的是产品质量和性能，而不是价格

续表

依据	典型举例
用户规模	一家办公用品制造商根据用户规模将其用户细分为两类，一类是大客户，这类客户由该公司客户管理部门的经理负责联系；另一类是小客户，这类客户由一般销售人员负责联系
用户的地理位置	一些企业按用户地理位置细分市场（国别、地区、自然环境、交通运输条件、产业布局、资源），有助于企业将目标市场选择在用户集中的地区，以节省推销费用和运输成本
用户购买行为	购买行为包括用户追求的利益、使用频率、品牌忠诚度、使用者地位（如重点户、一般户、常用户、临时户等）和购买方式等。例如：想取得单一货源的企业和想取得多货源的企业；必须采购招标的企业和可以通过谈判达成交易的企业；倾向于租赁产品的企业和想要购买产品的企业

（2）第二种分类：

依据	具体变量
经营变量	①技术：我们应该把重点放在顾客重视的哪些技术上？ ②使用者或非使用者情况：我们应该把重点放在大量、中量、少量使用者身上，还是非使用者身上？ ③顾客能力：我们应该把重点放在需要很多服务的顾客身上，还是需要很少服务的顾客身上
采购方法变量	①采购职能组织：我们应该把重点放在采购组织高度集中的公司，还是采购组织高度分散的公司？ ②权力结构：我们应该把重点放在技术主导型公司，还是财务主导型公司？ ③现有关系的性质：我们应该把重点放在现在与我们有牢固关系的公司，还是追求最理想状态的公司？ ④总采购政策：我们应该把重点放在乐于采用租赁或服务合同，系统采购的公司，还是乐于采用密封投标等贸易方式的公司？ ⑤采购标准：我们应该把重点放在追求质量、重视服务的公司，还是注重价格的公司
情境因素变量	①紧急：我们应该把重点放在要求迅速和突然交货的公司，还是要求提供服务的公司？ ②特别用途：我们应该把重点放在本公司产品的某些用途上，还是同等关注各种用途？ ③订货量：我们应该把重点放在大宗订货上，还是少量订货上

续表

依据	具体变量
企业特征变量	①购销双方的相似点：我们是否应该把重点放在那些人员及其价值观念与本公司相似的公司？ ②对待风险的态度：我们应该把重点放在敢于冒险的顾客，还是规避风险的顾客？ ③忠诚度：我们是否应该把重点放在那些对供应商非常忠诚的公司
其他变量	①行业：我们应该把重点放在哪些行业？ ②公司规模：我们应该把重点放在多大规模的公司？ ③地理位置：我们应该把重点放在哪些地区

记忆口诀

命题角度：产业市场细分依据。

口诀：你是谁？你多大？你哪人？来干吗？

解释：你是谁？（行业类别）你多大？（用户规模）你哪人？（地理位置）来干吗？（行为因素）

（二）目标市场选择

策略类型	目标市场	产品	特点
无差异性营销策略	整个市场	一种产品，满足共性需求	（1）优点：规模化、成本低； （2）缺点：少满足、竞争大、应变弱
差异性营销策略	两个或两个以上，甚至所有	多种产品，满足细分需求	（1）优点：多满足、竞争小、应变强、增复购； （2）缺点：难管理、成本高
集中性营销策略	一个或少数几个	少量产品，满足集中需求	（1）优点：特定优势、更有名气、降本增效； （2）缺点：应变弱

（三）市场定位

策略类型	掌握要点
避强 【旗鼓相当，避开干】	主动回避与目标市场上强有力的竞争对手直接对抗，抢占或填补市场空位

续表

策略类型	掌握要点
迎头 【旗鼓相当，对着干】	企业将自己的产品定位于与现有竞争者产品重合的市场位置，争夺同样的顾客群体（对着干）
并存 【稍不如你，跟着干】	企业将自己的产品定位在目标市场上现有竞争者的产品附近，力图与竞争对手共同满足同一个目标市场的需求（前提：目标市场还有未被满足的需求、企业推出的产品能够与竞品相媲美）
取代 【远强于你，你别干】	企业将竞争对手赶出原有位置，并取而代之（前提：比对手有明显优势——更优越和更有特色的产品、价格、渠道、促销方面能够提高本企业产品形象和知名度）
重新	企业变更自己产品的特色，从而使目标顾客群重新认识原有产品的个性和形象（前提：原有定位不适合目标市场需求、对手定位在本企业产品附近、顾客消费偏好发生变化、本企业产品已走向衰退期）
领先	企业通过开辟一个新的细分市场（利基市场）或者对已有产品进行再创造而成为市场领先者

（四）设计营销组合（4P）

1. 产品策略

（1）**产品组合策略**。

①相关概念。

概念	通俗释义	示例
宽度	所有产品组合中产品大类（或产品线）的总数	食品公司包括两条业务线：糕点和饮料，即宽度=2
长度	所有产品大类中包含的产品项目总数	糕点包括中式糕点和西式糕点，饮料包括果汁饮料和茶饮，即长度=4
深度	所有产品项目中包含的花色、品种、规格的总数	上述所有产品项目中所包含的不同品种的总数
关联度	产品大类在最终使用或目标市场、生产条件、分销渠道等方面相互关联的密切程度	生产的糕点和饮料在目标市场、生产条件和分销渠道等方面彼此关联的程度

②产品组合策略类型。

a.**扩大产品组合**。

b.**缩减产品组合**。

c.**产品延伸（向上延伸、向下延伸、双向延伸）**。

（2）品牌策略。

类型	细分类型
品牌归属策略	企业品牌、生产者品牌或自有品牌
	中间商品牌
	贴牌生产（使用其他生产者的品牌）
品牌统分策略	统一品牌（节省推广费用、增强品牌影响力和传播力）
	个别品牌（不同产品、不同品牌：避免负面株连效应，吸引具有多种需求的客户群）
	分类品牌（不同类产品、不同品牌：清晰分类，避免混淆，如按档次或质量分类）
	复合品牌策略（一种产品、多个品牌：品牌之间相互协同、借势，提升影响力和知名度）

（3）新产品开发策略。

类型	特点	新产品开发成功的条件
全新产品	研发时间长、开发难度大、成本高，企业效益高	①具有独特性的优质产品。 ②与顾客保持密切的沟通，深入了解他们真正的需求。 ③采用开放式新产品开发模式。 ④合理配置资源
替代产品（原有产品重大改进）	开发难度低，能快速取得效益	
改进产品（原有产品适当改进）	开发难度低、成本低，对企业效益有积极作用	
模仿性新产品	迅速提高企业竞争实力，增加销售收入	

2. 价格策略

（1）基本定价方法。

定价方法	具体做法/掌握要点
成本导向定价法	成本加成定价法、目标利润定价法、固定报酬定价法和收支平衡定价法
需求导向定价法	感知价值定价法、反向定价法（根据消费者可接受价，计算成本和利润，逆算批发价、零售价）
竞争导向定价法	行业平均价、低于平均价、高于平均价、拍卖投标定价

（2）主要定价策略。

定价方法	具体做法/掌握要点
心理定价策略	①尾数定价（零头数或吉利数）。 ②整数定价。 ③声望定价（高定价）。 ④招徕定价（暂时性的低定价）
产品组合定价策略	①系列产品定价（不同规格或外观，定价不同，如华为Mate 60和Mate 60 Pro）。 ②副产品定价（主要产品定价高，副产品定价低，如肥皂和甘油）。 ③关联产品定价（主要产品定价低，关联产品定价高，如复印机和墨盒）。 ④产品捆绑定价（组合销售比单独销售更便宜，促进消费者购买本来不会购买的产品）。 ⑤备选产品定价（既提供主产品，也提供备选产品，如餐食和酒水）。 ⑥分部定价（固定费用+额外使用费用）
折扣与折让定价策略	①现金折扣（提前付款给予奖励优惠）。 ②数量折扣（根据不同购买数量，给予不同折扣）。 ③功能折扣（或交易折扣，生产商给分销商的折扣）。 ④季节折扣（过季商品的折扣、提前预定的折扣）。 ⑤折让（以旧换新、促销折让）
差别定价策略	①顾客差别定价（不同顾客不同价格，如工业电价、民用电价；老年票、儿童票和军人票）。 ②地点差别定价（不同位置不同价格，如繁华地段物价、一般地段物价；电影院不同位置的票价）。 ③时间差别定价（不同时间不同价格，如节假日降价促销；电力供应不同时段收费不同）。 ④样式差别定价（不同式样、包装图案或批号不同价格）

（3）新产品定价策略。

定价方法	具体做法/掌握要点
渗透定价策略（低价）	适用条件：产品的需求弹性较大；规模效应显著；低价不会导致市场过度竞争
撇脂定价策略（高价）	适用条件：市场有足够需求；销量减少，但不会抵消高价的利润；使顾客产生高质高档的印象；高价不影响市场优势地位
温和定价策略（中间价）	适用条件：价格符合消费者预期；正常经营能够产生收益；价格存在调整空间；产品独特性和定位差异性不会受到较大影响

续表

定价方法	具体做法/掌握要点
免费定价策略（数字化产品）	①限制使用免费（一定使用期限和使用次数内免费）。 ②产品部分免费（部分功能免费）。 ③捆绑式免费（买产品，送其他产品）。 ④完全免费

3. 分销策略

（1）分销渠道结构。

内容	掌握要点
长度	①直接渠道：包括直接销售、直复营销（如电话营销、电视直销、网络直销、目录营销和邮购等）、生产者自营店。 ②间接渠道：一级渠道、二级渠道、三级渠道以及更多的渠道（如代理商、批发商、零售商等）
宽度	①独家分销：仅一家中间商，适宜技术含量较高，需要售后服务的专门产品的分销，如机械产品、耐用消费品、特殊产品等。 ②选择分销：几家精心挑选的中间商，适宜消费品中的选购品和特殊品。 ③密集分销：尽可能多的经销商，适宜日用消费品
广度	单渠道、多渠道、跨渠道（强调线上和线下渠道的交叉）、全渠道（包括实体商铺、网上商场、信息媒体等，强调渠道多）

（2）基于成员关系的渠道系统。

类型	含义	特点
松散型渠道系统	由各自独立的生产者、批发商、零售商和消费者组成的分销渠道，渠道成员各自为政、各行其是，没有一个成员能够完全控制其他成员	比较灵活，易于变革，但成员之间缺乏密切的协作，渠道效率较低
垂直渠道系统	纵向的由生产者、批发商和零售商等中间商组成的联合体	增强了对渠道的控制以及获得规模效益
水平渠道系统	两个或两个以上企业进行横向联合，企业之间可以互相利用对方的渠道，也可以共同开发新的渠道	优势互补，分担渠道成本，扩大产品销售的范围

4. 促销策略

（1）促销组合要素构成。

要素	掌握要点
广告促销	通过传统媒体（电视、报纸、广播、户外广告等）以及新兴媒体（手机短信、微信、微博、短视频、数字报纸、数字广播、数字电视等）对产品或服务进行宣传
营业推广	通过非媒体手段（打折、抽奖、优惠、赠品、满减、团购等；或店铺的装饰和陈列）对产品进行推广
公关营销	通过公共关系策略和手段（媒体宣传、事件营销、口碑营销、公益事业和危机公关等）为企业及其产品建立良好的公众形象和关系来促进销售
人员推销	通过企业销售人员直接与潜在购买者进行面对面的交流，说服对方购买某种产品或服务的过程

（2）促销组合策略。

策略类型	掌握要点
推式策略	通过销售人员（即人员推销）直接与潜在购买者进行面对面的交流，说服他们购买某种产品或服务，以及举办产品演示等活动来实施
拉式策略	通过开展直接针对消费者的促销活动（广告促销或营业推广），吸引、激励他们主动购买产品或服务
推拉结合策略	推式策略和拉式策略结合使用

第38记 研究与开发战略

2分

3-16

（一）研发的层次

研究层次	掌握要点
基础性研究（基础和源头）	对科学概念、原理和理论进行的研究，为后续的应用研究奠定基础
应用型研究（重要阶段）	对实际问题进行的研究，将基础性研究的成果（科学理论知识）转化为可应用的技术、产品构思或解决方案
开发型研究	在应用型研究的基础上进行的研发活动（强调实际操作和工程实践，涉及设计、制造、测试和推广等环节），将应用型研究成果转化为实际的产品、服务或解决方案

（二）研发的类型

类型	对象
产品研发	产品
技术研发	技术
工艺研发	生产过程 （生产设备、材料、加工方法、工艺参数）
流程研究	生产管理过程或各个环节

（三）研发的动力来源

（1）市场需求。

（2）技术进步。

（3）市场竞争。

（4）法规政策。

（5）创新文化。

（6）社会责任。

（四）研发的模式

模式	掌握要点
自主研发	（1）优点：一旦研发成功，在行业内容易做到技术产品领先；产品差异化程度高，可以避免行业产品同质化现象；有利于技术秘密和知识产权的保护。 （2）缺点：企业对研发资金的投入量较大，担负的研发成本较高；研发周期较长；研发失败的风险较大；研制成功的新产品有可能被同业竞争对手仿制。 （3）适用条件：具有强大的研发能力、期望取得并长期占据行业主导地位的企业
合作研发	（1）优点：合作成员可以发挥各自的优势，完成单个企业难以承担的难度较大的项目；减轻企业研发在资金、人力等方面的压力和负担；减少并分散研发失败的风险；缩短研发周期。 （2）缺点：合作成员之间可能由于利益不一致或沟通不畅、协调不力而导致研发效率低下甚至失败；立项企业在行业内难以取得技术产品独家领先的地位；技术秘密和知识产权的保护存在一定的困难。 （3）适用条件：具有一定的资源实力、期望在较短时期内迅速提升研发能力和行业地位的企业
委托研发	（1）优点：企业不需要对研发投入太多的精力；依靠具有研发优势的单位或机构开发、研制新技术或新产品，企业可以较快地提升市场竞争力和行业地位。 （2）缺点：对提高企业自身研发能力帮助不大；企业在获得或保护技术秘密和知识产权方面存在较大困难。 （3）适用条件：研发能力有限、期望在较短时期内提升市场竞争地位的企业

续表

模式	掌握要点
开放研发	（1）实现了知识共享，加速了知识的传播和扩散。 （2）鼓励跨组织、跨领域的合作与协作。 （3）研发项目和研发过程十分透明。 （4）由于资源如劳动力、设备等可以由参与者共享，降低了研发成本。 （5）通过采用各种知识保护措施，确保研发成果得到认可和保护

（五）研发的战略作用

项目	内容
基本竞争战略	技术创新和产品创新是产品差异化的来源；流程创新和工艺创新使企业能够采用成本领先战略或差异化战略
价值链	研发被纳入价值链的支持性活动。通过提供低成本的产品或改进的差异化产品可以优化价值链
安索夫矩阵	通过产品成本的降低和产品的改进、创新实现市场渗透和市场开发；通过产品创新实现产品开发和产品多元化
产品生命周期	产品研发会加速现有产品的衰退，并且催生新一代产品以替代现有产品

（六）研发定位

类型	内容
成为向市场推出新技术产品的企业	富有魅力的、令人兴奋的战略，但同时也是一个风险较大的战略
成为成功产品的创新模仿者	必须有先驱企业开发第一代新产品并证明存在该产品的市场；企业需拥有优秀的研发人员和优秀的营销部门
成为成功产品的低成本生产者	由于产品已被客户接受，价格变得更为重要；规模营销成为主要的销售战略
成为成功产品低成本生产者的模仿者	对于收入水平和技术水平较低国家的企业具有很强的吸引力；要能够以更低的投入获得更高的产出

1分

第39记

生产运营战略

（一）生产运营战略涉及的主要因素

因素	与单位成本的关系
批量	批量大，单位成本低；批量小，单位成本高
种类	种类少，单位成本低；种类多，单位成本高
需求变动	需求稳定，单位成本低；需求波动，单位成本高
可见性	可见性低，单位成本低；可见性高，单位成本高

（二）生产运营战略的内容

<table>
<tr><th>内容</th><th colspan="4">具体释义</th></tr>
<tr><td>产品（或服务）的选择</td><td colspan="4">需要考虑的因素包括：
（1）市场条件。
（2）企业内部的生产运营条件。
（3）财务条件。
（4）企业各部门工作目标的差异性</td></tr>
<tr><td>自制或外购选择</td><td colspan="4">（1）自制：完全自制；外购+自制。
（2）外购：成立经销公司。
提示：对于产品工艺复杂、零部件繁多的生产企业，那些非关键、不涉及核心技术的零部件，如果外购价格合理，市场供应稳定，企业会考虑外购或以外包的方式来实现供应</td></tr>
<tr><td rowspan="3">生产运营方式与供应链的选择</td><td>生产运营方式</td><td>供应链模式</td><td>适用的产品</td><td>目标</td></tr>
<tr><td>品种少、产量高、可预见的市场环境</td><td>高效供应链</td><td>共性产品，如紧固件、轴承、方便面、饮料等</td><td>降低“实物成本”（增加利润）</td></tr>
<tr><td>品种多、产量低、难以预见的环境</td><td>敏捷供应链</td><td>个性产品，如专用设备、太阳镜等</td><td>降低“市场协调成本”（高效运作）</td></tr>
<tr><td>配送网络的选择</td><td colspan="4">（1）制造商存货加直送（厂家直送）。
（2）制造商存货、直送加在途并货（厂家直送——不同地点订单合并）。
（3）分销商存货加承运人交付（淘宝模式）。</td></tr>
</table>

续表

内容	具体释义
配送网络的选择	（4）分销商存货加到户交付（京东模式）。 （5）制造商或分销商存货加顾客自提（社区团购模式）。 （6）零售商存货加顾客自提（普通超市模式）

（三）生产运营战略的竞争重点（TQCF）

竞争重点	掌握要点
交货期	（1）快速交货：对争取订单意义重大。 （2）按约交货：对顾客满意度有重要影响
质量	既包括产品本身的质量（满足顾客需求），也包括生产过程的质量（产品质量零缺陷）
成本	包括生产成本、制造成本、流通成本和使用成本
制造柔性	企业面临市场机遇时在组织和生产方面体现出来的快速而又低成本地适应市场需求，反映了企业生产运作系统对外部环境做出反应的能力

（四）产能计划类型和平衡产能与需求的方法

策略类型	产能VS需求	平衡产能与需求的方法
领先策略（进攻型）	产能＞需求	（1）库存生产式生产：需求稳定且能提前预测。 （2）步骤：采购→生产→接单
匹配策略（稳健型）	产能=需求	（1）资源订单式生产：客户需求不同，难以预测。 （2）步骤：接单→采购→生产
滞后策略（保守型）	产能＜需求	（1）订单生产式生产：对未来需求有较大信心。 （2）步骤：采购→接单→生产

通关绿卡

命题角度：平衡产能与需求的方法辨析。

客观题高频考点，建议通过下面的举例进行理解和辨析：

（1）库存生产式生产：类比学生食堂，大致可以预估就餐学生的总量，并按照固定的菜谱把菜炒好，学生点什么菜，盛什么菜；

（2）资源订单式生产：类似电视里的厨艺比拼大赛，评委现场给出比赛一些出其不意的主题和要求，各位主厨根据规则购买食材并完成制作；

（3）订单生产式生产：类比现炒外卖，提前购买好菜单上所需的各类食材并完成清洗、改刀等工序，待客户点单后，直接下锅烹饪即可。

2分

第40记 采购战略

（一）货源策略

对比项目	少数或单一货源的策略	多货源少批量策略
与供应商的关系	稳固	不稳固 （相互信任程度低）
供应稳定性	弱 （供应中断风险高）	强 （供应稳定）
货源质量	高	低 （难以获得质量和性能不断提高的供应品）
规模经济	易实现 （享受价格优惠）	不易实现 （无法享受价格优惠）
采购方议价能力	弱	强 （因为供应商之间会产生竞争）
知识与技术	便于信息的保密	获得更多知识和技术

提示：除上述两种货源策略外，平衡货源策略在以上两种货源策略之间寻求了一个比较均衡的点，使企业既能获得集中于少数货源的好处，又充分利用多货源的优点。

（二）交易策略

类型	含义	适用条件或特点	目标
市场交易策略	与供应商签订买卖合同在市场上取得所需供应品的策略	（1）供应品：技术含量低；对企业不重要； （2）供应商：成熟且数量众多	降成本； 追求短期利益
短期合作策略	应对一定的市场需求对供应商采取短期合作的策略	供应品：技术含量高；对企业重要；需求急剧变化或灵活	做创新； 追求短期利益
功能性联盟策略	与供应商通过订立协议结成联盟的策略	（1）供应品：技术含量高；对企业重要（需求量大）； （2）供应商：成熟且能力较强	降成本； 追求长期利益
创新性联盟策略	为了产品、业务的创新并取得长期竞争优势而与供应商结成联盟的策略	从新产品的概念阶段便开始紧密合作（战略、资金、人力、技术）	做创新； 追求长期利益

（三）采购模式

类型	掌握要点
传统采购模式	（1）企业与供应商之间的信息沟通不够充分、有效； （2）简单的供需关系，缺少其他方面的合作； （3）缺少对生产需求及市场变化的考虑； （4）管理简单、粗放，采购成本居高不下
MRP采购模式	（1）根据生产计划，推导采购计划，十分精细； （2）计算量巨大，需要借助计算机
JIT采购模式	（1）供应商把适当数量、适当质量的物品在适当的时间送达适当的地点； （2）采购批量小，送货频率高； （3）企业与供应商建立长期稳定的合作关系
VMI采购模式	（1）由供应商管理企业库存（共享企业实时生产消耗、库存变化、消耗趋势等方面的信息），确定最佳库存量，制定并执行库存补充措施； （2）企业与供应商建立了的长期稳定的深层次合作关系； （3）减少了由于独立预测企业需求的不确定性造成的各种浪费，极大地节约了供货成本
数字化采购模式	通过技术，实现对采购全流程的智慧管理，并通过实时监测和定期评估使之不断优化

第41记 人力资源战略

2分

3-19

（一）人力资源规划——人力资源供需平衡策略（略）

（二）人力资源获取

获取策略	成本领先	差异化	集中化
员工来源	外部	内部	两者兼顾
晋升阶梯	狭窄、不宜转换	广泛、灵活	狭窄、不宜转换
甄选决策	人力资源部	业务部门	结合两者
甄选方法	简历和面试为主	多重方法	心理测试
甄选标准	强调技能	强调与文化契合	结合两者
社会化过程	正式的雇佣和社会化过程	非正式的雇佣和社会化过程	结合两者

（三）人力资源培训与开发

战略类型	侧重点	培训与开发的形式
成本领先	强调范围有限的知识和技巧	设立企业大学或者定期培训
差异化	要求具有广泛的知识、技巧和创造性	传递外部新颖信息、购买所需技能或者利用外部培训机构
集中化	强调应用范围适中（专门领域）的知识和技巧	在职培训或者外部培训

（四）人力资源绩效评估

战略类型	管理目标	特征
成本领先	以控制成本为目的，强调结果导向	评估范围狭窄，评估的信息来源单一（上级作为考核的主要考官）
差异化	关注创新和新颖性，既评估结果，也评估行为	评估范围宽广，评估信息丰富
集中化	上述两者结合	

（五）人力资源薪酬激励

1. 薪酬激励的原则

原则	掌握要点
战略性原则	以企业总体战略为指导，为实现战略目标作出贡献
公平性原则	核心原则。确保薪酬与员工能力、贡献相匹配；确保内部和外部公平
合法性原则	严格遵守相关规定和政策要求
竞争性原则	在同行中有吸引力和竞争力；比竞争对手有优势
经济性原则	与自身经济实力和财务状况相适应

2. 薪酬结构策略

类型	举例	作用		
		吸引	保留	激励
基本薪酬	稳定的经济收入部分（固定薪酬）	显著	显著	一般
可变薪酬	奖金、销售收入提成和津贴等	显著	中等	显著
间接薪酬	五险一金、补充商业保险、免费员工宿舍、带薪休假、节日福利、员工培训机会、健康体检、团建活动等	一般	显著	一般

提示：广义的薪酬还包括股权激励收入和期权激励收入。

3. 薪酬水平策略

类型	含义	掌握要点
领先型	薪酬＞市场平均	吸引和留住高素质的人才，并有助于企业树立良好的雇主形象，在竞争激烈的人才市场中脱颖而出（“留人才，树形象”）
匹配型	薪酬=市场平均	既能保证企业在劳动力市场上的竞争力，又能够有效控制人力成本（“有实力，控成本”）
滞后型	薪酬＜市场平均	初创企业或资金比较紧张的企业可能采用这种策略，但它们往往通过提供较好的工作条件、更多的培训机会等方式来吸引和激励员工（“钱不够，画大饼”）
混合型	针对企业内部不同的职位类别、业务单元或员工群体确定不同的薪酬水平	

4. 企业基本竞争战略与薪酬策略

战略类型	薪酬基础	薪酬构成	薪酬水平	公平性	薪酬决策
成本领先	岗位工资或年资	基本薪酬	滞后型	对外公平	集权，高层作出决策
差异化	能力或绩效	可变薪酬	领先型或混合型	对内公平	中层或子公司决策
集中化	能力与绩效	基本+可变	滞后型；领先型或混合型	对内公平	视市场情况和企业实力采用不同方式

通关绿卡

命题角度：人力资源策略与竞争战略的关系。

有一定理解难度，且内容相对零散，建议同学们参考下表的体系和要点进行掌握：

战略类型	获取	培训	绩效	薪酬
成本领先战略	外部+重技能+人力资源部+简历和面试	企业大学或定期培训（内训）	结果导向+评估范围窄	对外公平+岗位或年资+基本薪酬+滞后型+集权决策
差异化战略	内部+重文化契合+业务部门+多重方法	外部机构培训（外训）	结果和行为导向+评估范围广	对内公平+能力或绩效+可变薪酬+领先型/混合型+分权决策
集中化战略	结合+结合+结合+心理测试	结合	结合	对内公平+能力与绩效+结合+结合+结合

第42记 2分

财务战略

（一）基于产品生命周期的财务战略选择

分析角度	产品生命周期阶段			
	导入期	成长期	成熟期	衰退期
经营风险	非常高	高	中等	低
财务风险	非常低	低	中等	高
资本结构	股东权益	主要是股东权益	股东权益+债务	股东权益+债务
资金来源（筹资战略）	风险资本	权益投资增加	保留盈余+债务	债务
股利（分配战略）	不分配	分配率很低	分配率高	全部分配
市盈率	非常高	高	中	低
股价	迅速增长	增长并波动	稳定	下降并波动
总体财务战略	低财务风险战略		中等财务风险战略	

提示：

（1）涉及“中等”特征的均在成熟期，具体包括经营风险、财务风险和市盈率。

（2）资本结构和资金来源的结论基本一致，但唯独有差别的是衰退期，资本结构是“股+债”，而资金来源是“债”。

（二）基于创造价值或增长率的财务战略选择

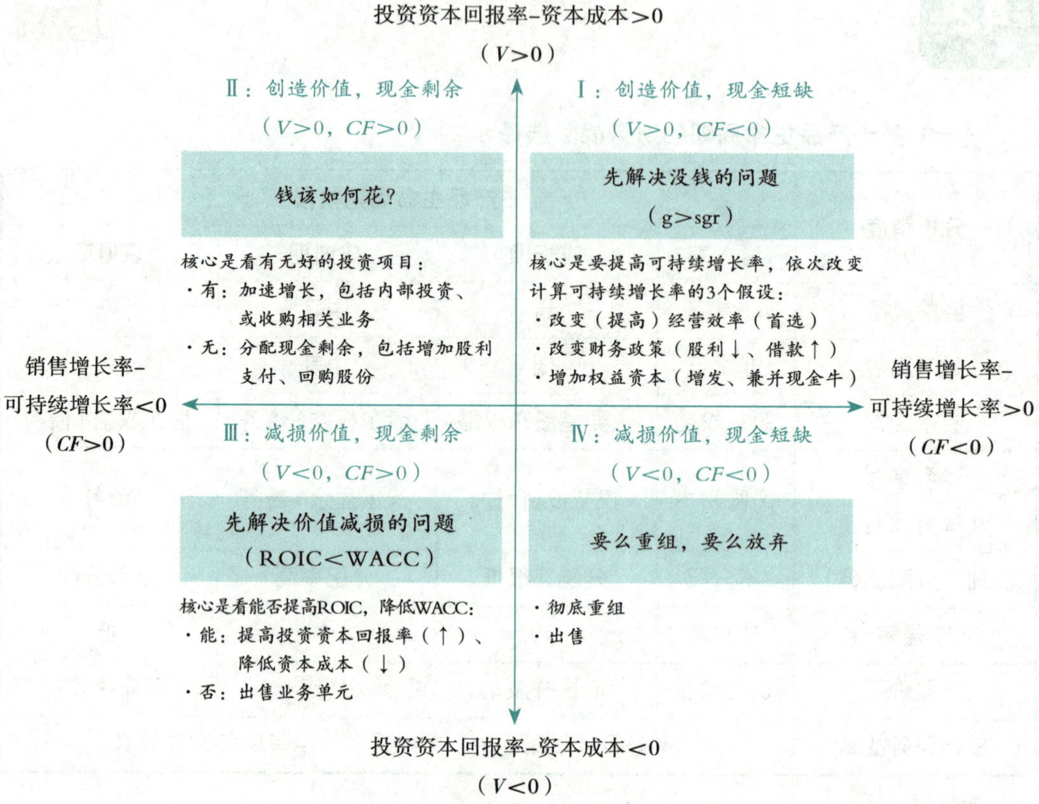

财务战略矩阵

提示：

对于第Ⅰ象限（增值型现金短缺），首先应判明这种高速增长是暂时性的还是长期性的。

（1）如果高速增长是长期的，其资金问题的解决途径包括：

一是提高可持续增长率，具体是指提高经营效率，这是应对现金短缺的首选战略，使之向销售增长率靠拢；

二是增加权益资本，提供增长所需的资金。

（2）如果高速增长是暂时的，其资金问题的解决途径包括：改变财务政策，如停止支付股利、增加借款比例等。

通关绿卡

命题角度：与产品生命周期模型的相关知识。

教材中与“产品生命周期模型”相关的所有知识点均已介绍完毕，现总结如下：

（1）产品生命周期模型；

（2）成功关键因素（不同阶段的KSF）；

（3）波士顿矩阵（各业务类型与产品生命周期的对应关系）；

（4）财务战略（基于产品生命周期的财务战略选择）。

2分

第43记

企业国际化经营的动因

动机	掌握要点	关键词
寻求市场	基于各国之间市场差异（即区位优势）与竞争对手分布情况，企业会选择对外直接投资的国家和地区，去寻求更大的市场机会	销售大涨、订单增多、开拓新的区域
寻求效率	（1）主要路径：较先进（因而劳动力成本较高）的发展中国家→次先进的发展中国家； （2）原因：母经济体生产成本上涨；来自低成本生产商的竞争压力	（劳动力）成本
寻求资源	（1）主要路径：资源短缺的发展中国家→资源丰富的发展中国家； （2）原因：发展中大国（特别是中国和印度），增长迅猛、资源紧缺	自然资源、原材料供给
寻求现成资产	（1）主要路径：发展中国家跨国公司→发达国家投资； （2）原因：获取发达国家企业的品牌、先进技术与管理经验、资金、规模经济等现成资产	管理经验、品牌、先进技术、资金、规模经济

2分

第44记

国际化经营的主要方式

（一）出口贸易

路径	内容
传统方式（连续方式）	（1）高新技术产品： 发展中国家→类似发展中国家→发达国家 发达国家→类似发达国家→发展中国家 （2）初级产品和劳动密集型低端产品： 发展中国家（如矿石初加工）→发达国家（如矿石深加工）
新型方式（不连续方式）	高新技术产品：发达国家→发展中国家

（二）对外直接投资

<table>
<tr><th>类型</th><th colspan="2">内容</th></tr>
<tr><td rowspan="2">独资经营（全资子公司）</td><td>优点</td><td>（1）强控制：管理者可以完全控制子公司在目标市场上的日常经营活动；
（2）易协调：可以摆脱合资经营在利益、目标等方面的冲突问题</td></tr>
<tr><td>缺点</td><td>（1）投资大：这种方式可能得耗费大量资金，公司必须在内部集资或在金融市场上融资以获得资金；
（2）支持少：由于没有东道国企业的合作与参与，全资子公司难以得到当地的政策与各种经营资源的支持</td></tr>
<tr><td rowspan="3">合资经营</td><td>动因</td><td>（1）加强现有业务；
（2）将现有产品打入国外市场；
（3）将国外产品引入国内市场；
（4）经营一种新业务</td></tr>
<tr><td>优点</td><td>（1）投资少：可以减少国际化经营的资本投入；
（2）支持多：有利于弥补跨国经营经验不足的缺陷，有利于吸引和利用东道国合资方的资源</td></tr>
<tr><td>缺点</td><td>难协调：由于合资企业由多方参与投资，因而协调成本可能过大</td></tr>
</table>

（三）非股权形式

包含范围：合约制造、服务外包、订单农业、特许经营、许可经营、管理合约及其他类型的合约关系。例如，在农业领域，订单农业比大规模土地收购更易于解决负责任投资的问题——尊重本地权利、农民的生计和资源的可持续利用等。

第45记 1分

全球价值链中企业的角色定位

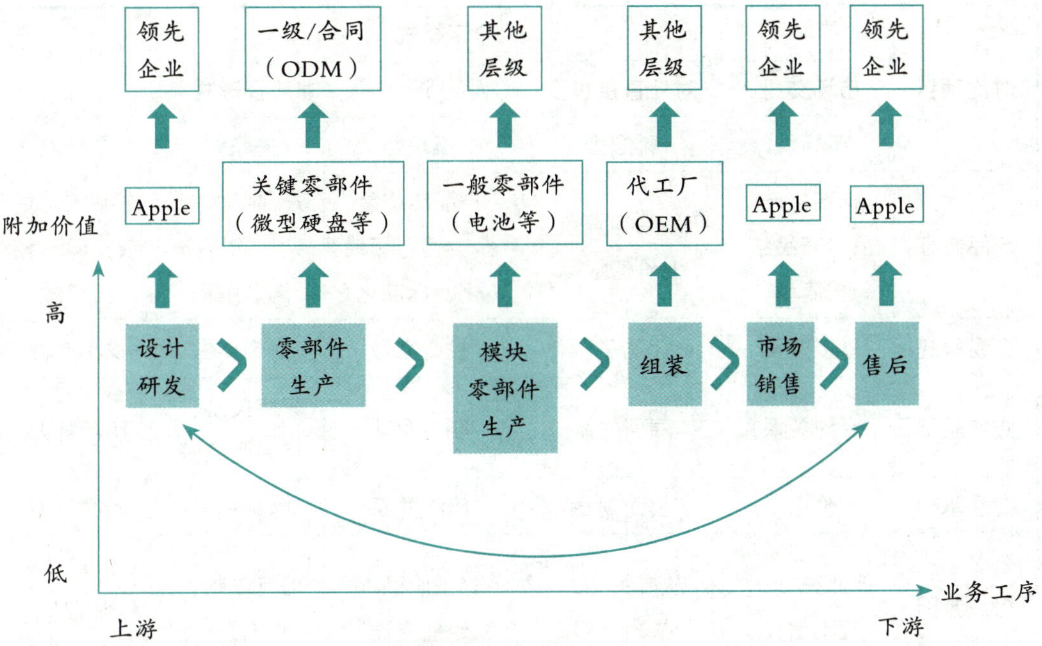

角色	掌握要点
领先企业	处于主导地位的核心企业（垄断优势），拥有技术、营销渠道优势
一级供应商	从属于领先企业，不具备技术和营销渠道优势，仅做生产、组装、物流等外围管理工作
其他层级供应商	从属于一级供应商，从事非核心活动，如简单组装、OEM
合同制造商	不依赖于领先企业，技术专家，可独立完成产品部分结构的生产，如ODM

第46记 1分 全球价值链的分工模式

对比项目	分工模式				
	市场交易	对外直接投资	非股权形式		
	市场型	科层型	模块型	关联型	俘获型
产品特征	标准化产品、产品结构简单	产品结构复杂，但价值很高	产品结构复杂，但可模块化、标准化	产品结构复杂，需双方沟通解码	产品结构复杂，但不想自己做
交易模式	直接购买	让儿子做	找专家做	找亲朋做	找小弟做
协作基础	合约关系	雇佣关系	能力互补	家族关系、空间距离等	市场势力
交易基础	价格	公司规章	网络关系	网络关系	网络关系
组织氛围	彼此独立、互不信任	从属关系、依附上级	分工明确、专业交流	相互依赖、交流密切	大企业强势、小企业依赖

提示：

（1）在科层型价值链中，领先企业通过构建涵盖人力资源、财务和运营管理等职能的“总部功能”，来有效地整合、协调、管理各个子公司和分支机构在全球开展的各种复杂的生产及交易活动。

（2）在俘获型价值链中，领先企业要对供应商提供清晰、成文的指示，并在必要时提供技术支持，供应商才能生产出满足复杂规格要求的产品。而供应商的生产活动通常被限制在一个狭窄的范围内，如简单组装、贴牌生产等。

（3）俘获型价值链在汽车产业供应商的分级结构中较常见；模块型价值链在电子产业的供应商关系中较常见。

第47记 2分 全球价值链的产业升级模式

类型	关键词	典型实践
工艺升级	增强生产效率	提升OEM（委托加工）效率
产品升级	增强产品附加值（如从做衬衫到做西装）	提供更高品质的产品或服务
功能升级	增强环节附加值	从OEM到ODM（从初始设备制造商到初始设计制造商）； 从生产制造到设计、营销
价值链升级	转换价值链	从OEM到ODM到OBM（自有品牌制造商）；从汽车零部件供应商到整车制造产业

第48记 2分 国际化经营的战略类型及其组织结构

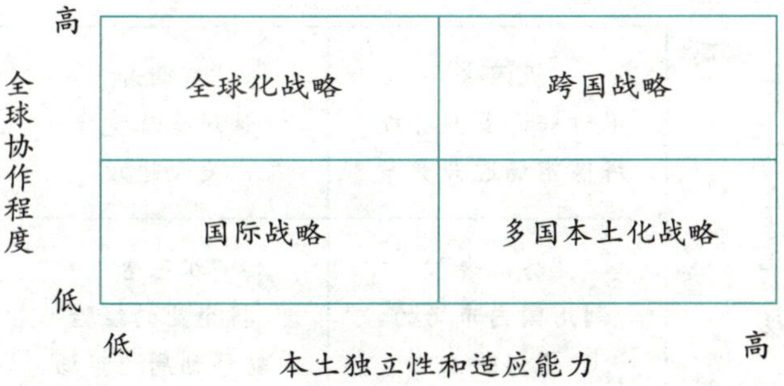

国际化的战略类型

类型	掌握要点	
国际战略	特征	（1）母国“动脑”：产品开发职能，控制产品和市场战略的决策权； （2）东道国“干活”：制造和营销职能
	适用条件	企业的特殊竞争力在国外市场上拥有竞争优势，而且在该市场上降低成本的压力较小

续表

类型	掌握要点	
多国本土化战略	特征	根据不同国家的不同的市场，提供更能满足当地市场需要的产品和服务
	适用条件	当地市场强烈要求根据当地需求提供产品和服务，并降低成本
全球化战略	特征	（1）标准产品：向全世界的市场推销标准化的产品和服务； （2）多地经营：在较有利的国家集中地进行生产经营活动（但不一定在同一个国家）
	适用条件	成本压力大且当地特殊要求小
跨国战略	特征	（1）全球协作程度高：具有成本效益和区位效益。 （2）本土独立性和适应能力高：能够关注当地市场的需要。 （3）公司间（母&子，子&子）的关系是双向且紧密的
	适用条件	目前为止，跨国公司的最佳战略选择

第49记　新兴市场的企业战略　3分

产业的全球化程度	适合本国市场	可以向海外移植
高	“躲闪者” 通过转向新业务或缝隙市场避开竞争	“抗衡者” 通过全球竞争发动进攻
低	“防御者” 利用国内市场的优势防卫	“扩张者” 将企业的经验转移到周边市场

新兴市场本土企业优势资源

本土企业的战略选择

提示：

“产业的全球化程度”可通俗地理解为产业内的国外竞争对手是否能够进入本土市场，并受到本土市场的欢迎（即实现真正意义上的全球化）。“新兴市场本土企业优势资源”可通俗地理解为本土企业的优势能否向其他国家转移。综上，形成以下四种战略类型：

（1）对手可以进入+自身优势无法转移→躲闪者；

（2）对手无法进入+自身优势无法转移→防御者；

（3）对手无法进入+自身优势可以转移→扩张者；

（4）对手可以进入+自身优势可以转移→抗衡者。

类型	战略举措
防御者	（1）服务本国：把目光集中于喜欢本国产品的客户，而不考虑那些崇尚国际品牌的客户。 （2）调整产品：频繁调整产品和服务，以适应客户特别的甚至独一无二的需求。 （3）强化渠道：加强分销网络的建设和管理，缓解国外竞争对手的竞争压力。 提示：防御者战略举措的基本思路是“人不犯我，我不犯人”，仅把目光放在本土市场，通过更优质的产品和服务，巩固本国市场份额
扩张者	（1）扩张：本土企业可以通过合理运用可移植的优势资源，并以其在本地市场的成功为平台，向其他市场扩张。 （2）周边：在向海外延伸本土优势时应当注意寻找在消费者偏好、地缘关系、分销渠道或政府管制方面与本国市场相类似的市场
躲闪者	（1）“A+B”：与跨国公司建立合资、合作企业。 （2）“A→B”：将企业出售给跨国公司。 （3）“A→新A”：重新定义自己的核心业务，避开与跨国公司的直接竞争。 （4）“A→A1”：根据自身本土优势专注于细分市场，将业务重心转向价值链中的某些环节。 （5）“A→a”：生产与跨国公司产品互补的产品，或者将其改造为适合本国人口味的产品。 提示：躲闪者战略举措的基本思路为“认怂+重塑”。认怂的方式可以是对手合作，让渡自己一部分市场份额，也可以是直接把业务的一部分变卖给对手。重塑则是要重新设计自身业务，选择细分市场，或积极配合对手
抗衡者	（1）比领先：不要拘泥于成本上竞争，而应该比照行业中的领先公司来衡量自己的实力。 （2）获资源：学习从发达国家获取资源，以克服自身技能不足和资本的匮乏。 （3）找市场：找到一个定位明确又易于防守的市场。 （4）找突破：在一个全球化的产业中找到一个合适的突破口。 提示：抗衡者的对抗并非“硬碰硬”，毕竟新兴市场本土企业的实力还是相对较弱，所以对抗要讲究方法和策略

通关绿卡

命题角度1：新兴市场企业战略的辨析。

客观题高频考点，难度较大。建议综合采用以下三种方法进行辨析：

（1）象限法：原则上可以采用这一方法，但该方法容易出错，且历年真题的出题思路并不统一，不建议使用。

（2）定义法：根据四种战略选择的“战略定位”和“市场范围”判断。

①躲闪者：避开跨国公司的冲击+市场范围变小；

②防御者：利用本土优势进行防御+市场范围不变，驻守本国；

③扩张者：向海外延伸本土优势+市场范围延伸到周边地区；

④抗衡者：在全球范围内（有策略地）对抗+市场范围更大，甚至全球。

（3）关键词法：最推荐的解题方法，即结合“战略举措”的关键线索进行判断。

战略类型	关键线索
防御者	服务本国消费者、调整产品服务满足需求、加强渠道建设
扩张者	将经验向周边海外移植
躲闪者	“认怂”：合作、出售；“重塑”：重新定义、细分市场、互补产品
抗衡者	比领先、获资源、找市场、找突破（具体线索详见“命题角度2”）

命题角度2：“抗衡者”战略举措的案例分析。

主观题高频考点，难度较高。建议同学们要深刻理解原文这四项举措，并结合关键线索和解题技巧进行辨析。

教材原文（简略版）	关键线索和解题技巧
不要拘泥于成本上竞争	与先进企业比，某公司×××；某公司决心与发达国家企业进行竞争；某公司的优势不仅在于成本，而是在于其他因素
学习从发达国家获取资源	某公司在全球拥有×××；某公司在发达国家建立了×××；某公司实现了全球数据的互联；某公司收购了发达国家A企业或其生产设备
找到一个定位明确又易于防守的市场	（1）“定位明确”的案例表述——面对全球化产业的竞争，企业在产业价值链中找到了更加有利于实现自我价值的环节或位置（更聚焦）； （2）“易于防守”的案例表述——企业与国外公司进行合作或加入其联盟，成为“一家人”，从而不会被攻击
找到一个合适的突破口	企业根据外部的竞争环境分析之后，对自身的业务、流程等进行重组（如外包业务、投资新产品等），通过“改变自己”成为“更好的自己”

【斯考卡片】
扫码背重点

278

第四模块

战略实施

【学习提要】

（1）近三年考试分值：约12分。

（2）学习方法：以客观题为主，主观题的考查范围主要集中在公司战略与数字化技术。

（3）本模块同《打好基础》第四章。

脉络图（第50记～第64记）

组织结构

1.类型

· 横向
- 分工－8种组织结构
- 整合－基本协调机制

· 纵向：高瘦还是矮胖？

2.组织结构与战略的关系

· 组织服从战略理论（两个层次）
- 战略前导性与组织结构滞后性
- 企业发展阶段与组织结构

· 组织适应环境及战略的类型
- 防御型
- 开拓型
- 分析型
- 反应型

战略控制

1.预算 2.企业业绩衡量（财务、非财务、ESG）3.平衡计分卡 4.统计分析与专题报告

战略控制 —保障→ 组织结构（有形支持）、企业文化（无形支持）

数字化技术 —支撑→ 组织结构（有形支持）、企业文化（无形支持）

数字化技术

1.数字化技术对公司战略的影响（组织结构、经营模式、产品和服务、业务流程）

2.数字化战略的转型领域（技术、组织、管理）

3.数字化转型的困难和任务

企业文化

1.类型

· 权力导向性

· 角色导向性

· 任务导向性

· 人员导向性

2.文化与绩效的关系

积极关系：创造价值的途径

消极关系：文化、惯性和不良绩效

→ 让文化成为维持竞争优势的源泉

3.企业文化与战略关系

· 战略稳定性与文化适应性

第50记 组织结构——纵向分工结构（2分）

4-1

（一）基本类型

类型	要点
高长型结构 （集权）	管理层次多，控制幅度窄。 有利于企业内部的控制，但对市场变化的反应较慢
扁平型结构 （分权）	管理层次少，控制幅度宽。 容易造成管理的失控，但可以及时反映市场的变化

（二）集权与分权的特点

（1）集权：

优点	缺点
①易于协调各职能间的决策； ②易于对上下沟通的形式进行规范； ③能与企业的目标达成一致； ④危急情况下能够做出快速决策； 提示：集权模式下的日常决策较慢。 ⑤有助于实现规模经济； ⑥比较适用于由外部机构实施密切监控的企业，因为所有的决策都能得以协调	①高级管理层可能不会重视个别部门的不同要求； ②决策时间过长； ③级别低的管理者（这是前提）职业发展有限

（2）分权：分权型结构一般包含更少的管理层次，并将决策权分配到较低的层级，从而具有较宽的管理幅度并呈现出扁平型结构。

分权型结构减少了信息沟通的障碍，提高了企业反应能力，能够为决策提供更多的信息并对员工产生激励效应（因为员工所拥有的决策权更大了）。

提示：纵向分工结构类型（即集权与分权）的定量判定标准。

①拥有10 000名员工的企业，管理层次≥10，则为高长型（集权），反之为扁平型（分权）。

②拥有3 000名员工的企业，管理层次≥8，则为高长型（集权），反之为扁平型（分权）。

③拥有1 000名员工的企业，管理层次≥5，则为高长型（集权），反之为扁平型（分权）。

通关绿卡

命题角度：集权与分权特点的辨析。

客观题高频考点，部分观点在判断时易产生混淆，因此总结如下几个关键性结论：

（1）集权日常决策慢，但危急情况下的决策速度较快。

（2）集权对基层管理者的职业发展有限；分权可以对基层员工产生激励。

（3）集权控制力强，有助于实现规模经济；分权控制力弱，容易造成管理失控。

（4）集权沟通层级较多，对市场变化的反应较慢；分权可减少信息沟通障碍，反应能力快。

2分

第51记

组织结构——横向分工结构

（一）组织结构的演变

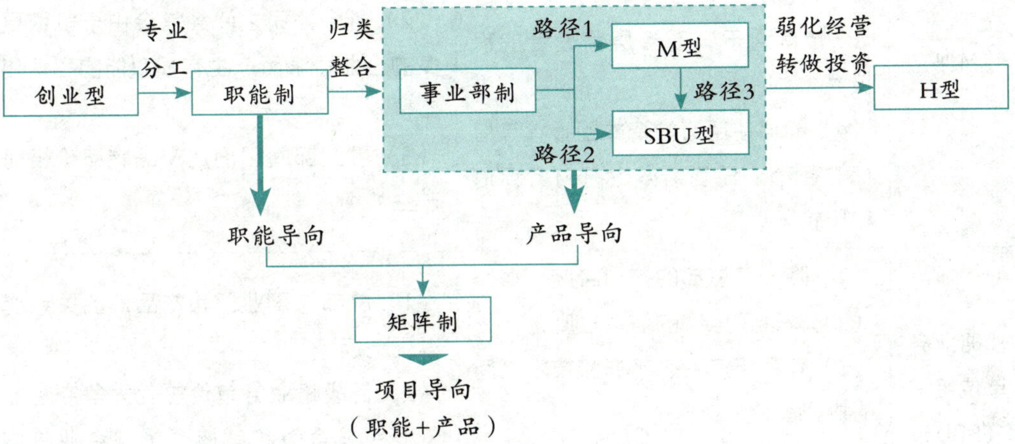

（二）各类组织结构的特点

组织结构	优点	缺点
创业型	所有者或管理者可对若干下属实施直接控制	弹性较小并缺乏专业分工，其成功主要依赖于该中心人员的个人能力
职能制	（1）能够通过集中单一部门内所有某一类型的活动来实现规模经济； （2）有利于培养职能专家； （3）有利于提高工作效率； （4）有利于董事会监控各个部门	（1）由于对战略的重要流程进行了过度细分可能导致职能协调问题； （2）难以确定各项产品盈亏； （3）职能之间容易发生冲突，各自为政； （4）集权化的决策制定机制会放慢反应速度
产品/品牌事业部	（1）生产与销售产品的不同职能活动可以通过事业部经理来协调； （2）各个事业部可以集中精力于自身负责的产品的经营； （3）更具灵活性，有助于实施产品差异化； （4）易于出售或关闭经营不善的事业部	（1）各事业部会为了争夺有限资源而产生摩擦甚至冲突； （2）各事业部间会存在管理成本重叠和浪费； （3）若事业部数量较多，则难以对各事业部进行协调； （4）若事业部数量较多，则事业部经理容易缺乏整体观念

续表

组织结构	优点	缺点
M型	(1)有利于企业持续成长; (2)有利于总经理分析各个公司的经营情况并进行资源配置; (3)有利于调动各层管理者的积极性; (4)能够使用诸如资本回报率等指标对各个公司的绩效进行财务评估和比较	(1)在公司之间分摊企业的管理成本比较困难; (2)各个公司之间经常会由于争取更多的企业资源而产生有损职能的竞争和摩擦; (3)事业部间因确定产品转移价格而产生冲突
战略业务单位组织(SBU)	(1)降低了总部的控制跨度; (2)减轻了总部的信息过度; (3)有利于产品、市场和技术之间的协调配合; (4)易于监控、评估每个战略业务单位的绩效	(1)总部与事业部和产品层的关系变得更疏远; (2)各战略业务单位总裁为争夺企业资源引发竞争和摩擦,影响企业总体绩效
矩阵制	(1)对关键项目更加有效地优先考虑,加强了对产品和市场的关注; (2)跨部门交融:各部门间的协作使各项技能和专门技术相互交融; (3)决策质量:项目组与产品主管和职能主管间更直接的联系,提高了决策质量; (4)双重权力:双重权力导致多重定位,使职能专家不只关注自身的业务范围	(1)跨部门冲突:可能导致权力划分不清晰,并产生职能工作和项目工作之间的冲突; (2)决策时间:时间和财务成本增加,导致制定决策的时间过长; (3)双重权力:双重权力容易使管理者间产生冲突,且管理层可能难以接受双重权力结构,产生危机感
H型	(1)对业务单元来说:下属业务单元的自主性强,尤其是业务单元对战略决策的自主性;业务单元自负盈亏且可从母公司取得较便宜投资成本及可能的节税收益; (2)对控股企业来说:控股企业员工和服务非常有限;控股企业可将风险分散到多个企业中,容易撤销对个别企业的投资	

通关绿卡

命题角度：横向分工结构的辨析。

客观题高频考点，存在一定的辨析难度。建议同学们先以理解为主，并根据每种组织结构的关键词进行辨析。

结构类型	关键词
创业型	直接控制；缺乏分工
职能制	专业化、规模经济、提高效率；产品盈亏难以确定
事业部	灵活、决策快；管理成本重复、有冲突、难协调 提示：组织基本单元为“1个事业部～1个产品线”
M型	减轻总部工作量、有助于比较各BU绩效；管理成本较高、有冲突 提示：组织基本单元为“1个事业部～N个产品线”
SBU型	减轻总部工作量、有助于比较各SBU绩效；更疏远、有冲突 提示：组织基本单元为“1个SBU～N个事业部～M个产品线”
矩阵式	项目团队、职能+产品/项目；双重权力有冲突、决策成本高且耗时长
H型	控股企业、下属企业是独立法人、独立经营、总部干预较少

提示：关于M型结构和SBU型结构的辨析。

M型结构和SBU型结构之间其实也并无明确界限。按照教材的逻辑来看，这两种结构都是从事业部结构演变而来，具体形成过程如下图所示：

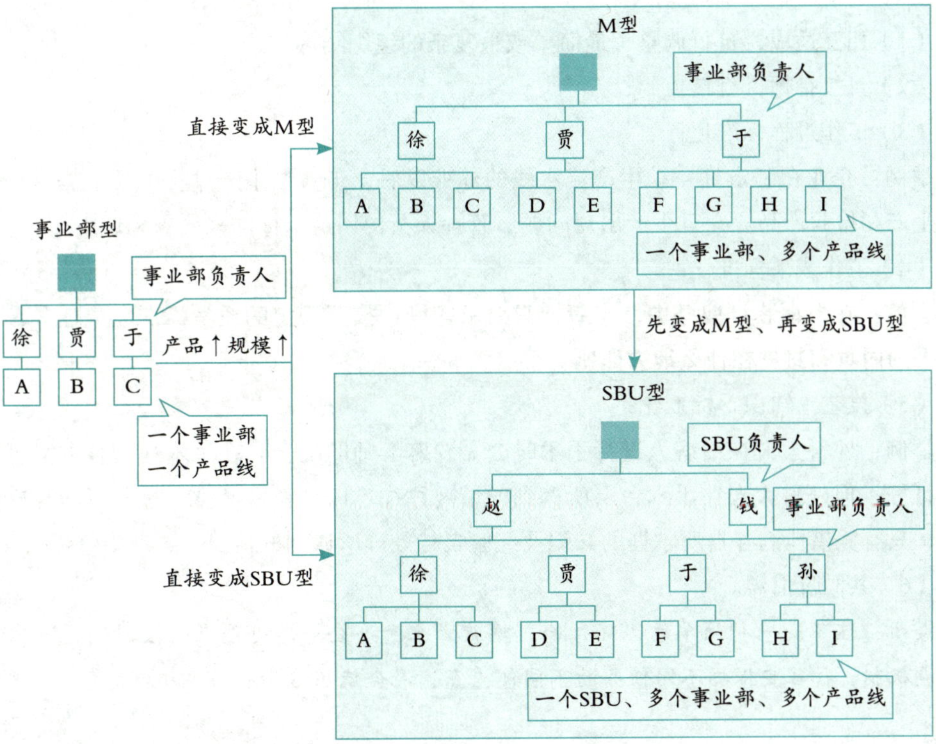

由上图可知：

（1）事业部型：1个事业部～1个产品线；

（2）M型：1个事业部～多个产品线；

（3）SBU型：1个SBU～多个事业部～多个产品线。

从图示角度，似乎很容易辨析，但在实际考试中，很少会给出特别明确的关键词。根据历年真题的出题模式，存在以下三个规律：

第一，几乎未在同一个选择题中，同时将M型和SBU型设置为选项；如果同时出现，则意味着这两个选项都不当选。

第二，如若答案为M型，两个典型的关键词是“每个事业部下设多个产品线”或题目描述了很多产品线，且需要整合。

第三，无论是客观题还是主观题，尚未出现以SBU型作为正确答案的题目，因为这个结构非常复杂，需要更为详尽的描述才能定义清楚，除非关键词充分，否则谨慎判断。

第52记 横向分工结构的基本协调机制（整合）

1分

（1）相互适应，自行调整（最简单或最复杂的组织结构）；

（2）直接指挥，直接控制；

（3）工作过程标准化；

举例：企业在制定好自动生产流水线的标准以后，工人在生产过程中便根据这个标准进行生产和检验产品。一旦生产出现问题，管理人员便用这个标准来检查和调整。

（4）工作成果标准化；

举例：在书籍装订业务中，出版社只要求印刷厂按照一定的质量标准完成任务，而不限制书的内页和封皮在什么地方印刷。

（5）技艺（知识）标准化；

举例：外科大夫在给病人进行手术时，需要麻醉师的配合。在手术前配合方案可能已经制订好，但外科大夫在手术台上所遇到的情况往往难以预料，又没有过多时间与麻醉师讨论，只有凭借他们各自所掌握的知识及经验自行处理所遇到的情况。

（6）共同价值观。

提示：这不是一种简单的循环，而是螺旋式上升。企业不可能在一段时间内只依靠一种协调机制，往往要根据不同任务的不同侧重点，混合使用这六种协调机制。

1分

第53记

组织结构服从战略理论

（一）战略的前导性与组织结构的滞后性

（1）战略前导性，是指企业战略的变化快于组织结构的变化。企业一旦意识到外部环境和内部条件的变化提供了新的机会和需求时，首先会在战略上做出反应，以此谋求经济效益的增长。

（2）组织结构滞后性，是指企业组织结构的变化常常慢于战略的变化速度。特别是在经济快速发展时期里更是如此。

（二）企业发展阶段与组织结构

阶段	企业特征	战略类型	结构类型
1	企业创立初期，着重发展单一产品，试图通过更强的营销手段来获得更大的市场份额	市场渗透（数量扩大）	简单结构，即创业型组织结构
2	企业发展后，需要将产品或服务扩展到其他地区中去，并进一步实现产品和服务的标准化、专业化	市场开发（地域扩散）	职能制组织结构
3	进一步发展后，拥有了多个产品线，销售市场迅速扩张，需要增强管理协调能力；同时，为了提高竞争力，需要拥有一部分原材料的生产能力或销售产品的渠道	纵向一体化（市场整合）	事业部制组织结构
4	企业高度发展并进入成熟期，为了避免投资或经营风险，需要开发与企业原有产品不相关的新产品系列	多元化经营（多元经营）	战略业务单位组织结构（经营规模）、矩阵制组织结构（业务结构）或H型组织结构（市场范围）

1分

第54记

组织的战略类型

类型	目标环境	战略目标	战略措施	组织结构	风险
防御型	稳定的环境	创造一个稳定的经营领域（现有产品+现有市场）	高度成本效率的核心技术	“机械式”结构机制，生产与成本控制专家形成高层管理	不可能对市场环境做重大的改变
开拓型	动态的环境	寻求和开发产品与市场机会（新产品+新市场）	根据现在和将来的产品结构确定技术能力，避免长期陷于单一的技术过程	“有机的”机制，市场、研究开发方面的专家组成高层管理	缺乏效率性，很难获得最大利润
分析型	前两者结合	寻求新的产品和市场机会；保持传统的产品和市场	形成双重的技术核心，即：技术稳定部分和技术灵活部分	矩阵结构解决	如果不能保持战略与结构关系的必要平衡，既无效能又无效率
反应型	动荡不定的调整模式，缺少在变化的环境中随机应变的机制，从而永远处于不稳定的状态				

通关绿卡

命题角度：组织战略类型的辨析。

客观题高频考点，有一定难度，建议通过关键词来区分：

类型	关键词
防御型	创造稳定的经营领域（现有产品、现有市场）、竞争性定价或高质量产品、机械式组织（功能清晰、程序规范）、生产与成本专家主导。 提示：该类型的企业一般为处于成熟期的企业
开拓型	寻求和开发产品与市场机会（新产品、新市场）、有机的机制（鼓励部门间合作）、市场和研究专家主导。 提示：该类型的企业一般为处于导入期和成长期的企业，致力于发现新产品或新市场
分析型	寻求新产品和市场同时保持传统产品和市场（现有产品和市场+新产品和市场）、技术的灵活性与稳定性相平衡、矩阵结构。 提示：该类型的企业一般靠模仿生存，希望通过复制开拓型的思想取得成功

1分

第55记

企业文化的类型

类型	核心	优点	缺点	适用的机构组织
权力导向型	掌权人试图对下属保持绝对控制，具有中心权力，要求相信个人（崇拜主义）	决策快（但质量取决于经理的能力）	专横、滥用权力、低士气、高流失率	家族式企业和刚开创企业
角色导向型	应尽可能追求理性和秩序，分歧由规章制度解决，但权力仍在上层	稳定、持续、高效率（按部就班下的熟练）	不太适合动荡的环境	国有企业和政府机构
任务导向型	以成功地解决问题、实现目标为导向，对不同职能和活动的评估完全依据它们对企业目标做出的贡献；采用矩阵式（临时抽调资源形成项目团队），具有无连续性；专长是个人权力和职权的来源	强调速度和灵活性；适应性强，动荡环境也能成功	依赖不断地试验和学习，建立并长期保持这种文化成本高	新兴产业中的企业，特别是一些高科技企业
人员导向型	为成员的需要服务，企业是员工的下属、职权多余，员工通过示范和助人精神来互相影响	—	不易管理	俱乐部、协会、专业团体和小型咨询公司

通关绿卡

命题角度：企业文化类型的辨析。

客观题高频考点，同学们可通过各种类型的关键词以及“适用组织”来辅助判断：

类型	关键词	适用组织
权力导向型	绝对控制、中心权力	初创、家族企业
角色导向型	理性逻辑、规章制度、权力上层	国企、政府机构
任务导向型	解决问题、实现目标、矩阵式（项目团队）、专长	新兴企业、科技企业
人员导向型	企业是员工的下属	俱乐部、协会、专业团体和小型咨询公司

1分

第56记 文化与绩效的关系

（1）积极影响：企业文化为企业创造价值的途径。

①简化了信息处理；

②补充了正式控制；

③促进合作并减少讨价还价成本。

（2）消极影响：文化、惯性和不良绩效。

文化的不可管理性将使之成为一种惯性或阻碍变化的来源。

（3）如何做：企业文化成为维持竞争优势源泉的条件。

①文化必须为企业创造价值；

②公司文化必须是企业所特有；

③企业文化必须很难被模仿。

1分

第57记 战略稳定性与文化适应性

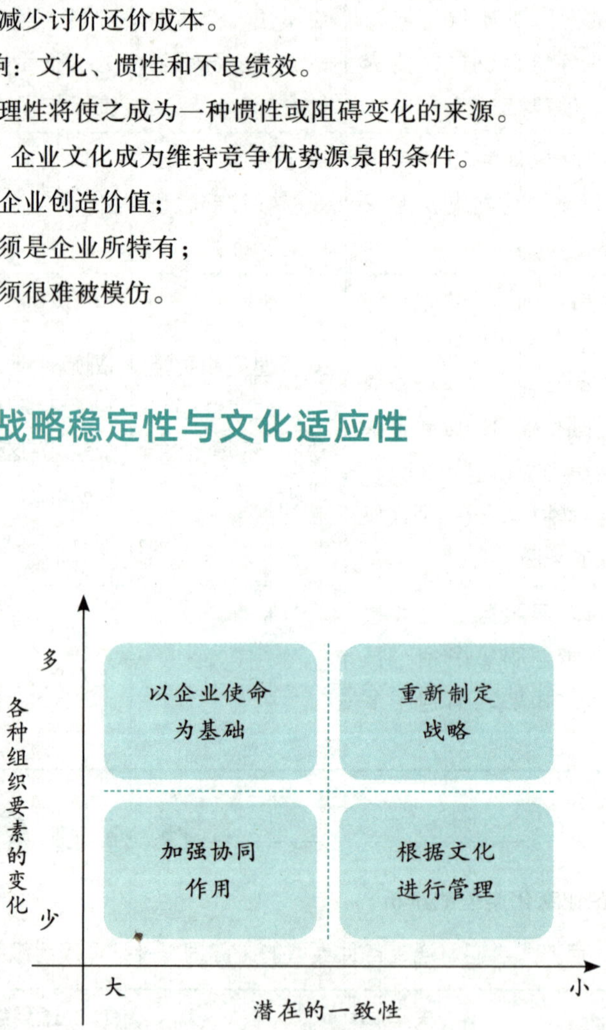

战略稳定性与文化适应性

（一）加强协同作用（稳步前进）

（1）多采用稳定战略；

（2）应继续巩固和加强企业文化，且利用稳定期，解决企业生产经营中的问题。

（二）以企业使命为基础（不忘“初”心）

（1）有前途，固有文化良好，较易实施新战略；

（2）变革时，四项行动（基本原则：保持文化不变）：

①考虑基本使命；

②发挥现有人员的作用；

③确保调整后的奖励系统与目前的奖励行为保持一致；

④要进行与目前文化相适应的变革。

提示：企业开展规模较大转型时采用的处理方式。

（三）根据文化进行管理（求同存异）

在不影响企业总体文化一致的前提下，对新的经营方式实行不同的文化管理。

提示：企业开展部分业务变革时采用的处理方式。

（四）重新制定战略或进行文化管理（从头再来）

首先要考察是否有必要推行这个新战略。

（1）没有必要，企业需要考虑重新制定战略。

（2）确有必要（即从长远利益出发，必须实施不能迎合企业现有文化的重大变革），则需要对企业文化也做出重大变化（组织发生变革，文化也要变革）。

（3）变革时，四项行动（基本原则：确保新文化落地）：

①向全体员工讲明变革的意义；

②招聘或从内部提拔一批与新文化相符的人员；

③重点奖励具有新文化意识的事业部或个人；

④倡导并形成新的行为规范。

通关绿卡

命题角度：处理战略稳定性与文化适应性关系的方法辨析。

第一步：判断横、纵坐标的大小或多少。

需要准确理解横纵坐标的含义：

（1）组织要素变化多/少：考题中常涉及的组织要素包括：组织结构、业务范围、生产作业程序等。需要提醒的是，题干中若出现“实施新战略”等字眼，并不能直接等同于组织要素变化多，还需要结合题目中的其他信息综合判断才行。

（2）（文化的）潜在一致性大/小：常见的命题套路为“企业推行了某项新制度，是否得到了员工的支持”。若支持，则为一致性大；若反对，则为一致性小。因为“制度是文化的落地”，所以制度变革可视为文化变革。除了“制度”之外，企业使命、行为准则、服务理念等都可视为企业文化的范畴。

第二步：定位象限。

若对象限熟悉，可直接依据第一步进行判断。若对象限不熟悉，可参考以下的方式进行理解：

（1）组织要素变化少，潜在一致性大：说明“业务没变，文化没变”，两者都没变，那就继续好好经营：加强协同作用。

（2）组织要素变化多，潜在一致性小：说明“业务变了，文化变了”，两者都变了，很难继续好好经营：重新制定战略。

（3）组织要素变化多，潜在一致性大：说明“业务变了，文化没变”，由于大方向改变，企业需找到发展的支柱，只有不忘初心，才能“以不变应万变”：以企业使命为基础。

（4）组织要素变化少，潜在一致性小：说明“（总体）业务没变，（新业务）文化变了”，只要大方向不变，就可以选择求同存异：根据文化进行管理。

第58记 战略失效与战略控制

1分

（一）战略失效的原因

（1）企业内部缺乏沟通，企业战略未能成为全体员工的共同行动目标，企业成员之间缺乏协作共事的愿望；

（2）战略实施过程中各种信息的传递和反馈受阻；

（3）战略实施所需的资源条件与现实存在的资源条件之间出现较大缺口；

（4）用人不当，主管人员、作业人员不称职或玩忽职守；

（5）公司管理者决策错误，使战略目标本身存在严重缺陷或错误；

（6）企业外部环境出现了较大变化，现有战略一时难以适应等。

（二）战略失效的类型

类型	内容
早期失效 “跑偏”	在战略实施初期，由于新战略还没有被全体员工理解和接受，或者战略实施者对新的环境、工作还不适应，导致战略失效
偶然失效 “意外”	在战略实施过程中，因为一些意想不到的偶然因素导致的战略失效
晚期失效 “越跑越偏”	当战略推进一段时间之后，之前对战略环境条件的预测与现实之间的差距，会随着时间的推移变得越来越大，战略所依赖的基础就显得越来越糟，从而造成战略失效

（三）战略控制与预算控制

战略控制	预算控制
期间比较长，从几年到十几年以上	期间通常为一年以下
定性方法和定量方法并用	定量方法
重点是内部和外部	重点是内部
不断纠正行为	通常在预算期结束之后采用纠正行动

2分

第59记

战略控制的方法——预算

项目	增量预算	零基预算
优点	（1）预算编制工作量较少，相对容易操作； （2）预算变动较小且循序渐进，为各个部门的经营活动提供了一个相对稳定的基础； （3）有利于避免因资金分配规则改变而引起各部门之间产生冲突； （4）比较容易对预算进行协调	（1）有利于根据实际需要合理分配资金； （2）有利于调动各个部门和员工参与预算编制的积极性； （3）增强员工的成本效益意识； （4）鼓励企业管理层和部门经理根据环境变化进行创新； （5）增加预算的科学性和透明度，提高预算管理水平
缺点	（1）没有考虑经营条件和经营情况的变化； （2）容易使企业管理层和部门经理产生维持现状的保守观念，不利于企业创新； （3）与部门和员工的业绩没有联系，没有提供降低成本的动力； （4）鼓励各部门用光预算以保证下一年的预算不减少； （5）随着业务活动及其开支水平的变化而失去合理性、可行性	（1）预算编制比较复杂，工作量大，费用较高； （2）如果过度强调眼前预算项目的需要，容易导致追求短期利益而忽视长期利益； （3）预算规则和业务项目开支标准的改变可能引起部门之间的矛盾和冲突

通关绿卡

命题角度：增量预算与零基预算的特点辨析。

客观题高频考点，辨析难度不大，某一种预算的优点基本可以对应另一种预算的缺点，仅需要准确把握其中一种预算的特点，便可得出正确结论。同学们可结合下表的总结进行辨析：

对比项目	增量预算	零基预算
编制工作量	小	大
对经营稳定性的影响	提供稳定基础	强调眼前，追求短期利益
是否易导致冲突	否	是
是否更合理、更贴近实际	否	是 （合理分配资金、且科学透明）
是否鼓励创新	否	是
是否鼓励降本	否 （鼓励用光）	是 （增强成本效益意识）

第60记　战略控制的方法——企业业绩衡量（2分）

（一）企业业绩衡量

类型	含义	典型指标
战略性业绩	与企业战略地位和战略目标相关的绩效（整体性、长期性）	市场竞争力、行业地位、企业成长性、企业声誉、重大创新
经营性业绩	与企业日常经营活动相关的业绩（局部性、短期性）	月度或年度的销售额、净利润额、资产回报率、质量合格率（“两额+两率”）

（二）财务衡量指标

（1）常见的财务衡量指标：

指标类型	指标
盈利能力和回报率指标	毛利率、净利润率、已动用资本报酬率（ROCE）
股东投资指标	每股盈余、股息率、市净率、市盈率
流动性指标	速动比率、流动比率、存货周转期、应收账款周转期、应付账款周转期
负债和杠杆指标	负债率、现金流量比率

（2）使用财务指标衡量的原因（优点）：

①通过比较不同时期的比率可以很容易地发现它们的变动。

②相对于实物数量或货币的绝对数值，比率对企业业绩的衡量更为适合。

③比率适合用作业绩目标。

④比率提供了总结企业业绩和经营成果的工具、方法，并可在同类企业之间进行比较。

（3）使用财务指标衡量的局限性（缺点）：

①信息获取存在困难。

②信息的使用存在局限性。

③比率在各个行业的理想标准不同，而且理想标准会随着时间推移发生改变。

④比率有时不能准确反映真实情况。

⑤比率有时体现的是被扭曲的结果。

⑥可能鼓励短期行为。

⑦忽略其他战略要素。

⑧激励、控制的人员范围有限。

（三）非财务衡量指标

（1）常见的非财务衡量指标。

评价领域	指标
服务	投诉数量；客户等待时间
人力资源	员工周转率；旷工时间；每个员工的培训时间
市场营销	销量增长；市场份额；客户数量
生产	工艺、流程先进性；质量标准
研发	技术专利数量和等级；设计创新能力
物流	设备利用能力；服务水平
广告	属性等级；成本水平
管理信息	及时性；准确度

（2）使用非财务指标衡量的原因（优点）：

①能够反映和监控非财务方面的经营业绩。

②通常比使用财务衡量指标提供企业业绩信息更为及时。

③容易被非财务管理人员理解并使用。

④有利于激励企业高管关注财务因素之外的因素甚至决定企业成败的战略因素。

⑤一些衡量企业长期业绩的非财务指标有利于避免短期行为。

⑥往往需要同时采用定性和定量分析衡量，因此能够更好地反映企业业绩的真实情况。

⑦激励、控制的人员范围较广，覆盖了对财务结果无任何责任的人员。

（3）使用非财务指标衡量的局限性（缺点）：

①不能使用统一的比率标准，因此不能容易地发现业绩变化或进行业绩比较。

②指标通常产生于各个经营部门并被它们分别使用，不能作为所有部门的共同业绩目标即企业整体性业绩目标。

③难以避免外部环境中某些因素的变化，造成不能客观、真实地衡量和反映企业业绩。

通关绿卡

命题角度：财务指标与非财务指标的特点辨析。

客观题高频考点，有一定辨析难度，同学们可结合下表，对比辨析：

对比项目	财务指标	非财务指标
是否便于比较（自身、同业）	√	×
是否适合衡量整体业绩	√	×
信息获取是否及时	×	√
是否反映真实情况	×	√ 提示：若外部环境变化，仍无法客观、真实
是否鼓励短期行为	√	×
是否考虑其他战略要素	×	√
激励、控制的人员范围	有限	较广

（四）ESG绩效衡量

1.ESG 评价原则

类型	具体内容
客观性	评价人员秉持诚实正直的职业道德和操守，以事实为依据，以资料和数据为客观证明，对企业ESG表现作出公正、公平、规范的评价

续表

类型	具体内容
独立性	评价人员独立开展评价活动，并且在任何情况下都应不带偏见，没有利益上的冲突。评价方法、过程和结果公开透明，不受被评价企业的影响
一致性	使用一致的时间维度、评价方法、评价过程和统计方法，使数据信息能为利益相关方提供有意义的比较
适宜性	评价方案应符合特定应用场景的特点和需求。对于有显著区别的应用场景，应选用不同的评价指标和评价方法

2.ESG 评价指标体系

类型	具体内容
环境维度	废物污染及管理政策、清洁制造、能源使用/消费、可再生能源、碳及温室气体排放、节能减排措施、水资源使用与管理、物料使用和管理、自然资源使用和管理、生物多样性、员工环境意识、绿色采购、环境成本核算、环境信息披露、碳交易与定价、绿色产品及绿色技术等
社会维度	国家战略响应、产业链协同、合作机制和平台、客户服务与权益保障、企业招聘政策、员工多元化与平等、员工满意度和流动率、员工权益、员工培训与发展、工作条件、职业健康安全、生产规范、产品安全与质量、供应商及供应链责任管理、应对公共危机、数据安全与隐私保护、社区参与和发展、精准扶贫、公益慈善等
治理维度	公司治理结构、股东权益保护、董事会独立性与多样性、高管薪酬、信息披露、组织结构、企业文化、ESG管理、反贪污受贿政策、纳税透明度、商业道德和行为规范、反不公平竞争、风险管理、创新发展、利益相关者关系等

3.ESG 评价方法

（1）收集信息数据。

（2）筛选指标。

（3）确定指标权重（考虑因素包括：行业特定性、公司战略目标、利益相关方期望、投资者偏好、法规和标准）。

（4）综合评分及评价等级。

第61记 2分 战略控制的方法——平衡计分卡

（一）平衡计分卡的业绩衡量角度及主要指标

角度	主要衡量指标
财务角度	（1）衡量角度：财务指标能够显示企业战略及其实施对提高企业盈利能力和股东价值做出的贡献； （2）主要指标：营业收入、销售增长率、利润增长率、资产回报率、股东回报率、现金流量、经济增加值等
顾客角度	（1）衡量角度：顾客指标用来衡量和反映企业在满足顾客需求、提高顾客价值方面的业绩； （2）主要指标：顾客满意度、顾客投诉率、投诉解决率、准时交货率、市场份额、客户保留率、新客户开发率、客户收益率等
内部流程角度	（1）衡量角度：内部流程指标用于衡量和确认企业在哪些业务流程上表现优异，需要加强或改进哪些业务流程才能保证战略落地； （2）主要指标：数字化信息系统覆盖率、计划准确率、设备利用率、订单准时交付率、采购成本和周期、项目进度及完成率、废物减排及利用率、安全事故率、接待客户的时间和次数、对客户诉求的反应时间以及员工建议采纳率和员工收入等
创新与学习角度	（1）衡量角度：创新与学习指标衡量和体现企业在人力资源管理以及建设创新型、学习型组织和文化方面的业绩； （2）主要指标：研发费用占销售额的比例、新产品销售额占总销售额的比例、专利等级和数量、数字化技术采用率、员工流动率、员工培训费用及次数、员工满意度等

（二）平衡计分卡的特点

平衡计分卡四个角度指标所包含的内容体现了五个方面的平衡：

（1）财务指标和非财务指标的平衡；

（2）长期目标（如创新与学习指标）和短期目标（如财务指标）的平衡；

（3）结果性指标（如财务指标）与动因性指标（如内部流程指标、创新与学习指标）之间的平衡；

（4）内部利益相关者（员工）与外部利益相关者（股东、客户）的平衡；

（5）领先指标（即预期性指标）与滞后指标（即结果性指标）之间的平衡。

通关绿卡

命题角度：平衡计分卡指标的辨析。

客观题考点，有一定辨析难度，作如下几点重要提示：

（1）顾客角度中，易忽略的指标是“准时交货率”和“市场份额”；

（2）从大类角度，财务指标是结果性指标，内部流程指标和创新与学习指标是动因性指标；从小类角度，部分内部流程指标与部分顾客指标、创新与学习指标之间也存在因果关系，例如：

①内部流程角度VS顾客角度：

内部流程角度（因）	顾客角度（果）
接待客户的时间和次数、对客户诉求的反应时间	顾客满意度、顾客投诉率

②内部流程角度VS创新与学习角度：

内部流程角度（因）	创新与学习角度（果）
员工建议采纳率、员工收入	员工满意度

（3）创新与学习指标中，既包括创新类指标，且通常与“研发”“新产品”“技术”有关，也包括“学习类”指标，且通常与“员工”有关。

（4）某一指标可以划归在多个指标类型中，例如“销售增长率”既可以是财务指标，也可以纳入顾客指标；“数字化信息系统覆盖率”既可以是内部流程指标，也可以是创新与学习指标。

第62记 数字化技术及其对公司战略的影响

3分

4-13

（一）数字化技术的发展历程——信息化、数字化与智能化

类型	通俗解释	关系
信息化	业务数据化； 具体应用：ERP、OA系统	信息化、数字化、智能化联系紧密，相互衔接，推动产业升级。数字化是信息化的高阶阶段，是信息化的广泛深入运用。智能化是信息化、数字化的最终目标，也是发展的必然趋势
数字化	数据业务化； 具体应用：BI系统	
智能化	人机交互； 具体应用：ChatGPT	

（二）数字化技术应用领域

（1）**大数据**：大数据的主要特征为：大量性、多样性（结构化+半结构化+非结构化）、高速性（产生快、时效强、处理快）、价值性（价值巨大，但是价值密度低）。

（2）**人工智能**。

（3）**移动互联网**。

（4）**云计算**：云计算包括以下几个层次的服务：IaaS（基础设施级服务）、PaaS（平台级服务）、SaaS（软件级服务）。

（5）**物联网**：物联网应用中的三项关键技术包括传感器技术、射频识别（RFID）技术、嵌入式系统技术。

（6）**区块链**：区块链就是由一个又一个保存了一定的信息，按照它们各自产生的时间顺序连接而成的链条，它是分布式数据存储、点对点传输、共识机制、加密算法等计算机技术的新型应用模式。

（三）数字化技术对公司战略的影响

影响方面	要点
对组织结构的影响	（1）大趋势：组织结构向平台化转型； （2）过渡形态：构建传统与数字的融合结构； （3）目标形态：以新型组织结构为主要形式： ①团队结构：是以团队作为协调组织活动的主要方式。 ②虚拟组织：是组织扁平化在企业之间的形式，是以信息流管理为核心能力的组织。是当市场出现新机遇时，具有不同资源与优势的企业为了共同开拓市场，共同对付其他的竞争者而组织、建立在信息网络基础上的共享技术与信息，分担费用，联合开发的、互利的企业联盟体
对经营模式的影响	（1）互联网思维的影响； （2）多元化经营的影响； 提示：此处“多元化经营”并非“多元化战略”，而是指经营渠道上的多元。 （3）消费者参与的影响
对产品和服务的影响	（1）个性化：满足消费者的个性化需求（服务、社交、分享、沟通）； （2）智能化：通过抓取数据、分析数据，为消费者提供更好的使用体验； （3）连接性：为消费者提供一个无缝的使用场景（万物互联）； （4）生态化：促进低碳化发展，赋能生态发展
对业务流程的影响	（1）促进了业务流程重组：数字化技术帮助梳理现有业务流程，发现缺陷、障碍和瓶颈，进而推动业务流程重组。 （2）促进了业务流程创新：打破传统规则，建立全新工作方式（如采用各类自动化软件、机器人智能系统、可视化工具等），帮助企业探索新的商业模式和市场机会，开辟新的业务领域和增长路径。

续表

影响方面	要点
对业务流程的影响	（3）提高了企业信息和知识存储、传播的能力：推动了大量基于云端的协作工具和软件的出现（如企业云盘），既可以更好地完成知识沉淀，也可以便于管理者基于云的办公场景构建具有更高效率的内部管理和外部协同体系。 （4）增强了数据驱动决策的能力：企业能够更准确地收集和分析各种业务数据，从而产生更深刻的业务洞见并为正确决策提供更优的支持。 （5）加强了沟通与协作：通过数字化平台，企业各个部门的员工可以随时随地访问业务系统和相关信息，实时沟通和协作，减少乃至消除了信息孤岛现象，提高了各项业务工作的协调性连续性和效率

通关绿卡

命题角度1：数字化技术对经营模式的影响。

主观题高频考点，同学们需要准确背记数字化技术对经营模式影响的三个方面，并能够基于案例进行分析。同学们可按照以下总结定位案例线索：

原文	内涵或关键词
互联网思维的影响	依托数字化技术，构建了×××或形成了×××，或以更好的产品和服务满足消费者的个性化需求
多元化经营的影响	依托信息技术，实现全渠道布局（或O2O）、上下游整合、合作伙伴共赢等
消费者参与的影响	消费者参与企业的运作过程中，企业能与消费者互动，了解真实的市场需求

命题角度2：数字化技术对产品和服务影响的辨析。

客观题和主观题考点，难度适中，建议同学们抓住关键词进行辨析：

影响	关键词
个性化	通过提取消费者的偏好信息，发现消费者隐性需求和个性化需求
智能化	通过电子元器件抓取数据并进行分析，为消费者提供更智能化的产品（例如，产品具有自主感知、学习、决策等功能）
连接性	万物互联，创造更多商业机会
生态化	低碳化发展，提高效率、节约资源、降低能耗

第63记 2分

数字化战略转型的主要方面

转型领域	具体细分领域	具体细分领域
技术变革	数字化基础设施建设	（1）主干网与互联网接口带宽； （2）主干网网络覆盖率； （3）数据安全措施应用率
	数字化研发	（1）新产品产值率； （2）R&D投入强度； （3）员工人均专利数
	数字化投入	（1）数字化投入占比； （2）数字化设备投入占比； （3）数字化运维投入占比； （4）数据安全投入占比
组织变革	组织架构	（1）数字化部门领导者地位； （2）企业管理层级数量
	数字化人才	（1）数字化人才比重； （2）数字化技能员工覆盖率； （3）初级数字化技能人才培训支出比
管理变革	业务数字化管理	（1）电子商务采购比率； （2）数字化仓储物流设备占比； （3）订单准时交付率； （4）数据可视化率
	生产数字化管理	（1）作业自动化编制及优化排程比例； （2）与过程控制系统（PCS）或生产执行系统（MES）直接相连的数字化设备占比； （3）数字化检测设备占比； （4）在线设备管理与运维比例
	财务数字化管理	（1）ERP系统覆盖率； （2）资金周转率； （3）库存资金占有率
	营销数字化管理	（1）更大、更多元的客群（数字化技术）； （2）更完整的客户信息（CRM+DW+BI）； （3）精准营销、内容营销、数字化的客户生命周期管理

记忆口诀

命题角度：数字化战略转型的主要方面。

（1）转型领域：

口诀：机关组织；

解释：机（技术变革）关（管理变革）组织（组织变革）。

（2）技术变革的具体细分领域：

口诀：投入1 000万元研发费用做基建；

解释：投入（数字化投入）1 000万研发费用（数字化研发）做基建（数字化基础设施建设）。

（3）组织变革：

口诀：成立了专门的团队、聘请了若干专家；

解释：成立了专门的团队（组织架构）、聘请了若干专家（数字化人才）。

（4）管理变革：

口诀：四位专家分别是“夜莺生财”；

解释：四位专家分别是业务专家（业务数字化）、营销专家（营销数字化）、生产专家（生产数字化）、财务专家（财务数字化）。

第64记 2分 数字化战略转型的困难和任务

4-15

（一）数字化战略转型面临的困难

（1）网络安全与个人信息保护问题。

（2）数据容量问题。

（3）“数据孤岛”问题。

（4）核心数字技术问题。

（5）技术伦理与道德问题。

（6）法律问题。

（二）数字化战略转型的主要任务

（1）构建数字化组织设计，转变经营管理模式。

（2）加强核心技术攻关，夯实技术基础。

（3）打破“数据孤岛”，打造企业数字化生态体系。

（4）加快企业数字文化建设。

（5）利用新兴技术，提升公司网络安全水平。

（6）重视数字伦理，提升数字素养。

记忆口诀

命题角度1：数字化战略转型面临的困难。

口诀：安陵容无心无德无法无天，孤苦伶仃。

解释：安（安全）陵容（容量）无心（核心技术）无德（伦理道德）无法（法律）无天，孤（数据孤岛）苦伶仃。

命题角度2：数字化战略转型的主要任务。

口诀：在“安陵容无心无德无法无天，孤苦伶仃”的基础上，加上“组织”和“文化”。

第五模块

公司治理

【学习提要】

（1）近三年考试分值：约6分。

（2）学习方法：重点内容为“公司治理的主要问题”“内部治理结构”“外部治理机制”以及新增的“管理实践发展与公司治理”，需准确背记标题性内容，并加以灵活运用。

（3）本模块同《打好基础》第五章。

脉络图（第65记～第70记）

1.公司治理是什么？

·定义：狭义+广义

·特征

股份结构分散

所有权与经营权分离

·五大理论：

委托代理理论

资源依赖理论

利益相关者理论

产权理论

不完全契约理论

2.公司治理有哪些问题？

（1）股东与经理层之间的利益冲突（或内部人控制问题）

·主要表现

·治理对策

（2）大股东与中小股东之间的利益冲突（或隧道挖掘问题）

·主要表现

·治理对策（中小股东利益保护）

（3）股东与其他利益相关者之间的利益冲突

·主要表现

·治理对策

3.如何解决公司治理的问题？

（1）内部治理结构

·股东会

·董事会

·监事会

·经理层

·国有企业各级党委（党组）

（2）外部治理机制

·市场机制：

产品市场、资本市场、经理人市场

·监督机制：

行政、司法、中介机构执业、舆论

第65记 公司治理的概念与相关理论 1分

（一）企业制度演进与现代公司发展

（1）古典时期（业主制+合伙制）：不具有法人资格，承担无限责任。

提示：特殊的普通合伙企业的相关内容。

项目	掌握要点
责任承担	（1）因故意或重大过失造成的债务：坏人无限责，他人有限责（财产份额为限）； （2）非因故意或重大过失造成的债务：全体无限责
优点	（1）整体：吸引专业人士，提高专业水平和行业竞争力； （2）对外：监管严、要求高，客户信任度更高，更有利于推广市场和维护客户关系； （3）对内：利润分配方式灵活，可自行商定
缺点	（1）风险高：过错或过失可能导致重大财务风险； （2）转让难：股权转让受到限制； （3）业务窄：仅适用于特定行业，限制业务拓展和多元化经营

（2）现代时期（公司制）：具有法人资格（规模增长、永续生命）、承担有限责任。

（二）公司治理的定义

1. 狭义定义

通过一种制度安排，合理地配置所有者和经营者之间的权力和责任关系——保证股东利益的最大化，防止经营者对所有者利益的背离。

2. 广义定义

通过一套包括正式或非正式的、内部或外部的制度或机制来协调公司与所有利益相关者之间的利益关系——保证公司决策的科学性与公正性（而非局限于权力制衡），从而最终维护各方面的利益。

（三）公司治理相关理论

理论	主要观点
委托代理理论	（1）生产力发展使得分工进一步细化，所有者由于知识、能力和精力的原因不能行使所有的权利； （2）专业化分工产生了一大批具有专业知识的代理人，他们有精力、有能力代理行使好被委托的权利
资源依赖理论	（1）资源的依赖状况决定企业内部的权力分配状况； （2）资源依赖理论解释了企业董事会的功能
利益相关者理论	企业的经营管理者为综合平衡各个利益相关者的利益要求而从事管理活动。与传统的股东至上主义相比较，该理论认为任何一个企业的发展都离不开各利益相关者的投入或参与，企业追求的是利益相关者的整体利益，而不仅仅是某些主体的利益
产权理论	（1）产权的四个特征：明确性、专有性、可转让性、可操作性。 （2）应用（明确产权的作用）：激励机制、约束机制、决策效率（减少内部冲突和不确定性）、资源配置（通过产权交易和重组）、风险分配（利益相关者之间分配）

续表

理论	主要观点
不完全契约理论	（1）不完全契约的世界里，在无法详细描述未来偶然状态的情况下，除了契约已规定的特定控制权外，剩余控制权的事前配置（通过财产的所有权实现配置）是必需的。 （2）公司治理结构体现了剩余控制权的配置，因为控制权是公司治理的基础，公司治理结构是控制权的实现形式

第66记 公司治理的主要问题——股东与经理层之间的利益冲突（或内部人控制问题）

2分

5-2

（一）主要表现

类型	主要表现
违背忠诚义务	（1）过高的在职消费； （2）盲目过度投资，经营行为的短期化； （3）侵占资产，转移资产； （4）工资、奖金等收入增长过快，侵占利润； （5）会计信息作假、财务作假； （6）建设个人帝国
违背勤勉义务	（1）信息披露不完整、不及时； （2）敷衍偷懒不作为； （3）财务杠杆过度保守； （4）经营过于求稳、缺乏创新等

（二）治理对策

（1）完善公司治理体系，加大监督力度。

（2）强化监事会、审计委员会等的监督职能。

（3）加强内部审计工作。

（4）完善和加强公司的外部监督体系。

第67记 2分 公司治理的主要问题——大股东与中小股东之间的利益冲突（或隧道挖掘问题）

（一）主要表现

1. 滥用企业资源——违背勤勉义务

典型举例：终极股东是家族企业，为了家族荣耀等目标采取过度保守的经营策略。

2. 占用企业资源——违背忠实义务

<table>
<tr><th>大类</th><th>小类</th><th>具体释义</th></tr>
<tr><td rowspan="3">直接占用资源</td><td colspan="2">直接借款、利用控制的企业借款、代垫费用、代偿债务、代发工资、利用公司为终极股东违规担保、虚假出资</td></tr>
<tr><td colspan="2">预付账款（上市公司预付给大股东）</td></tr>
<tr><td colspan="2">占用企业商标、品牌、专利等无形资产、抢占公司的商业机会</td></tr>
<tr><td rowspan="3">关联性交易
（前提：以非市场价格进行的交易）</td><td>商品服务交易活动</td><td>大股东对于商品或服务的“高卖低买”</td></tr>
<tr><td>资产租用和交易活动</td><td>大股东对于资产的“高卖低买”</td></tr>
<tr><td>费用分摊活动</td><td>上市公司和控股母公司常共同分担费用，终极股东可能会利用费用分摊活动从上市公司获取利益</td></tr>
<tr><td rowspan="3">掠夺性财务活动</td><td>掠夺性融资</td><td>（1）通过财务作假骗取融资资格、虚假包装及过度融资；
（2）向终极股东低价定向增发股票</td></tr>
<tr><td>内幕交易</td><td>大股东利用所知悉、尚未公开的重大信息来进行内幕交易，谋取不当利益</td></tr>
<tr><td>掠夺性资本运作</td><td>大股东对于股权的“高卖低买”</td></tr>
</table>

（二）治理对策——如何保护中小股东的权益

（1）累积投票制；

（2）建立有效的股东民事赔偿制度；

（3）建立表决权排除/回避制度；

（4）完善小股东的代理投票权；

（5）建立股东退出机制。

1分

第68记 公司治理的主要问题——股东与其他利益相关者之间的利益冲突

（一）主要表现

传统股东价值理论认为，公司归股东所有，公司的首要职责是为股东创造价值，所对应的治理模式也是以股东利益最大化为核心目标。但是，公司治理的实践表明：过度关注投资者利益将会忽略债权人（如股息支付与债权实现的冲突、过度债务与风险及控制权滥用）、员工、供应商、社区、顾客等与其密切相关的利益群体，甚至会产生股东与其他利益相关者之间的利益冲突。

（二）治理对策

任何一个企业的发展均离不开各种利益相关者的投入与参与。他们应当拥有企业的剩余控制权，企业的经营决策者必须考虑他们的利益并给予相应的报酬或补偿。

提示：股东与其他利益相关者之间的利益冲突既可以表现为股东本身与其他利益相关者存在的利益冲突（尤其关注股东与债权人之间的关系），也可以表现为公司整体与其他利益相关者存在的利益冲突。

通关绿卡

命题角度：公司治理主要问题的辨析。

客观题和主观题高频考点，难度适中。

一方面，要准确背记这三类问题的表现（尤其是前两大问题）；另一方面，在判断问题类型时，不能凭“问题表现”辨析，而是要找到“谁在犯坏”，具体而言：

（1）股东与经理层之间的利益冲突或内部人控制问题：经理层在“犯坏”，案例中“经理层”可以表现为董事会、董事、经理层、管理层、财务负责人、财务总监等。

（2）大股东与中小股东之间的利益冲突或隧道挖掘问题：大股东在“犯坏”，案例中“大股东”通常表现为终极股东、控股股东、实际控制人。

举例1：“某企业未按规定披露关联交易”，虽然出现了“关联交易”，但不应将其直接判断为隧道挖掘问题，因为这句话的重点在于“未按规定披露”，而这往往是公司财务负责人的责任，属于典型的经理层“犯坏”。即使题目涉及与大股东有关的关联交易，也要看该关联交易是否是以不合理的价格向大股东输送利益，如果价格合理，则可能不属于“犯坏”。

举例2：“财务作假”这一行为，也需要分情况讨论。如果是各类经理层指使的财务造假，则属于内部人控制问题（违背忠诚义务），如果是大股东指使的财务造假并以此骗取资金，则属于隧道挖掘问题（掠夺性融资）。

另外，近年考试中还会出现第三类问题，即“股东与其他利益相关者之间的利益冲突”，案例线索通常表现为股东或企业与其他利益相关者之间存在冲突或“鸡鸣狗盗”之事，其他利益相关者包括债权人（重点关注）、供应商、渠道商、员工等。

第69记 公司内部治理结构

2分

（一）公司内部治理结构的模式

模式	掌握要点
外部控制	（1）股大债小，用脚投票，股权分散，无心发展。 （2）单层董事会（兼具决策职能和监督职能）、不设监事会
内部控制	（1）股小债大，用手投票，股权集中，稳定犯懒。 （2）双层董事会（监事会+执行董事会）
家族控制	两权合一、集中决策、容易独裁、难以规范

（二）公司内部治理结构各方主体的权利和义务

治理机构	掌握要点
股东会	（1）决定公司关键人员人事任免：公司的董事、监事等关键人员的选举、更换及其薪酬安排等事项都由股东会决定，以约束公司董事或监事履职，保障股东权益。 （2）决定公司重要事项：监督董事会和监事会工作，审议和批准董事会和监事会的报告；决定公司利润分配、发行债券、注册资本变更、公司章程修改、合并、分立、解散和清算等重大事项
董事会	（1）决策监督：负责公司的重大经营决策，同时监督公司经理层履职情况，包括决定经营计划和投资方案、决定公司内部管理机构设置、决定公司经理层和财务负责人等关键管理人员任免、制定利润分配方案、制定注册资本变更或债券发行方案和制定公司的基本管理制度等。 提示：独立董事的决策监督职权。独立董事能够更加客观理性地发表意见并能够对公司的内部利益相关方之间的潜在重大利益冲突、公司财务及审计等事项进行监督。 （2）咨询：为公司提供咨询服务，表现为董事会中成立的许多专门委员会。 提示：独立董事的咨询职权。一是提供专业客观的建议；二是提供公司稀缺资源
监事会	（1）监督“人”：对公司董事、高级管理人员行为进行监督，纠正董事、高级管理人员的利益损害行为，必要时可以向董事和高级管理人员提出罢免建议或提起诉讼。 （2）监督“事”：发现公司财务、经营等情况异常，可以进行调查；必要时，可以聘请会计师事务所等协助其工作。 （3）提案：有权提议召开临时股东会会议，并有权向股东会会议提案。 （4）质询：可以列席董事会会议，并对董事会决议事项提出质询或者建议

续表

治理机构	掌握要点
经理层	主持工作；组织实施；拟定/制定方案、制度和规章；提请人选（副经理、财务负责人）；决定人选（其他管理人员）
党委（党组）	（1）作用：国有企业党委（党组）应当发挥领导作用，把方向、管大局、保落实，重大经营管理项必须经党委（党组）研究讨论后，再由董事会或者经理层作出决定。 （2）“双向进入、交叉任职”： ①符合条件的党委（党组）班子成员可以通过法定程序进入董事会、监事会、经理层。 ②董事会、监事会、经理层成员中符合条件的党员可以依照有关规定和程序进入党委（党组）。 ③党委（党组）书记、董事长一般由同一人担任，党员总经理担任副书记。 ④确因工作需要由上级企业领导人员兼任董事长的，根据企业实际，党委书记可以由党员总经理担任，也可以单独配备

第70记 公司外部治理机制 2分

（一）市场机制

类型	掌握要点（通俗释义）
产品市场	如果经理层不努力，公司可能会经营不善甚至破产
资本市场	如果经理层不努力，公司可能会被接管和兼并（或股价下跌）
经理人市场	如果经理层不努力，他自身的职业生涯和声誉也会受损

（二）外部监督机制

监督机制	掌握要点
行政监督	（1）实施主体：行政监督部门（证监会、财政部、国资委、银保监会等）。 （2）监督方式：制止和纠正、细化和完整（具有主动性）
司法监督	（1）实施主体：司法部门（公检法）。 （2）监督方式：约束和制裁、救济和保护（具有被动性，但最有强制力、最有效率）

续表

监督机制	掌握要点
中介机构执业监督	（1）实施主体：会计师事务所、律师事务所、投资银行、资信评级等中介机构。 （2）监督方式：审计、核查验证
舆论监督	（1）实施主体：公众、媒体。 （2）监督方式：揭露、调查披露等

第71记 管理实践发展与公司治理 1分

<table>
<tr><th>管理实践</th><th>对公司治理的影响</th><th>具体表现</th></tr>
<tr><td>双重股权结构</td><td colspan="2">（1）优点：控制权集中、融资便利、决策高效、发展稳定、投资价值提高。
（2）缺点：削弱内部监督、弱化市场监督（通过盈余管理掩盖负面信息和真实的财务状况）、造成利益冲突、阻碍公司治理改革（结构僵化和落后）</td></tr>
<tr><td rowspan="5">可持续发展</td><td>优化公司治理结构</td><td>建立多元化董事会，引入独立董事和职工董事等</td></tr>
<tr><td>完善公司治理机制</td><td>完善决策机制、内控机制和监督机制等</td></tr>
<tr><td>提升公司治理水平</td><td>治理更加规范、透明和高效</td></tr>
<tr><td>提高信息披露质量</td><td>披露ESG指标和信息；强化审计委员会监督职责</td></tr>
<tr><td>推动公司治理国际化</td><td>具备国际化视野和理念，参与国际竞争与合作</td></tr>
<tr><td rowspan="4">数智化</td><td>提升治理效率</td><td>降低获取信息的成本和门槛，延伸信息流通渠道</td></tr>
<tr><td>提高信息透明度</td><td>提高信息的透明度和可追溯性，打破信息孤岛，降低信息不对称程度，更好地了解企业真实的运营状况和财务状况，并对企业进行监督</td></tr>
<tr><td>优化企业决策</td><td>基于大量数据，驱动企业决策（如更准确地把握市场趋势、客户需求和竞争态势），优化决策机制（如将董事会流程数字化）</td></tr>
<tr><td>赋能外部治理机制</td><td>（1）赋能资本市场治理：外部监督力量纳入统一的信息治理网络。
（2）驱动产品竞争市场治理：企业更准确地分析消费数据，作出市场决策；消费者借助技术优势，积极参与治理与监督。</td></tr>
</table>

续表

管理实践	对公司治理的影响	具体表现
数智化	赋能外部治理机制	（3）重构控制权市场治理：关键主体转变至“创始人及其业务团队”、治理范式转变至“以企业家为中心”、治理目标转变至“保证创业团队控制权稳定”

提示：双重股权结构的特点。

（1）同股不同权：A类股，一股一票，投资者和公众股东持有；B类股，一股多票，创始团队持有。

（2）现金流权（或利益分配权，B=A）与控制权（B>A）分离。

（3）股东权益的可变动性不同（B<A）。

【斯考卡片】
扫码背重点

280

第六模块

风险与风险管理

【学习提要】

（1）近三年考试分值：约18分。

（2）学习方法：以客观题为主，主观题的高频考查内容是企业面对的主要风险与应对，有一定背记压力，但需要同学们明确哪些要重点背记，哪些可适当放弃，有的放矢才会更加高效。

（3）本模块同《打好基础》第六章～第八章。

脉络图（第72记～第99记）

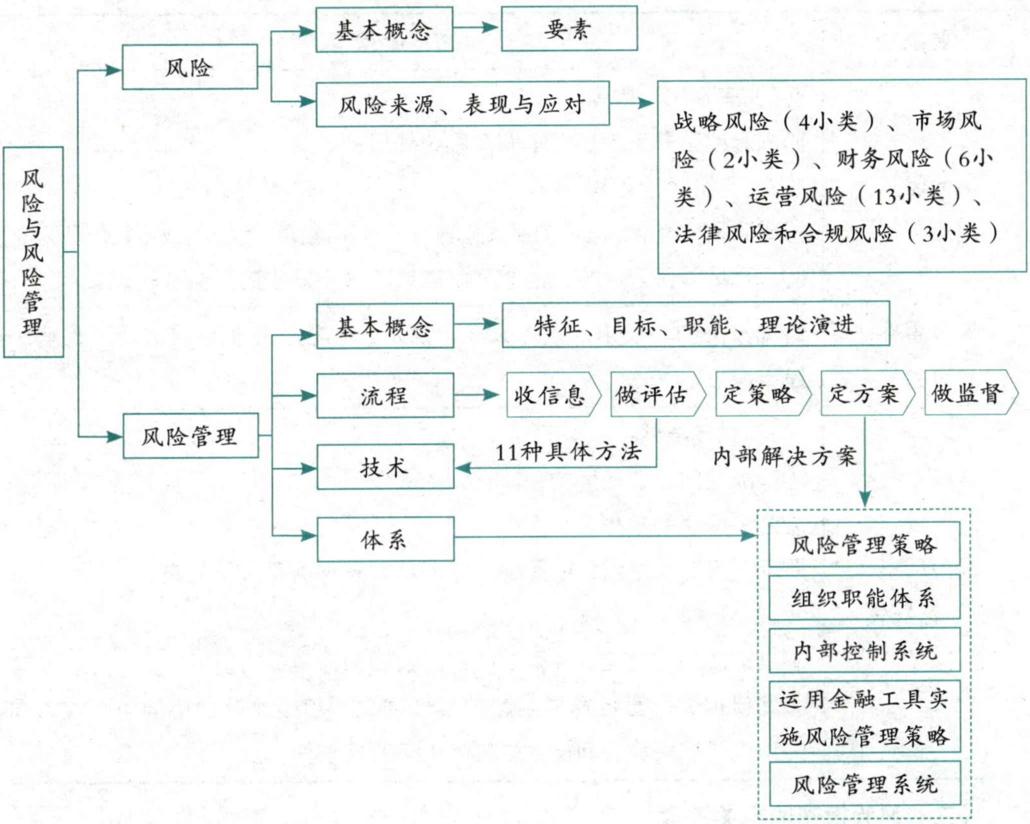

1分

第72记

风险与风险管理相关概念

（一）风险的相关概念

1. 对于风险的理解

（1）企业风险与企业战略和绩效相关。

（2）风险是一系列可能发生的结果，而不能简单地理解为最有可能的结果。

（3）风险既具有客观性，又具有主观性。

（4）风险往往与机遇并存。

2. 风险的要素

要素	掌握要点
风险因素	（1）有形风险因素： 如水源或空气污染、汽车刹车系统失灵； （2）无形风险因素： ①道德风险因素：与人的品德修养有关（不诚实、不正当或不轨企图）； ②心理风险因素：与人的心理状态有关（主观上的过失或疏忽）
风险事件（事故）	造成损失的偶发事故，如火灾、洪水、地震、车祸、核泄漏、疾病、股市崩盘
风险后果（仅讨论损失）	（1）构成要件： ①非故意的、非预期的和非计划的； ②经济价值的减少。 提示：折旧、馈赠、因受到惊吓而精神失常均不属于损失。 （2）分类： ①直接损失：风险事件导致的财产损毁和人身伤害。 ②间接损失：直接损失引起的其他损失，包括额外费用损失、收入损失和责任损失等。间接损失有时大于直接损失

（二）风险管理的相关概念

（1）风险管理的决策主体是风险管理单位（个人、家庭、企业、政府、事业单位、社会团体、国际组织等）。

（2）风险管理的核心是降低损失并致力于创造价值。

（3）风险管理的对象可以是纯粹风险，也可以是投机风险。

（4）风险管理过程是决策和控制的过程。

第73记 1分

风险管理的特征、目标与职能

（一）风险管理的特征

特征	阐述
客观性	风险不以人的意志为转移；风险是不可能彻底消除的
战略性	风险管理主要运用于企业战略管理层面
可行性	风险虽然不可完全避免，但防范与控制风险是可能的，分散和转移风险成本也是可能的。在成本有效的情况下，风险管理成本越大，风险损失成本可能越低；风险管理成本越小，风险损失成本可能越高
系统性	全面风险管理必须拥有一套系统的、规范的方法，建立健全全面风险管理体系。具体体现在全面性、广泛性（涉及多个领域）、全员性（由治理层、管理层、所有员工参与）
专业性	风险管理需要专业人才实施专业化管理
二重性	企业全面风险管理的商业使命在于：损失最小化管理、不确定性管理、绩效最优化管理。全面风险管理既要管理纯粹的风险，也要管理投机风险

（二）风险管理的目标

1. 目标设置原则

（1）一致性原则：风险管理目标与企业总体战略目标一致；

（2）现实性原则：风险管理目标要具有客观可能性；

（3）明晰性原则：风险管理的目标明确，在有效地实施后能够进行效果评价；

（4）层次性原则：根据层级、主次、职能等，将风险管理目标进行有效的划分，权责相应，提升风险管理的效果。

2. 具体目标

具体目标	释义	辅助理解
基本目标	企业和组织在面临风险和意外事故的情形下能够维持生存和发展，同时要确保企业遵守有关法律法规和规章	活着
核心目标	确保风险管理与总体战略目标相匹配，实现企业价值最大化	活得健康
直接目标	保证组织的各项活动恢复正常运转；尽快实现企业持续稳定的收益	有问题能快速恢复
支撑目标	风险管理融入企业文化	健康或养生意识

（三）风险管理的职能

（1）计划职能。

风险管理的计划职能是指通过对企业风险的识别、分析、评价和选择风险应对的手段，设计管理方案，并制订风险应对的实施计划。

（2）组织职能。

风险管理的组织职能是根据风险管理计划，对风险管理单位的活动及其生产要素进行的分派和组合（人、财、物的结合）。

（3）指导职能。

风险管理的指导职能是对风险应对计划进行解释、判断，传达计划方案，交流信息和指挥活动，也就是组织该机构的成员去实现风险管理计划。

（4）控制职能。

风险管理的控制职能是指对风险应对计划执行情况的检查、监督、分析和评价，也就是根据事先设计的标准，对计划的执行情况进行测定、评价和分析，对计划与实际不符之处予以纠正。

记忆口诀

命题角度：风险管理的职能。

上述四项职能的基本逻辑顺序是定计划（计划职能）→作分工（组织职能）→详解释（指导职能）→常监督（控制职能）。

1分

第74记

风险管理理论的演进

6-3

（一）风险管理理论的演进

（1）传统风险管理思想。

风险管理的对象主要是不利风险，风险管理的主要策略是风险回避和风险转移，保险是最主要的风险管理工具。

（2）现代风险管理理论。

内部控制理论崭露头角→内部控制涉及企业组织结构、岗位职责、人员分工和业务处理流程→出现“内部控制结构”概念→明确内部控制定义（COSO框架）。

内部控制的定义和内涵，具体包括：

①内部控制是一个过程，它是实现目标的手段，而非目标本身。

②内部控制是由人来实施的，涉及组织各个层级人员的活动。

③内部控制可以为主体目标的实现提供合理的保证，但不能提供绝对的保证。

④内部控制目标包括经营目标、财务报告目标和合规目标等多个彼此独立又相互交叉的目标，因此，内部控制不只限于会计控制或管理控制。

（3）当代风险管理理论。

（二）我国风险管理的规范与指引

时间	关键进展
2006年	国资委印发《中央企业全面风险管理指引》，要求中央企业根据自身实际情况开展全面风险管理工作。这是我国第一个权威性的风险管理框架，标志着我国的风险管理理论和实践进入了一个新的历史阶段
2008年	财政部会同证监会、审计署、银监会、保监会制定并印发了《企业内部控制基本规范》（简称“基本规范”），要求上市公司应当对本公司内部控制的有效性进行自我评价，披露年度自我评价报告，并可聘请会计师事务所对内部控制的有效性进行审计。该基本规范确立了我国企业建立和实施内部控制的基础框架
2010年	财政部会同证监会、审计署、银监会、保监会制定并印发了《企业内部控制配套指引》，其中包括18项《企业内部控制应用指引》《企业内部控制评价指引》和《企业内部控制审计指引》。《基本规范》《应用指引》《评价指引》和《审计指引》四个类别构成一个相辅相成的整体，标志着适应我国企业实际情况、融合国际先进经验的中国企业内部控制规范体系基本形成

1分
第75记

风险管理的流程——第一步：收集风险管理初始信息

6-4

风险管理基本流程的第一步，要广泛地、持续不断地收集与本企业风险和风险管理相关的内、外部初始信息，包括历史数据和预测数据。例如：

（1）分析战略风险。

关键词：战略风险失控案例、各类内外部环境等重要信息。

（2）分析财务风险。

关键词：财务风险失控案例、各类指标与数据。

（3）分析市场风险。

关键词：忽视市场风险且应对不力的案例、各类市场或经济政策信息。

（4）分析运营风险。

关键词：忽视运营风险且应对不力的案例、各类内部带来运营风险的信息（生产、营销、研发、组织、信息系统、风险管理等）和外部带来运营风险的信息（社会、自然等）。

（5）分析法律合规风险。

关键词：忽视法律风险且应对不力的案例、各类带来法律风险的外部信息、内部因素等。

第76记 2分 风险管理的流程——第二步：进行风险评估

（一）重要结论

（1）风险评估包括风险辨识、风险分析和风险评价三个步骤。

（2）应将定性与定量方法相结合。

（3）实行动态管理，定期或不定期实施风险辨识、分析和评价，以便对新的风险和原有风险的变化重新评估。

（二）风险管理（评估）技术与方法

1. 头脑风暴法

头脑风暴法是指刺激并鼓励一群知识渊博、知悉风险情况的人员（提示：不一定是专家）畅所欲言，开展集体讨论的方法。

主要优点	局限性
（1）激发了想象力，有助于发现新的风险和全新的解决方案； （2）主要的利益相关者参与其中，有助于进行全面沟通； （3）速度较快并易于开展	（1）参与者可能缺乏必要的技术或知识，无法提出有效的建议； （2）头脑风暴法的实施过程和参与者提出的意见容易分散，较难保证全面性； （3）集体讨论时可能出现特殊情况，导致某些有重要观点的人保持沉默而其他人成为讨论的主角

2. 德尔菲法

德尔菲法采用背对背的通信方式征询专家小组成员的意见，专家之间不得相互讨论，不发生横向联系，只能与调查人员发生关系。通过反复填写问卷，搜集各方意见，以形成专家之间的共识。

主要优点	局限性
（1）由于匿名表达观点，因此更可能表达出不受欢迎的看法； （2）所有观点有相同的权重，避免重要人物占主导地位的问题； （3）专家不必聚集在某个地方，比较方便； （4）专家最终形成的意见具有广泛的代表性	（1）权威人士的意见影响他人的意见； （2）有些专家碍于情面，不愿意发表与其他人不同的意见； （3）有的专家出于自尊心而不愿意修改自己原来的意见； （4）过程比较复杂，花费时间较长（主要缺点）

3. 失效模式、影响和危害度分析法（FMECA）

失效模式、影响和危害度分析法按规则记录系统中所有可能存在的影响因素，分析每种因素对系统的工作及状态的影响，将每种影响因素按其影响的程度及发生概率排序，从而发现系统中潜在的薄弱环节，提出预防改进措施，以消除或减少风险发生的可能性，保证系统的可靠性。

主要优点	局限性
（1）广泛适用于人力、设备和系统以及硬件、软件和程序失效模式的分析； （2）识别组件失效模式及其原因和对系统的影响，同时用可读性较强的形式表现出来； （3）能够在设计初期发现问题，从而避免了开支较大的设备改造； （4）识别单个失效模式以适合系统安全的需要	（1）只能识别单个失效模式，无法同时识别多个失效模式； （2）除非得到充分控制并集中精力，否则采用此法较耗时且开支较大

举例：

某公司GPS汽车天线导航设备FMECA分析

功能	失效模式	失效后果	严重度	失效起因/机理	发生频率	现行预防设计控制	现行探测设计控制	发现故障难度	危害度
处于卫星信号正常之地点可以接收其信号	收不到信号，收到的信号偏弱	无法收到信号，无法定位	8	PCB组件：电流过大或过小	1	设计规范	对PCB组件进行电流测试	3	24
			7	电气总成：电路设计须满足高增益需求，设计不当，匹配不佳，会导致增益过低	1	设计规范	使用网络分析仪测试PCB组件之增益	3	21
	天气极冷或极热下收不到信号	客户极不满意	8	外壳在极端条件下破裂	1	设计规范	高低温室实验	3	24
防水	不防水	客户极不满意	6	结构不合理	1	设计规范	通过防水实验	3	18

4. 流程图分析法

流程图分析法是对流程的每一阶段、每一环节逐一进行调查分析，从中发现潜在风险，找出导致风险发生的因素，分析风险产生后可能造成的损失以及对整个组织可能造成的不利影响。

主要优点	局限性
（1）是识别风险最常用的方法之一； （2）清晰明了，易于操作，且组织规模越大，流程越复杂，流程图分析法就越能体现出优越性	使用效果依赖于专业人员的水平

5. 马尔科夫分析法

如果系统未来的状况（或状态）仅取决于其现在的状况（或状态），那么就可以使用马尔科夫分析法。

主要优点	局限性
能够计算出具有维修能力和多重降级状态的系统概率	（1）无论是故障还是维修，都假设状态变化的概率是固定的； （2）所有事项在统计上具有独立性，因此未来的状态独立于一切过去的状态，除非两个状态紧密相接； （3）需要了解状态变化的各种概率； （4）有关矩阵运算的知识比较复杂，非专业人士很难看懂

举例：

将功能、降级和故障分别界定为状态S1、状态S2以及状态S3。系统每天都会存在于这三种状态中的某一种。下表的马尔科夫矩阵说明了系统明天处于状态Si的概率（i可以是1、2或3）。

项目		今天状态		
		S1	S2	S3
明天状态	S1	0.95	0.3	0.2
	S2	0.04	0.65	0.6
	S3	0.01	0.05	0.2

6. 风险评估系图法

风险评估系图可以识别某一风险是否会对企业产生重大影响，并将此结论与风险发生的可能性联系起来，为确定企业风险的优先次序提供框架。

主要优点	局限性
为企业确定各项风险重要性等级提供了可视化的工具，直观明了	（1）需要对风险重要性等级标准、风险发生可能性、后果严重程度等做出主观判断，可能影响使用的准确性； （2）所确定的风险重要性等级是通过相互比较确定的，因而无法将列示的个别风险重要性等级通过数学运算得到总体风险的重要性等级； （3）如需要进一步探求风险原因，则采用该方法过于简单，缺乏经验证明和数据支持

7. 情景分析法

情景分析可用来预计威胁和机遇可能发生的方式，以及如何将威胁和机遇用于各类长期及短期风险。

主要优点	局限性
对于未来变化不大的情况能够给出比较精确的模拟结果	（1）在存在较大不确定性的情况下，模拟有些情景可能不够现实； （2）对数据的有效性以及分析师和决策者开发现实情境的能力有很高的要求； （3）将情景分析作为一种决策工具，所用情景可能缺乏充分的基础，数据可能具有随机性

举例：

某投资项目未来情景分析

项目	因素	最佳情景	基准情景	最差情景
影响因素	市场需求	不断提升	不变	下降
	经济增长	增长5%～10%	增长＜5%	负增长
发生概率		20%	45%	35%
结果		投资项目可在5年内达到收支平衡	投资项目可在10～15年达到收支平衡	不确定

8. 敏感性分析法

敏感性分析是针对潜在的风险，研究项目的各种不确定因素变化至一定幅度时，计算其主要经济指标变化率及敏感程度的一种方法。

主要优点	局限性
（1）为决策提供有价值的参考信息； （2）清晰地为风险分析指明方向； （3）帮助企业制定紧急预案	（1）所需要的数据经常缺乏，无法提供可靠的参数变化； （2）分析时借助公式计算，没有考虑各种不确定因素在未来发生变动的概率，因此其分析结果可能和实际相反

9. 事件树分析法

事件树（ETA）是一种表示初始事件发生之后互斥性后果的图解技术。它按事件发展的时间顺序由初始事件开始推论可能的后果，从而进行危险源的辨识。这种方法将系统可能发生的某种事件与导致事件发生的各种原因之间的逻辑关系用一种称为事件树的树形图表示，通过对事件树的定性与定量分析，找出事件发生的主要原因，为确定安全对策提供可靠依据。

主要优点	局限性
（1）ETA以清晰的图形显示了经过分析的初始事项之后的潜在情景，以及缓解系统或功能成败产生的影响； （2）它能说明时机、依赖性以及很烦琐的多米诺效应； （3）它生动地体现事件的顺序	（1）为了将ETA作为综合评估的组成部分，一切潜在的初始事项都要进行识别，这可能需要使用其他分析方法；但总有可能会错过一些重要的初始事项； （2）事件树只分析了某个系统的成功及故障状况，很难将延迟成功或恢复事项纳入其中； （3）任何路径都取决于路径上以前分支点处发生的事项

举例：

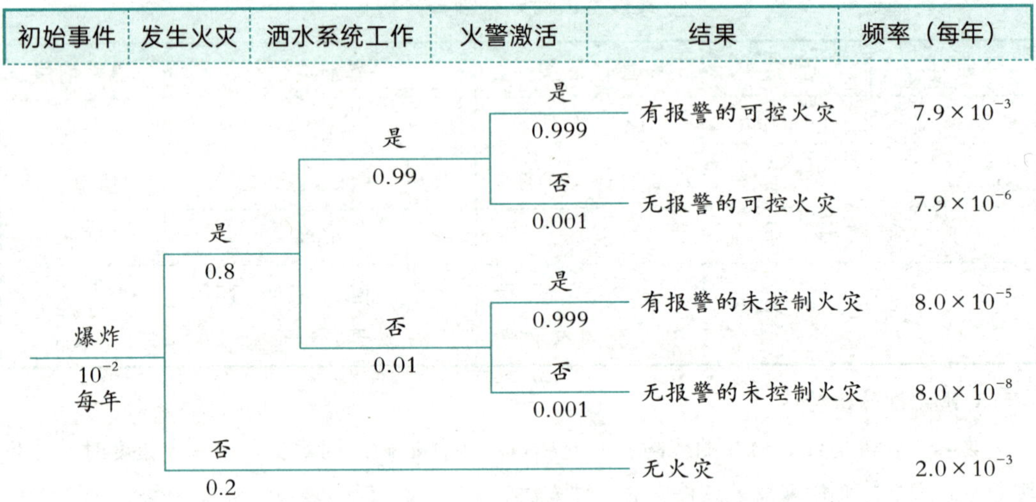

火灾事件树分析

10. 决策树法

决策树法是在不确定的情况下，以序列方式表示决策选择和结果。类似于事件树法，决策树开始于初始事项或是最初决策，之后对可能发生的事件及可能做出的决策的各种路径和结果进行建模。

主要优点	局限性
（1）为决策问题的细节提供了一种清楚的图解说明； （2）能够计算得到一种情形的最优路径	（1）大的决策树可能过于复杂，不容易与其他人交流； （2）为了能够用树形图表示，可能有过于简化环境的倾向

举例：

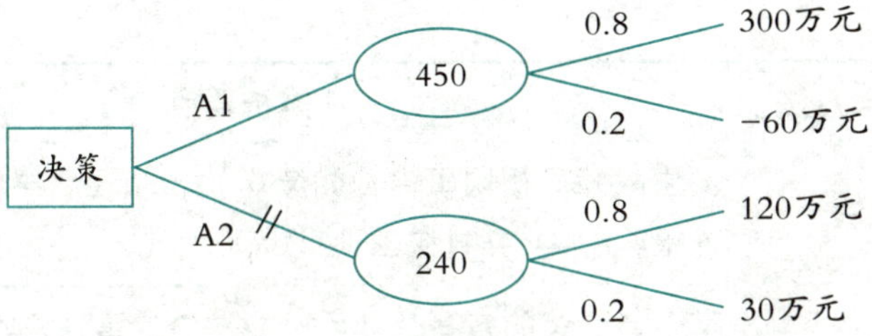

决策树

11. 统计推论法

（1）前推：根据历史的经验和数据推断出未来事件发生的概率及其后果；

（2）后推：已知推未知，且初始事件有因果联系（没有历史数据时可采用）；

（3）旁推：利用类似项目的数据进行统计推论。

通关绿卡

命题角度：风险管理技术与方法的优缺点辨析以及定性、定量判断。

客观题高频考点，有一定的理解难度和辨析难度，建议同学们结合以下总结进行复习：

第一，类型辨析。

风险管理技术与方法	辨析要点
头脑风暴法	公开集体讨论，但讨论者不一定是专家
德尔菲法	独立且匿名、反复进行以达成共识，参与者均是专家
失效模式、影响和危害度分析法	分析各个模块可能存在的故障（如断电）、严重程度（如需30min恢复）以及发生概率（如1%）
流程图分析法	针对每一阶段、每一环节发现风险，组织规模越大，流程越复杂，该方法越有优越性，但依赖于专业人员水平
马尔科夫分析法	未来的状态仅取决于现在的状态，涉及数学建模以及计算机程序辅助
风险评估系图法	风险可能性、影响程度、优先次序
情景分析法	情景包括最佳、最差、期望等； 结果包括后果（定性）、可能性（定量）
敏感性分析法	某因素（如GDP）变动一定幅度对另一个因素（如企业效益）的影响

续表

风险管理技术与方法	辨析要点
事件树分析法	发生故障（初因事件，如爆炸）、减轻后果的事件（火灾–洒水–火警）及其概率
决策树法	某个待决策的方案、之后可能发生的事件及其概率（销路好或销路差的概率）、期望值（赚取的利润）
统计推论法	前推（时间维度：历史推未来）、后推（因果维度：已知推未知，初始事件有因果联系）、旁推（类似项目）

第二，特点辨析。

第一组：头脑风暴法和德尔菲法。

头脑风暴法	德尔菲法
不一定是专家	必须是专家
速度快，且易于开展	速度慢（耗时长），但也易于开展（不必聚集）

第二组：情景分析法和敏感性分析法。

情景分析法	敏感性分析法
起点：不同情景	起点：某个因素增减一定幅度
终点：后果和可能性	终点：被影响因素的变化率
定性+定量方法	定量方法

第三组：事件树分析法和决策树法。

事件树分析法	决策树法
起点：某一初始事件	起点：某个待决策方案
终点：该事件的后续结果和概率	终点：该决策方案的期望收益
定性+定量方法	定量方法

第三，定性、定量辨析。

风险管理技术与方法的定性、定量总结

风险管理技术与方法	定性	定量
头脑风暴法	√	—
德尔菲法	√	—

续表

风险管理技术与方法	定性	定量
失效模式、影响和危害度分析法	√	√
流程图分析法	√	—
马尔科夫分析法	—	√
风险评估系图法	√	—
情景分析法	√	√
敏感性分析法	—	√
事件树分析法	√	√
决策树法	—	√
统计推论法	—	√

2分

第77记 风险管理的流程——第三步：制定风险管理策略

6-6

（一）风险偏好和风险承受度（定范围）

（1）风险偏好：风险偏好是企业在追求其战略和业务目标时愿意接受的风险类型和数量。（可以定性表述，也可以定量表述）

（2）风险承受度：风险承受度是企业在追求目标的过程中所能接受的风险水平或范围，亦即企业可接受的与实现目标相关的绩效变化的界限。分析风险承受度可以将其作为企业采取行动的预警指标，企业可以设置若干承受度指标以显示不同的警示级别。（只能定量表述）

提示：风险偏好和风险承受度是针对公司的重大风险制定的，是企业的重大决策，应由董事会决定。

（3）风险承受度的度量方法：

方法	内容	概率	损失
最大可能损失	①指风险事件发生后可能造成的最大损失； ②在无法判断发生概率或无须判断概率的时候，使用最大可能损失作为风险的度量方法	×	√

续表

方法	内容	概率	损失
概率值	是指风险事件发生的概率或造成损失的概率。在可能的结果较为简单情况下常使用概率值。此处的概率值既可以是根据“历史频率法”统计得到的概率值（偏客观），也可以是根据“专家判断法”综合得出的概率值（偏主观）	√	×
期望值	①通常指数学期望，即概率加权平均值； ②期望值的办法综合了概率值和最大损失两种方法	√	√
波动性	波动性反映数据的离散程度。一般用方差或均方差（标准差）来描述波动性	√	√
在险值	①又称VaR，是指在正常的市场条件下，在给定的时间段中，给定的置信区间内，预期可能发生的最大损失； ②优点：具有通用、直观、灵活的特点； ③缺点：适用风险范围小，对数据要求严格，计算困难，对肥尾效应无能为力	√	√
直观方法	不依赖于概率统计结果的度量方法，而是依赖人们直观的判断。如专家意见法。 提示：直观方法的最终结果也需要定量表述	—	—

（二）风险管理的有效性标准（定标准）

（1）风险管理的有效性标准要针对企业的重大风险，能够反映企业重大风险管理的现状；

（2）风险管理有效性标准应当在企业的风险评估中应用，并根据风险的变化随时调整；

（3）风险管理有效性标准应当用于衡量全面风险管理体系的运行效果。

（三）风险管理策略工具的选择（选工具）

略。详见第80记。

（四）风险管理的资源配置（配资源）

（1）风险管理的资源包括人才、组织、政策、设备、物资、信息、经验、知识、技术、信息系统、资金等。既有内部资源，又有外部资源。

（2）企业应当统筹兼顾，将资源用于需要优先管理的重大风险。

1分 第78记

风险管理的流程——第四步：提出和实施风险管理解决方案

类型	内容
外部解决方案	（1）外部解决方案一般指方案制定的外包。 （2）外包可以使企业规避一些风险，但同时可能带来另一些风险，应适当加以控制
内部解决方案	（1）指企业内部风险管理体系的运转，包括：风险管理策略、组织职能体系、内部控制系统、信息系统、运用金融工具实施风险管理策略。 （2）内部控制系统针对的风险是可控纯粹风险

1分 第79记

风险管理的流程——第五步：风险管理监督与改进

（1）风险管理监督方法。

采用压力测试、返回测试、穿行测试以及风险控制自我评估等方法对风险管理的有效性进行检验，根据变化情况和存在的缺陷及时加以改进。

提示：返回测试与穿行测试的举例。

①返回测试：将收集到的历史市场数据输入风险管理模型，并对比模型的输出结果与实际市场变化是否一致，从而验证该模型是否有效。

②穿行测试：从头追踪检查某笔业务在各个环节的处理和完成情况，从而确定内部控制是否有效。

（2）风险管理监督与改进的职责分工。

总体原则：向平级或上级提交。

部门	职责
业务单位	①要做什么：应定期对风险管理工作进行自查和检验，及时发现缺陷并改进； ②向谁报告：其检查、检验报告应及时报送企业风险管理职能部门
风险管理职能部门	①要做什么：应定期对各部门和业务单位风险管理工作实施情况和有效性进行检查和检验，要根据在制定风险策略时提出的有效性标准对风险管理策略进行评估；对跨部门和业务单位的风险管理解决方案进行评价，提出调整或改进建议，出具评价和建议报告； ②向谁报告：及时报送企业总经理或其委托分管风险管理工作的高级管理人员

续表

部门	职责
内部审计部门	①要做什么：每年至少一次对上述各部门能否按照有关规定开展风险管理工作及其工作效果进行监督评价； ②向谁报告：监督评价报告应直接报送董事会（若未设置专门委员会）或董事会下设的风险管理委员会和审计委员会
中介机构	对企业全面风险管理工作进行评价，出具风险管理评估和建议专项报告

1分

第80记 风险管理体系——风险管理策略

种类	要点
风险承担/保留/自留 “默默承受”	（1）含义：企业对所面临的风险采取接受的态度，从而承担风险带来的后果。 （2）其适用情况包括以下三个层次： ①对未能辨识出的风险，企业只能采用风险承担。 ②对于辨识出的风险，企业也可能由于以下几种原因采用风险承担： a.缺乏能力进行主动管理，对这部分风险只能承担； b.没有其他备选方案； c.从成本效益考虑（前提），风险承担是最适宜的方案。 ③对于企业的重大风险，即影响到企业目标实现的风险，企业不应采用风险承担
风险规避 “提前逃走”	（1）含义：企业回避、停止或退出蕴含某一风险的商业活动或商业环境，避免成为风险的所有人。 （2）举例：退出某一市场以避免激烈竞争；拒绝与信用不好的交易对手进行交易；停止生产可能有潜在客户安全隐患的产品；禁止各业务单位在金融市场进行投机；不准员工访问某些网站或下载某些内容
风险转移 “推卸责任”	（1）含义：企业通过合同或非合同的方式将风险全部或部分转移到第三方，企业对转移后的风险不再拥有所有权。 （2）举例：保险、非保险型的风险转移（组建合资公司、非核心业务外包给第三方、服务保证书、担保）、风险证券化

续表

种类	要点
风险转换 “此消彼长”	（1）含义：企业通过战略调整等手段将企业面临的风险转换成另一个风险。风险转换的手段包括战略调整和使用衍生产品等。（卖冰淇淋→卖羽绒服，原来怕冬天，现在怕夏天） （2）举例：通过放松交易客户信用标准，增加了应收账款，但扩大了销售（此时，回款的风险增大）。 提示：风险转换一般不会直接降低企业总的风险，其简单形式就是在减少某一风险的同时，增加另一风险
风险对冲	（1）含义：采取各种手段，引入多个风险因素或承担多个风险，使得这些风险能够互相对冲，也就是使这些风险的影响互相抵消。（既卖冰淇淋，又卖羽绒服，既不怕冬天，也不怕夏天） （2）举例：资产组合使用；多种外币结算的使用；战略上的多种经营（提示：这不属于风险转换，强调“多”，不强调“换”）；衍生产品套期保值；不同行业经济周期风险的自然对冲（多元化经营下，不同业务所处周期不同，可以起到风险对冲的作用）；将IT运作中心设置在两个独立的地点。 提示：风险对冲必须涉及风险组合，而不是对单一风险；对于单一风险，只能进行风险规避、风险控制等其他工具
风险补偿	（1）含义：企业对风险可能造成的损失采取适当的措施进行（主动）补偿。风险补偿的形式有财务补偿（损失融资）、人力补偿、物资补偿等。 （2）举例：风险准备金、应急资本
风险控制	（1）含义：控制风险事件发生的动因、环境、条件等，来达到减轻风险事件发生时的损失或降低风险事件发生的概率的目的（不能完全杜绝风险事件的发生）。 （2）举例： ①控制风险事件发生概率，如在仓库定期进行消防安全检查、持续开展员工行为规范培训等。 ②控制风险事件发生后的损失，如在生产车间建立严格的产品质量检验流程防止次品出厂等。 提示：风险控制对象一般是可控风险，包括多数运营风险，如质量、安全和环境风险，以及法律风险中的合规性风险

通关绿卡

命题角度：风险管理策略类型的辨析。

客观题高频考点，整体难度不大，但很多同学难以区分风险规避、风险转换和风险对冲这三者之间的关系，总结如下：

类型	手段	风险承担情况	举例
风险规避	回避、停止、退出	该风险消失	对于卖冰淇淋的店铺，怕天冷是一种风险（因为冬天会滞销）。若转型卖面包，则规避了该风险
风险转换	战略调整或使用衍生品	风险1转换为风险2，总风险基本不变	卖冰淇淋的店铺转行卖羽绒服，过去担心冬天，现在担心夏天，但总体风险没什么变化
风险对冲	引入多因素	风险1和风险2互相抵消，总风险降低	卖冰淇淋的店铺也开始卖羽绒服，冬天的风险和夏天的风险正好抵消

由此可见：

（1）上述三种风险管理策略中，风险规避和风险对冲均降低了风险，但是风险转换却未降低风险，因此风险转换不应成为企业惯用的风险管理策略类型。

（2）风险规避的结果只是避免承担了某一种风险，但不可能避免所有风险，因为风险是无处不在的。这带给我们的启示是：如果某企业面临风险1，但通过某些手段（如战略调整）避免了风险1，这属于风险转换还是风险规避呢？

答案：不一定。

这取决于题目是否给出其他信息。如果该企业通过战略调整避免了风险1，却招致了风险2（这是新信息），则属于风险转换。但如果题目仅描述了该企业通过战略调整避免了风险1，无其他风险描述，则属于风险规避。所以，解题的关键并不是“战略调整”这一手段，而是风险承担的实质是否发生变化

2分
第81记

风险管理体系——风险管理组织职能体系

6-10

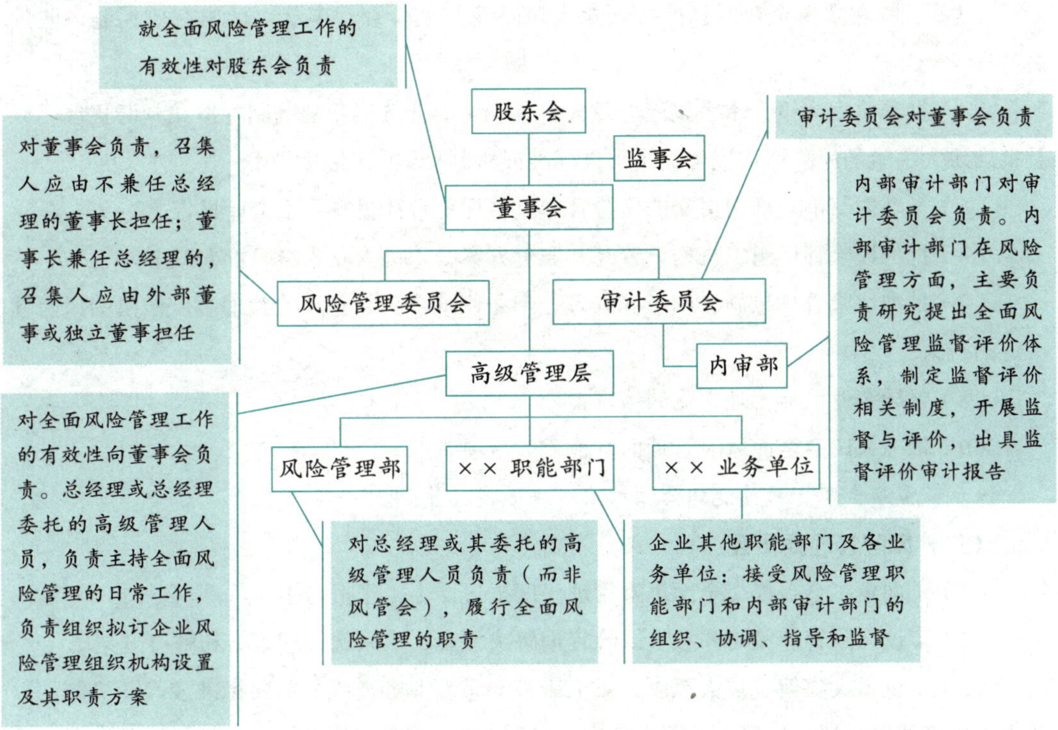

提示：具备条件的企业可建立风险管理三道防线。

（1）第一道防线：各有关职能部门和业务单位。

（2）第二道防线：风险管理职能部门和董事会下设的风险管理委员会。

（3）第三道防线：内部审计部门和董事会下设的审计委员会。

通关绿卡

命题角度：“谁对谁负责”。

客观题考点，同学们可结合上图的上下关系掌握以上几个机构之间的关系，具体而言，下级机构对上级机构负责。需要特别提示的有两点：

（1）风险管理职能部门对总经理或委托的高级管理人员负责（而非风管会）；

（2）内审部对审计委员会负责（而非高级管理层、董事会负责）。

（一）董事会

（1）审议并向股东会提交企业全面风险管理年度工作报告；【工作报告】

（2）确定企业风险管理总体目标、风险偏好、风险承受度，批准风险管理策略和重大风险管理解决方案；【风险管理策略和解决方案】

（3）了解和掌握企业面临的各项重大风险及其风险管理现状，做出有效控制风险的决策；

（4）批准重大决策、重大风险、重大事件和重要业务流程的判断标准或判断机制，以及批准重大决策的风险评估报告；【重大标准或机制&风险评估报告】

（5）批准内部审计部门提交的风险管理监督评价审计报告；【审计报告】

（6）批准风险管理组织机构设置及其职责方案；【机构设置与职责方案】

（7）批准风险管理措施，纠正和处理任何组织或个人超越风险管理制度做出的风险性决定的行为；

（8）督导企业风险管理文化的培育；

（9）批准或决定全面风险管理的其他重大事项。

提示：董事会职责的关键词为“批准、决策、督导”。

（二）风险管理委员会

（1）（向董事会）提交全面风险管理年度报告；【工作报告】

（2）审议风险管理策略和重大风险管理解决方案；【风险管理策略和解决方案】

（3）审议重大决策、重大风险、重大事件和重要业务流程的判断标准或判断机制，以及重大决策的风险评估报告；【重大标准或机制&风险评估报告】

（4）审议内部审计部门提交的风险管理监督评价审计综合报告；【审计报告】

（5）审议风险管理组织机构设置及其职责方案；【机构设置与职责方案】

提示：总经理或总经理委托的高级管理人员负责组织拟订企业风险管理组织机构设置及其职责方案。

（6）办理董事会授权的有关全面风险管理的其他事项。

提示：风险管理委员会的关键词中仅有“审议”，没有“决策”。

（三）风险管理职能部门

（1）研究提出全面风险管理工作报告；【工作报告】

（2）研究提出风险管理策略和跨职能部门的重大风险管理解决方案，并负责该方案的组织实施和对该风险的日常监控；【风险管理策略和解决方案】

（3）研究提出跨职能部门的重大决策、重大风险、重大事件和重要业务流程的判断标准或判断机制，以及研究提出跨职能部门的重大决策风险评估报告；【重大标准或机制&风险评估报告】

（4）负责对全面风险管理有效性的评估，研究提出全面风险管理的改进方案；

（5）负责组织建立风险管理信息系统；

（6）负责组织协调全面风险管理日常工作；

提示：总经理或总经理委托的高级管理人员负责主持全面风险管理的日常工作。

（7）负责指导、监督有关职能部门、各业务单位以及全资、控股子企业开展全面风险管理工作；

（8）办理风险管理的其他有关工作。

提示：风险管理职能部门的关键词中，“研究”=起草文件，“负责”=落地执行。

（四）审计委员会

（1）定期会面：审计委员会应定期与外聘及内部审计师会面，讨论与审计相关的事宜，但管理层无须出席。

（2）争议解决：审计委员会成员之间的不同意见如无法内部调解，应提请董事会解决。

（3）年度复核：审计委员会应每年对其权限及其有效性进行复核，并就必要的人员变更向董事会报告。

提示：管理层对审计委员会有告知义务，并应主动提供信息，而不应等待审计委员会索要。

（五）其他职能部门及各业务单位

（1）执行风险管理基本流程；

（2）研究提出本职能部门或业务单位重大决策、重大风险、重大事件和重要业务流程的判断标准或判断机制，以及研究提出本职能部门或业务单位的重大决策风险评估报告；【重大标准或机制&风险评估报告】

（3）做好本职能部门或业务单位建立风险管理信息系统的工作；

提示：风险管理职能部门负责组织建立风险管理信息系统。

（4）做好培育风险管理文化的有关工作；

提示：董事会负责督导企业风险管理文化的培育。

（5）建立健全本职能部门或业务单位的风险管理内部控制子系统；

（6）办理风险管理其他有关工作。

（六）下属公司

企业应通过法定程序，指导和监督其全资、控股子企业建立与企业相适应或符合全资、控股子企业自身特点、能有效发挥作用的风险管理组织体系。

通关绿卡

命题角度：各类风险管理组织职能的职责辨析。

客观题高频考点，需要精准掌握每个组织职能的职责关键词，并尝试理解每个组织职能的角色定位，可结合下表进行掌握：

组织职能	通俗的角色定位	关键词	特别职责
董事会	一人（股东会）之下，万人之上	批准、确定、督导	向股东会提交报告
风险管理委员会（第二道防线）	董事会下设的分管风险工作的机构（非必设）	审议（看一眼，提意见，但不能拍板）	对于风险管理组织机构设置及其职责方案：总经理拟定，风管委审议
风险管理职能部门（第二道防线）	总经理下设的职能部门	研究提出、负责组织、跨职能部门的风险管理	对于全面风险管理日常工作：总经理“主持”，风管部“组织协调”
审计委员会（第三道防线）	董事会下设的分管审计工作的机构	核查报告合规、确保内控有效、监督内审工作	定期会面、每年复核
内部审计部门（第三道防线）	审计委员会下设的部门	从事与风险监督评价相关的执行工作（研究提出、制定、开展、出具）	无

3分 第82记

风险管理体系——内部控制系统

6-11

（一）控制环境或内部环境

美国COSO要求	我国内控要求（关键词）
控制环境包括员工的诚信度、职业道德和才能；管理哲学和经营风格；权责分配方法、人事政策；董事会的经营重点和目标等	治理结构+职责权限、董事会+监事会+经理层、审计委员会、内部机构设置（即组织结构）+职责权限、内部审计机构、人力资源政策、员工选拔和培养（职业道德+专业胜任能力）、文化建设、法制建设

（二）风险评估

美国COSO要求	我国内控要求（关键词）
风险评估指识别、分析相关风险以实现既定目标，从而形成风险管理的基础。由于经济、产业、法规和经营环境的不断变化，需要确立一套机制来识别和应对由这些变化带来的风险	收集信息、开展评估（确定风险承受度）、识别风险（内部+外部）、分析风险（确定关注重点和优先级）、确定应对风险策略并及时调整

（三）控制活动

美国COSO要求	我国内控要求（关键词）
控制活动指那些有助于管理层决策顺利实施的政策和程序。控制行为有助于确保实施必要的措施以管理风险，实现经营目标。控制行为体现在整个企业的不同层次和不同部门中。它们包括诸如批准、授权、查证、核对、复核经营业绩、资产保护和职责分工等活动	（1）不相容职务分离控制： 不相容职务一般包括：授权批准与业务经办、业务经办与会计记录、会计记录与财产保管、业务经办与稽核检查、授权批准与监督检查等； （2）授权审批控制： 常规授权和特别授权（例外事项）。 （3）会计系统控制： 依法设置会计机构，配备会计人员。从事会计工作的人员，必须具备从事会计工作必要的专业能力，会计机构负责人应当具备会计师以上专业技术职务资格或从事会计工作3年以上经历。大中型企业应当设置总会计师或者财务总监，设置总会计师或者财务总监的单位，不得设置与其职权重叠的副职。 （4）财产保护控制： 财产保护控制主要包括：财产记录和实物保管、定期盘点和账实核对、限制接近。其中，限制接近包括限制对资产本身的接触和通过文件批准方式对资产使用或分配的间接接触。一般情况下，对货币资金、有价证券、存货等变现能力强的资产必须限制无关人员的直接接触。 （5）预算控制； （6）运营分析控制； （7）绩效考评控制； （8）重大风险预警机制和突发事件应急处理机制

（四）信息与沟通

美国COSO要求	我国内控要求（关键词）
公允的信息必须被确认、捕获并以一定形式及时传递，以便员工履行职责。信息系统不仅处理内部产生的信息，还包括与企业经营决策和对外报告相关的外部事件、行为和条件等。所有员工必须从管理层得到清楚的信息，认真履行控制职责。员工必须理解自身在整个内控系统中的位置，理解个人行为与其他员工工作的相关性。员工必须有向上传递重要信息的途径。同时，与外部诸如客户、供应商、管理当局和股东之间也需要有效的沟通	建立信息与沟通制度、处理信息、沟通信息、发挥信息技术的作用、反舞弊机制、举报投诉制度和举报人保护制度

（五）监控或内部监督

美国COSO要求	我国内控要求（关键词）
内部控制系统需要被监控，即对该系统有效性进行评估的全过程。可以通过持续性的监控行为、独立评估或两者的结合来实现对内控系统的监控。持续性的监控行为发生在企业的日常经营过程中，包括企业的日常管理和监督行为、员工履行各自职责的行为。独立评估活动的广度和频度有赖于风险预估和日常监控程序的有效性。内部控制的缺陷应该自下而上进行汇报，性质严重的应上报最高管理层和董事会	制定监督制度（日常监督和专项监督）+明确职责权限、制定内控缺陷认定标准、评价内控有效性（出具自我评价报告）+认定内控缺陷类型（重大缺陷、重要缺陷和一般缺陷，其中，重大缺陷应当由董事会予以最终认定）、记录或资料保存（可验证性）

第83记 2分 风险管理体系——运用金融工具实施风险管理策略

6-12

（一）运用金融工具实施风险管理策略的特点

（1）需要判断风险的定价。

（2）应用范围一般不包括声誉等难以衡量价值的风险，也难以消除战略失误造成的损失。

（3）技术性强。

（4）创造价值（承担额外的风险，改善财务状况）

（5）既适用于可控风险，也适用于不可控风险。

（二）运用金融工具实施风险管理策略的主要措施

1. 损失融资

损失融资是为风险事件造成的财物损失融资，是一种事后管理方式（提示：教材此处表述不太严谨）。其中，企业损失分为预期损失和非预期损失，因此损失事件融资也相应分为预期损失融资和非预期损失融资。

预期损失融资一般作为运营资本的一部分，非预期损失融资则属于风险资本范畴（即下述讨论的内容）。

2. 风险资本

风险资本是除运营资本之外，公司补偿风险造成的财务损失而需要的资本，是使一家公司破产的概率低于某一给定水平所需的资金，因此取决于公司的风险偏好。

例如，一家公司每年最低运营资本是5亿元（用于弥补预期损失），但是有5%（破产概率）的可能性需要7.5亿元维持运营，有1%（破产概率）的可能性需要10亿元才能维持运营。换句话说，如果风险资本为2.5亿元（用于弥补非预期损失），那么这家公司的生存概率就是95%（而非100%），而5亿元的风险资本对应的则是99%的生存概率。

如下图所示：

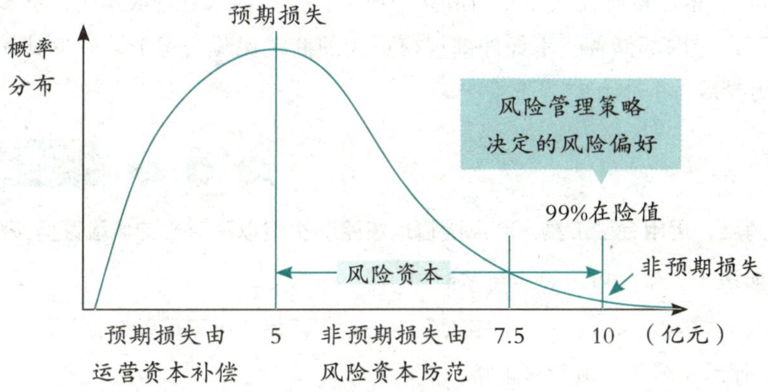

风险资本作为风险成本

3. 应急资本

（1）含义：应急资本是一个金融合约，规定在某一个时间段内、某个特定事件（触发事件）发生的情况下公司有权从应急资本提供方处募集股本或贷款（或资产负债表上的其他实收资本项目），并为此按时间向资本提供方缴纳费用。（举例：循环信用工具）

（2）特点：

①应急资本的提供方并不承担特定事件发生的风险，而只是在事件发生并造成损失后提供用于弥补损失、持续经营的资金。事后公司要向资本提供者归还这部分资金，并支付相应的利息。（注意与保险对比）

②与保险不同，应急资本不涉及风险的转移，是企业风险补偿策略的一种方式。

③应急资本是一个在一定条件下的融资选择权，公司可以不使用这个权利。

④应急资本可以提供经营持续性的保证。

4. 保险

（1）保险是一种金融合约。保险合同规定保险公司为预定的损失支付补偿，作为交换，在合同签订时，购买保险合同的一方要向保险公司支付保险费。

（2）保险合同降低了购买保险一方的风险，因为它把投保人损失的风险转移给了保险公司，而保险公司则是通过损失的分散化来降低自己的风险。

（3）可保风险是纯粹风险，机会风险（如购买股票的风险）不可保。

提示：关于风险与风险管理相关易混结论总结。

（1）风险定义的理解：风险既具有客观性，又具有主观性。

（2）风险管理的二重性：既要管理纯粹风险，也要管理投机风险（或机会风险）。

（3）保险的对象是可保风险，可保风险是纯粹风险，机会风险不可保。

（4）风险控制的对象是可控风险。

（5）运用金融工具实施风险管理策略的对象既可以是可控风险，也可以是不可控风险。

5. 专业自保

（1）优点：降低运营成本；改善公司现金流；保障项目更多；相对公平的费率；保障的稳定性；直接进行再保险；提高服务水平。

（2）缺点：增加资本投入（专门成立公司）；提高内部管理成本（内部多次协商）；损失储备金不足（内部储备，不如外部规模更大的商业保险公司）；减少其他保险的可得性（专业能力受限）。

通关绿卡

命题角度：运用金融工具实施风险管理策略的类型以及对应的风险管理策略辨析。

客观题考点，掌握以下对应关系即可。

（1）运营资本、风险资本、应急资本、专业自保：属于风险补偿策略。

（2）保险：属于风险转移策略。

（3）套期保值：属于风险对冲策略。（教材未展开介绍）

记忆口诀

命题角度：专业自保的缺点。

口诀：罐头出奇地好吃。

解释：罐（管理成本↑）头（资本投入↑）出（储备金↓）奇（其他保险↓）地好吃。

1分

第84记 风险管理体系——风险管理信息系统

企业应将信息技术应用于风险管理的各项工作，建立涵盖风险管理基本流程和内部控制系统各环节的风险管理信息系统，包括信息的采集、存储、加工、分析、测试、传递、报告、披露等。

（1）信息采集。

企业应采取措施确保向风险管理信息系统输入的业务数据和风险量化值的一致性、准确性、及时性、可用性和完整性。对输入信息系统的数据，未经批准，不得更改。

（2）信息存储。

企业应建立良好的数据架构，解决好数据标准化和存储技术问题。

（3）信息加工、分析和测试。

风险管理信息系统应能够进行对各种风险的计量和定量分析、定量测试；能够实时反映风险矩阵和排序频谱、重大风险和重要业务流程的监控状态。

（4）信息传递。

风险管理信息系统应实现信息在各职能部门、业务单位之间的集成与共享，既能满足单项业务风险管理的要求，也能满足企业整体和跨职能部门、业务单位的风险管理综合要求。

企业应建立贯穿于整个风险管理基本流程，连接各上下级、各部门和业务单位的风险管理信息传递渠道，确保信息沟通的及时、准确、完整。

（5）信息报告和披露。

风险管理信息系统能够对超过风险预警上限的重大风险实施信息报警；能够满足风险管理内部信息报告制度和企业对外信息披露管理制度的要求。

2分

第85记 战略风险的含义与影响因素

（一）含义

战略风险是指企业在运用各类资源与能力追求发展的过程中，因自身内部环境与外部复杂环境匹配失衡而产生的影响、阻碍战略目标实现的各种因素。

提示：理解战略风险的含义需要把握两个要点。

第一，战略风险基于未发生的各种不确定性事件，已经发生的确定性事件不属于企业战略风险的考虑范围。

第二，虽然影响企业战略的因素很多，但并不是每个可能性事件都构成战略风险，只有当某个事件的偶然发生影响到战略目标实现时，它才成为战略风险。

（二）影响因素

（1）企业的战略环境。

（2）企业的战略资源。

（3）企业的战略能力。

（4）企业的战略定位。

（5）企业领导者的领导力。

第86记　战略风险的表现（2分）

类型	主要表现
战略制定风险	缺乏明确且符合企业发展实际的战略目标，可能导致企业脱离实际盲目发展，难以形成竞争优势，丧失发展机遇和动力
战略实施风险	（1）战略实施人员缺乏： 没有或缺少战略实施人员的参与，将导致战略实施与经营系统脱节，从而使任何良好的战略都得不到正确、有效的贯彻执行甚至失败 （2）战略实施组织不力： ①战略信息缺乏真实性、准确性和完整性；战略信息传递不通畅，甚至受阻。 ②组织结构与战略不匹配，可能导致战略无法落实到企业经营的各项业务中。 ③缺乏充分的激励和充足的资源支持，可能导致战略推进速度缓慢，战略实施效率低下
战略调整风险	企业在战略实施过程中，如发现现有战略与企业战略环境或自身战略资源、能力不相适应，造成实施效果与战略目标之间出现较大偏差，应及时进行战略调整
战略复盘整改风险	企业如未及时开展战略复盘和整改行动，可能导致企业不能利用机遇、回避威胁，经营陷入困境，甚至破产

通关绿卡

命题角度：战略风险的主要表现。

客观题或主观题考点。依据教材例题，这部分内容并未要求背记完整的风险表现形式，仅需记住标题即可。现将各类战略风险的关键词总结如下：

风险类型	关键词
战略制定风险	战略目标不合理，脱离实际，盲目发展
战略实施风险	实施人员缺乏、实施组织不力（信息传递受阻、组织结构不匹配、激励与资源支持不足）
战略调整风险	战略与环境、资源、能力不适应时，未能正确调整（太激进、太保守、方向错、换领导）
战略复盘整改风险	未能及时复盘、整改

第87记 战略风险的应对（要点）

2分

6-16

类型	应对措施（要点）
战略制定风险	（1）战略信息收集：制定战略前，企业战略归口管理部门通过内外部信息渠道广泛收集有关等信息，深入了解、企业自身，明确企业面临的机遇、威胁、优势及劣势，并提交至决策层审阅，为企业制定战略规划提供参考意见及决策支持。 （2）战略研究：制定战略时，企业应组织专业人员（内外部专业人员均可）开展研究工作。对企业长期生存与发展具有前瞻性、指导性、全局性的战略定位和相应的实施方案，报决策机构批准
战略实施风险	（1）企业应对战略实施人员方面的风险可采取如下管控措施： ①企业应该配置恰当的战略实施人员来推进和实现战略落地。 ②战略实施人员应参与企业战略制定、战略实施、战略调整和战略复盘整改的全过程

续表

类型	应对措施（要点）
战略实施风险	（2）企业应对战略实施组织方面的风险可采取如下管控措施： ①改进、完善信息收集、传递系统与机制。 ②建立、完善与企业战略相匹配的组织结构。 ③战略分解。 ④加强战略激励和资源支持
战略调整风险	（1）基于企业战略调整的实际需要，决策层会同战略归口管理部门、战略实施人员在深入研究和谨慎论证的基础上，确定战略调整目标，制定战略调整方案，并经过必要的审批流程传达给相关部门和人员。 （2）决策层组织相关部门和人员，通过一定的程序和机制，采用恰当的措施，落实战略方案，推进并实现战略调整或战略转型
战略复盘整改风险	（1）企业应经常组织战略实施人员、相关专业人员开展战略复盘。 （2）针对在战略复盘中发现的问题及产生问题的原因，企业应及时组织相关部门制定战略整改方案

第88记 市场风险的含义与影响因素

2分

（一）含义

市场风险是指企业所面对的外部市场的复杂性和变动性所带来的企业经营的不确定性。

（二）影响因素（考虑因素）

（1）产品或服务的价格及供需变化带来的风险；

（2）能源、原材料、配件等物资供应的充足性、稳定性和价格变化带来的风险；

（3）主要客户、主要供应商的信用风险；

（4）利率、汇率、股票价格指数的变化带来的风险；

（5）潜在进入者、竞争者、替代品的竞争带来的风险。

通关绿卡

命题角度：市场风险影响因素的案例分析。

客观题、主观题高频考点，需要结合关键词进行判断：

原文	关键词
产品或服务的价格及供需变化带来的风险	“竞品出现”“市场供需变化” “客户需求变化”
能源、原材料、配件等物资供应的充足性、稳定性和价格的变化带来的风险	“供货不足”“原材料价格波动” “成本上升”
主要客户、主要供应商的信用风险	“违反约定”“不履行合同” “延迟交货”
潜在进入者、竞争者、与替代品的竞争带来的风险	“竞争激烈”“竞品出现”

第89记 市场风险的表现 4分

6-18

类型	主要表现
市场趋势风险	（1）环境变化：企业未能把握监管当局的政策导向及宏观环境、市场环境的变化，可能导致企业产品、服务的推广及销售受到影响。 （2）行业调研：企业未开展对整体市场、竞争对手的分析以及对不同层次客户需求的调研，未制定有效的市场竞争策略，可能导致企业失去现有市场份额，降低其市场竞争力。 （3）产品竞争力：企业未能预测并适应消费者偏好的变化，从而未能及时调整产品和服务结构，可能导致企业失去核心市场地位
分销风险	（1）品牌战略：企业未制定完善的品牌战略，未有效细分品牌，未制定有效的品牌管理措施，可能导致企业丧失知名度。 （2）销售计划：企业未能在目标市场实现既定的销售任务，可能导致企业战略目标及经营目标难以落实。

续表

类型	主要表现
分销风险	（3）产品定价：企业未能准确把握政府对企业产品定价的要求，可能导致企业违反政府关于对某些产品、服务实行最高零售价、流通差价率、期间费用率控制的要求。 （4）产品结构：企业对核心产品过分依赖，或者企业的产品过于单一，可能导致企业不能通过增加品种提高产品附加值，也不能积极应对市场波动。 （5）渠道管理：企业未能建立分销商评级及监管机制，分销商表现不佳，可能导致公司声誉受到影响。 （6）营销活动：外部市场的改变使现有营销活动丧失吸引力，可能导致企业失去部分或全部市场份额。 （7）客户管理：企业未能建立规范的客户管理体系和客户服务流程，未能有效维护与目标客户的关系，可能导致企业形象受损、客户流失

通关绿卡

命题角度：企业面临的市场风险案例分析。

主观题考点。依据教材例题，这部分内容的背记要求较高，需要准确输出市场风险的表现形式。现将各类市场风险表现形式的关键词总结如下：

风险类型	表现形式（要点）	关键词
市场趋势风险	环境变化	未能识别政策与环境变化
	行业分析	未做好市场调研
	产品竞争力	未能识别消费者的需求变化或及时调整产品结构
分销风险	品牌战略	未做好品牌管理
	销售计划	未实现销售任务或目标
	产品定价	违背了规定的定价要求
	产品结构	未能及时调整产品结构，导致业绩变差
	渠道管理	未做好分销商、经销商、渠道商管理
	营销活动	未做好营销活动，导致业绩变差
	客户管理	未做好客户管理

提示：分销风险中的“产品结构”与市场趋势风险中的“产品竞争力”可以对应同样的案例原文。

2分
第90记

市场风险的应对（要点）

类型	应对措施（要点）
市场趋势风险	（1）环境变化：企业应当主动识别、管理和应对国家和地方的政策法规中对企业不利的因素，积极与国家和当地政府相关部门建立良好的沟通，及时获知政策导向并采取相应措施。 （2）行业调研：企业应定期开展整体市场趋势、竞争对手分析，运用大数据深入挖掘、掌握各类客户的需求，及时更新市场竞争策略，保持自身经营特色并维护品牌形象，提高企业在市场上的竞争力。 （3）产品竞争力：企业应及时预测市场未来走势并制定应急方案，在企业核心产品的销售量呈下滑趋势时，后续产品应能够及时补位，避免市场占有率下降
分销风险	（1）品牌战略：企业应制定和实施完善的品牌战略，有效传达产品的品牌价值，维护、提高品牌在目标人群中的知名度。 （2）销售计划：企业应制定并完善销售管理流程，合理制订销售计划，定期检查销售计划执行情况，合理安排销售人员的销售任务并制定相应的激励措施，提高销售人员的积极性。 （3）产品定价：企业应遵守、执行政府颁布的价格法规和价格政策，加强对商品定价的科学管理，规范产品及服务定价流程，制定价格保密措施，降低价格不合理或价格信息外泄的风险。 （4）产品结构：企业应定期分析产品结构，合理确定产品种类和品种数量，加强产品开发，对产品生命周期进行有效管理，并根据市场情况及时调整产品结构。 （5）渠道管理：企业应制定并实施有效的渠道管理政策，建立、完善对分销商的评级、监管机制，防范窜货行为，防止出现经销商的不良行为影响企业品牌、声誉和产品销售的现象。 （6）营销活动：企业应根据市场变化制定或及时调整产品营销策略，统筹营销活动，通过有效的产品推广活动及技术手段在市场竞争中巩固、提高市场份额和产品优势。 （7）客户管理：企业应建立完善的客户管理体系、规范的客户服务流程及标准，在保证企业利益的同时满足客户要求，建立、维护与目标客户的有效沟通和良好关系

2分 第91记 财务风险的含义与影响因素

6-20

（一）含义

财务风险是指企业在生产经营过程中，由于宏观经济、监管政策等外部环境或企业战略目标、管控模式、企业文化等内部因素，导致企业财务相关管理活动不规范或财务成果（收入、利润等）和财务状况（资产、负债、所有者权益）偏离预期目标的不确定性。

（二）影响因素（考虑因素）

（1）因预算编制、执行或考核存在偏差而导致的风险；
（2）因筹资决策不当、筹集资金运用不合理可能引发的风险；
（3）因资金调度不合理、管控不严而导致的风险；
（4）因企业投资决策不当、缺乏投资实施管控而导致的风险；
（5）因财务报告编制、分析、披露不准确、不完整可能引发的风险；
（6）因企业担保决策失误、监控不当而导致的风险。

3分 第92记 财务风险的表现

6-21

类型	主要表现
全面预算风险	（1）不编制预算或预算不健全，可能导致企业经营缺乏约束或盲目经营。 （2）预算目标不合理、编制不科学，可能导致企业资源浪费或发展战略难以实现。 （3）预算缺乏刚性、执行不力、考核不严，可能导致预算管理流于形式
筹资管理风险	（1）筹资决策不当，引发资本结构不合理或无效融资，可能导致企业筹资成本过高或债务危机。 （2）未按审批的筹资方案执行筹资活动，擅自改变资金用途，未及时偿还债务或进行股利分配，可能导致公司发生经济纠纷或诉讼
资金营运风险	（1）资金调度不合理、营运不畅，可能导致企业陷入财务困境或资金冗余。 （2）资金活动管控不严，可能导致资金被挪用、侵占、抽逃或遭受欺诈
投资管理风险	（1）投资决策失误，引发盲目扩张或丧失发展机遇，可能导致资金链断裂或资金使用效益低下。 （2）未按审批的投资方案执行投资活动，未对投资项目开展有效的后续跟踪和监控，或对投资项目处置不当，可能影响企业投资收益

续表

类型	主要表现
财务报告风险	（1）编制财务报告违反会计法律法规和国家统一的会计制度，可能导致企业承担法律责任和声誉受损。 （2）提供虚假财务报告，误导财务报告使用者，造成决策失误，干扰市场秩序。 （3）不能有效利用财务报告，难以及时发现企业经营管理中存在的问题，可能导致企业财务和经营风险失控
担保风险	（1）对担保申请人的资信状况调查不深入，审批不严或越权审批，可能导致企业担保决策失误或遭受欺诈。 （2）对被担保人出现财务困难或经营陷入困境等状况监控不力，应对措施不当，可能导致企业承担法律责任。 （3）担保过程中存在舞弊行为，可能导致经办审批等相关人员涉案或企业利益受损

第93记 财务风险的应对（要点） 2分

类型	应对措施（要点）
全面预算风险	（1）原则上，企业批准下达的预算应当保持稳定，不得随意调整。 （2）当市场环境、国家政策或不可抗力等客观因素导致预算执行发生重大差异确需调整预算的，应由企业预算执行部门逐级向预算管理部门提出书面申请，详细说明预算调整理由、调整建议方案、调整前后预算指标的比较、调整后预算指标可能对企业预算总目标的影响等内容，根据规定程序经审批下达后，予以严格执行。 （3）在考核主体和考核对象界定方面，须做到上级预算责任单位对下级预算责任单位实施考核，预算执行单位的直接上级对其进行考核（间接上级不能隔级考核间接下级），预算执行与预算考核相互分离
筹资管理风险	（1）重大筹资方案应当形成可行性研究报告，全面反映风险评估情况。 （2）对于重大筹资方案，应当按照规定的权限和程序实行集体决策或者联签制度。筹资方案发生重大变更的，应当重新进行可行性研究并履行相应审批程序。

续表

类型	应对措施（要点）
筹资管理风险	（3）企业应当严格按照筹资方案确定的用途使用资金，由于市场环境变化等确须改变资金用途的，应当履行相应的审批程序。 （4）对于以股票方式筹资的，应当选择合理的股利分配政策，且股利分配方案应当经过股东会批准，并按规定履行披露义务
资金运营风险	（1）企业在生产经营及其他业务活动中取得的资金收入应当及时入账，不得账外设账，严禁收款不入账、设立“小金库”。 （2）严格规定出纳人员根据资金收付凭证登记日记账，会计人员根据相关凭证登记有关明细分类账，主管会计登记总分类账。 （3）企业应定期执行库存现金盘点，如发现盘盈、盘亏情况，应及时调查原因，进行账务处理。 （4）企业应定期开展银行对账，编制银行存款余额调节表，确保相关收付款交易均被真实、准确、完整地记录在适当的会计期间。同时，企业应定期开展银行账户清理，及时关闭闲置账户。 （5）企业应当严格贯彻不相容职务分离的原则，严禁将办理资金支付业务的相关印章和票据集中一人保管，印章要与空白票据分管，财务专用章要与企业法人章分管
投资管理风险	（1）重大投资项目，应当按照规定的权限和程序实行集体决策或者联签制度。投资方案发生重大变更的，应当重新履行相应审批程序。 （2）对于股权类投资，企业应当指定专门机构或人员对投资项目进行跟踪管理。 （3）转让投资时应由相关机构或人员合理确定转让价格，报授权批准部门批准，必要时可委托具有相应资质的专门机构进行评估。 （4）对于被投资方出现财务状况恶化、当期市价大幅下跌等情形的，企业财会机构应当根据国家统一的会计准则和制度规定，合理计提减值准备，确认减值损失
财务报告风险	企业财务报告编制完成后，应当装订成册，加盖公章，由企业负责人、总会计师或分管会计工作的负责人、财会部门负责人签名并盖章。财务报告须经注册会计师审计的，注册会计师及其所在的事务所出具的审计报告，应当随同财务报告一并提供。企业对外提供的财务报告应当及时整理归档，并按有关规定妥善保存

续表

类型	应对措施（要点）
担保风险	（1）企业应委派具备胜任能力的专业人员对担保申请人进行全面、客观的调查和评估，并形成书面评估报告。 （2）重大担保业务，应当经董事会或类似权力机构批准。对于被担保人要求变更担保事项的，企业应当重新履行调查评估与审批程序。 （3）企业应当对被担保人的经营情况和财务状况进行跟踪和监督，并及时报告被担保人经营困难、债务沉重，或者存在违反担保合同的其他异常情况，以便于及时采取有针对性的应对措施。 （4）若发现被担保人出现财务状况恶化、资不抵债、破产清算等情形，企业应当合理确认预计负债和损失

第94记 运营风险的含义与影响因素（2分）

6-23

（一）含义

运营风险是指企业在运营过程中，由于内外部环境的复杂性和变动性以及主体对环境的认知能力和适应能力的有限性，导致运营失败或使运营活动达不到预期目标的可能性及损失。

（二）影响因素（考虑因素）

（1）企业产品结构、新产品研发可能引发的风险；

（2）企业新市场开发、市场营销策略（包括产品或服务定价与销售渠道、市场营销环境状况等）可能引发的风险；

（3）企业组织效能，管理现状，企业文化及高、中层管理人员和重要业务专业人员的知识结构，专业经验等可能引发的风险；

（4）质量、安全、环保、信息安全等管理中发生失误导致的风险；

（5）因企业内、外部人员的道德缺失和不当行为导致的风险；

（6）因业务控制系统失灵导致的风险；

（7）给企业造成损失的自然灾害等风险；

（8）对企业现有业务流程和信息系统操作运行情况的监管、运行评价及持续改进的能力不足可能引发的风险。

通关绿卡

命题角度：运营风险影响因素/考虑因素/来源的案例分析。

客观题或主观题高频考点，有一定难度，可结合关键词判断是否属于运营风险：

原文	关键词
产品结构、新产品研发方面可能引发的风险	“竞争力不强”“在消费者心中是低端形象”“实施多元化重心转移”
新市场开发，市场营销策略方面可能引发的风险	“渠道”“广告”“营销模式”“市场竞争加剧”“市场份额有限”等
组织效能、管理状况、企业文化，高、中层管理人员和重要业务流程中专业人员的知识结构、专业经验等方面可能引发的风险	“管理层认为”“专家们决定”“人员经验不足”“未能很好贯彻管理层的想法”等
因内、外部人员的道德风险或业务控制系统失灵导致的风险	“利益冲突”“权力斗争”“考核指标冲突”“商业秘密泄露”“舞弊”等
现有业务流程和信息系统操作运行情况的监管、运行评价及持续改进能力方面引发的风险	“系统崩溃”“系统运行不畅”“未能审时度势/充分调研”“未能及时调整”“业务流程不顺畅”“未能持续改进”

第95记 运营风险的表现 4分

类型	主要表现
组织架构风险	（1）治理结构形同虚设，缺乏科学决策、良性运行机制和执行力，可能导致企业经营失败，难以实现发展战略。 （2）组织机构设置不科学，权责分配不合理，可能导致机构重叠、职能交叉或缺失、推诿扯皮、运行效率低下等问题
人力资源风险	（1）人力资源缺乏或过剩、结构不合理、开发机制不健全，可能导致企业发展战略难以实现。 （2）人力资源激励约束制度不合理、关键岗位人员管理不完善，可能导致人才流失、经营效率低下或关键技术、商业秘密和国家机密泄露。 （3）人力资源退出机制不当，可能导致法律诉讼或企业声誉受损

续表

类型	主要表现
社会责任风险	（1）安全生产措施不到位，责任不落实，可能导致企业发生安全事故。 （2）产品质量低劣，侵害消费者利益，可能导致企业巨额赔偿、形象受损，甚至破产。 （3）环境保护投入不足，资源耗费大，造成环境污染或资源枯竭，可能导致企业巨额赔偿，缺乏发展后劲，甚至停业。 （4）促进就业和员工权益保护不够，可能导致员工积极性受挫，影响企业发展和社会稳定
企业文化风险	（1）缺乏积极向上的企业文化，可能导致员工丧失对企业的信心和认同感，企业缺乏凝聚力和竞争力。 （2）缺乏开拓创新、团队协作和风险意识，可能导致企业发展目标难以实现，影响可持续发展。 （3）缺乏诚实守信的经营理念，可能导致舞弊事件的发生，造成企业损失，影响企业信誉。 （4）忽视企业间的文化差异和理念冲突，可能导致并购重组失败
采购业务风险	（1）采购计划安排不合理，市场变化趋势预测不准确，造成库存短缺或积压，可能导致企业生产停滞或资源浪费。 （2）供应商选择不当，采购方式不合理，招投标或定价机制不科学，授权审批不规范，可能导致采购物资质次价高，出现舞弊或遭受欺诈。 （3）采购验收不规范，付款审核不严，可能导致采购物资和资金的损失或信用受损
资产管理风险	（1）存货积压或短缺，可能导致流动资金占用过量、存货价值贬损或生产中断。 （2）固定资产更新改造不够、使用效能低下、维护不当、产能过剩等，可能导致企业缺乏竞争力、资产价值贬损、安全事故频发或资源浪费。 （3）无形资产缺乏核心技术、权属不清、技术落后、存在重大技术安全隐患等，可能导致企业法律纠纷、缺乏可持续发展能力
销售业务风险	（1）销售政策和策略不当，市场预测不准确，销售渠道管理不当等，可能导致销售不畅、库存积压、经营难以为继。 （2）客户信用管理不到位，结算方式选择不当，账款回收不力等，可能导致销售款项不能收回或遭受欺诈。 （3）销售过程存在舞弊行为，可能导致企业利益受损

续表

类型	主要表现
研究与开发风险	（1）研究项目未经科学论证或论证不充分，可能导致创新不足或资源浪费。 （2）研发人员配备不合理或研发过程管理不善，可能导致研发成本过高、舞弊或研发失败。 （3）研发成果转化应用不足、保护措施不力，可能导致企业利益受损
工程项目风险	（1）立项缺乏可行性研究或者可行性研究流于形式，决策不当，盲目上马，可能导致难以实现预期效益或项目失败。 （2）项目招标“暗箱”操作，存在商业贿赂，可能导致中标人实质上难以承担工程项目、中标价格失实及相关人员涉案。 （3）工程造价信息不对称，技术方案不落实，预算脱离实际，可能导致项目投资失控。 （4）工程物资质次价高，工程监理不到位，项目资金不落实，可能导致工程质量低劣，进度延迟或中断。 （5）对工程建设进度缺乏有效监控或监管不严，可能导致工程项目进度严重落后于项目计划。 （6）工程款结算管理要求不明确，未按项目进度目标拨付工程进度款，工程付款相关凭证审核不严，可能导致工程建设资金使用管理混乱。 （7）竣工验收不规范，最终把关不严，可能导致工程交付使用后存在重大隐患
业务外包风险	（1）外包范围和价格确定不合理，承包方选择不当，可能导致企业遭受损失。 （2）业务外包监控不严、服务质量低劣，可能导致企业难以发挥业务外包的优势。 （3）业务外包存在商业贿赂等舞弊行为，可能导致企业相关人员涉案及企业遭受经济损失和品牌受损
合同管理风险	（1）未订立合同、未经授权对外订立合同、合同对方主体资格未达要求、合同内容存在重大疏漏和欺诈，可能导致企业合法权益受到侵害。 （2）合同未全面履行或监控不当，可能导致企业诉讼失败、经济利益受损。 （3）合同纠纷处理不当，可能损害企业利益、信誉和形象
内部信息传递风险	（1）内部报告系统缺失、功能不健全、内容不完整，可能影响生产经营的信息无法及时传递和有序运行。 （2）内部信息传递不通畅、不及时，可能导致决策失误、相关政策措施难以落实。 （3）内部信息传递中泄露商业秘密，可能削弱企业核心竞争力

续表

类型	主要表现
信息系统风险	（1）信息系统缺乏规划或规划不合理，可能造成信息孤岛或重复建设，导致企业经营管理效率低下。 （2）系统开发不符合内部控制要求，授权管理不当，可能导致无法利用信息技术实施有效控制，甚至出现系统性风险。 （3）系统运行维护和安全措施不到位，可能导致信息泄露或毁损，系统无法正常运行

2分

第96记

运营风险的应对（要点）

6-25

类型	应对措施（要点）
组织架构风险	（1）企业在岗位权限设置和分工安排环节，要坚持不相容职务分离原则，确保可行性研究与决策审批、决策审批与执行、执行与监督检查等不相容职务分离。 （2）企业的重大事项决策、重大项目安排、重要人事任免及大额资金使用等，须按照规定的权限和程序实行集体决策审批或者联签制度。 （3）企业组织架构调整需充分听取董事、监事、高级管理人员和其他员工的意见，按照规定的权限和程序进行决策审批
人力资源风险	（1）通过建立选聘人员试用期和岗前培训制度，对试用期人员进行严格考察，以使选聘人员全面了解岗位职责，掌握岗位基本技能，适应工作要求。 （2）企业可依据绩效考核结果、裁员政策等，对未达到要求的员工，视情况采取降职、转岗、转岗培训、解雇等不同程度的措施。 （3）关键岗位人员离职前，须根据有关法律法规的要求进行工作交接或离任审计
社会责任风险	（1）对特殊岗位实行资格认证制度，将安全生产风险关口前移，降低安全生产风险发生的可能性。若发生生产安全事故，企业应及时启动应急预案，按照“排除故障，减轻损失，追究责任”的工作环节进行妥善处理。 （2）企业对售后服务应加强管理，妥善处理消费者提出的投诉和建议，对发现的存在严重质量缺陷的产品，应及时召回或采取有效措施，切实保护消费者权益。 （3）当发生紧急、重大环境污染事件时，企业须启动应急机制，及时报告和处理

续表

类型	应对措施（要点）
企业文化风险	（1）企业管理层应积极发挥示范作用，带动影响整个团队，促进文化建设在内部各层级的有效沟通。 （2）对于并购企业，企业需重视并购重组后的文化建设，平等对待被并购方的员工，促进并购双方的文化融合
采购业务风险	（1）具有请购权的部门，须严格按照预算执行进度办理请购手续，并根据市场变化提出合理采购申请。 （2）对于大宗采购，企业通常采用招投标方式，应合理确定招投标的范围、标准、实施程序和评标规则。 （3）企业应建立严格的采购验收制度，确定验收方式，由专门的验收机构或验收人员按照合同规定，对采购项目的品种、规格、数量、质量等进行验收，并出具验收证明。 （4）企业对采购预算、合同、相关单据凭证等内容审核无误后，按照合同规定，及时办理采购付款。企业需重视采购付款的过程控制和跟踪管理，对采购发票的真实性、合法性和有效性进行严格审查；发现异常情况，企业应立即终止付款流程，避免出现资金损失。 （5）企业需定期对大额或长期的预付款项进行追踪核查，对有问题的预付款项，应当及时采取措施。 （6）企业应通过函证等方式，定期与供应商核对往来款项，确保会计记录、采购记录与仓储记录一致
资产管理风险	（1）企业需针对存货的发出和领用环节，制定严格的审批流程，对于大批存货、贵重商品或危险品，还应实行特别授权。 （2）企业需结合实际情况，确定盘点周期、流程，定期盘点和不定期抽查相结合，并在每年年底对库存物品进行全面的盘点清查，形成书面报告。 （3）企业应当重视固定资产的日常维护保养，制订合理的维护保养与检修计划；对于关键设备的运行情况进行严格监控，规范操作流程。 （4）企业应定期对固定资产技术先进性进行评估。 （5）为确保固定资产的安全，企业可建立严格的固定资产投保制度，按照规定程序执行对投保流程的审批，办理相关投保手续。 （6）企业需每年定期对固定资产进行全面盘点清查，重点关注固定资产的抵押、处置等关键环节。 （7）当无形资产权属关系发生变动时，企业应当按照规定及时办理权证转移手续。 （8）为确保企业核心技术的先进性，企业应当定期评估专利技术等无形资产

续表

类型	应对措施（要点）
销售业务风险	（1）企业对新开发的客户应严格执行信用审核和授信管理要求，并持续跟踪和监督客户信用情况，动态更新客户信用档案，关注重要客户资信变动情况。 （2）按照相应审批要求对销售合同进行严格审核后方可正式签订，以避免发生疏漏和欺诈。 （3）企业应制定并完善应收款项管理制度，把回款目标的完成情况纳入绩效考核，实行奖惩制度。销售部门负责应收款项的催收，催收记录（包括往来函电）应妥善保存；财会部门负责办理资金结算并监督款项回收。 （4）企业需完善对销售、发货和收款的相关会计系统的控制，确保会计记录、销售记录与仓储记录核对一致。 （5）企业应制定和完善客户服务管理制度，设立专人或部门进行客户服务，跟踪服务质量。 （6）企业可安排客户回访，定期或不定期开展客户满意度调查
研究与开发风险	（1）企业需根据研发计划和实际需要，提出项目立项申请，开展可行性研究，对项目资源、经费、技术等进行客观评估论证，编制可行性研究报告。 （2）研发项目应按照规定的权限和程序进行审批，重大研发项目应当报董事会或类似权力机构集体审议决策。 （3）企业应加强对研发过程的管理，建立研发项目管理制度和技术标准，建立信息反馈和重大事项报告制度。 （4）企业研发项目委托外单位承担的，需对其资质等进行严格审核，签订委托研发合同，约定研发成果的产权归属、研发进度和质量标准等相关内容。 （5）企业与其他单位合作进行研发的，需对合作单位进行尽职调查，签订书面的合作研发合同，明确双方投资、分工、权利义务、研发成果产权归属等。 （6）当发生项目的变更调整、延期、终止等情况时，企业应按照项目管理要求进行相应审批。企业应制定并执行项目验收制度，聘请独立的具有专业胜任能力的人员或机构进行测试和评审。 （7）企业对于通过验收的研发成果，可委托相关机构进行审查，确认是否申请专利
工程项目风险	（1）企业应当指定专门机构归口管理工程项目，根据发展战略和年度投资计划，提出项目建议书，开展可行性研究，编制可行性研究报告。 （2）企业可以委托具有相应资质的专业机构开展可行性研究，并按照有关要求形成可行性研究报告。 （3）企业可以委托具有相应资质的专业机构对可行性研究报告进行评审，出具评审意见。从事项目可行性研究的专业机构不得再从事可行性研究报告的评审。

续表

类型	应对措施（要点）
工程项目风险	（4）企业应当按照规定的权限和程序对工程项目进行决策，决策过程应有完整的书面记录。 （5）重大工程项目的立项，应当报经董事会或类似权力机构集体审议批准 （6）企业可以组织工程、技术、财会等相关部门的专业人员或委托具有相应资质的中介机构对编制的概预算进行审核。工程项目概预算按照规定的权限和程序审批通过后方可执行。 （7）企业应科学分析和评估，不得违背工程施工组织设计和招标设计计划将应由一个承包单位完成的工程肢解为若干部分发包给几个承包单位。 （8）企业应当依法组建评标委员会，评标委员会对所提出的评审意见承担责任。 （9）企业须按照规定的权限和程序从中标候选人中确定中标人，并及时向中标人发出中标通知书。 （10）企业应实行严格的工程监理，委托经招标确定的监理单位进行监理，明确相关程序、要求和责任。 （11）工程监理人员一旦发现工程施工不符合……应当要求承包单位立即改正；发现工程设计不符合……应当报告企业要求设计单位改正。 （12）未经工程监理人员签字，工程物资不得在工程上使用或者安装，不得进行下一道工序施工，不得拨付工程价款，不得进行竣工验收。 （13）重大的项目变更应当按照项目决策和概预算控制的有关程序和要求重新履行审批手续。 （14）企业需加强竣工决算审计，未实施竣工决算审计的工程项目，不得办理竣工验收手续
业务外包风险	（1）企业应当根据年度生产经营计划和业务外包管理制度，结合确定的业务外包范围，制定实施方案，按照规定的权限和程序进行审批，避免核心业务外包。 （2）对于重大业务外包，总会计师或企业分管会计工作的负责人应参与决策，并将重大业务外包方案提交董事会或类似权力机构审批。 （3）在承包方提供服务或制造产品的过程中，企业需密切关注重大业务外包承包方的履约能力，对承包方的履约能力进行持续评估，无法按照合同约定履行义务的，应及时终止合同，必要时需按合同进行索赔。 （4）企业应根据合同约定和验收标准，组织相关部门或人员对承包方交付的产品或服务的质量进行审查和全面测试，确保产品或服务符合要求，并出具验收证明

续表

类型	应对措施（要点）
合同管理风险	（1）对于影响重大、跨多业务领域或法律关系复杂的合同，可以组织法律、技术、财会等专业人员共同参与谈判，必要时也可聘请外部专家参与。为了避免合同舞弊，谈判过程中的重要事项和参与谈判人员的主要意见，应当予以记录并妥善保存。 （2）合同文本一般由业务承办部门起草；对于重大合同或法律关系复杂的特殊合同，由法律部门参与起草。 （3）对于影响重大、跨多业务领域或法律关系复杂的合同文本，企业可以组织内部相关业务部门进行会审，认真记录、研究、分析业务部门提出的审核意见，根据实际情况，对合同条款进行修改。 （4）正式对外订立的合同，应由企业法定代表人或其授权代理人签署并加盖有关印章；授权签署的合同，需同时签署授权委托书。 （5）属于上级单位管理权限的合同，除有特殊情况，下级单位一般无权签署；如果下级单位确需签署涉及上级管理权限的合同，应提出申请，并履行相关审批程序。企业还需加强对合同专用章的保管，在合同经编号、审批、签署后，方可加盖合同专用章。 （6）对于内部授权处理的合同纠纷，应当签署授权委托书，未经授权批准，相关人员不得做出任何实质性答复或承诺。 （7）企业财务部门应当在严格审核合同条款后，按照合同规定进行付款。对于未有效履约合同条款或应签订书面合同而未签的，财务部门应拒绝办理结算业务，并及时向有关负责人报告。 （8）企业应制定合同文本统一分类和连续编号的管理要求，明确合同借阅和归还的职责权限和审批程序等。 （9）企业需建立合同管理评估制度，每年定期对合同履行的总体情况和重大合同履行的具体情况进行分析评价
内部信息传递风险	（1）内部报告指标体系还需与全面预算管理相结合，将预算控制的全过程和结果及时向企业管理层报告。 （2）企业应根据信息的重要性，确定不同的流转环节，规范内部报告传递流程，并在各管理层级指定专人负责内部报告传递工作，及时上报重要信息，必要时可直接报告高级管理人员。 （3）企业应明确内部报告的保密内容、保密程度及传递范围。 （4）企业应建立内部报告评价制度，定期对内部报告的及时性及内部信息传递的全面性、完整性、安全性、有效性进行评价。 （5）企业还需建立反舞弊情况通报制度，定期就反舞弊的情况进行通报

续表

类型	应对措施（要点）
信息系统风险	（1）企业应按照不同业务的控制要求，通过信息系统中的权限管理功能控制用户的操作权限，避免将不相容职责的处理权限授予同一用户。 （2）对于必需的后台操作，企业应建立规范的流程制度，记录保留操作日志，确保操作的可审计性。对于异常的或者违背内部控制要求的交易和数据，企业应设计由系统自动报告并建立跟踪处理机制。 （3）企业应组织独立于开发单位的专业机构对开发完成的信息系统进行验收测试，确保在功能、性能、控制要求和安全性等方面符合系统建设需求。 （4）企业要指定专人负责系统运行的日常维护，做好系统运行记录，对异常情况和突发事件要及时响应上报。企业需建立信息系统变更管理流程，对系统变更申请严格审核，严格控制紧急变更，审核通过后方可进行系统变更，对变更的系统功能需进行测试。信息系统操作人员不得擅自进行系统软件的删除、修改等操作；不得擅自升级、改变系统软件版本；不得擅自改变软件系统环境配置。 （5）企业委托专业机构进行系统运行维护管理的，应当审查该机构的资质和信用状况等，并与其签订服务合同和保密协议

第 97 记　2分　法律风险和合规风险的含义与影响因素

6-26

（一）含义

法律风险是指企业在经营过程中因自身经营行为的不规范或者外部法律环境发生重大变化而造成不利法律后果的可能性。

合规风险是指企业因违反法律或监管要求而受到制裁、遭受金融损失以及因未能遵守所有适用法律、法规、行为准则或相关标准而给企业信誉带来损失的可能性。

法律风险侧重于民事责任的承担，合规风险则侧重于行政责任和道德责任的承担。

（二）影响因素（考虑因素）

（1）国内外与企业相关的政治、法律环境变化可能引发的风险；

（2）影响企业的新法律法规和政策颁布可能引发的风险；

（3）员工的道德操守不当可能引发的风险；

（4）企业签订重大协议和有关贸易合同的条款设计不当等可能引发的风险；

（5）企业发生重大法律纠纷案件所引发的风险；

（6）企业和竞争对手的知识产权可能引发的风险。

记忆口诀

命题角度：法律风险和合规风险的影响因素案例分析。

按照两个层次进行记忆：

（1）前两条：旧政策+新政策；

（2）后四条：

口诀：某员工侵犯知识产权导致重大纠纷。

解释：某员工（第三条）侵犯知识产权（第六条）导致重大（第四条）纠纷（第五条）。

第98记 法律风险和合规风险的表现 2分

6-27

类型	主要表现
法律责任风险	（1）违规行为：公司生产经营违反了相关法律法规或其他规定、流程手续、资质要求等，可能导致公司遭受法律制裁、监管处罚、重大财务损失和声誉损失。 （2）法律纠纷：公司面临外部诉讼纠纷时，未能积极妥善应对，或由于应诉行为不当，可能导致企业承担潜在利益损失
行为规范风险	（1）道德行为：企业管理层未引导员工建立正确的价值观，员工或其他利益相关者的潜在不道德行为，可能导致企业声誉受到负面影响。 （2）廉洁和舞弊行为：公司管理层未识别出舞弊的高风险岗位并对其风险进行控制，可能导致公司面临直接的经济损失或对公司形象产生负面影响
监管风险	（1）贸易：企业未能有效识别进口产品在出口海关、出口国可能遇到的监管要求，或者未能准确理解政府贸易规定、海关规定，可能导致企业的经济损失或交易失败。 （2）人事合规：企业未能识别和防范由于违反国家和劳动保障机构制定的相关法规（包括个人所得税、薪酬、休假、反歧视等），可能导致企业面临人事合规带来的风险。 （3）有价证券：对于上市公司，企业未能识别和防范证券监督管理要求，如证券交易所的股票交易规则及内控标准等，可能导致企业面临潜在的合规和法律风险。

续表

类型	主要表现
监管风险	（4）健康、安全与环保：企业未能识别并遵守国家健康、安全和环保方面的法律与规范；未对员工提供适当的安全、环保意识培训；安全管理体系不健全，或相关管理制度无法有效执行；缺少突发事件报告体系，可能导致企业财产损失。 （5）财税合规：企业未能按时向税务机关、工商机关等提交税务报告、年检报告等资料，受到监管机构的检查批评或处罚，可能导致企业信用及声誉受损。 （6）反贿赂、反垄断、反不正当竞争：企业未能识别和防范反商业贿赂、反垄断、反不正当竞争等市场交易行为监管要求，可能导致企业面临潜在的合规风险。 （7）商业伙伴：企业未能有效筛选或识别商业伙伴的不合规行为，可能导致企业遭受行政处罚，造成经济或声誉损失以及其他负面影响

记忆口诀

命题角度：法律风险和合规风险表现的案例分析。

（1）法律责任风险：违法违规闹纠纷；

（2）行为规范风险：引导不当生舞弊；

（3）监管风险：贸易人事健安保，证券财税要合规，贿赂垄断竞争乱，商业伙伴好好管。

第99记　2分　法律风险和合规风险的应对（要点）

类型	应对措施（要点）
法律责任风险	（1）违规行为：公司管理层应根据企业的风险管理流程设计风险管理制度，建立法律合规问责和处罚制度。完善监控机制，制定纠正和预防措施。 （2）法律纠纷：企业应配置专业的法务人员，建立法律管理相关的制度规范及符合企业核心利益的应对策略。企业应当重视事后评估，透过案件处理，分析企业经营管理的现实和潜在风险

续表

类型	应对措施（要点）
行为规范风险	（1）道德行为：企业应当制定员工职业道德规范，并定期组织培训，要求员工确认知晓程度。 （2）廉洁和舞弊行为：企业应制定廉洁及反舞弊管理措施，有效防范管理层违规决策、挪用企业资金、贪污企业资产、收受贿赂等行为，防范员工或合作伙伴的潜在违法行为，避免给企业带来直接经济损失或对企业形象产生负面影响
监管风险	（1）贸易：企业应关注政府贸易的监管要求，识别和防范违反政府贸易规定、海关规定、地缘政治规则和跨国交易带来的潜在合规风险。 （2）人事合规：企业应严格招聘程序，加强对劳动者入职审查，建立并执行合法合规的劳动合同管理制度、合理的工资结构，制定符合实际的绩效考核机制，规避人事合规风险给企业带来的纠纷。 （3）有价证券：企业应关注证券监管机构的监管要求，建立完善的证券业务制度规范，对执业行为的合规性进行审查监督 （4）健康、安全与环保：企业应严格遵守法律法规，建立完善的安全管理体系，对突发事件制定相关的应急预案；定期组织员工培训，加强员工的安全、环保意识。 （5）财税合规：企业应时刻关注政府监管要求，严格按照要求报送税务报告、年检报告等。加强对财税风险的监控，评估预测财税风险，并指定相应的应对方案。 （6）反贿赂、反垄断、反不正当竞争：企业应关注反商业贿赂、反垄断、反不正当竞争等市场交易行为的监管要求，收集法律规定及各国际组织的规章条文，制定符合国内外标准的反商业贿赂、反垄断、反不正当竞争等制度体系，使企业内部工作人员能够根据制度及时了解并有效执行企业内部合规机制。 （7）商业伙伴：企业应逐步建立商业伙伴的合规风险管控机制，重点关注与各类商业伙伴的合作义务以及责任相关的合规义务履行能力和履行情况，根据合作类型（如供应商、客户、投资伙伴和其他商业伙伴等类型）和合规风险等级，对商业伙伴开展动态风险评估和闭环管理

通关绿卡

命题角度1：各类风险类型的辨析。

客观题考点，但这一考法在近两年未曾出现，适当关注即可。从技巧上看，需要准确理解各类风险的内涵，并结合各类风险“影响因素”来判断。

风险类型	关键内涵及辨析技巧
战略风险	自身要素与外部复杂环境匹配失衡，导致战略目标难以实现。 提示： （1）已经发生的确定性事件不属于战略风险； （2）只有当某个事件的偶然发生影响到战略目标实现时，才属于战略风险。 从技巧上，关键词为“未能实现战略目标”
市场风险	外部市场的复杂或变动带来的经营风险（只是业绩变差，但不严重影响战略目标实现）。 从技巧上，可结合“市场风险的影响因素”进行判断
财务风险	内外部因素导致财务管理活动不规范、财务成果或状况偏离目标。 从技巧上，可结合“财务风险的影响因素”进行判断
运营风险	内外部环境的复杂或变动+能力有限或决策失误。 从技巧上，可结合“运营风险的影响因素”进行判断
法律风险和合规风险	（1）法律风险侧重民事责任（经营不规范或外界因素变化而导致的赔偿责任）； （2）合规风险侧重行政责任或道德责任（违反法律、行规等而受到制裁）。 从技巧上，可结合“法律风险和合规风险的影响因素”进行判断

命题角度2：关于“重大”事项及其变更审批的相关考查。

客观题或主观题考点，可结合以下总结进行学习。

首先，需要区分两个概念——集体决策、联签。

集体决策指的是集体讨论之后所作出的决策，可以包括股东会决策、董事会决策、经理层决策等。联签指的是多人联名签字之后才能通过的决议，本质上与集体决策的性质类似，也可以包括股东联签、董事联签、经理联签。

其次，辨析“集体决策或联签”与“董事会或类似权力机构批准”。

根据上述定义可知，集体决策或联签制度在内涵范围上大于“董事会或类似权力机构批准”。教材中仅限定了“担保、研发、工程、外包”四类事项需要“董事会或类似权力机构批准”，但若考试中出现且没有把握，可统一按照“集体决策或联签制度”进行回答。

具体总结如下：

（1）筹资：集体决策或联签制度→若变更，重新可行性研究（★）+审批。

重大筹资方案，应当按照规定的权限和程序实行集体决策或者联签制度。筹资方案发生重大变更的，应当重新进行可行性研究并履行相应审批程序。

（2）投资：集体决策或联签制度→若变更，重新审批。

重大投资项目，应当按照规定的权限和程序实行集体决策或者联签制度。投资方案发生重大变更的，应当重新履行相应审批程序。

（3）担保：董事会或类似权力机构批准→若变更，重新调查评估（★）+审批。

重大担保业务，应当经董事会或类似权力机构批准。对于被担保人要求变更担保事项的，企业应当重新履行调查评估与审批程序。

（4）组织架构：集体决策或联签制度→若调整，重新审批。

企业的重大事项决策、重大项目安排、重要人事任免及大额资金使用等（“三重一大”），须按照规定的权限和程序实行集体决策审批或者联签制度。企业组织架构调整需充分听取董事、监事、高级管理人员和其他员工的意见，按照规定的权限和程序进行决策审批。

（5）研究与开发：董事会或类似权力机构批准→若变更，重新审批。

研发项目应按照规定的权限和程序进行审批，重大研发项目应当报董事会或类似权力机构集体审议决策。当发生项目的变更调整、延期、终止等情况时，企业应按照项目管理要求进行相应审批。

（6）工程项目：董事会或类似权力机构批准→若变更，重新审批。

重大工程项目的立项，应当报经董事会或类似权力机构集体审议批准。重大的项目变更应当按照项目决策和概预算控制的有关程序和要求重新履行审批手续。

（7）业务外包：董事会或类似权力机构批准，总会计师应参与决策（★）。

重大业务外包，总会计师或企业分管会计工作的负责人应参与决策，并将重大业务外包方案提交董事会或类似权力机构审批。

（8）合同管理：

重大合同或法律关系复杂的特殊合同，由法律部门参与起草。

（9）信息系统：

企业需建立信息系统变更管理流程，对系统变更申请严格审核，严格控制紧急变更，审核通过后方可进行系统变更。

命题角度3：关于可行性研究的相关考查。

客观题或主观题考点，可结合以下总结进行学习。

（1）筹资：筹资方案需要可行性论证。重大筹资方案应当形成可行性研究报告，全面反映风险评估情况。筹资方案发生重大变更的，应当重新进行可行性研究并履行相应审批程序。

（2）投资：投资方案需要可行性论证。

（3）研究与开发：研发项目需要可行性研究，可以找内外部专家或专业机构。

（4）工程项目：工程项目需要可行性研究，可以找内外部专家或专业机构，但从事可行性研究的专业机构不得再从事可行性研究报告的评审。

命题角度4：关于不相容职责相分离的相关考查。

客观题或主观题考点，可结合以下总结进行学习。

（1）不相容职务一般包括：授权批准与业务经办、业务经办与会计记录、会计记录与财产保管、业务经办与稽核检查、授权批准与监督检查等。

（2）资金运营：严禁将办理资金支付业务的相关印章和票据集中一人保管，印章要与空白票据分管，财务专用章要与企业法人章分管。

（3）组织架构：企业在岗位权限设置和分工安排环节，确保可行性研究与决策审批、决策审批与执行、执行与监督检查等不相容职务分离。

（4）信息系统：企业应按照不同业务的控制要求，通过信息系统中的权限管理功能控制用户的操作权限，避免将不相容职责的处理权限授予同一用户。

附录

【学习提要】

《精准冲刺99记　公司战略与风险管理》中的知识点与《精准冲刺200题　公司战略与风险管理》中的题目紧密链接，便于考生在掌握知识点后，快速检索并完成相应的题目，从而查漏补缺，提升学习效率。

第一模块　战略与战略管理

记数	题号
第1记	1、2、3
第3记	11
第4记	4、5、12
第5记	6
第6记	7、10
第7记	13
第8记	8、9、14

第二模块　战略分析

记数	题号
第9记	34
第10记	15、16
第11记	17、18、19、35
第12记	36
第13记	20、21、37
第14记	22
第15记	23、24、25、38、39
第17记	26、27、28、29、40
第18记	41
第19记	30、42、43、198、199、200
第20记	31、32、33
第22记	44

第三模块 战略选择

记数	题号
第23记	79、108、198
第24记	80、81、108、198
第25记	82
第26记	45、46、83
第27记	47、84、110、199
第29记	48、85、86、200
第30记	88、110、200
第32记	50、87
第33记	49
第34记	51、89、199
第35记	52、53、90、91、109、200
第36记	92
第37记	54～61、93～96、108、200
第38记	62、63、97、198
第39记	64、65、98、99
第40记	66、67、100、101
第41记	68～70、102、103
第42记	71、72、104、105
第43记	106、199
第44记	110、198
第45记	199
第46记	73、74
第47记	199
第48记	75、76
第49记	77、78、107、110、198、199

第四模块　战略实施

记数	题号
第50记	130
第51记	111～114、131～133
第52记	115
第54记	116、134
第55记	117
第57记	118、119
第58记	120
第59记	135、136
第60记	121、122、137、138、139
第61记	123、140
第62记	124～126、141
第63记	127～129、142

第五模块　公司治理

记数	题号
第65记	143、151
第66记	144、149、154
第67记	145、146
第69记	150、152、154
第70记	148、153
第71记	147

第六模块　风险与风险管理

记数	题号
第72记	155、177
第73记	156、157、178
第75记	179
第76记	158～162、164、180

续表

记数	题号
第77记	163、181、182
第79记	183
第80记	165、166、184
第81记	168、169、185
第82记	167、186、187
第83记	170、171、188
第84记	189
第86记	172
第88记	195、196、198
第91记	190
第92记	173、191
第93记	192
第94记	194、195、196
第95记	174、175、197、199
第96记	193
第97记	194、196
第98记	176

公司战略与风险管理

精准背诵 1 · 战略与战略管理

<table>
<tr><th>项目</th><th>具体内容</th></tr>
<tr><td>使命</td><td>（1）目的：
关键词：营利、为股东创造价值（其次才是履行社会责任）。
（2）宗旨：
关键词：经营范围。
（3）经营哲学：
关键词：价值观、信念、行为准则、对利益相关者的态度、政策目标、管理风格</td></tr>
<tr><td>目标</td><td>（1）两大目标体系：
①财务目标体系，包括：市场占有率、收益增长率、投资回报率、股利增长率、股票价格评价、现金流等。
②战略目标体系，包括：获取足够的市场竞争优势，在产品质量、客户服务或产品革新等方面压倒竞争对手，使整体成本低于竞争对手的成本，提高公司在客户中的声誉，在国际市场上建立更强大的立足点，建立技术上的领导地位，获得持久的竞争优势，抓住诱人的成长机会等。
（2）两个时间维度：
①短期目标体系：集中精力提高公司的短期经营业绩和经营结果。
②长期目标体系：促使公司的管理者考虑现在应该采取什么行动，才能使公司进入一种可以在相当长的一段时期内良性经营的状态</td></tr>
<tr><td>战略</td><td>（1）传统概念（波特）：计划性+全局性+长期性，关注“终点+途径”。
（2）现代概念（明茨伯格）：风险性+应变性+竞争性，只关注“途径”。
（3）综合概念（汤姆森）：预谋战略+适应性战略</td></tr>
<tr><td>公司战略的层次</td><td><table>
<tr><th>模型</th><th>掌握要点</th></tr>
<tr><td>总体战略</td><td>选择可以竞争的经营领域（落脚点是“经营领域”）</td></tr>
<tr><td>竞争战略</td><td>如何在各自的经营领域竞争（落脚点是“竞争”）</td></tr>
<tr><td>职能战略</td><td>如何发挥协同作用（单个职能内部协同+不同职能之间协同）</td></tr>
</table></td></tr>
<tr><td>战略管理的特征</td><td>（1）综合性。
（2）高层次。
（3）动态性</td></tr>
<tr><td>战略管理的过程</td><td>评估战略备选方案的标准：
（1）适宜性标准：考虑选择的战略是否发挥了企业的优势，克服了劣势；是否利用了机会，将威胁削弱到最低程度；是否有助于企业实现目标。（SWOT）</td></tr>
</table>

续表

<table>
<tr><th>项目</th><th>具体内容</th></tr>
<tr><td>战略管理的过程</td><td>（2）可接受性标准：考虑选择的战略是否被企业利益相关者所接受。
（3）可行性标准：评估战略收益、风险和可行性分析的财务指标</td></tr>
<tr><td>战略创新的类型</td><td>（1）产品创新：组织提供的产品和服务的变化。
（2）流程创新：产品和服务的生产和交付方式的变化。
（3）定位创新：通过重新定位用户对既有产品和服务的感知来实现的创新。
（4）范式创新：影响组织业务的思维模式和实践规范的变化（本质上是商业模式创新）</td></tr>
<tr><td>探索战略创新的不同方面</td><td>（1）创新的层面——在组件层面还是架构层面：
组件层面的创新是指只涉及单一技术的产品、服务的局部创新；架构层面的创新则是指涉及多种技术的产品、服务的整体性、系统性创新。
（2）创新的基础产品和产品家族：
要使持续的创新达到理想的效果，可考虑依托一个稳健的基础产品或可以扩展的产品家族，为创新提供一定范围的延展空间。
（3）创新的新颖程度——渐进性创新还是突破性创新：
①渐进性创新：发生在某些时点，影响企业体系当中的某些部分。
②突破性创新：全面性的变化过程，使企业整个体系发生改变</td></tr>
<tr><td>创新生命周期</td><td>
<table>
<tr><th>创新特征</th><th>流变阶段</th><th>过渡阶段</th><th>成熟阶段</th></tr>
<tr><td>竞争重点</td><td>产品性能</td><td>产品差异化</td><td>降低成本
（产品价格）</td></tr>
<tr><td>创新的驱动因素</td><td>客户（客户需求），
先驱企业（技术投入）</td><td>制造商
（提升技术能力）</td><td>供应商
（降本增效）</td></tr>
<tr><td>创新的主要类型</td><td>产品经常性的重要变化</td><td>重大流程创新</td><td>渐进性的产品创新和流程创新</td></tr>
<tr><td>产品线</td><td>多样性，包括定制的设计</td><td>出现主导设计</td><td>无差异的标准化</td></tr>
<tr><td>生产流程</td><td>灵活但低效，目标带有实验性，而且经常变化</td><td>更加严格和明确</td><td>高效，通常形成资本集约化并且相对严格</td></tr>
</table>
</td></tr>
<tr><td>建立创新型组织的组成要素</td><td>（1）共同使命、领导力和创新的意愿；
（2）合适的组织结构；
（3）关键个体；
（4）全员参与创新；
（5）有效的团队合作；
（6）创造性的氛围；
（7）跨越边界</td></tr>
</table>

续表

<table>
<tr><th>项目</th><th colspan="2">具体内容</th></tr>
<tr><td>创新管理的主要过程</td><td colspan="2">（1）搜索阶段：如何找到创新的机会？
（2）选择阶段：要做什么以及为什么？
（3）实施阶段：如何实现创新？
（4）获取阶段：如何获得利益</td></tr>
<tr><td rowspan="4">创新管理流程模型</td><th>模型</th><th>掌握要点</th></tr>
<tr><td>阶段—门模型</td><td>（1）每个阶段之间设置了一道决策门，由跨职能的团队或决策委员会依据有关技术、市场、财务等方面的信息，对项目的阶段活动成果进行分析和评估，评估结果分为“进入下一阶段”“放弃”和“返工”。
（2）特点：能及早发现和纠正问题，控制项目风险；能有效控制资源的使用，确保每个阶段都有足够的资源支持</td></tr>
<tr><td>3M创新漏斗模型</td><td>（1）涂鸦式创新：头脑风暴、自由探索（15%的时间用于自由思考）、组织提供各类支持、允许创新志愿者犯错。
（2）设计式创新：列入加速发展计划；获得各职能部门的支持，通过一系列流程，最终实现初步商业化；鼓励团队。
（3）引领式创新：追加投资；邀请专家指导，并提供营销和供应链方面的支持，生产和销售规模逐步扩大；奖励团队和个人</td></tr>
<tr><td>集成产品开发流程（IPD）</td><td>（1）摒弃“纯技术”路线，注重市场和客户需求。
（2）将产品开发作为投资进行管理（技术/商业可行性评估）。
（3）强调企业内外部的沟通与协作</td></tr>
<tr><td>战略管理中利益相关者的矛盾与均衡</td><td colspan="2">社会责任包括三个方面：
（1）保证企业利益相关者的基本利益要求。
（2）保护自然环境。
（3）赞助和支持社会公益事业</td></tr>
<tr><td>权力的来源</td><td colspan="2">（1）对资源的控制与交换的权力。
（2）在管理层次中的地位：
①法定权。
②奖励权。
③强制权。
（3）个人的素质和影响：
①非正式职权的权力来源。
②包括专家权、榜样权。</td></tr>
</table>

续表

<table>
<tr><th>项目</th><th>具体内容</th></tr>
<tr><td>权力的来源</td><td>③相对更持久。
④正式组织、非正式组织均存在。
（4）参与或影响企业的战略决策与实施过程。
（5）利益相关者集中或联合的程度</td></tr>
<tr><td>权力的运用</td><td><table>
<tr><th>策略类型</th><th>掌握要点</th></tr>
<tr><td>折中</td><td>（1）双方都让步，达成一个打了折的目标；
（2）可以是积极方式（承诺），也可以是消极方式（威胁、惩罚）</td></tr>
<tr><td>协作</td><td>双方都满足（而非“让步”），共同实现最佳目标</td></tr>
<tr><td>和解</td><td>单方让步（默认也算让步），一方满足另一方要求</td></tr>
<tr><td>对抗</td><td>迫使对方满足自身要求，通常与“和解”组合出现</td></tr>
<tr><td>规避</td><td>事先跑（预期惹不起就躲）/事后跑（一看苗头不对就躲）</td></tr>
</table></td></tr>
</table>

精准背诵 2 · 战略分析

<table>
<tr><th>项目</th><th>具体内容</th></tr>
<tr><td>宏观环境分析（PEST）</td><td>（1）政治和法律环境；
（2）经济环境；
（3）社会和文化环境；
（4）技术环境</td></tr>
<tr><td>产品生命周期模型</td><td><table>
<tr><th>维度</th><th>导入期</th><th>成长期</th><th>成熟期</th><th>衰退期</th></tr>
<tr><td>销量（用户）</td><td>用户很少，只有高收入用户尝试新的产品</td><td>销量节节攀升，用户群已经扩大</td><td>市场巨大，但基本饱和，主要靠老用户重复购买</td><td>用户对性价比要求很高</td></tr>
<tr><td>产品质量</td><td>质量有待提高</td><td>质量参差不齐</td><td>产品标准化，改进缓慢</td><td>产品出现质量问题</td></tr>
<tr><td>战略目标</td><td>扩大市场份额，争取成为“领头羊”</td><td>争取最大市场份额，并坚持到成熟期到来</td><td>在巩固市场份额的同时提高投资报酬率</td><td>防御，获取最后的现金流</td></tr>
<tr><td>战略路径</td><td>投资于研究开发和技术改进，提高产品质量</td><td>市场营销（改变价格形象和质量形象的好时机）</td><td>提高效率，降低成本</td><td>控制成本，以求能维持正的现金流量</td></tr>
</table></td></tr>
</table>

续表

<table>
<tr><th>项目</th><th>具体内容</th></tr>
<tr><td>产业五种竞争力</td><td>（1）潜在进入者的进入威胁——瓜分份额、激发竞争。
①结构性障碍。
a.波特七分法：规模经济、产品差异、资金需求、转换成本、分销渠道、其他优势及政府政策。
b.贝恩三分法：规模经济；现有企业对关键资源的控制；市场优势（品牌优势、政策优势）。
②行为性障碍：限制进入定价（防守）；进入对方领域（进攻）。
（2）替代品的替代威胁——性价比之争。
（3）供应者与购买者的讨价还价能力。
讨价还价能力，其大小取决于：
①集中程度或业务量大小（“集中化”）；
②产品差异化程度或资产专用性程度（“差异化”）；
③纵向一体化程度（“一体化”）；
④信息掌握的程度（“透明化”）。
（4）产业内现有企业的竞争——争夺市场占有率</td></tr>
<tr><td>成功关键因素（KSF）分析</td><td>
<table>
<tr><th colspan="5">产品寿命周期各阶段中的成功关键因素</th></tr>
<tr><th>方面</th><th>导入期</th><th>成长期</th><th>成熟期</th><th>衰退期</th></tr>
<tr><td>市场</td><td>广告宣传，了解需求，开辟销售渠道</td><td>建立商标信誉，开拓新销售渠道</td><td>保护现有市场，渗入别人的市场</td><td>选择市场区域，改善企业形象</td></tr>
<tr><td>生产经营</td><td>提高生产效率，开发产品标准</td><td>改进产品质量，增加花色品种</td><td>加强与顾客的关系，降低成本</td><td>缩减生产能力，保持价格优势</td></tr>
<tr><td>财力</td><td>利用金融杠杆</td><td>集聚资源以支持生产</td><td>控制成本</td><td>提高财务管理和控制系统的效率</td></tr>
<tr><td>人力资源</td><td>使员工适应新的生产和市场</td><td>发展生产和技术能力</td><td>提高生产效率</td><td>面向新的增长领域</td></tr>
<tr><td>研究开发</td><td>掌握技术秘诀</td><td>提高产品的质量和功能</td><td>降低成本，开发新品种</td><td>面向新的增长领域</td></tr>
</table>
</td></tr>
<tr><td>竞争对手分析（单一竞争对手）</td><td>竞争对手的能力取决于其在主要业务领域中的优势和劣势，应着重分析其下列能力：
（1）核心能力。
（2）成长能力。
这种能力取决于：企业人员、技术开发与创新、生产能力、财务状况等。</td></tr>
</table>

续表

<table>
<tr><th>项目</th><th>具体内容</th></tr>
<tr><td>竞争对手分析（单一竞争对手）</td><td>（3）快速反应能力——“迅速”。由如下因素决定：自由现金储备（扣除了资本性支出）、留存借贷能力、厂房设备的余力、定型的但尚未推出的新产品。
（4）适应变化的能力——“顺应”。
（5）持久力。
由如下因素决定：现金储备、管理人员的协调统一、长远的财务目标等</td></tr>
<tr><td>产业内的战略群组</td><td>战略群组分析的作用：
（1）有助于了解战略群组内企业竞争的主要着眼点。
（2）有助于很好地了解战略群组间的竞争状况。
（3）有助于了解各战略群组之间的“移动障碍”。
（4）利用战略群组图还可以预测市场变化或发现战略机会</td></tr>
<tr><td>企业资源分析</td><td>（1）企业资源的类型：
①有形资源；
②无形资源；
③人力资源。
（2）决定企业竞争优势的企业资源判断标准：
<table>
<tr><th>标准</th><th>内容</th></tr>
<tr><td>稀缺性</td><td>某种资源是其他竞争者难以轻易取得的</td></tr>
<tr><td>不可模仿性</td><td>①物理上独特的资源。
（关键词：国家级保密配方、极佳的地理位置、拥有矿物开采权、拥有专利生产技术等）
②具有路径依赖性的资源。
（关键词：长期形成的，与制度、管理、人员有关）
③具有因果含糊性的资源。
（关键词：企业文化、优越的人力资源、组织经验）
④具有经济制约性的资源。
（关键词：市场空间、垄断优势）</td></tr>
<tr><td>不可替代性</td><td>举例：旅游景点的独特优势就很难被其他景点的资源所替代</td></tr>
<tr><td>持久性</td><td>举例：品牌资源随着时代的发展在不断升值</td></tr>
</table></td></tr>
<tr><td>企业能力分析</td><td>（1）研发能力。
（2）生产管理能力。
（3）营销能力。
①产品竞争能力；</td></tr>
</table>

续表

<table>
<tr><th>项目</th><th>具体内容</th></tr>
<tr><td>企业能力分析</td><td>②销售活动能力；
③市场决策能力。
（4）财务能力。
（5）组织管理能力</td></tr>
<tr><td>企业的核心能力</td><td>（1）核心能力的特征：
①价值性。
②独特性。
③可延展性。
④不可替代性。
⑤动态性。
⑥整合性。
（2）基准分类的辨析：
<table>
<tr><th>类型</th><th>关键信息</th></tr>
<tr><td>竞争性基准</td><td>同一行业有竞争（碧桂园、万达）</td></tr>
<tr><td>一般基准</td><td>同一行业无竞争（西南航空、海南航空）</td></tr>
<tr><td>过程或活动基准</td><td>不同行业无竞争（碧桂园、宝洁）</td></tr>
<tr><td>内部基准</td><td>集团内部各公司比、公司内部各部门比</td></tr>
<tr><td>顾客基准</td><td>与用户调研问卷的结果比</td></tr>
</table></td></tr>
<tr><td>钻石模型</td><td>（1）生产要素。
（2）需求条件。
（3）相关与支持性产业。
（4）企业战略、企业结构和同业竞争</td></tr>
<tr><td>价值链分析</td><td>（1）价值链的两类活动：
①基本活动：
<table>
<tr><th>名称</th><th>示例</th></tr>
<tr><td>内部后勤（进货物流）</td><td>原材料的装卸、入库、盘存、运输以及退货（给供应商）等</td></tr>
<tr><td>生产经营</td><td>加工、装配、包装、设备维修、检测等</td></tr>
<tr><td>外部后勤（出货物流）</td><td>最终产品的入库、接受订单、送货等</td></tr>
<tr><td>市场销售</td><td>广告、定价、销售渠道等</td></tr>
<tr><td>服务</td><td>培训、修理、零部件的供应和产品的调试等</td></tr>
</table></td></tr>
</table>

续表

<table>
<tr><th>项目</th><th>具体内容</th></tr>
<tr><td>价值链分析</td><td>
②支持活动：
<table>
<tr><th>名称</th><th>示例</th></tr>
<tr><td>采购管理</td><td>企业聘请咨询公司为企业进行广告策划、市场预测、管理信息系统设计，法律咨询等</td></tr>
<tr><td>技术开发</td><td>有的属于生产方面的工程技术，有的属于通信方面的信息技术，还有的属于领导的决策技术（仅客观题适用）</td></tr>
<tr><td>人力资源管理</td><td>招聘、雇用、培训、提拔和退休等</td></tr>
<tr><td>企业基础设施</td><td>组织结构、惯例、控制系统以及文化等</td></tr>
</table>
（2）价值链分析的三个步骤：
①确认那些支持企业竞争优势的关键性活动。
②明确价值链内各种活动之间的联系。
③明确价值系统内各项价值活动之间的联系
</td></tr>
<tr><td>波士顿矩阵</td><td>
<table>
<tr><th>类型</th><th>应对战略</th><th>管理组织选择</th></tr>
<tr><td>“问题”业务（高增长——弱竞争）</td><td>采用选择性投资战略：
（1）对于短期内通过改进可转化为“明星”的业务：重点投资——发展；
（2）对于有希望成为“明星”的业务：纳入长期计划，持续改进与扶持——发展；
（3）对于没希望成为“明星”的业务——收割/放弃</td><td>组织：智囊团或者项目组织等形式；
人才：选拔有规划能力、敢于冒风险的人负责</td></tr>
<tr><td>“明星”业务（高增长——强竞争）</td><td>采取发展战略：积极扩大经济规模和市场机会，以长远利益为目标，提高市场占有率，加强竞争地位——发展</td><td>组织：事业部；
人才：由对生产技术和销售两方面都很内行的经营者负责</td></tr>
<tr><td>“现金牛”业务（低增长——强竞争）</td><td>采用收割或保持战略：
（1）对不再增长的业务——收割：
①把设备投资和其他投资尽量压缩；
②采用榨油式方法，争取在短时间内获取更多利润，为其他产品提供资金。
（2）对仍有所增长的业务——保持：
进一步进行市场细分，维持现存市场增长率或延缓其下降速度</td><td>组织：事业部；
人才：最好是市场营销型人物</td></tr>
</table>
</td></tr>
</table>

续表

<table>
<tr><th>项目</th><th>具体内容</th></tr>
<tr><td>波士顿矩阵</td><td>续表
<table>
<tr><th>类型</th><th>应对战略</th><th>管理组织选择</th></tr>
<tr><td>“瘦狗”业务（低增长——弱竞争）</td><td>采用收割或放弃战略：
（1）首先减少批量，逐渐撤退：
①对于还能自我维持的业务：缩小经营范围，加强内部管理——收割；
②对市场增长率和企业市场占有率均极低的业务，立即淘汰——放弃；
（2）其次是将剩余资源向其他业务转移</td><td>整顿产品系列，最好将“瘦狗”产品并入其他事业部，统一管理</td></tr>
</table></td></tr>
<tr><td>SWOT分析</td><td>（1）SO增长型战略：内部优势+外部机会。
（2）WO扭转型战略：内部劣势+外部机会。
（3）WT防御型战略：内部劣势+外部威胁。
（4）ST多种经营战略：内部优势+外部威胁</td></tr>
</table>

精准背诵 3 · 总体战略

1. 发展战略——一体化战略

（1）一体化战略动因：

①前向一体化：通过控制销售过程和渠道，有利于企业控制和掌握市场，增强对消费者需求变化的敏感性，提高企业产品的市场适应性和竞争力。

②后向一体化：有利于企业有效控制关键原材料等投入的成本、质量及供应可靠性，确保企业生产经营活动稳步进行。

③横向一体化：实现规模经济以获取竞争优势。

（2）一体化战略适用条件：

<table>
<tr><th>维度</th><th>前向一体化</th><th>后向一体化</th><th>横向一体化</th></tr>
<tr><td rowspan="2">S：
资源能力+其他</td><td colspan="3">企业具备前向/后向/横向一体化所需的资金、人力资源等</td></tr>
<tr><td>—</td><td>—</td><td>企业的横向一体化符合反垄断法律法规，能够在局部地区获得一定的垄断地位</td></tr>
<tr><td rowspan="2">O：
“虚虚实实”</td><td colspan="3">虚：企业所在产业的增长潜力较大</td></tr>
<tr><td>实：销售环节的利润率较高</td><td>实：供应环节的利润率较高</td><td>实：企业所在产业的规模经济较为显著</td></tr>
</table>

续表

维度	前向一体化	后向一体化	横向一体化
T： 利益相关者（供应商+渠道商的成本与可靠性、竞争者）	企业现有销售商的销售成本较高或者可靠性较差而难以满足企业的销售需要	①企业现有供应商的供应成本较高或者可靠性较差； ②后向一体化有利于控制原材料成本，确保价格稳定； ③供应商数量较少而需求方竞争者众多	企业所在产业竞争较为激烈

2. 发展战略——密集型战略

战略类型	适用条件
市场渗透（现有市场+现有产品）	（1）企业拥有强大的市场地位，并且能够利用经验和能力来获得强有力的独特竞争优势； （2）企业决定将利益局限在现有产品或市场领域； （3）整个市场正在增长； （4）市场渗透战略对应的风险较低、高级管理者参与度较高，且需要的投资较少； （5）其他企业由于各种原因离开了市场
市场开发（新市场+现有产品）	（1）企业拥有扩大经营所需的资金和人力资源； （2）企业在现有经营领域十分成功；企业存在过剩的生产能力（否则无法交付）； （3）存在未开发或未饱和的市场； （4）可得到新的、可靠的、经济的和高质量的销售渠道； （5）企业的主业属于正在迅速全球化的产业
产品开发（新产品+现有市场）	（1）企业具有较强的研究与开发能力； （2）企业产品具有较高的市场信誉度和顾客满意度； （3）企业所在产业属于适宜创新的高速发展的高新技术产业； （4）企业所在产业正处于高速增长阶段； （5）主要竞争对手以近似价格提供更高质量的产品

3. 发展战略——多元化战略

维度	优点	风险
原有业务	（1）利用未被充分利用的资源； （2）运用盈余资金； （3）运用企业在某个产业或某个市场中的形象和声誉来进入另一个产业或市场	来自原有经营产业的风险

续表

维度	优点	风险
新业务	（1）更容易地从资本市场中获得融资； （2）当企业在原产业无法增长时找到新的增长点； （3）获得资金或其他财务利益（如累计税项亏损）	（1）产业进入风险； （2）产业退出风险
整体业务	分散风险	（1）市场整体风险； （2）内部经营整合风险

4. 收缩战略

（1）收缩战略的实施原因：

①主动原因：满足企业战略重组的需要。

②被动原因：外部原因、内部原因。

（2）收缩战略的方式：

方式	内容
紧缩与集中战略	①机制变革。 ②财政和财务战略。 ③削减成本战略
转向战略	①重新定位或调整现有的产品和服务。 ②调整营销策略。在价格、促销、渠道等环节推出新的举措
放弃战略	具体做法有：特许经营、分包、卖断、管理层杠杆收购、拆产为股/分拆

（3）收缩战略的退出障碍：

①固定资产的专用性程度；

②退出成本；

③内部战略联系；

④感情障碍；

⑤政府与社会约束。

5. 发展战略的实施途径——外部发展（并购）

（1）并购的类型。

①按并购双方所处的产业分类：横向并购、纵向并购、多元化并购。

②按被并购方的态度分类：友善并购、敌意并购。

③按并购方的身份分类：产业资本并购、金融资本并购。

④按并购资金来源分类：杠杆并购、非杠杆并购。

（2）并购的动机。

①避开进入壁垒，迅速进入，争取市场机会，规避各种风险。

②获得协同效应。

③克服企业负外部性，减少竞争，增强对市场的控制力。

（3）并购失败的原因。

①事前：决策不当。

②事中：支付过高的并购费用。

③事后：并购后不能很好地进行企业整合。

④特殊情形：跨国并购面临政治风险。

6. 发展战略的实施途径——内部发展（新建）

实施内部发展战略的原因：

（1）开发新产品的过程使企业能深刻地了解市场及产品；

（2）不存在合适的收购对象；

（3）保持统一的管理风格和企业文化；

（4）为管理者提供职业发展机会；

（5）代价较低，因为获得资产时无须为商誉支付额外的金额；

（6）并购通常会产生隐藏的或无法预测的损失，而内部发展不太可能产生这种情况；

（7）这可能是唯一合理的、实现真正技术创新的方法；

（8）可以有计划地进行，容易从企业资源获得财务支持，并且成本可以按时间分摊；

（9）风险较低；

（10）内部发展的成本增速较慢。

7. 发展战略的实施途径——战略联盟

（1）战略联盟的动因。

①开拓新的市场。

②实现资源互补。

③促进技术创新。

④避免经营风险。

⑤避免或减少竞争。

⑥降低协调成本。

（2）主要类型及特点。

<table>
<tr><th colspan="2">类型</th><th>内容</th></tr>
<tr><td rowspan="2">股权式联盟</td><td>合资企业</td><td rowspan="2">①优点：
a.有利于扩大企业的资金实力；
b.通过部分“拥有”对方的形式，增强双方的信任感和责任感，因而更有利于长久合作。
②缺点：灵活性差</td></tr>
<tr><td>相互持股投资</td></tr>
<tr><td>契约式联盟</td><td>功能性协议</td><td>①优点：
a.更强调协调与默契，更具有战略联盟的本质特征；
b.经营灵活性、自主权和经济效益等更为优越。</td></tr>
</table>

续表

类型		内容
契约式联盟	功能性协议	②缺点： a.企业对联盟的控制能力差； b.组织松散、缺乏稳定性和长远利益； c.联盟内成员之间的沟通不充分； d.组织效率低下等

（3）战略联盟的管控。

①订立协议。

②建立合作信任的联盟关系。

（4）网络合作联盟的类型。

①稳定网络合作联盟。

②动态网络合作联盟。

精准背诵 4 · 基本竞争战略

1. 成本领先战略

项目	内容
优势	（1）形成进入障碍； （2）增强讨价还价能力； （3）降低替代品的威胁； （4）保持领先的竞争地位
实施条件	（1）市场情况——外部： ①消费者： a.关心价格：产品具有较高的价格弹性，市场中存在大量的价格敏感用户； b.不关心品牌：购买者不太关注品牌； c.转换成本较低。 ②竞争者：价格竞争是市场竞争的主要手段。 ③产品：产业中所有企业的产品都是标准化的产品，产品难以实现差异化。 （2）资源和能力——内部： ①选择适宜的交易组织形式（自制或外购中，选择成本更低的方案）； ②降低各种要素成本； ③资源集中配置； ④在规模经济显著的产业中装备相应的生产设施来实现规模经济； ⑤提高生产能力利用程度； ⑥提高生产率； ⑦改进产品工艺设计

续表

项目	内容
风险	（1）消费者：市场需求从注重价格转向注重产品的品牌形象，使得企业原有的优势变为劣势。 （2）竞争者：产业的新进入者或追随者通过模仿或者以更高技术水平设施的投资能力，达到同样甚至更低的产品成本。 （3）成本：技术的变化可能使过去用于降低成本的投资（如扩大规模、工艺革新等）与积累的经验一笔勾销

2. 差异化战略

项目	内容
优势	（1）形成进入障碍； （2）增强讨价还价能力； （3）抵御替代品的威胁； （4）降低顾客敏感程度
实施条件	（1）市场情况—外部： ①消费者：顾客的需求是多样化的； ②竞争者：企业所在产业技术变革较快，创新成为竞争的焦点； ③产品：产品能够充分地实现差异化，且为顾客所认可。 （2）资源和能力—内部： ①有能够确保激励员工创造性的激励体制、管理体制和良好的创造性文化； ②具有强大的研发能力和产品设计能力； ③具有很强的市场营销能力； ④具有从总体上提高某项经营业务质量、树立产品形象、保持先进技术和建立完善分销渠道的能力
风险	（1）消费者：市场需求发生变化。 （2）竞争者：竞争对手的模仿和进攻使已建立的差异缩小甚至转向。 （3）成本：企业形成产品差别化的成本过高

3. 集中化战略

项目	内容
优势	（1）能够抵御产业五种竞争力的威胁； （2）可以增强相对的竞争优势
实施条件	（1）市场情况—外部： ①消费者：购买者群体之间在需求上存在着差异。 ②竞争者：在目标市场上，没有其他竞争对手采用类似的战略。

续表

项目	内容
实施条件	③产品（或市场）：目标市场在市场容量、成长速度、获利能力、竞争强度等方面具有相对的吸引力。 （2）资源和能力—内部： 企业资源和能力有限，难以在整个产业实现成本领先或差异化，只能选定个别细分市场
风险	（1）消费者：购买者群体之间需求差异变小。 （2）竞争者：竞争对手的进入与竞争。 （3）成本：狭小的目标市场导致高成本

4. 战略钟

混合战略可行的原因：

（1）规模经济：提供高质量产品的公司会增加市场份额，这又会因为规模经济而降低平均成本。因此取得高质量和低成本的定位。

（2）经验曲线：生产高质量产品的经验累积和降低成本的速度比生产低质量产品的快（经验曲线效应）。

（3）效率提升：注重提高生产效率可以在高质量产品的生产过程中降低成本。

精准背诵 5 · 中小企业竞争战略

1. 零散产业的竞争战略

（1）零散产业的战略选择。

类型	途径
克服零散——获得成本优势	①连锁经营或特许经营； ②技术创新以创造规模经济； ③尽早发现产业趋势
增加附加值——提高产品差异化程度	许多零散产业的产品或服务是一般性的商品，提高差异化主要靠增加商品附加值
专门化——目标集聚	①产品类型或产品细分的专门化； ②顾客类型专门化； ③地理区域专门化

（2）谨防潜在的战略陷阱。

①避免寻求支配地位。

②保持严格的战略约束力。

③避免过分集权化。

④了解竞争者的战略目标和管理费用。

⑤避免对新产品做出过度反应。

2. 新兴产业的竞争战略

（1）新兴产业内部结构的共同特征。

①技术的不确定性；

②战略的不确定性；

③成本的迅速变化；

④萌芽企业和另立门户；

⑤首次购买者。

（2）新兴产业的发展障碍。

①专有技术选择、获取与应用的困难；

②原材料、零部件、资金与其他供给的不足；

③顾客的困惑与等待观望；

④被替代品的反应；

⑤缺少承担风险的胆略与能力。

（3）新兴产业的战略选择。

①塑造产业结构；

②正确对待产业发展的外在性；

③注意产业机会与障碍的转变，在产业发展变化中占据主动地位；

④选择适当的进入时机与领域。

精准背诵 6 · 蓝海战略

1. 蓝海战略的制定原则和执行原则

类型	具体原则	要点	降低的风险因素
制定原则	重建市场边界	必备的分析工具和框架	↓搜寻的风险
	注重全局而非数字	超越小步改进价值的境界	↓规划的风险
	超越现有需求	强调审视非顾客之间强大的共同点需求，而非顾客间的差别	↓规模的风险
	遵循合理的战略顺序	效用、价格、成本、接受	↓商业模式风险
执行原则	克服关键组织障碍	跨越认知、资源、动力和组织政治方面的障碍	↓组织的风险
	将战略执行建成战略的一部分	鼓舞人们行动起来，去执行蓝海战略	↓管理的风险

2. 蓝海战略与红海战略关键性差异（蓝海战略的特征）

（1）规避竞争，拓展非竞争性市场空间。

（2）创造并攫取新需求。

（3）打破价值与成本互替定律，同时追求差异化和低成本。

3. 重建市场边界的基本法则——六条路径框架

（1）审视他择产业；

（2）跨越战略群组；

（3）重新界定产业的买方群体；

（4）放眼互补性产品或服务；

（5）重设客户的功能性或情感性诉求；

（6）跨越时间，参与塑造外部潮流。

精准背诵 7 · 商业模式

1. 商业模式画布

商业模式画布包括四个板块、九个要素：

（1）客户板块：客户细分、客户关系、渠道通路。

（2）供给板块：价值主张。

（3）基础设施板块：核心资源、关键业务、重要合作。

（4）财务板块：成本结构、收入来源。

2. 商业模式创新的类型

（1）平台商业模式。

（2）长尾商业模式。

（3）免费商业模式。

①增值服务收费模式。

②广告模式（三方市场模式）。

③交叉补贴模式（基本品免费、互补品收费模式）。

④非货币市场模式。

精准背诵 8 · 市场营销战略

1. 市场细分

（1）消费者市场细分的依据。

依据	具体变量
地理因素	国家、地区、城市农村、地形气候、交通运输条件等
人口因素	年龄、性别、收入水平、职业、受教育程度、家庭规模、家庭生命周期阶段、社会阶层、宗教信仰、民族及国籍等
心理因素	个性、爱好、价值观念、生活方式、购买动机、追求的利益等
行为因素	消费者购买或使用某种产品的时机、消费者对某种产品的使用率、消费者进入市场的程度和消费者对品牌或企业的忠诚度等

（2）产业市场细分的依据。

①用户的行业类别。

②用户规模。

③用户的地理位置。

④用户购买行为。

2. 目标市场选择

（1）无差异性营销策略。

（2）差异性营销策略。

（3）集中性营销策略。

3. 市场定位

（1）避强定位。

（2）迎头定位。

（3）并存定位。

（4）取代定位。

（5）重新定位。

（6）领先定位。

4. 设计营销组合

（1）产品策略。

①产品组合策略类型：扩大产品组合、缩减产品组合、产品延伸（向上延伸、向下延伸、双向延伸）。

②品牌策略。

类型	细分类型
品牌归属策略	企业品牌、生产者品牌或自有品牌
	中间商品牌
	贴牌生产
品牌统分策略	统一品牌
	个别品牌
	分类品牌
	复合品牌策略

③新产品开发策略：全新产品、替代产品（原有产品重大改进）、改进产品（原有产品适当改进）、模仿性新产品。

（2）价格策略。

①基本定价方法：成本导向定价法、需求导向定价法、竞争导向定价法。

②主要定价策略：心理定价策略、产品组合定价策略、折扣与折让定价策略、差别定价策略。

③新产品定价策略：渗透定价策略（低价）、撇脂定价策略（高价）、温和定价策略（中间价）、免费定价策略。

（3）分销策略。

①分销渠道结构。

内容	掌握要点
长度	直接渠道、间接渠道
宽度	独家分销、选择分销、密集分销
广度	单渠道、多渠道、跨渠道（强调多种渠道的交叉）、 全渠道（包括实体商铺、网上商场、信息媒体等，强调渠道多）

②基于成员关系的渠道系统：松散型渠道系统、垂直渠道系统、水平渠道系统。

（4）促销策略

①促销组合要素构成：广告促销、营业推广、公关营销、人员推销。

②促销组合策略：推式策略、拉式策略、推拉结合策略。

精准背诵 9 · 研究与开发战略

1. 研发的层次

（1）基础性研究。

（2）应用型研究。

（3）开发型研究。

2. 开发的类型

（1）产品研发。

（2）技术研发。

（3）工艺研发。

（4）流程研究。

3. 研发的动力来源

（1）市场需求。

（2）技术进步。

（3）市场竞争。

（4）法规政策。

（5）创新文化。

（6）社会责任。

4. 研发的模式

（1）自主研发。

（2）合作研发。

（3）委托研发。

（4）开发研发。

5. 研发的战略作用

（1）基本竞争战略。

（2）价值链。

（3）安索夫矩阵：通过产品成本的降低和产品的改进、创新实现市场渗透和市场开发；通过产品创新实现产品开发和产品多元化。

（4）产品生命周期。

6. 研发定位

（1）成为向市场推出新技术产品的企业。

（2）成为成功产品的创新模仿者。

（3）成为成功产品的低成本生产者。

（4）成为成功产品低成本生产者的模仿者。

精准背诵 10 · 生产运营战略

1. 生产运营战略涉及的主要因素

（1）批量。

（2）种类。

（3）需求变动。

（4）可见性。

2. 生产运营方式与供应链的选择

生产运营方式	供应链模式	适用的产品	目标
品种少、产量高、可预见的市场环境	高效供应链	共性产品	降低“实物成本”（增加利润）
品种多、产量低、难以预见的环境	敏捷供应链	个性产品	降低“市场协调成本”（高效运作）

3. 配送网络的选择

（1）制造商存货加直送（厂家直送）。

（2）制造商存货、直送加在途并货（厂家直送–不同地点订单合并）。

（3）分销商存货加承运人交付（淘宝模式）。

（4）分销商存货加到户交付（京东模式）。

（5）制造商或分销商存货加顾客自提（社区团购模式）。

（6）零售商存货加顾客自提（普通超市模式）。

4. 生产运营战略的竞争重点（TQCF）

（1）批量。

（2）种类。

（3）需求变动。

（4）可见性。

5. 产能计划类型和平衡产能与需求的方法

策略类型	产能VS需求	平衡产能与需求的方法
领先策略 （进攻型）	产能＞需求	（1）库存生产式生产：需求稳定且能提前预测。 （2）步骤：采购→生产→接单
匹配策略 （稳健型）	产能=需求	（1）资源订单式生产：客户需求不同，难以预测。 （2）步骤：接单→采购→生产
滞后策略 （保守型）	产能＜需求	（1）订单生产式生产：对未来需求有较大信心。 （2）步骤：采购→接单→生产

精准背诵 11 · 采购战略

1. 货源策略

对比项目	少数或单一货源的策略	多货源少批量策略
与供应商的关系	稳固	不稳固 （相互信任程度低）
供应稳定性	弱 （供应中断风险高）	强 （供应稳定）
货源质量	高	低 （难以获得质量和性能不断提高的供应品）
规模经济	易实现 （享受价格优惠）	不易实现 （无法享受价格优惠）
采购方议价能力	弱	强 （因为供应商之间会产生竞争）
知识与技术	便于信息的保密	获得更多知识和技术

2. 交易策略

类型	含义	适用条件或特点	目标
市场交易策略	与供应商签订买卖合同在市场上取得所需供应品的策略	（1）供应品：技术含量低；对企业不重要； （2）供应商：成熟且数量众多	降成本； 追求短期利益
短期合作策略	应对一定的市场需求对供应商采取短期合作的策略	供应品：技术含量高；对企业重要；需求急剧变化或灵活	做创新； 追求短期利益
功能性联盟策略	与供应商通过订立协议结成联盟的策略	（1）供应品：技术含量高；对企业重要（需求量大）； （2）供应商：成熟且能力较强	降成本； 追求长期利益

续表

类型	含义	适用条件或特点	目标
创新性联盟策略	为了产品、业务的创新并取得长期竞争优势而与供应商结成联盟的策略	从新产品的概念阶段便开始紧密合作（战略、资金、人力、技术）	做创新；追求长期利益

3. 采购模式

（1）传统采购模式。

（2）MRP采购模式。

（3）JIT采购模式。

（4）VMI采购模式。

（5）数字化采购模式。

精准背诵 12 · 人力资源战略

1. 人力资源获取

获取策略	成本领先	差异化	集中化
员工来源	外部	内部	两者兼顾
晋升阶梯	狭窄、不宜转换	广泛、灵活	狭窄、不宜转换
甄选决策	人力资源部	业务部门	结合两者
甄选方法	简历和面试为主	多重方法	心理测试
甄选标准	强调技能	强调与文化契合	结合两者
社会化过程	正式的雇佣和社会化过程	非正式的雇佣和社会化过程	结合两者

2. 人力资源开发与培训

战略类型	侧重点	培训与开发的形式
成本领先	强调范围有限的知识和技巧	设立企业大学或者定期培训
差异化	要求具有广泛的知识、技巧和创造性	传递外部新颖信息、购买所需技能或者利用外部培训机构
集中化	强调应用范围适中的知识和技巧（专门领域）	在职培训或者外部培训

3. 人力资源绩效评估

战略类型	管理目标	特征
成本领先	以控制成本为目的，强调结果导向	评估范围狭窄，评估的信息来源单一（上级作为考核的主要考官）
差异化	关注创新和新颖性，既评估结果，也评估行为	评估范围宽广，评估信息丰富
集中化	上述两者结合	

4. 人力资源薪酬激励

（1）薪酬激励的原则。

①战略性原则。

②公平性原则。

③合法性原则。

④竞争性原则。

⑤经济性原则。

（2）薪酬结构策略。

类型	举例	作用		
		吸引	保留	激励
基本薪酬	稳定的经济收入部分（固定薪酬）	显著	显著	一般
可变薪酬	奖金、销售收入提成和津贴等	显著	中等	显著
间接薪酬	五险一金、补充商业保险、免费员工宿舍、带薪休假、节日福利、员工培训机会、健康体检、团建活动等	一般	显著	一般

（3）薪酬水平策略。

①领先型策略（薪酬水平＞市场平均水平）。

②匹配型策略（薪酬水平=市场平均水平）。

③滞后型策略（薪酬水平＜市场平均水平）。

④混合型策略。

（4）企业基本竞争战略与薪酬策略。

战略类型	薪酬基础	薪酬构成	薪酬水平	公平性	薪酬决策
成本领先	岗位工资或年资	基本薪酬	滞后型	对外公平	集权，高层作出
差异化	能力或绩效	可变薪酬	领先型或混合型	对内公平	中层或子公司决策
集中化	能力与绩效	基本+可变	滞后型；领先型或混合型	对内公平	视市场情况和企业实力采用不同方式

精准背诵 13 · 财务战略

1. 基于产品生命周期的财务战略选择

分析角度	产品生命周期阶段			
	导入期	成长期	成熟期	衰退期
经营风险	非常高	高	中等	低
财务风险	非常低	低	中等	高
资本结构	股东权益	主要是股东权益	股东权益+债务	股东权益+债务
资金来源（筹资战略）	风险资本	权益投资增加	保留盈余+债务	债务
股利（分配战略）	不分配	分配率很低	分配率高	全部分配
市盈率	非常高	高	中	低
股价	迅速增长	增长并波动	稳定	下降并波动
总体财务战略	低财务风险战略		中等财务风险战略	

2. 基于价值创造或增长率的财务战略选择

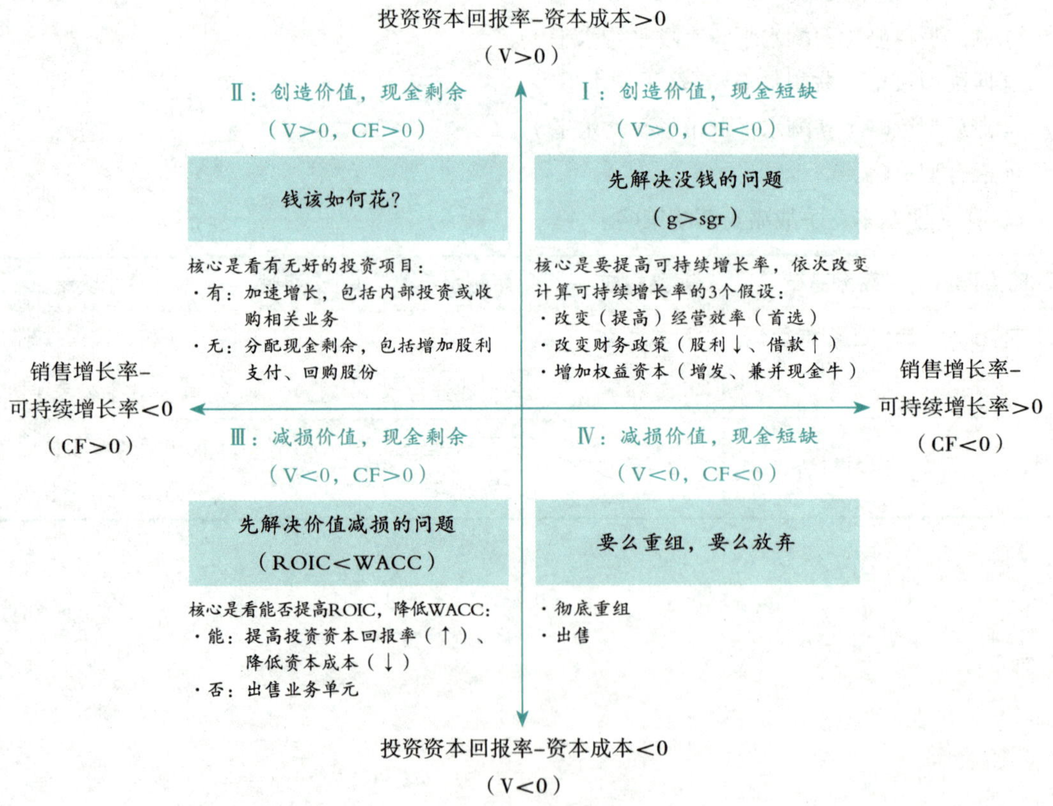

财务战略矩阵

精准背诵 14 · 国际化经营战略

1. 企业国际化经营的动因

（1）寻求市场。

（2）寻求效率。

（3）寻求资源。

（4）寻求现成资产。

2. 国际化经营的主要方式

（1）出口贸易。

路径	详解
传统方式（连续方式）	①高新技术产品： a.发展中国家→类似发展中国家→发达国家； b.发达国家→类似发达国家→发展中国家。 ②初级产品和劳动密集型低端产品： 发展中国家（例：矿石初加工）→发达国家（例：矿石深加工）
新型方式（不连续方式）	高新技术产品：发达国家（特别是美国）→发展中国家

（2）对外直接投资。

①独资经营（全资子公司）。

②合资经营。

（3）非股权形式：合约制造、服务外包、订单农业、特许经营、许可经营、管理合约及其他类型的合约关系。

3. 全球价值链

（1）角色定位。

角色定位	关键线索
领先企业	处于主导地位的核心企业（垄断优势），拥有技术、营销渠道优势
一级供应商	从属于领先企业，不具备技术和营销渠道优势，仅做生产、组装、物流等外围管理工作
其他层级供应商	从属于一级供应商，从事非核心活动，如简单组装、OEM
合同制造商	不依赖于领先企业、技术专家，可独立完成产品部分结构的生产，如ODM

（2）分工模式。

对比项目	市场交易	对外直接投资	非股权形式		
	市场型	科层型	模块型	关联型	俘获型
产品特征	标准化产品、产品结构单	产品结构复杂，但价值很高	产品结构复杂，但可模块化、标准化	产品结构复杂，需双方沟通解码	产品结构复杂，但不想自己做

续表

对比项目	市场交易	对外直接投资	非股权形式		
	市场型	科层型	模块型	关联型	俘获型
交易模式	直接购买	让儿子做	找专家做	找亲朋做	找小弟做
协作基础	合约关系	雇佣关系	能力互补	家族关系、空间距离等	市场势力
交易基础	价格	公司规章	网络关系	网络关系	网络关系

（3）产业升级模式。

类型	关键词	典型实践
工艺升级	增强生产效率	提升OEM（委托加工）效率
产品升级	增强产品附加值（如从做衬衫到做西装）	提供更高品质的产品或服务
功能升级	增强环节附加值	从OEM到ODM（从初始设备制造商到初始设计制造商）；从生产制造到设计、营销
价值链升级	转换价值链	从OEM到ODM到OBM（自有品牌制造商）；从汽车零部件供应商到整车制造产业

4. 国际化经营的战略类型及其组织结构

战略类型	关键线索
国际战略	母国负责产品开发职能+东道国负责制造和营销职能
多国本土化战略	满足当地市场需求
全球化战略	全世界销售标准化产品+在有利国家/地区开展不同的生产经营活动（多地经营）
跨国战略	兼具全球化战略和多国本土化战略的特点，公司间关系是双向的

5. 新兴市场的企业战略

类型	战略举措
防御者	（1）服务本国：把目光集中于喜欢本国产品的客户，而不考虑那些崇尚国际品牌的客户。 （2）调整产品：频繁调整产品和服务，以适应客户特别的甚至独一无二的需求。 （3）强化渠道：加强分销网络的建设和管理，缓解国外竞争对手的竞争压力
扩张者	（1）扩张：本土企业可以通过合理运用可移植的优势资源，并以其在本地市场的成功为平台，向其他市场扩张。 （2）周边：在向海外延伸本土优势时应当注意寻找在消费者偏好、地缘关系、分销渠道或政府管制方面与本国市场相类似的市场

续表

类型	战略举措
躲闪者	（1）“A+B”：与跨国公司建立合资、合作企业。 （2）“A→B”：将企业出售给跨国公司。 （3）“A→新A”：重新定义自己的核心业务，避开与跨国公司的直接竞争。 （4）“A→A1”：根据自身本土优势专注于细分市场，将业务重心转向价值链中的某些环节。 （5）“A→a”：生产与跨国公司产品互补的产品，或者将其改造为适合本国人口味的产品
抗衡者	（1）比领先：不要拘泥于成本上竞争，而应该比照行业中的领先公司来衡量自己的实力。 （2）获资源：学习从发达国家获取资源，以克服自身技能不足和资本的匮乏。 （3）找市场：找到一个定位明确又易于防守的市场。 （4）找突破：在一个全球化的产业中找到一个合适的突破口

精准背诵 15 · 组织结构

1. 纵向分工结构

（1）集权。

优点	缺点
①易于协调各职能间的决策； ②易于对上下沟通的形式进行规范； ③能与企业的目标达成一致； ④危急情况下能够做出快速决策； 提示：集权模式下的日常决策较慢。 ⑤有助于实现规模经济； ⑥比较适用于由外部机构实施密切监控的企业，因为所有的决策都能得以协调	①高级管理层可能不会重视个别部门的不同要求； ②决策时间过长； ③级别低的管理者（这是前提）职业发展有限

（2）分权：**分权型结构一般包含更少的管理层次，并将决策权分配到较低的层级，从而具有较宽的管理幅度并呈现出扁平型结构。**

分权型结构减少了信息沟通的障碍，提高了企业反应能力，能够为决策提供更多的信息并对员工产生激励效应（因为员工所拥有的决策权更大了）。

2. 横向分工结构

结构类型	关键词
创业型	直接控制；缺乏分工
职能制	专业化、规模经济、提高效率；产品盈亏难以确定
事业部	灵活、决策快；管理成本重复、有冲突、难协调。 提示：组织基本单元为“1个事业部～1个产品线”

续表

结构类型	关键词
M型	减轻总部工作量、有助于比较各BU绩效；管理成本较高、有冲突。 提示：组织基本单元为“1个事业部～N个产品线”
SBU型	减轻总部工作量、有助于比较各SBU绩效；更疏远、有冲突。 提示：组织基本单元为“1个SBU～N个事业部～M个产品线”
矩阵式	项目团队、职能+产品；双重权力有冲突、决策成本高且耗时长
H型	控股企业、下属企业是独立法人、独立经营、总部干预较少

3. 国际化经营企业的组织结构

战略类型	对应结构类型	本质
国际战略	国际部结构	（国际）事业部制组织结构
多国本土化战略	全球区域分部结构	（地区/国家）事业部制/战略业务单位组织结构
全球化战略	全球性产品分部结构	（产品）事业部制/战略业务单位组织结构
跨国战略	跨国结构	（全球性产品—地区）矩阵制组织结构

4. 横向分工结构的基本协调机制（整合）

（1）相互适应，自行调整（最简单或最复杂的组织结构）；

（2）直接指挥，直接控制；

（3）工作过程标准化；

（4）工作成果标准化；

（5）技艺（知识）标准化；

（6）共同价值观。

5. 企业发展阶段与组织结构

阶段	企业特征	战略类型	结构类型
1	企业创立初期，着重发展单一产品，试图通过更强的营销手段来获得更大的市场份额	市场渗透（数量扩大）	简单结构，即创业型组织结构
2	企业发展后，需要将产品或服务扩展到其他地区中去，并进一步实现产品和服务的标准化、专业化	市场开发（地域扩散）	职能制组织结构
3	进一步发展后，拥有了多个产品线，销售市场迅速扩张，需要增强管理协调能力；同时，为了提高竞争力，需要拥有一部分原材料的生产能力或销售产品的渠道	纵向一体化（市场整合）	事业部制组织结构

续表

阶段	企业特征	战略类型	结构类型
4	企业高度发展并进入成熟期，为了避免投资或经营风险，需要开发与企业原有产品不相关的新产品系列	多元化经营（多元经营）	战略业务单位组织结构（经营规模）、矩阵制组织结构（业务结构）或H型组织结构（市场范围）

6. 组织的战略类型

类型	目标环境	战略目标	战略措施	组织结构	风险
防御型	稳定的环境	创造一个稳定的经营领域（现有产品+现有市场）	高度成本效率的核心技术	“机械式”结构机制，生产与成本控制专家形成高层管理	不可能对市场环境做重大的改变
开拓型	动态的环境	寻求和开发产品与市场机会（新产品+新市场）	根据现在和将来的产品结构确定技术能力，避免长期陷于单一的技术过程	“有机的”机制，市场、研究开发方面的专家组成高层管理	缺乏效率性，很难获得最大利润
分析型	前两者结合	寻求新的产品和市场机会；保持传统的产品和市场	形成双重的技术核心，即：技术稳定部分和技术灵活部分	矩阵结构解决	如果不能保持战略与结构关系的必要平衡，既无效能又无效率
反应型	动荡不定的调整模式，缺少在变化的环境中随机应变的机制，从而永远处于不稳定的状态				

精准背诵 16 · 企业文化

1. 企业文化的类型

类型	关键词	适用组织
权力导向型	绝对控制、中心权力	初创、家族企业
角色导向型	理性逻辑、规章制度、权力上层	国企、政府机构
任务导向型	解决问题、实现目标、矩阵式（项目团队）、专长	新兴企业、科技企业
人员导向型	企业是员工的下属	俱乐部、协会、小型咨询公司

2. 战略稳定性与文化适应性

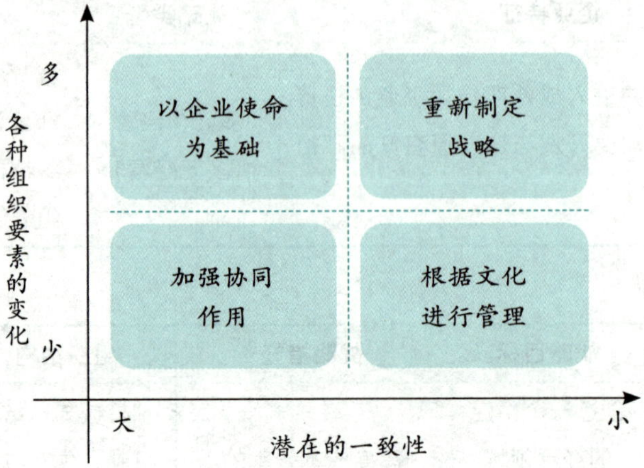

战略稳定性与文化适应性

精准背诵 17 · 战略控制

1. 预算

	增量预算	零基预算
特征	在以前期间的预算或实际业绩进行预算编制	不受以往预算安排的影响，不考虑过去的预算项目和收支水平，以零为基点编制预算
优点	（1）预算编制工作量较少，相对容易操作； （2）预算变动较小且循序渐进，为各个部门的经营活动提供了一个相对稳定的基础； （3）有利于避免因资金分配规则改变而引起各部门之间产生冲突； （4）比较容易对预算进行协调	（1）有利于根据实际需要合理分配资金； （2）有利于调动各个部门和员工参与预算编制的积极性； （3）增强员工的成本效益意识； （4）鼓励企业管理层和部门经理根据环境变化进行创新； （5）增加预算的科学性和透明度，提高预算管理水平
缺点	（1）没有考虑经营条件和经营情况的变化； （2）容易使企业管理层和部门经理产生维持现状的保守观念，不利于企业创新； （3）与部门和员工的业绩没有联系，没有提供降低成本的动力； （4）鼓励各部门用光预算以保证下一年的预算不减少； （5）随着业务活动及其开支水平的变化而失去合理性、可行性	（1）预算编制比较复杂，工作量大，费用较高； （2）如果过度强调眼前预算项目的需要，容易导致追求短期利益而忽视长期利益； （3）预算规则和业务项目开支标准的改变可能引起部门之间的矛盾和冲突

2. 企业业绩衡量

（1）企业业绩的类型。

类型	含义	典型指标
战略性业绩	与企业战略地位和战略目标相关的绩效（整体性、长期性）	市场竞争力、行业地位、企业成长性、企业声誉、重大创新
经营性业绩	与企业日常经营活动相关的业绩（局部性、短期性）	月度或年度的销售额、净利润额、资产回报率、质量合格率（“两额+两率”）

（2）财务指标与非财务指标的特点辨析。

对比项目	财务指标	非财务指标
是否便于比较（自身、同业）	√	×
是否适合衡量整体业绩	√	×
信息获取是否及时	×	√
是否反映真实情况	×	√ 提示：若外部环境变化，仍无法客观、真实
是否鼓励短期行为	√	×
是否考虑其他战略要素	×	√
激励、控制的人员范围	有限	较广

3.ESG 绩效衡量

（1）ESG评价原则：客观性、独立性、一致性、适宜性。

（2）ESG评价指标体系。

类型	具体内容
环境维度	废物污染及管理政策、清洁制造、能源使用/消费、可再生能源、碳及温室气体排放、节能减排措施、水资源使用与管理、物料使用和管理、自然资源使用和管理、生物多样性、员工环境意识、绿色采购、环境成本核算、环境信息披露、碳交易与定价、绿色产品及绿色技术等
社会维度	国家战略响应、产业链协同、合作机制和平台、客户服务与权益保障、企业招聘政策、员工多元化与平等、员工满意度和流动率、员工权益、员工培训与发展、工作条件、职业健康安全、生产规范、产品安全与质量、供应商及供应链责任管理、应对公共危机、数据安全与隐私保护、社区参与和发展、精准扶贫、公益慈善等
治理维度	公司治理结构、股东权益保护、董事会独立性与多样性、高管薪酬、信息披露、组织结构、企业文化、ESG管理、反贪污受贿政策、纳税透明度、商业道德和行为规范、反不公平竞争、风险管理、创新发展、利益相关者关系等

4. 平衡计分卡

角度	主要衡量指标
财务角度	营业收入、销售增长率、利润增长率、资产回报率、股东回报率、现金流量、经济增加值等
顾客角度	顾客满意度、顾客投诉率、投诉解决率、准时交货率、市场份额、客户保留率、新客户开发率、客户收益率等
内部流程角度	数字化信息系统覆盖率、计划准确率、设备利用率、订单准时交付率、采购成本和周期、项目进度及完成率、废物减排及利用率、安全事故率、接待客户的时间和次数、对客户诉求的反应时间以及员工建议采纳率和员工收入等
创新与学习角度	研发费用占销售额的比例、新产品销售额占总销售额的比例、专利等级和数量、数字化技术采用率、员工流动率、员工培训费用及次数、员工满意度等

精准背诵 18 · 数字化技术

1. 数字化技术的发展历程

（1）信息化。

（2）数字化。

（3）智能化。

2. 数字化技术应用领域

（1）大数据。

（2）人工智能。

（3）移动互联网。

（4）云计算。

（5）物联网。

（6）区块链。

3. 数字化技术对公司战略的影响

（1）对组织结构的影响。

①大趋势：组织结构向平台化转型。

②过渡形态：构建传统与数字的融合结构。

③目标形态：以新型组织结构为主要形式（团队结构和虚拟组织）。

（2）对经营模式的影响。

①互联网思维的影响。

②多元化经营的影响。

③消费者参与的影响。

（3）对产品和服务的影响。

①个性化。

②智能化。

③连接性。

④生态化。

（4）对业务流程的影响。

①促进了业务流程重组。

②提高了企业信息和知识存储、传播的能力。

③促进了业务流程创新。

④增强了数据驱动决策的能力。

⑤加强了沟通与协作。

4. 数字化战略转型的主要方面

转型领域	具体细分领域
技术变革	数字化基础设施建设
	数字化研发
	数字化投入
组织变革	组织架构
	数字化人才
管理变革	业务数字化管理
	生产数字化管理
	财务数字化管理
	营销数字化管理

5. 数字化战略转型的困难和任务

（1）企业数字化战略转型面临的困难。

①网络安全与个人信息保护问题。

②数据容量问题。

③“数据孤岛”问题。

④核心数字技术问题。

⑤技术伦理与道德问题。

⑥法律问题。

（2）企业数字化战略转型的主要任务。

①构建数字化组织设计，转变经营管理模式。

②加强核心技术攻关，夯实技术基础。

③打破“数据孤岛”，打造企业数字化生态体系。

④加快企业数字文化建设。

⑤利用新兴技术，提升公司网络安全水平。

⑥重视数字伦理，提升数字素养。

精准背诵 19 · 特殊的普通合伙企业

1. 类型

通常是以专业知识和专门技能为客户提供有偿服务的专业机构，如会计师事务所、律师事务所、设计师事务所、税务师事务所等。

2. 责任承担

（1）一个或数个合伙人在执业活动中因故意或者重大过失造成合伙企业债务的，应当承担无限责任或者无限连带责任，其他合伙人以其在合伙企业中的财产份额为限承担责任。

（2）合伙人在执业活动中非因故意或者重大过失造成的合伙企业债务以及合伙企业的其他债务，由全体合伙人承担无限连带责任。

3. 优点

（1）吸引领域内专业人士的参与，提高企业的专业水平和行业竞争力。

（2）受到行业监管和职业资格的要求，客户对其专业性和信任度较高，有利于企业推广市场和维护客户关系。

（3）合伙人的利润分配方式更为灵活，可以自行协商设定利润的分配方式。

4. 缺点

（1）合伙人的个人过错或过失需承担无限责任，这可能导致个别合伙人面临重大财务风险。

（2）合伙人更换或退出需要其他合伙人的共同同意，股权转让受到限制。

（3）通常仅适用于特定行业，限制了合伙企业的业务拓展和多元化经营。

精准背诵 20 · 公司治理相关理论

名称	要点
产权理论	产权要明确。 通俗理解：合伙开奶茶店，每人占多少股?
委托代理理论	股东与经营者利益不一致、信息不对称。 通俗理解：怎么防止店长摸鱼?
不完全契约理论	剩余控制权的事前配置是必需的。 通俗理解：合同没写的事谁拍板?
资源依赖理论	帮助企业获得稀缺性资源的利益相关者能在企业中获得更多的话语权。该理论解释了企业董事会的功能。 通俗理解：谁能提供独家奶茶秘方，谁当董事长
利益相关者理论	企业的发展离不开各利益相关者的投入或参与，企业追求的是利益相关者的整体利益，而不仅仅是某些主体的利益。 通俗理解：只顾赚钱不行，还得兼顾社会责任

精准背诵 21 · 公司治理的主要问题

1. 股东与经理层之间的利益冲突（或内部人控制问题）

（1）主要表现。

类型	主要表现
违背忠诚义务	（1）过高的在职消费； （2）盲目过度投资，经营行为的短期化； （3）侵占资产，转移资产； （4）工资、奖金等收入增长过快，侵占利润； （5）会计信息作假、财务作假； （6）建设个人帝国
违背勤勉义务	（1）经营过于求稳、缺乏创新； （2）财务杠杆过度保守； （3）信息披露不完整、不及时； （4）敷衍偷懒不作为

（2）治理对策。

①完善公司治理体系，加大监督力度。

②强化监事会、审计委员会等的监督职能。

③加强内部审计工作。

④完善和加强公司的外部监督体系。

2. 大股东与中小股东之间的利益冲突（或隧道挖掘问题）

（1）主要表现。

<table>
<tr><th>类型</th><th>关键要点</th></tr>
<tr><td>滥用企业资源—违背勤勉义务</td><td>（1）含义：并非以占有企业资源为目的，但也未按照公司整体目标为行动导向的行为。
（2）举例：终极股东是家族企业，为了家族荣耀等目标采取过度保守的经营策略</td></tr>
<tr><td>占用企业资源—违背忠实义务</td><td>（1）含义：控股股东通过各种方法将公司的利益输送至自身的行为，即“隧道挖掘”行为。
（2）类型：
<table>
<tr><th>大类</th><th>小类</th><th>具体释义</th></tr>
<tr><td rowspan="3">直接占用资源</td><td colspan="2">直接借款、利用控制的企业借款、代垫费用、代偿债务、代发工资、利用公司为终极股东违规担保、虚假出资</td></tr>
<tr><td colspan="2">预付账款（上市公司预付给大股东）</td></tr>
<tr><td colspan="2">占用企业商标、品牌、专利等无形资产、抢占公司的商业机会</td></tr>
</table>
</td></tr>
</table>

续表

类型	关键要点		
	续表		
	大类	**小类**	**具体释义**
占用企业资源—违背忠实义务	关联性交易（前提：以非市场价格进行的交易）	商品服务交易活动	大股东对于商品或服务的“高卖低买”
		资产租用和交易活动	大股东对于资产的“高卖低买”
		费用分摊活动	上市公司和控股母公司常共同分担费用，终极股东可能会利用费用分摊活动从上市公司获取利益
	掠夺性财务活动	掠夺性融资	①通过财务作假骗取融资资格、虚假包装及过度融资。 ②向终极股东低价定向增发股票
		内幕交易	大股东利用所知悉、尚未公开的重大信息来进行内幕交易，谋取不当利益
		掠夺性资本运作	大股东对于股权的“高卖低买”

（2）如何保护中小股东的权益（治理策略）。

①累积投票制；

②建立有效的股东民事赔偿制度；

③建立表决权排除/回避制度；

④完善小股东的代理投票权；

⑤建立股东退出机制。

3. 公司与其他利益相关者之间的关系问题

（1）主要表现。

传统股东价值理论认为，公司归股东所有，公司的首要职责是为股东创造价值，所对应的治理模式也是以股东利益最大化为核心目标。但是，公司治理的实践表明：过度关注投资者利益将会忽略债权人（如股息支付与债权实现的冲突、过度债务与风险及控制权滥用）、员工、供应商、社区、顾客等与其密切相关的利益群体，甚至会产生股东与其他利益相关者之间的利益冲突。

（2）治理策略。

任何一个企业的发展均离不开各种利益相关者的投入与参与。他们应当拥有企业的剩余控制权，企业的经营决策者必须考虑他们的利益并给予相应的报酬或补偿。

精准背诵 22 · 公司内部治理结构和外部治理机制

1. 公司内部治理机构的模式

模式	掌握要点
外部控制	（1）股大债小，用脚投票，股权分散，无心发展。 （2）单层董事会（兼具决策职能和监督职能）、不设监事会
内部控制	（1）股小债大，用手投票，股权集中，稳定犯懒。 （2）双层董事会（监事会+执行董事会）
家族控制	两权合一、集中决策、容易独裁、难以规范

2. 公司内部治理结构各方主体的权利和义务

（1）股东和股东会。

股东的权利：

①股利分配和剩余财产分配请求权。

②增资优先认股权。

③依法转让股权或股份的权利。

④查阅、建议和咨询权。

⑤提议召开临时股东会和自行召集的权利。

⑥临时提案权。

⑦表决权。

⑧选举权和被选举权。

⑨申请法院解散公司的权利。

⑩其他诉讼权。

股东会的职权：

①决定公司关键人员人事任免：公司的董事、监事等关键人员的选举、更换及其薪酬安排等事项都由股东会决定，以约束公司董事或监事履职，保障股东权益。

②决定公司重要事项：监督董事会和监事会工作，审议和批准董事会和监事会的报告；决定公司利润分配、发行债券、注册资本变更、公司章程修改、合并、分立、解散和清算等重大事项。

（2）董事会。

①董事会的职权。

a.决策监督：负责公司的重大经营决策，同时监督公司经理层履职情况，包括决定经营计划和投资方案、决定公司内部管理机构设置、决定公司经理层和财务负责人等关键管理人员任免、制定利润分配方案、制定注册资本变更或债券发行方案和制定公司的基本管理制度等。

b.咨询：为公司提供咨询服务，表现为董事会中成立的许多专门委员会。

②董事会机构设置：设置专门委员会，包括审计委员会、提名委员会、薪酬委员会、战略委员会。

③独立董事的职权：

a.决策监督：独立董事能够更加客观理性地发表意见并能够对公司的内部利益相关方之间的潜在重大利益冲突、公司财务及审计等事项进行监督。

b.咨询：由于独立董事多为各自领域内具有一定成就和影响力的专业人士，因此独立董事也具有较强的咨询作用。咨询作用主要体现在两个方面：一是提供专业客观的建议；二是提供公司稀缺资源。

（3）监事会。

监事会的职权：

①监事会是公司的专门监督机构，对公司董事、高级管理人员行为进行监督，纠正董事、高级管理人员的利益损害行为，必要时可以向董事和高级管理人员提出罢免建议或提起诉讼。

②监事会对股东会负责，有权提议召开临时股东会会议，并有权向股东会会议提案。

③监事可以列席董事会会议，并对董事会决议事项提出质询或者建议。

④监事会发现公司财务、经营等情况异常，可以进行调查；必要时，可以聘请会计师事务所等协助其工作。

（4）经理层。

经理层的职权：

①主持公司的生产经营管理工作，组织实施董事会决议；

②组织实施公司年度经营计划和投资方案；

③拟订公司内部管理机构设置方案；

④拟订公司的基本管理制度；

⑤制定公司的具体规章；

⑥提请聘任或者解聘公司副经理、财务负责人；

⑦决定聘任或者解聘除应由董事会决定聘任或者解聘以外的负责管理人员；

⑧董事会授予的其他职权。

（5）国有企业各级党委（党组）。

作用：国有企业党委（党组）应当发挥领导作用，把方向、管大局、保落实，重大经营管理事项必须经党委（党组）研究讨论后，再由董事会或者经理层作出决定。

3. 公司外部治理机制

（1）市场机制：产品市场、资本市场、经理人市场。

（2）外部监督机制：行政监督、司法监督、中介结构执业监督、舆论监督。

精准背诵 23 · 管理实践发展与公司治理

1. 双重股权结构与公司治理

（1）双重股权结构的具体设置。

①低投票权股（即A类股）：通常由投资者和公众股东持有，一股一票。

②高投票权股（即B类股）：通常由创始人或创始团队持有，每股的投票权比较大，一股可以代表多票。

（2）双重股权结构特点。

①同股不同权。

②现金流权与控制权分离。

③股东权益的可变动性不同。

（3）双重股权结构对公司治理的影响。

正面影响	负面影响
（1）控制权集中。 （2）融资便利。 （3）决策高效。 （4）发展稳定。 （5）投资价值提高	（1）削弱内部监督。 （2）造成利益冲突。 （3）弱化市场监督（通过盈余管理掩盖负面信息和真实的财务状况）。 （4）阻碍公司治理改革（结构僵化和落后）

2. 可持续发展对公司治理的影响

影响	具体表现
优化公司治理结构	建立多元化董事会，引入独立董事和职工董事等
完善公司治理机制	完善决策机制、内控机制、监督机制等
提升公司治理水平	治理更加规范、透明和高效
提高企业信息披露质量	披露ESG方面的指标和信息；强化审计委员会相关的监督职责
推动公司治理国际化	具备国际化视野和理念，积极参与国际竞争与合作

3. 数智化对公司治理的影响。

（1）提升治理效率。

（2）提高信息透明度。

（3）优化企业决策。

（4）赋能外部治理机制。

①数智化赋能资本市场治理。

②大数据驱动产品竞争市场治理。

③数智化重构控制权市场治理。

精准背诵 24 · 风险管理特征、目标与职能

1. 风险管理的特征

（1）客观性。

（2）战略性。

（3）可行性。

（4）系统性。

（5）专业性。

（6）二重性。

2. 风险管理的目标

（1）基本目标。

（2）核心目标。

（3）直接目标。

（4）支撑目标。

3. 风险管理的职能

（1）计划职能（定计划）。

（2）组织职能（做分工）。

（3）指导职能（详解释）。

（4）控制职能（常监督）。

精准背诵 25 · 风险管理的流程

1. 收集风险管理初始信息

（1）分析战略风险。

关键词：战略风险失控案例、各类内外部环境等重要信息。

（2）分析财务风险。

关键词：财务风险失控案例、各类指标与数据。

（3）分析市场风险。

关键词：忽视市场风险且应对不力的案例、各类市场或经济政策信息。

（4）分析运营风险。

关键词：忽视运营风险且应对不力的案例、各类内部带来运营风险的信息（生产、营销、研发、组织、信息系统、风险管理等）和外部带来运营风险的信息（社会、自然等）。

2. 进行风险评估

（1）风险评估包括风险辨识、风险分析和风险评价三个步骤。

（2）应将定性与定量方法相结合。

（3）实行动态管理，定期或不定期实施风险辨识、分析和评价，以便对新的风险和原有风险的变化重新评估。

3. 制定风险管理策略

（1）风险承受度的度量方法。

方法	内容	概率	损失
最大可能损失	①指风险事件发生后可能造成的最大损失； ②在无法判断发生概率或无须判断概率的时候，使用最大可能损失作为风险的度量方法	×	√
概率值	是指风险事件发生的概率或造成损失的概率。在可能的结果较为简单情况下常使用概率值。此处的概率值既可以是根据“历史频率法”统计得到的概率值（偏客观），也可以是根据“专家判断法”综合得出的概率值（偏主观）	√	×

续表

方法	内容	概率	损失
期望值	（1）通常指数学期望，即概率加权平均值； （2）期望值的办法综合了概率值和最大损失两种方法	√	√
波动性	波动性反映数据的离散程度。一般用方差或均方差（标准差）来描述波动性	√	√
在险值（VaR）	（1）在正常的市场条件下，在给定的时间段中，给定的置信区间内，预期可能发生的最大损失； （2）优点：具有通用、直观、灵活的特点； （3）缺点：适用风险范围小，对数据要求严格，计算困难，对肥尾效应无能为力	√	√
直观方法	不依赖于概率统计结果的度量，而是依赖人们直观的判断，如专家意见法。 提示：直观方法的最终结果也需要定量表述	—	—

（2）风险管理的有效性标准（定标准）。

（3）风险管理策略工具的选择（选工具）。

①风险承担/保留/自留："默默承受"。

②风险规避：企业回避、停止或退出蕴含某一风险的商业活动或商业环境，避免成为风险的所有人。

③风险转移：保险、非保险型的风险转移（组建合资公司、非核心业务外包给第三方、服务保证书、担保）、风险证券化。

④风险转换：风险转换一般不会直接降低企业总的风险，其简单形式就是在减少某一风险的同时，增加另一风险。

⑤风险对冲：引入多个风险因素或承担多个风险，使得这些风险能够互相对冲，也就是使这些风险的影响互相抵消。

⑥风险补偿：例如风险准备金、应急资本。

⑦风险控制：通过控制风险事件发生的动因、环境、条件等，来达到减轻风险事件发生时的损失或降低风险事件发生的概率的目的（不能完全杜绝风险事件的发生）。

（4）风险管理的资源配置（配资源）。

4. 提出和实施风险管理解决方案

（1）外部解决方案：外包。

（2）内部解决方案：企业内部风险管理体系的运转。

5. 风险管理监督与改进（略）

精准背诵 26 · 风险管理组织职能体系

1. 风险管理三道防线

具备条件的企业可建立风险管理三道防线：

（1）第一道防线：各有关职能部门和业务单位。

（2）第二道防线：风险管理职能部门和董事会下设的风险管理委员会。

（3）第三道防线：内部审计部门和董事会下设的审计委员会。

2. 组织职能体系

（1）董事会。

①审议并向股东会提交企业全面风险管理年度工作报告；

②确定企业风险管理总体目标、风险偏好、风险承受度，批准风险管理策略和重大风险管理解决方案；

③了解和掌握企业面临的各项重大风险及其风险管理现状，作出有效控制风险的决策；

④批准重大决策、重大风险、重大事件和重要业务流程的判断标准或判断机制，以及批准重大决策的风险评估报告；

⑤批准内部审计部门提交的风险管理监督评价审计报告；

⑥批准风险管理组织机构设置及其职责方案；

⑦批准风险管理措施，纠正和处理任何组织或个人超越风险管理制度作出的风险性决定的行为；

⑧督导企业风险管理文化的培育；

⑨批准或决定全面风险管理的其他重大事项。

提示：董事会职责的关键词为“批准、决策、督导”。

（2）风险管理委员会。

①（向董事会）提交全面风险管理年度报告；

②审议风险管理策略和重大风险管理解决方案；

③审议重大决策、重大风险、重大事件和重要业务流程的判断标准或判断机制，以及重大决策的风险评估报告；

④审议内部审计部门提交的风险管理监督评价审计综合报告；

⑤审议风险管理组织机构设置及其职责方案；

⑥办理董事会授权的有关全面风险管理的其他事项。

提示：风险管理委员会的关键词中仅有“审议”，没有“决策”。

（3）风险管理职能部门。

①研究提出全面风险管理工作报告；

②研究提出风险管理策略和跨职能部门的重大风险管理解决方案，并负责该方案的组织实施和对该风险的日常监控；

③研究提出跨职能部门的重大决策、重大风险、重大事件和重要业务流程的判断标准或判断机制，以及研究提出跨职能部门的重大决策风险评估报告；

④负责对全面风险管理有效性的评估，研究提出全面风险管理的改进方案；

⑤负责组织建立风险管理信息系统；

⑥负责组织协调全面风险管理日常工作；

⑦负责指导、监督有关职能部门、各业务单位以及全资、控股子企业开展全面风险管理工作；

⑧办理风险管理的其他有关工作。

提示：风险管理职能部门的关键词中，“研究”=起草文件，“负责”=落地执行。

（4）审计委员会。

①定期会面：审计委员会应定期与外聘及内部审计师会面，讨论与审计相关的事宜，但管理层无须出席。

②争议解决：审计委员会成员之间的不同意见如无法内部调解，应提请董事会解决。

③年度复核：审计委员会应每年对其权限及其有效性进行复核，并就必要的人员变更向董事会报告。

提示：管理层对审计委员会有告知义务，并应主动提供信息，而不应等待审计委员会索要。

（5）其他职能部门及各业务单位。

①执行风险管理基本流程；

②研究提出本职能部门或业务单位重大决策、重大风险、重大事件和重要业务流程的判断标准或判断机制，以及研究提出本职能部门或业务单位的重大决策风险评估报告；

③做好本职能部门或业务单位建立风险管理信息系统的工作；

④做好培育风险管理文化的有关工作；

⑤建立健全本职能部门或业务单位的风险管理内部控制子系统；

⑥办理风险管理其他有关工作。

（6）下属公司。

企业应通过法定程序，指导和监督其全资、控股子企业建立与企业相适应或符合全资、控股子企业自身特点、能有效发挥作用的风险管理组织体系。

3. 内部控制系统

（1）控制环境或内部环境。

美国COSO要求	我国内控要求（关键词）
控制环境包括员工的诚信度、职业道德和才能；管理哲学和经营风格；权责分配方法、人事政策；董事会的经营重点和目标等	治理结构+职责权限、董事会+监事会+经理层、审计委员会、内部机构设置（即组织结构）+职责权限、内部审计机构、人力资源政策、员工选拔和培养（职业道德+专业胜任能力）、文化建设、法制建设

（2）风险评估。

美国COSO要求	我国内控要求（关键词）
风险评估指识别、分析相关风险以实现既定目标，从而形成风险管理的基础。由于经济、产业、法规和经营环境的不断变化，需要确立一套机制来识别和应对由这些变化带来的风险	收集信息、开展评估（确定风险承受度）、识别风险（内部+外部）、分析风险（确定关注重点和优先级）、确定应对风险策略并及时调整

（3）控制活动。

美国COSO要求	我国内控要求（关键词）
控制活动指那些有助于管理层决策顺利实施的政策和程序。控制行为有助于确保实施必要的措施以管理风险，实现经营目标。控制行为体现在整个企业的不同层次和不同部门中。它们包括诸如批准、授权、查证、核对、复核经营业绩、资产保护和职责分工等活动	①不相容职务分离控制； ②授权审批控制； ③会计系统控制； ④财产保护控制； ⑤预算控制； ⑥运营分析控制； ⑦绩效考评控制； ⑧重大风险预警机制和突发事件应急处理机制

（4）信息与沟通。

美国COSO要求	我国内控要求（关键词）
公允的信息必须被确认、捕获并以一定形式及时传递，以便员工履行职责。信息系统不仅处理内部产生的信息，还包括与企业经营决策和对外报告相关的外部事件、行为和条件等。所有员工必须从管理层得到清楚的信息，认真履行控制职责。员工必须理解自身在整个内控系统中的位置，理解个人行为与其他员工工作的相关性。员工必须有向上传递重要信息的途径。同时，与外部诸如客户、供应商、管理当局和股东之间也需要有效的沟通	建立信息与沟通制度、处理信息、沟通信息、发挥信息技术的作用、反舞弊机制、举报投诉制度和举报人保护制度

（5）监控或内部监督。

美国COSO要求	我国内控要求（关键词）
内部控制系统需要被监控，即对该系统有效性进行评估的全过程。可以通过持续性的监控行为、独立评估或两者的结合来实现对内控系统的监控。持续性的监控行为发生在企业的日常经营过程中，包括企业的日常管理和监督行为、员工履行各自职责的行为。独立评估活动的广度和频度有赖于风险预估和日常监控程序的有效性。内部控制的缺陷应该自下而上进行汇报，性质严重的应上报最高管理层和董事会	制定监督制度（日常监督和专项监督）+明确职责权限、制定内控缺陷认定标准、评价内控有效性（出具自我评价报告）+认定内控缺陷类型（重大缺陷、重要缺陷和一般缺陷，其中，重大缺陷应当由董事会予以最终认定）、记录或资料保存（可验证性）

4. 运用金融工具实施风险管理策略的主要措施

（1）损失融资。

①预期损失融资：运营资本。

②非预期损失融资：风险资本。

（2）风险资本。

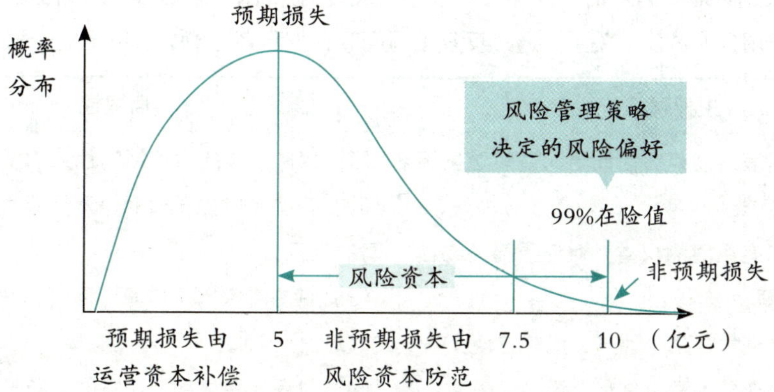

风险资本作为风险成本

（3）应急资本。

①应急资本的提供方并不承担特定事件发生的风险，而只是在事件发生并造成损失后提供用于弥补损失、持续经营的资金。事后公司要向资本提供者归还这部分资金，并支付相应的利息。

②应急资本是一个综合运用保险和资本市场技术设计和定价的产品。与保险不同，应急资本不涉及风险的转移，是企业风险补偿策略的一种方式。

③应急资本是一个在一定条件下的融资选择。

（4）保险。

可保风险是纯粹风险，机会风险（如购买股票的风险）不可保。

（5）专业自保

①优点：降低运营成本；改善公司现金流；保障项目更多；相对公平的费率；保障的稳定性；直接进行再保险；提高服务水平。

②缺点：增加资本投入（专门成立公司）；提高内部管理成本（内部多次协商）；损失储备金不足（内部储备，不如外部规模更大的商业保险公司）；减少其他保险的可得性（专业能力受限）。

精准背诵 27 · 风险管理的技术与方法

1. 头脑风暴法

头脑风暴法是指刺激并鼓励一群知识渊博、知悉风险情况的人员（提示：不一定是专家）畅所欲言，开展集体讨论的方法。

主要优点	局限性
（1）激发了想象力，有助于发现新的风险和全新的解决方案； （2）主要的利益相关者参与其中，有助于进行全面沟通； （3）速度较快并易于开展	（1）参与者可能缺乏必要的技术或知识，无法提出有效的建议； （2）头脑风暴法的实施过程和参与者提出的意见容易分散，较难保证全面性； （3）集体讨论时可能出现特殊情况，导致某些有重要观点的人保持沉默而其他人成为讨论的主角

2. 德尔菲法

德尔菲法采用背对背的通信方式征询专家小组成员的意见，专家之间不得相互讨论，不发生横向联系，只能与调查人员发生关系。通过反复填写问卷，搜集各方意见，以形成专家之间的共识。

主要优点	局限性
（1）由于匿名表达观点，因此更可能表达出不受欢迎的看法； （2）所有观点有相同的权重，避免重要人物占主导地位的问题； （3）专家不必聚集在某个地方，比较方便； （4）专家最终形成的意见具有广泛的代表性	（1）权威人士的意见影响他人的意见； （2）有些专家碍于情面，不愿意发表与其他人不同的意见； （3）有的专家出于自尊心而不愿意修改自己原来的意见； （4）过程比较复杂，花费时间较长（主要缺点）

3. 失效模式、影响和危害度分析法（FMECA）

失效模式、影响和危害度分析法按规则记录系统中所有可能存在的影响因素，分析每种因素对系统的工作及状态的影响，将每种影响因素按其影响的程度及发生概率排序，从而发现系统中潜在的薄弱环节，提出预防改进措施，以消除或减少风险发生的可能性，保证系统的可靠性。

主要优点	局限性
（1）广泛适用于人力、设备和系统以及硬件、软件和程序失效模式的分析； （2）识别组件失效模式及其原因和对系统的影响，同时用可读性较强的形式表现出来； （3）能够在设计初期发现问题，从而避免了开支较大的设备改造； （4）识别单个失效模式以适合系统安全的需要	（1）只能识别单个失效模式，无法同时识别多个失效模式； （2）除非得到充分控制并集中精力，否则采用此法较耗时且开支较大

4. 流程图分析法

流程图分析法是对流程的每一阶段、每一环节逐一进行调查分析，从中发现潜在风险，找出导致风险发生的因素，分析风险产生后可能造成的损失以及对整个组织可能造成的不利影响。

主要优点	局限性
（1）是识别风险最常用的方法之一； （2）清晰明了，易于操作，且组织规模越大，流程越复杂，流程图分析法就越能体现出优越性	使用效果依赖于专业人员的水平

5. 马尔科夫分析法

如果系统未来的状况（或状态）仅取决于其现在的状况（或状态），那么就可以使用马尔科夫分析法。

主要优点	局限性
能够计算出具有维修能力和多重降级状态的系统概率	（1）无论是故障还是维修，都假设状态变化的概率是固定的； （2）所有事项在统计上具有独立性，因此未来的状态独立于一切过去的状态，除非两个状态紧密相接； （3）需要了解状态变化的各种概率； （4）有关矩阵运算的知识比较复杂，非专业人士很难看懂

6. 风险评估系图法

风险评估系图可以识别某一风险是否会对企业产生重大影响，并将此结论与风险发生的可能性联系起来，为确定企业风险的优先次序提供框架。

主要优点	局限性
为企业确定各项风险重要性等级提供了可视化的工具，直观明了	（1）需要对风险重要性等级标准、风险发生可能性、后果严重程度等做出主观判断，可能影响使用的准确性； （2）所确定的风险重要性等级是通过相互比较确定的，因而无法将列示的个别风险重要性等级通过数学运算得到总体风险的重要性等级； （3）如需要进一步探求风险原因，则采用该方法过于简单，缺乏经验证明和数据支持

7. 情景分析法

情景分析可用来预计威胁和机遇可能发生的方式，以及如何将威胁和机遇用于各类长期及短期风险。

主要优点	局限性
对于未来变化不大的情况能够给出比较精确的模拟结果	（1）在存在较大不确定性的情况下，模拟有些情景可能不够现实； （2）对数据的有效性以及分析师和决策者开发现实情境的能力有很高的要求； （3）将情景分析作为一种决策工具，所用情景可能缺乏充分的基础，数据可能具有随机性

8. 敏感性分析法

敏感性分析是针对潜在的风险，研究项目的各种不确定因素变化至一定幅度时，计算其主要经济指标变化率及敏感程度的一种方法。

主要优点	局限性
（1）为决策提供有价值的参考信息； （2）清晰地为风险分析指明方向； （3）帮助企业制定紧急预案	（1）所需要的数据经常缺乏，无法提供可靠的参数变化； （2）分析时借助公式计算，没有考虑各种不确定因素在未来发生变动的概率，因此其分析结果可能和实际相反

9. 事件树分析法

事件树（ETA）是一种表示初始事件发生之后互斥性后果的图解技术。它按事件发展的时间顺序由初始事件开始推论可能的后果，从而进行危险源的辨识。这种方法将系统可能发生的某种事件与导致事件发生的各种原因之间的逻辑关系用一种称为事件树的树形图表示，通过对事件树的定性与定量分析，找出事件发生的主要原因，为确定安全对策提供可靠依据。

主要优点	局限性
（1）ETA以清晰的图形显示了经过分析的初始事项之后的潜在情景，以及缓解系统或功能成败产生的影响； （2）它能说明时机、依赖性以及很烦琐的多米诺效应； （3）它生动地体现事件的顺序	（1）为了将ETA作为综合评估的组成部分，一切潜在的初始事项都要进行识别，这可能需要使用其他分析方法；但总有可能会错过一些重要的初始事项； （2）事件树只分析了某个系统的成功及故障状况，很难将延迟成功或恢复事项纳入其中； （3）任何路径都取决于路径上以前分支点处发生的事项

10. 决策树法

决策树法是在不确定的情况下，以序列方式表示决策选择和结果。类似于事件树法，决策树开始于初始事项或是最初决策，之后对可能发生的事件及可能做出的决策的各种路径和结果进行建模。

主要优点	局限性
（1）为决策问题的细节提供了一种清楚的图解说明； （2）能够计算得到一种情形的最优路径	（1）大的决策树可能过于复杂，不容易与其他人交流； （2）为了能够用树形图表示，可能有过于简化环境的倾向

11. 统计推论法

（1）前推：根据历史的经验和数据推断出未来事件发生的概率及其后果；

（2）后推：已知推未知，且初始事件有因果联系（没有历史数据时可采用）；

（3）旁推：利用类似项目的数据进行统计推论。

精准背诵 28 · 战略风险

1. 战略风险的影响因素

（1）企业的战略环境。

（2）企业的战略资源。

（3）企业的战略能力。

（4）企业的战略定位。

（5）企业领导者的领导力。

2. 战略风险的主要表现

（1）战略制定风险。

（2）战略实施风险。

①战略实施人员缺乏：

②战略实施组织不力：

a.战略信息缺乏真实性、准确性和完整性；战略信息传递不通畅，甚至受阻。

b.组织结构与战略不匹配，可能导致战略无法落实到企业经营的各项业务中。

c.缺乏充分的激励和充足的资源支持，可能导致战略推进速度缓慢，战略实施效率低下

（3）战略调整风险。

（4）战略复盘整改风险。

精准背诵 29 · 市场风险

1. 市场风险的影响因素

（1）产品或服务的价格及供需变化带来的风险；

（2）能源、原材料、配件等物资供应的充足性、稳定性和价格变化带来的风险；

（3）主要客户、主要供应商的信用风险；

（4）利率、汇率、股票价格指数的变化带来的风险；

（5）潜在进入者、竞争者、替代品的竞争带来的风险。

2. 市场风险的主要表现

（1）市场趋势风险的主要表现。

①环境变化：企业未能把握监管当局的政策导向及宏观环境、市场环境的变化，可能导致企业产品、服务的推广及销售受到影响。

②行业调研：企业未开展对整体市场、竞争对手的分析以及对不同层次客户需求的调研，未制定有效的市场竞争策略，可能导致企业失去现有市场份额，降低其市场竞争力。

③产品竞争力：企业未能预测并适应消费者偏好的变化，从而未能及时调整产品和服务结构，可能导致企业失去核心市场地位。

（2）分销风险的主要表现。

①品牌战略：企业未制定完善的品牌战略，未有效细分品牌，未制定有效的品牌管理措施，可能导致企业丧失知名度。

②销售计划：企业未能在目标市场实现既定的销售任务，可能导致企业战略目标及经营目标难以落实。

③产品定价：企业未能准确把握政府对企业产品定价的要求，可能导致企业违反政府关于对某些产品、服务实行最高零售价、流通差价率、期间费用率控制的要求。

④产品结构：企业对核心产品过分依赖，或者企业的产品过于单一，可能导致企业不能通过增加品种提高产品附加值，也不能积极应对市场波动。

⑤渠道管理：企业未能建立分销商评级及监管机制，分销商表现不佳，可能导致公司声誉受到影响。

⑥营销活动：外部市场的改变使现有营销活动丧失吸引力，可能导致企业失去部分或全部市场份额。

⑦客户管理：企业未能建立规范的客户管理体系和客户服务流程，未能有效维护与目标客户的关系，可能导致企业形象受损、客户流失。

精准背诵 30 · 财务风险

1. 财务风险的影响因素

（1）因预算编制、执行或考核存在偏差而导致的风险；

（2）因筹资决策不当、筹集资金运用不合理可能引发的风险；

（3）因资金调度不合理、管控不严而导致的风险；

（4）因企业投资决策不当、缺乏投资实施管控而导致的风险；

（5）因财务报告编制、分析、披露不准确、不完整可能引发的风险；

（6）因企业担保决策失误、监控不当而导致的风险。

2. 财务风险的主要表现

类型	主要表现
全面预算风险	（1）不编制预算或预算不健全，可能导致企业经营缺乏约束或盲目经营。 （2）预算目标不合理、编制不科学，可能导致企业资源浪费或发展战略难以实现。 （3）预算缺乏刚性、执行不力、考核不严，可能导致预算管理流于形式
筹资管理风险	（1）筹资决策不当，引发资本结构不合理或无效融资，可能导致企业筹资成本过高或债务危机。 （2）未按审批的筹资方案执行筹资活动，擅自改变资金用途，未及时偿还债务或进行股利分配，可能导致公司发生经济纠纷或诉讼
资金营运风险	（1）资金调度不合理、营运不畅，可能导致企业陷入财务困境或资金冗余。 （2）资金活动管控不严，可能导致资金被挪用、侵占、抽逃或遭受欺诈
投资管理风险	（1）投资决策失误，引发盲目扩张或丧失发展机遇，可能导致资金链断裂或资金使用效益低下。 （2）未按审批的投资方案执行投资活动，未对投资项目开展有效的后续跟踪和监控，或对投资项目处置不当，可能影响企业投资收益
财务报告风险	（1）编制财务报告违反会计法律法规和国家统一的会计制度，可能导致企业承担法律责任和声誉受损。 （2）提供虚假财务报告，误导财务报告使用者，造成决策失误，干扰市场秩序。 （3）不能有效利用财务报告，难以及时发现企业经营管理中存在的问题，可能导致企业财务和经营风险失控
担保风险	（1）对担保申请人的资信状况调查不深入，审批不严或越权审批，可能导致企业担保决策失误或遭受欺诈。 （2）对被担保人出现财务困难或经营陷入困境等状况监控不力，应对措施不当，可能导致企业承担法律责任。 （3）担保过程中存在舞弊行为，可能导致经办审批等相关人员涉案或企业利益受损

精准背诵 31 · 运营风险

1. 运营风险的影响因素

（1）企业产品结构、新产品研发可能引发的风险；

（2）企业新市场开发、市场营销策略（包括产品或服务定价与销售渠道、市场营销环境状况等）可能引发的风险；

（3）企业组织效能，管理现状，企业文化及高、中层管理人员和重要业务专业人员的知识结构，专业经验等可能引发的风险；

（4）质量、安全、环保、信息安全等管理中发生失误导致的风险；

（5）因企业内、外部人员的道德缺失和不当行为导致的风险；

（6）因业务控制系统失灵导致的风险；

（7）给企业造成损失的自然灾害等风险；

（8）对企业现有业务流程和信息系统操作运行情况的监管、运行评价及持续改进的能力不足可能引发的风险。

2. 运营风险的主要表现

类型	主要表现
组织架构风险	（1）治理结构形同虚设，缺乏科学决策、良性运行机制和执行力，可能导致企业经营失败，难以实现发展战略。 （2）组织机构设置不科学，权责分配不合理，可能导致机构重叠、职能交叉或缺失、推诿扯皮、运行效率低下等问题
人力资源风险	（1）人力资源缺乏或过剩、结构不合理、开发机制不健全，可能导致企业发展战略难以实现。 （2）人力资源激励约束制度不合理、关键岗位人员管理不完善，可能导致人才流失、经营效率低下或关键技术、商业秘密和国家机密泄露。 （3）人力资源退出机制不当，可能导致法律诉讼或企业声誉受损
社会责任风险	（1）安全生产措施不到位，责任不落实，可能导致企业发生安全事故。 （2）产品质量低劣，侵害消费者利益，可能导致企业巨额赔偿、形象受损，甚至破产。 （3）环境保护投入不足，资源耗费大，造成环境污染或资源枯竭，可能导致企业巨额赔偿，缺乏发展后劲，甚至停业。 （4）促进就业和员工权益保护不够，可能导致员工积极性受挫，影响企业发展和社会稳定
企业文化风险	（1）缺乏积极向上的企业文化，可能导致员工丧失对企业的信心和认同感，企业缺乏凝聚力和竞争力。 （2）缺乏开拓创新、团队协作和风险意识，可能导致企业发展目标难以实现，影响可持续发展。 （3）缺乏诚实守信的经营理念，可能导致舞弊事件的发生，造成企业损失，影响企业信誉。 （4）忽视企业间的文化差异和理念冲突，可能导致并购重组失败

续表

类型	主要表现
采购业务风险	（1）采购计划安排不合理，市场变化趋势预测不准确，造成库存短缺或积压，可能导致企业生产停滞或资源浪费。 （2）供应商选择不当，采购方式不合理，招投标或定价机制不科学，授权审批不规范，可能导致采购物资质次价高，出现舞弊或遭受欺诈。 （3）采购验收不规范，付款审核不严，可能导致采购物资和资金的损失或信用受损
资产管理风险	（1）存货积压或短缺，可能导致流动资金占用过量、存货价值贬损或生产中断。 （2）固定资产更新改造不够、使用效能低下、维护不当、产能过剩等，可能导致企业缺乏竞争力、资产价值贬损、安全事故频发或资源浪费。 （3）无形资产缺乏核心技术、权属不清、技术落后、存在重大技术安全隐患等，可能导致企业法律纠纷、缺乏可持续发展能力
销售业务风险	（1）销售政策和策略不当，市场预测不准确，销售渠道管理不当等，可能导致销售不畅、库存积压、经营难以为继。 （2）客户信用管理不到位，结算方式选择不当，账款回收不力等，可能导致销售款项不能收回或遭受欺诈。 （3）销售过程存在舞弊行为，可能导致企业利益受损
研究与开发风险	（1）研究项目未经科学论证或论证不充分，可能导致创新不足或资源浪费。 （2）研发人员配备不合理或研发过程管理不善，可能导致研发成本过高、舞弊或研发失败。 （3）研发成果转化应用不足、保护措施不力，可能导致企业利益受损
工程项目风险	（1）立项缺乏可行性研究或者可行性研究流于形式，决策不当，盲目上马，可能导致难以实现预期效益或项目失败。 （2）项目招标“暗箱”操作，存在商业贿赂，可能导致中标人实质上难以承担工程项目、中标价格失实及相关人员涉案。 （3）工程造价信息不对称，技术方案不落实，预算脱离实际，可能导致项目投资失控。 （4）工程物资质次价高，工程监理不到位，项目资金不落实，可能导致工程质量低劣，进度延迟或中断。 （5）对工程建设进度缺乏有效监控或监管不严，可能导致工程项目进度严重落后于项目计划 （6）工程款结算管理要求不明确，未按项目进度目标拨付工程进度款，工程付款相关凭证审核不严，可能导致工程建设资金使用管理混乱。 （7）竣工验收不规范，最终把关不严，可能导致工程交付使用后存在重大隐患

续表

类型	主要表现
业务外包风险	（1）外包范围和价格确定不合理，承包方选择不当，可能导致企业遭受损失。 （2）业务外包监控不严、服务质量低劣，可能导致企业难以发挥业务外包的优势。 （3）业务外包存在商业贿赂等舞弊行为，可能导致企业相关人员涉案及企业遭受经济损失和品牌受损
合同管理风险	（1）未订立合同、未经授权对外订立合同、合同对方主体资格未达要求、合同内容存在重大疏漏和欺诈，可能导致企业合法权益受到侵害。 （2）合同未全面履行或监控不当，可能导致企业诉讼失败、经济利益受损。 （3）合同纠纷处理不当，可能损害企业利益、信誉和形象
内部信息传递风险	（1）内部报告系统缺失、功能不健全、内容不完整，可能影响生产经营的信息无法及时传递和有序运行。 （2）内部信息传递不通畅、不及时，可能导致决策失误、相关政策措施难以落实。 （3）内部信息传递中泄露商业秘密，可能削弱企业核心竞争力
信息系统风险	（1）信息系统缺乏规划或规划不合理，可能造成信息孤岛或重复建设，导致企业经营管理效率低下。 （2）系统开发不符合内部控制要求，授权管理不当，可能导致无法利用信息技术实施有效控制，甚至出现系统性风险。 （3）系统运行维护和安全措施不到位，可能导致信息泄露或毁损，系统无法正常运行

精准背诵 32 · 法律风险和合规风险

1. 法律风险和合规风险的影响因素

（1）国内外与企业相关的政治、法律环境变化可能引发的风险；

（2）影响企业的新法律法规和政策颁布可能引发的风险；

（3）员工的道德操守不当可能引发的风险；

（4）企业签订重大协议和有关贸易合同的条款设计不当等可能引发的风险；

（5）企业发生重大法律纠纷案件所引发的风险；

（6）企业和竞争对手的知识产权可能引发的风险。

2. 法律风险和合规风险的主要表现

（1）法律责任风险。

（2）行为规范风险。

（3）监管风险。

注册会计师考试辅导用书·冲刺飞越

精准冲刺200题

公司战略与风险管理

斯尔教育　组编

電子工業出版社
Publishing House of Electronics Industry
北京·BEIJING

图书在版编目（CIP）数据

精准冲刺200题. 公司战略与风险管理 / 斯尔教育组编. -- 北京 : 电子工业出版社, 2025. 4. -- (注册会计师考试辅导用书). -- ISBN 978-7-121-50026-8

Ⅰ. F23-44

中国国家版本馆CIP数据核字第2025K30A19号

责任编辑：张春雨
印　　刷：河北鸿运腾达印刷有限公司
装　　订：河北鸿运腾达印刷有限公司
出版发行：电子工业出版社
　　　　　北京市海淀区万寿路173信箱　　邮编：100036
开　　本：787×1092　1/16　　印张：19.5　　字数：483千字
版　　次：2025年4月第1版
印　　次：2025年4月第1次印刷
定　　价：42.00元（全2册）

凡所购买电子工业出版社图书有缺损问题，请向购买书店调换。若书店售缺，请与本社发行部联系，联系及邮购电话：（010）88254888，88258888。

质量投诉请发邮件至zlts@phei.com.cn，盗版侵权举报请发邮件至dbqq@phei.com.cn。

本书咨询联系方式：faq@phei.com.cn。

开卷必读

一、图书定位

《注册会计师考试辅导用书·冲刺飞越》共包括两册，分别是《精准冲刺99记　公司战略与风险管理》和《精准冲刺200题　公司战略与风险管理》，适合用于在考前对重点内容进行再次学习、练习和背诵。

二、《精准冲刺200题　公司战略与风险管理》特色介绍

（1）贴近考情：本书的题目难度、考查方式、命题角度等紧贴真题，每一道题都经过精心揣摩和编写，希望大家好好利用这套习题集。对于不会或拿不准的题做好标记，及时复盘，争取做到每一道题都能彻底掌握。

（2）解析详细：在撰写本书时，力求每一道题目的解析都详实、有用，不说废话，不追求篇幅，杜绝罗列政策法规，以有逻辑的解析来提升本书的可读性。在面对不会做的题时，可以先研读解析，学习解题思路和方法，学会之后务必再独立地做几遍题，直到能正确完成每一道题为止。

（3）注重应试：每道主观题后，设置了“应试攻略”模块。此模块的内容涉及主观题的解题思路、命题陷阱、解题技巧等，有助于大家更好地掌握主观题的解答方法和技巧。

（4）功能齐全：斯尔教育官方网站和App均有在线配套题库，亲自上机感受一下机考系统，真正考试时就能临危不惧。

希望大家认真对待本书中的每一道题，充分训练，自信上场。

三、《精准冲刺200题　公司战略与风险管理》使用方法

为了更好地利用本书，现对大家提出如下三点建议：

（1）把控做题时间。想要在考场上正常发挥，找到正确的做题节奏、提高做题速度是必经之路。在平时训练时，务必进行计时训练，找到做题节奏。

（2）研读“应试攻略”。本书为大家撰写了“应试攻略”栏目，目的就是帮助大家了解解题技巧、做题套路，识别易混、易错考点等，以提高考场应变能力和做题速度。

（3）做完题目，及时复盘、总结。只听课、不做题，等于没学习。只做题、不复盘，等于白做题。所以，及时总结错题、反思原因，至关重要。另外，本书收录的题目均有一定难度，因此错误率高是正常现象，考前犯错是好事，大家切勿慌张，查漏补缺才是王道。

此外，本系列还包括“只做好题”和“5年真题·3套模拟”两个子系列的图书作为练习题用书，分别包含百余道精选好题、历年真题和模拟题，也是练习的好选择。

祝各位顺利通关，前程似锦！

目录

题目

答案与解析

第一模块　战略与战略管理

一、单项选择题

1 永太科技是一家清洁设备企业。自成立以来，公司坚持在产品质量、客户服务和产品革新方面压倒竞争对手，但受经济下滑影响，公司决定调整经营策略，力争保持整体成本低于竞争对手。上述变化体现了公司（　　）。

A.战略层次的变化　　B.经营哲学的变化

C.宗旨的变化　　D.战略目标的变化

2 新锐公司是一家户外装备生产商，下列表述中，体现公司目的的是（　　）。

A.保持成本领先，持续为股东创造价值

B.致力于为用户提供安全舒适、技术领先的装备

C.开放包容，坦诚合作

D.成为行业内市场份额前三的领头羊

3 百灵公司是一家从事止咳特效药研发与生产的企业。公司计划在2024年进一步加强研发、生产、营销、人力资源、信息技术等各部门的协作，为各级战略做好服务。根据战略层次相关理论，符合这一战略层次表述的是（　　）。

A.可以基于不同部门的共性归纳出具有一般性的战略

B.协同作用具有非常重要的意义

C.这一战略要求企业选择好可以竞争的经营领域

D.常常涉及企业财务结构和组织结构方面的问题

4 惠蓝晶体是一家从事压电石英晶体元器件系列产品研发、生产和销售的上市公司。从全球范围来看，惠蓝公司在激烈的竞争中形成了区别于其他企业的高基频化（光刻晶体）产品，并形成了生产该产品的特定技术能力。根据上述信息，惠蓝晶体当前所处的创新生命周期为（　　）。

A.流变阶段　　B.过渡阶段　　C.成熟阶段　　D.衰退阶段

5 中微基因是一家专门从事生命科学的科技机构，其近期试制成功的基因检测技术可以快速输出人类的基因序列图谱，并在不断调试技术参数。但受到政策的影响，该技术目前的市场接受度不高，且有不少其他机构可以在检测的速度与准确性方面与之抗衡。根据创新生命周期模型，现阶段中微基因创新的竞争重点是（　　）。

A.产品性能　　B.形成主导设计

C.产品差异化　　D.降低成本、提高效率

6 知立公司是一家致力于游戏软件研发的创新型企业，该公司通过组织授权和培训，帮助每一个员工去挑战自己和团队成长的极限，成就其对事业的追求。下列各项中，属于知立公司作

为创新型组织组成要素的是（ ）。

A.有效的团队合作 B.合适的组织结构

C.全员参与创新 D.关键个体

7 通恒公司是一家主营工程设计与施工业务的企业，其创新管理的重点是利用其首创的多项绿色环保施工技术和数字化、智能化等“新基建”带来的市场机会，大力拓展业务种类和规模，并利用在业务拓展过程中获得的新知识来巩固目前的创新。从创新管理的主要过程来看，通恒公司的创新管理处于（ ）。

A.搜索阶段 B.选择阶段 C.实施阶段 D.获取阶段

8 成功的管理者需要建立起榜样权和专家权。下列各项中，关于榜样权和专家权的说法中正确的是（ ）。

A.主要存在于正式组织中 B.是管理者的权力来源之一

C.是管理者在管理层次中的体现 D.是管理者对资源控制的体现

9 国内大型制冷设备制造商西奥公司拟在欧洲N国建立生产基地并雇佣当地操作员，当得知N国劳动者工资水平高且经常在工会支持下提出增加福利的要求后，西奥公司修改了投资和建设方案，所需操作员工全部由机器代替，西奥公司在战略决策与实施过程中的行为方式是（ ）。

A.折中 B.对抗 C.协作 D.规避

10 哪吒汽车拟于年初发布大模型产品NETA GPT，将360智脑、搜索和数字人等先进AI技术应用在座舱等领域，加速“科技平权”落地。公司将大模型研发划分为若干阶段，每个阶段都要进行“把关人”审验，以确定是否应该继续进行开发或返回修正。这一创新管理流程模型的特点是（ ）。

A.属于线性创新管理过程 B.研发资源在项目启动时即可完成分配

C.能够及早发现和纠正问题 D.注重从商业角度进行可行性评估

二、多项选择题

11 闪耀公司坚持以汽车玻璃为主业，目前已成为全球极具竞争力的汽车玻璃厂商。公司鼓励员工创新，内部员工针对用户的潜在需求，研发出可隔热、智能调光的汽车玻璃，提高了给车企配套的竞争力。还有员工注意到在玻璃生产过程中需要用到的3M胶成本较高，于是通过寻找可替代的胶，能够给公司每年节约几百万，进一步提高了公司的盈利能力。在本案例中体现的创新类型有（ ）。

A.产品创新 B.流程创新 C.定位创新 D.范式创新

12 宇森公司是一家机器人生产商，该公司于2019年宣布试制成功世界上首款可广泛用于航天探测、海洋打捞救援、森林灭火等领域的新型多功能机器人，但这款新型机器人的性能和可靠性还有待市场检验。从探索战略创新的不同方面来看，上述宇森公司宣布的内容涉及（ ）。

A.创新的新颖程度 B.创新的基础产品和产品家族

C.创新的层面 D.创新生命周期

13 企业外部利益相关者对企业的共同期望是企业应承担一系列社会责任，例如企业要正确处理与供应者、购买者的利益分配，保护广大股民的基本权益，同时要积极支持公共卫生和教育事业。根据企业利益与社会效益的相关理论，上述社会责任涉及的领域包括（　　）。

A.保证企业利益相关者的基本利益要求

B.保护自然环境

C.赞助和支持社会公益事业

D.同时追求企业社会效益与企业利润最大化

14 2022年受疫情影响，金属构件生产商青江公司员工出现短缺，面临向水泵生产商西陇公司供货延误的风险。青江公司以遭遇不可抗力为由请求西陇公司同意延期并免责，被西陇公司回绝。后经谈判，西陇公司派人与青江公司员工一起加班加点，所需费用由青江公司承担。此举保证了青江公司如期供货。本案例中，西陇公司处理矛盾与冲突所采用的行为模式有（　　）。

A.和解　　B.协作　　C.规避　　D.对抗

第二模块　战略分析

一、单项选择题

15 近年来，国产品牌智能手机企业强势崛起，出货量迅猛增长，与国际品牌智能手机在市场上平分秋色。中低端智能手机市场基本被国产智能手机占领，新进入者难以获得市场地位，同时，由于运营商渠道调整，电商等渠道比重加大。产品“同质化”现象加剧，“价格战”日趋激烈。根据上述情况，国内智能手机产业目前所处生命周期阶段是（　　）。

A.成长期　　B.导入期　　C.衰退期　　D.成熟期

16 宝灵公司是一家牙膏生产企业。目前牙膏行业的销售额达到前所未有的规模，各个企业生产的不同品牌的牙膏在质量和功效等方面差别不大，价格竞争十分激烈。在上述情况下，宝灵公司的战略重点应是（　　）。

A.扩大市场份额　　B.在巩固市场份额的同时提高投资报酬率

C.提高投资报酬率　　D.争取最大市场份额

17 达美公司在全国各地拥有10多个仓储物流中心，还控制了多个中药材交易市场。基于此优势，达美公司决定构建一个中药材电子商务市场，并把它建成实物市场与虚拟市场相结合、中药材电子交易与结算服务为一体的中药材大宗交易平台。目前许多企业计划进入中药材电子商务业务。达美公司给潜在进入者设置的进入障碍是（　　）。

A.规模经济　　B.现有企业的市场优势

C.资金需求　　D.现有企业对关键资源的控制

18 健翔公司是一家农用无人机研发和制造行业的龙头企业，该公司拟通过加强对关键资源的控制来降低潜在进入者的威胁。根据产业五种竞争力分析理论，下列各项中，适合健翔公司采用的是（　　）。

A.进一步扩大生产规模，提高规模经济

B.收购拥有农用无人机生产技术专利的企业

C.研发并制造性能、质量领先的农用无人机

D.提高产品质量，加强品牌优势

19 海星公司是多种激光发生器相关部件的供应商。根据波特的五种竞争力分析理论，下列各项关于海星公司与其客户讨价还价能力的说法中，错误的是（　　）。

A.海星公司的激光发生器相关部件差异化程度高，其讨价还价能力越强

B.海星公司的客户购买量越大，其讨价还价能力越强

C.海星公司掌握的客户信息越多，其讨价还价能力越强

D.海星公司能够进行前向一体化时，其讨价还价能力强

20 升辉公司是一家专注于吹风机生产的企业。该公司的主要竞争对手是某知名跨国企业戴琳公司。为了进一步了解对手公司各种战略举措背后的根本动因，升辉公司可以考虑分析的内容不包括（　　）。

A.戴琳公司管理层的公开言论

B.戴琳公司对产业发展趋势的看法

C.戴琳公司对其竞争对手的目标和能力的看法

D.戴琳公司的现行战略

21 丰瑞公司是T国一家传统汽油车企。随着绿色低碳出行理念的盛行，传统车企垄断的现状逐步被新能源车企打破，今年尤为明显。丰瑞公司通过公开信息了解到，其国内竞争对手丙公司已在年初迅速启动新品研发，并计划在半年内推出极具竞争力的车型，以与新能源车企抗衡。丰瑞公司对丙公司的上述分析属于（　　）。

A.快速反应能力分析　　B.成长能力分析

C.财务能力分析　　D.适应变化的能力分析

22 飞象公司是一家洁具生产企业，该公司以产品多样性和销售区域覆盖率为变量对所在产业的所有企业进行分组后，决定率先采取少品种、广覆盖的战略以获取竞争优势。下列关于飞象公司采用上述分析方法的目的表述中，正确的是（　　）。

A.了解竞争对手的现行战略　　B.了解组内企业竞争的主要着眼点

C.了解产业成功关键因素　　D.分析和规划企业的业务组合

23 福星医药高度重视人才发展与激励，并于近期发布公告称，拟以1.5亿元回购股份，用于公司实施员工持股计划。下列各项中，不属于人力资源相关因素的是（　　）。

A.组织经验　　B.受教育结构　　C.年龄结构　　D.员工素质

24 广记公司是一家卤制品生产企业。该公司凭借其长期积累形成的原料配制秘方和生产工艺诀窍等资源生产的多种卤制品，深受消费者喜爱。在下列资源不可模仿性的形式中，广记公司的上述资源属于（　　）。

A.物理上独特的资源　　B.具有因果含糊性的资源

C.具有经济制约性的资源　　D.具有路径依赖性的资源

25 良友公司是一家文具制造商，该公司秉承“一切从消费者角度考虑”的理念，不断优化产品设计、选材、工艺流程、包装等环节，打造出深受消费者喜爱的品牌，取得出色的经营业绩和竞争优势。从决定企业竞争优势的企业资源判断标准来看，良友公司的竞争优势来源于其拥有的资源的（　　）。

A.稀缺性　　B.可延展性　　C.价值性　　D.持久性

26 为进一步打造差异化的客户服务体系，鑫氏卫浴客户服务部联合数据、销售、财务等多个团队的骨干，共同建立了客户大数据体系，精准实现客户分群管理，从而在业内形成了良好的口碑。这体现了鑫氏卫浴客户服务能力的（　　）。

A.不可替代性　　B.动态性　　C.整合性　　D.独特性

27 甲公司是一家国内知名的房地产开发商，年销售额已超过千亿。甲公司CEO杨总提出，“企业管理应当以财务管理为核心”，因此他要求公司的战略部门选取了一家在财务职能领域十分卓越的快消类巨头企业进行对标学习。从基准分析方法判断，杨总的观点是基于（　　）。

A.竞争性基准　　B.过程或活动基准

C.一般基准　　D.顾客基准

28 S国主营体育用品销售的耀胜体育，多年来凭借各类精细做工的运动服饰，成功经营并在业内取胜，专营T国体育用品销售的恒泰公司也采用精细策略，学习耀胜公司的产品做工，在T国取得了良好的成绩。恒泰公司基准分析的类型是（　　）。

A.一般基准　　B.过程或活动基准

C.竞争性基准　　D.内部基准

29 蓝星啤酒公司为了制定和完善取得持久竞争优势的措施，计划与业内知名企业天盛公司进行一般基准比较。下列各项中，属于蓝星啤酒公司应主要关注并采用的基准对象是（　　）。

A.产品包装　　B.库存管理

C.批发分销商网络　　D.采购管理

30 甲公司是一家汽车制造企业，该公司通过售后用户体验追踪系统随时掌握、分析不同车型的质量问题，并与汽车分销商共享信息，不断提高前来维修的客户的满意度，甲公司的上述做法属于该公司价值链中的（　　）。

A.内部后勤　　B.服务　　C.企业基础设施　　D.外部后勤

31 近年来中国公民出境游市场处于高速发展的阶段，实行多元化经营的鸿湖集团于2006年成立了甲旅行社，该旅行社专门提供出境游的服务项目，其市场份额位列第二。根据波士顿矩阵原理，鸿湖集团的甲旅行社业务属于（　　）。

A.明星业务　　B.瘦狗业务　　C.现金牛业务　　D.问题业务

32 万怡公司是一家家电产品的生产和销售企业，多数产品进入成熟期，公司在家电行业竞争优势显著。近年来，万怡公司逐渐把业务范围扩展到房地产和工业机器人等行业。依据波士顿矩阵分析法，下列各项万怡公司对其业务所做的定位的描述中，错误的是（　　）。

A.对于家电业务，公司应当采用事业部制的组织架构，并选择对生产和技术和销售两方面都很内行的经营者负责

B.受国家宏观政策的影响，房地产业进入“寒冬”期，公司的房地产业务一直未有起色。公司应当采取撤退战略，逐步缩小房地产业务范围，加强内部管理

C.家电业务属于现金牛业务，并不需要投资，反而能为企业提供大量资金，用以支持其他业务的发展

D.工业机器人行业近年来发展迅猛，因此公司在去年收购了一家国际机器人生产巨头，工业机器人业务实现了迅猛增长。公司应继续保持势头，提高业务的市场占有率

33 东光公司是国内一家从事多元化经营的高科技企业，主要产品有电子测量仪器、智能医疗器械、数据网络传输设备和光伏发电器件等，其中数据网络传输设备的市场占有率位居行业第五。近年来国内数据网络传输产业增速均在10%以上，市场呈现供不应求。根据波士顿矩阵原理，东光公司对其数据网络传输业务应（　　）。

A.在短期优先供给它们所需的资源　　B.采取选择性投资战略

C.采用收割性战略　　D.采用撤退战略

二、多项选择题

34 甲公司为国内上市的电信公司。甲公司正在研究收购某发展中国家的乙移动通信公司。下列各项因素中，属于甲公司在PEST分析中应当考虑的有（ ）。

A.甲公司收购乙移动通信公司符合其公司总体战略

B.乙移动通信公司所在国政府历来对企业实施高税收政策

C.甲公司在国内提供电信服务积累的经验与技术有助于管理乙移动通信公司的业务

D.乙移动通信公司所在国的电信行业十年来发展迅速，移动通信业务过去10年增长了300倍

35 天邦公司是一家从事食品产业开发的上市公司，天邦公司拥有国内一流的研发团队，专利数量远超行业平均值。与此同时，面对愈演愈烈的行业竞争，天邦公司开始了"价格战"，把产品价格压到最低。天邦公司给潜在进入者设置的进入障碍有（ ）。

A.规模经济　　B.现有企业对关键资源的控制

C.限制进入定价　　D.现有企业的市场优势

36 汇鑫公司是一家从事视频监控产品开发、生产的企业。目前，市场上该类产品的品种、规格、质量都逐渐趋于一致，企业之间为争取市场份额而展开的价格战愈演愈烈。根据成功关键因素的相关理论，汇鑫公司想要获取这一阶段的竞争优势，应当（ ）。

A.保护自己的现有市场，渗透别人的市场

B.缩减生产能力，保持价格优势

C.面向新的增长领域

D.降低成本，开发新品种

37 博通公司是一家橡胶轮胎生产商，该公司的主要竞争对手是某跨国公司旗下的艾菲公司。近来博通公司对艾菲公司未来竞争战略的目标进行了分析。下列各项中，属于博通公司在上述分析中应考虑的因素有（ ）。

A.艾菲公司的会计系统、控制和激励系统

B.艾菲公司如何看待橡胶轮胎行业的发展趋势

C.艾菲公司母公司对子公司及其业务的态度

D.艾菲公司母公司领导阶层的情况

38 琛舟高铁历经20余年的沉淀，率先推出轨边自动化检测控制系统。现琛舟高铁已拥有600余个机车和车辆检修基地、20个轨道焊轨中心，并由此获得了明显的竞争优势。琛舟高铁的竞争优势来源于其拥有的（ ）。

A.人力资源　　B.财务资源　　C.有形资源　　D.无形资源

39 和平饭店是上海市地标性建筑，也是上海近代建筑史上第一幢现代派建筑。饭店位于上海的南京东路和外滩的交叉口，占据有利的地理位置，游客可以在酒店内观赏美丽的黄浦江夜景，遥望对岸陆家嘴鳞次栉比的高楼。除此之外，和平饭店一直以奢华著称，开业以来，接待了无数金融界、商贸界和各国社会名流，并在前几年酒店刚刚修缮完毕后，又掀起了一阵前所未有的酒店文化怀旧热，大量游客为了探寻前人住过的痕迹，争相入住。下列关于和平饭店的说法，正确的有（ ）。

A.和平饭店绝佳的地理位置是难以被竞争对手模仿的无形资源

B.和平饭店绝佳的地理位置是物理上独特的资源

C.和平饭店的历史文化是一种具有因果含糊性的资源

D.和平饭店的历史文化是一种具有持久性的资源

40 奥优公司是一家生产水下摄影设备的企业。奥优公司生产的水下摄影机比其他企业的同类产品操作更简便，拍摄出的图片更清晰，其技术实力与创新成果也一直被认为是行业标杆，至今未能被成功模仿。奥优公司核心能力的特征有（　　）。

A.价值性　　B.独特性　　C.可延展性　　D.不可替代性

41 甲公司是C国著名的生产和经营电动汽车的厂商，2017年，公司制定了国际化战略，拟到某发展中国家N国投资建厂。为此，甲公司委托专业机构对N国的现有条件进行了认真详细的分析。根据钻石模型理论，下列分析中不属于钻石模型四要素的是（　　）。

A. N国电动汽车零部件市场比较落后，供应商管理水平较低

B. N国多数百姓拥有宗教信仰，生活方式独具特色

C. N国政府为了保护本国汽车产业，对甲公司的进入设定了限制条件

D. N国劳动力价格相对C国较低，工人技术水平和文化素质不高

42 华生公司开发了有助于失明患者进行义眼移植的Y产品，并且取得了发明专利。公司随后建立了生产Y产品的工厂，目前形成了较为完善的进货、生产、发货流程以及服务与分销体系。根据企业价值链活动的分类，华生公司与Y产品有关的价值活动包括（　　）。

A.企业基础设施　　B.生产经营

C.内部后勤　　D.技术开发

43 佳园公司是一家主营生鲜食品连锁超市的企业。该公司在采购中采用产地速冻、向供应商提供专用保鲜容器等技术与方法，有效降低了采购品在流通中的损耗，提高了销售品的质量，由此取得明显的竞争优势。从企业资源能力的价值链分析来看，下列各项表述中，符合佳园公司的上述做法的有（　　）。

A.确认支持企业竞争优势的关键性活动

B.明确价值链内各种活动之间的联系

C.确认价值系统内基本活动与支持活动之间的联系

D.明确价值系统内各项价值活动之间的联系

44 美德是C国一家以餐饮业务为主体的多元化经营企业，业务范围涉及餐饮、房地产、新能源、金融等。美德对其业务发展状况进行分析，以下各项符合SWOT分析的有（　　）。

A.餐饮行业增长缓慢，公司市场占有率高，应采用增长型战略

B.房地产行业不景气，公司市场占有率低，应采用防御型战略

C.新能源行业具有广阔的发展前景，公司在该行业不具有竞争优势，应采用扭转型战略

D.金融行业近年来发展势头明显回落，公司在该行业中具备一定优势，应采用多种经营战略

第三模块　战略选择

一、单项选择题

45 竹岭公司是我国知名的白酒生产企业。随着我国公务消费改革的日益推进，白酒市场需求发生了重大变化。该公司积极应对这一变化，对旗下多个白酒品牌重新进行了定位。并按照“系列酒薄利多销”的策略，快速实现了从满足公务消费需求向满足商务消费和大众消费需求的转型。该公司采取的总体战略类型属于（　　）。

A.多元化战略　　B.转向战略

C.放弃战略　　D.产品开发战略

46 泰瑞公司原是一家提供管理咨询服务的企业。2020年以来，该公司采用收缩战略以应对利润下滑局面，调整了管理层及领导班子，采用了更具有激励作用的薪酬制度。泰瑞公司采用的收缩战略的方式是（　　）。

A.机制变革　　B.拆产为股

C.削减成本战略　　D.财政和财务战略

47 佳美公司是一家全国性家电零售连锁企业，在国内一、二线城市拥有近百家大型连锁商城，是国内外众多家电品牌厂家在中国的最大销售商。2019年，该公司并购了国内另一家著名的家电零售连锁企业恒兴公司，销售网络扩展到全国三分之二以上的城市和部分乡镇，市场占有率提高了20%，进一步巩固了其行业领先地位。佳美公司实施上述并购的动机是（　　）。

A.避开进入壁垒，迅速进入，争取市场机会

B.克服企业负外部性，增强对市场的控制力

C.避免经营风险

D.实现资源互补

48 国内著名商业零售企业东海公司与主营大数据业务的高胜公司签订战略合作协议，商定由东海公司免费向高胜公司开放相关数据收集平台，高胜公司则无偿为东海公司提供数据分析及应用方案。下列各项中，属于上述两个公司结成战略联盟的特点是（　　）。

A.更具有战略联盟的本质特征　　B.企业对联盟的控制力较强

C.有利于企业长久合作　　D.有利于扩大企业资金实力

49 从事苹果种植与销售的秋实公司于2017年率先采取了一种新的经营方式，在种植区内增设了园林景观、运动场、游戏场等，到秋收季节，顾客可前来付费进行休闲娱乐等活动，同时能以市场最低的价格采摘和购买苹果。顾客采摘和购买的苹果达到一定数量，可免费参加休闲娱乐活动，这一经营方式受到市场的热捧。秋实公司采用的上述战略属于（　　）。

A.成本领先战略　　B.差异化战略

C.集中化战略　　D.混合战略

50 福门公司是R国一个专为老年人提供洗澡、理发等上门清洁服务的企业，建立了遍布全国城镇的服务网络，在R国老年人清洁服务市场占有90%以上的份额。下列各项中，属于福门公司所采用的竞争战略实施条件的是（　　）。

A.老年人清洁服务市场容量有限

B.在目标市场上，成长速度缺乏吸引力

C.在老年人清洁服务市场上没有其他竞争对手采取类似的战略

D.老年人清洁服务的需求与其他群体差异不大

51 经营健身房的永强公司率先采用新技术，在其拥有的所有分店统一推出智能健身设备。使用该设备，健身者可以比以往节省50%的时间达到同样的健身效果，因此该设备受到健身者的好评。但由于购置、使用、维护智能健身设备耗资很大，而需求和使用率有限，永强公司入不敷出，经营陷入困境。从零散产业角度看，下列各项中，属于永强公司进行战略选择未能避免的战略陷阱是（　　）。

A.寻求支配地位　　B.对新产品做出过度反应

C.不能保持严格的战略约束力　　D.过分集权化

52 青阳出版社主营少儿读物的出版和发行业务。为了摆脱少儿读物市场愈演愈烈的价格战，该出版社制定并执行了一项蓝海战略。下列各项中，属于青阳出版社执行蓝海战略应遵循的原则是（　　）。

A.重建少儿读物市场边界　　B.超越少儿读物市场现有需求

C.遵循合理的战略顺序　　D.克服关键组织障碍

53 紫云公司是一家经营高档连锁酒店的企业。2020年，该公司引入中低档酒店的一些经营方式，在不影响服务质量的前提下精简了设施和服务人员，降低了经营成本和收费。此举使紫云公司有效扩大了客户群，增加了收入和利润，为自身的发展开辟了一片蓝海。从蓝海战略重建市场边界的基本法则来看，本案例中紫云公司的做法属于（　　）。

A.审视他择产业　　B.跨越战略群组

C.重新界定产业的买方群体　　D.放眼互补性产品或服务

54 某发达国家X公司的滤水壶是壶式滤水器领域中的世界第一品牌。在德国，消费者购买X滤水壶的主要原因是它可以降低当地水质的硬度，软化后的过滤水可以带来更好的口感。在法国和意大利，消费者将其作为瓶装水的一种低成本替代品。而在进入中国大陆市场初期，X滤水壶定位于高端生活改善消费品，它代表健康的水质和时尚的生活感受，且通常只有在安置新房时考虑购买滤水器，在本案例中，消费者的市场细分不包括（　　）。

A.人口因素　　B.心理因素　　C.行为因素　　D.地理因素

55 嘉利啤酒公司通过数据分析发现，其89%的产品是被50%的顾客（重度饮用啤酒者）消费的，另外50%的顾客（轻度饮用啤酒者）的消费量只占总消费量的11%。该公司据此推出了吸引重度饮用啤酒者而放弃轻度饮用啤酒者的促销策略。该公司进行市场细分的依据是（　　）。

A.地理因素　　B.人口因素　　C.行为因素　　D.心理因素

56 随着消费水平与消费观念的转变，酒店行业中高端消费的市场越来越大。专注三、四线城市经济连锁酒店的优尚公司意识到，不同的消费群体有着不同的消费需求，酒店行业细分已经成为未来的大趋势。因此优尚公司开始了业务与品牌拓展，进军中高档酒店，不断挖掘细分人群的需求。优尚公司采用的目标市场选择策略是（　　）。

A.无差异性营销策略　　B.差异性营销策略

C.集中性营销策略　　D.低成本营销策略

57 在国内高端白酒市场被众多老牌酒业瓜分的情况下，西涌酒业率先选择去开拓一个新的市场，专注于低端平价的白酒市场。西涌酒业主打的“青小白”从诞生之日起，就有明确的定位——满足年轻消费者需求的白酒。根据以上信息，西涌酒业的市场定位策略是（　　）。

A.避强定位　　B.并存定位　　C.重新定位　　D.迎头定位

58 浅川公司是一家智能家居生产制造商。为迅速提高企业竞争实力和增加销售收入，公司应重点开发的新产品是（　　）。

A.全新产品　　B.改进产品

C.模仿性新产品　　D.替代产品

59 目前，某音乐平台“望宜”已逐渐在一二线城市站稳脚跟，需要考虑进入更多低线城市。于是，公司与极具大众口碑的矿泉水品牌“农夫泉”展开战略合作，精选音乐平台上30条乐评，印制在4亿瓶农夫泉的瓶身，让每一瓶水都自带音乐和故事。此次渠道上的合作，既让望宜获得了农夫泉所在渠道终端超10万多次的曝光，也让农夫泉品牌形象更具年轻化。这构成了（　　）。

A.松散型渠道系统　　B.垂直渠道系统

C.水平渠道系统　　D.多元渠道系统

60 美廉超市在确定零售商品价格时，大多以“9”作为尾数，比如“9.9元”“19.9元”等。标价“99.9元”的商品和“100.1元”的商品，虽然实际价格相差很小，但是前者给消费者的感觉是“还不到100元”，而后者却会让人产生“100多元”的想法。价格尾数会使顾客产生便宜、实惠的感觉，从而促进消费。本案例中，体现的价格策略是（　　）。

A.心理定价策略　　B.产品组合定价策略

C.折扣与折让定价策略　　D.差别定价策略

61 一柠公司为一家知名运动品牌，公司的核心产品冷感瑜伽服以其独特的版型与优秀的质量获得了良好的市场口碑，满足了年轻消费群体对瑜伽服外观设计要求高的心理需求，顾客满意度远超其他同类商品。该公司顺势推出了新的防晒系列产品，价格定位于同类产品之上，依然供不应求。该公司对防晒系列的定价策略是（　　）。

A.需求导向定价法　　B.心理定价策略

C.渗透定价策略　　D.撇脂定价策略

62 多瑞医药是一家专注于兽性药物技术研发的公司。为加速拓展产品线，改善产品结构较为单一的现状，拟采取与国内相关科研机构合作研发的模式，利用双方研发优势缩短药品上市周期。但这一模式也存在一定缺点，不包括（　　）。

A.研发效率低下甚至失败　　B.多瑞医院难以取得独家领先地位

C.知识产权保护存在一定困难　　D.对自身研发能力帮助不大

63 信达公司是一家以家电研发、生产和销售为主业的公司。该公司坚持自主研发，拒绝参与行业价格战，每年将销售收入的5%投入研发。2005年，公司成功研发“中国芯”，彻底打破国外芯片的垄断地位。2015年，发布VP画质引擎芯片，使信达公司正式比肩行业巨头。信达公司以强大的研发实力为后盾，以优秀的销售团队为支撑，营业收入实现稳步增长。信达公司的研发定位是（ ）。

A.成为向市场推出新技术产品的企业

B.成为成功产品的创新模仿者

C.成为成功产品的低成本生产者

D.成为成功产品低成本生产者的模仿者

64 伯根公司是一家专注于高端定制葡萄酒的生产商。该公司十分注重产品质量，拥有优质的高档葡萄品种种植基地。依靠卓越的产品质量，公司旗下的王朝牌葡萄酒成为国宴指定用酒。对于此类高价值、低需求量以及需求较难预测的葡萄酒，最适宜采用的配送网络模式是（ ）。

A.零售商存货加顾客自提　　B.制造商存货加直送

C.分销商存货加承运人交付　　D.制造商存货加顾客自提

65 蓝月公司是一家洗衣液生产企业。2019年中，公司决定将现有的品牌形象代言人替换为更具流量的当红女生团体TFGirls，以期待第四季度的销售能有所突破。再加上双十一即将来临，公司预计第四季度的销售将显著增加。因此，蓝月公司决定加大公司下半年的产量，以应对未来需求的增长。根据以上信息，蓝月公司采用的平衡产能与需求的方法是（ ）。

A.库存生产式生产　　B.资源订单式生产

C.准时生产式生产　　D.订单生产式生产

66 灵川公司是一家汽车制造商，原先只从一家公司购买其所需的轴承，后来改为分别从三家公司购买。下列各项中，属于灵川公司增加轴承供应商的目的是（ ）。

A.可能获得高质量的供应品　　B.与轴承供应商建立更为稳定的关系

C.产生规模经济，享受价格优惠　　D.利用供应商之间的竞争对供应商压价

67 P公司是国内一家潮流文化娱乐品牌。在新消费需求的拉动下，P公司计划进入零食领域，并与一家烘焙食品企业达成合作。两方从最初的概念阶段便开展深入交流，并各自派驻了骨干员工共同推动后续的试制、定型与生产，确保信息同步，促进资源协调。本案例中，P公司与该食品企业采用的交易策略是（ ）。

A.市场交易策略　　B.短期合作策略

C.功能性联盟策略　　D.创新性联盟策略

68 贝康公司是一家生产婴幼儿奶粉的企业，该公司近期率先推出一种营养成分最接近母乳且比其他奶粉更易于婴幼儿消化吸收的产品，深受消费者欢迎。目前贝康公司因业务发展需招聘新员工。从人力资源获取策略看，该公司甄选新员工的方法应是（ ）。

A.面试　　B.简历审查　　C.心理测试　　D.多重方法

69 叶丰公司是一家农药生产企业，该公司率先采用生物技术生产的无毒级高效农药，深受种植企业欢迎。目前叶丰公司因业务发展需招聘新员工。下列关于叶丰公司人力资源获取策略的

表述中，正确的是（　　）。

A.采用成本低、速度快的方法甄选新员工

B.由人力资源部负责新员工的招聘

C.新员工的甄选标准强调与叶丰公司文化契合

D.新员工的甄选方法以简历和面试为主

70 Y公司是一家日用洗涤品生产企业。Y公司在市场调研中发现，采购日用洗涤品的消费者主要是家庭主妇，她们对品牌的忠诚度不高，但对价格变动非常敏感。目前，Y公司主要竞争对手的各类产品与Y公司的产品大同小异。下列关于Y公司最可能选择的竞争战略及其对应的人力资源战略的表述中，正确的是（　　）。

A.从人力资源获取的角度，Y公司更适宜从外部招聘员工

B.从培训与开发角度，Y公司往往利用外部培训机构对团队进行培训

C.从绩效评估角度，Y公司的评估范围宽广，评估信息丰富

D.从薪酬策略角度，Y公司更强调对内公平

71 兆兴公司是一家提供基因检测解决方案的初创公司，其资金主要来源于专业投资机构的投资。经过管理和研发团队不懈的努力，该公司近期开始与几家医疗机构开展尝试性合作，但其终端客户的接受程度与潜在市场规模等因素尚存在不确定性。从财务战略角度看，目前兆兴公司经营风险与财务风险的搭配是（　　）。

A.高经营风险与高财务风险搭配

B.高经营风险与低财务风险搭配

C.低经营风险与高财务风险搭配

D.低经营风险与低财务风险搭配

72 近年来，射频识别设备逐渐进入人们的生活和越来越多的产业。随着市场的扩大，竞争者涌入，企业都以取得最大市场份额为战略目标。各个企业的产品在技术和性能上有较大差异。为了能在竞争中胜出，企业之间开始争夺人才和资源。下列各项中，属于目前射频识别设备生产企业所具有的经营特征是（　　）。

A.经营风险低

B.资金来源于股东权益+债务

C.市盈率高

D.财务风险高

73 U公司是一家总部位于西班牙的全球性服装企业，该企业57%的供应商都在附近的邻国，如葡萄牙、摩洛哥和土耳其。借助地缘优势，U公司可随时根据最新的流行元素设计产品，并第一时间与邻国多家供应商沟通不同款式的设计思路与工艺细节，确保信息传递的准确性和及时性。根据全球价值链分工模式的相关理论，U公司与供应商所形成的分工模式是（　　）。

A.科层型价值链

B.市场型价值链

C.俘获型价值链

D.关联型价值链

74 D公司是一家业务覆盖全球的跨国汽车公司，主要深耕于汽车产业链上的研发环节与售后服务环节。近期，D公司与Y国的一家整车组装公司成立P合资企业，该企业仅需按照D公司提供的技术方案进行简单组装即可交付产品。D公司与其他供应商所形成的分工模式是（　　）。

A.科层型价值链

B.市场型价值链

C.俘获型价值链

D.关联型价值链

75 M公司是美国的一家快餐企业，主要打造的是以鸡肉为主的食品，在美国已经有20多家分店。在管理上，M公司一直推行的是“标准化”，例如统一的食材供应商筛选标准、统一的店铺清洁标准。近年来，M公司开始拓展海外市场，在2018年年初进驻中国，并提出了“为中国而变”的广告词，特别推出了“鸡肉玉米粥”“卤香鸡腿饭”等极具中国特色的食品，目标是成为中国消费者最受欢迎的快餐连锁品牌。根据以上信息，M公司国际化经营的战略类型属于（　　）。

A.跨国战略　　B.全球化战略

C.多国本土化战略　　D.国际战略

76 2015年，国内研发和制造铁路设备的东盛公司开启了国际化经营战略，在国外成立了多家子公司。东盛公司在国内的母公司保留技术和产品开发的职能，在国外的子公司只生产由母公司开发的产品。东盛公司采取的国际化经营战略类型的特点是（　　）。

A.全球协作程度高，本土独立性和适应能力低

B.全球协作程度低，本土独立性和适应能力高

C.全球协作程度高，本土独立性和适应能力高

D.全球协作程度低，本土独立性和适应能力低

77 奇天公司是国内通信行业的知名企业。面对日益加剧的全球化压力，奇天公司于1998年开始实施全球化扩张行动，成功建成了全球性的市场网络和研发平台。奇天公司始终坚持在通信行业的主航道上聚焦，在国际市场上站稳了脚跟。根据以上描述，奇天公司作为新兴市场本土企业所选择的战略是（　　）。

A.“防御者”战略　　B.“抗衡者”战略

C.“躲闪者”战略　　D.“扩张者”战略

78 Z公司是H国一家液晶面板生产企业。由于液晶面板行业竞争激烈，行业利润下滑，Z公司开始将精力放在AMOLED面板上，而不再投资传统的LCD面板业务。同时，Z公司还与K国的某行业巨头已达成合作，专注于AMOLED面板的产能提升与技术改造。从本土企业战略选择的角度看，Z公司扮演的角色可称为（　　）。

A.防御者　　B.扩张者　　C.躲闪者　　D.抗衡者

二、多项选择题

79 富华公司是一家特种钢材生产企业，其产品主要用于大型采矿机械、采油设备的生产。为了增强对钢铁市场需求变化的敏感性，富华公司决定把前向一体化作为发展战略。下列各项中，符合该公司发展战略的有（　　）。

A.参股海城矿山机械公司

B.与东港石油公司签订集研发、生产、销售为一体的合作协议

C.投资建立铁矿资源开发和生产企业

D.与南岗煤炭集团建立战略联盟

80 京川餐饮公司近期实行了新的经营方式，顾客既可以按照公司提供的菜谱点餐，也可以自带菜谱和食材请公司的厨师加工烹饪，还可以在支付一定学习费用后在厨师指导下自己操作，

从而在享受美食的同时提高厨艺。这些新的经营方式使该公司的顾客数量和营业收入均增长20%以上。从密集型战略角度看，京川餐饮公司的上述做法属于（　　）。

A.市场渗透战略　　B.市场开发战略

C.一体化战略　　D.产品开发战略

81　兆程公司是一家从事家庭视听消费类电子产品的研发、设计、制造、销售公司。公司于2005年成立，以ODM制造起步，逐步丰富产品品类，从液晶电视拓展到IoT智能终端和网络通信产品等。随着中国智能电视技术水平的提高，公司从2019年开始向全球市场进发，截至目前液晶电视ODM出货量累计排名全球第二。从密集型战略来看，兆程公司的上述战略举措属于（　　）。

A.产品开发战略　　B.市场开发战略

C.市场渗透战略　　D.市场营销战略

82　上谷公司主要从事粮油产品和精品茶、饮料、调味品的销售。受疫情影响，市场行情出现较大波动，于是公司决定凭借在粮油市场上积累的品牌信誉、设施技术等优势，涉足贸易服务领域，为产业链上下游客户提供专业的粮油及食品饮料进出口贸易、仓储保管等服务，构建更完整的产业布局。本案例体现了上谷公司实施此发展战略的优点有（　　）。

A.分散粮油市场的风险　　B.更容易地从资本市场获得融资

C.利用未被充分利用的资源　　D.避免或减少竞争

83　德莫宠物之家集宠物诊疗与中式下午茶于一体，可在为宠物进行检查时向等待的客户提供点心饮品以及舒适的社交环境。由于整体经济形势的波动，德莫公司各项业务均受到不同程度的影响，于是公司决定缩减兽医团队规模，并将下午茶业务交由第三方承包经营。另外，为解决部分客户因白天工作繁忙无法带宠物出门就诊的问题，增设线上下单医师夜间上门问诊的服务。该公司采取收缩战略的方式有（　　）。

A.削减人工成本　　B.调整现有产品与服务

C.特许经营　　D.卖断

84　Z公司是澳洲一家矿产公司，其拥有的铜、锌、银、铅、金资源储量非常可观。2008年国际金融危机爆发，Z公司面临巨大的债务压力。国内蓝太公司的主营业务为铜、铅、锌等金属产品的生产和经营。2009年，经双方充分协商，蓝太公司以80%的自有资金，完成了对Z公司的并购。蓝太公司对Z公司的并购类型包括（　　）。

A.友善并购　　B.产业资本并购

C.杠杆并购　　D.纵向并购

85　联合科技是一家从事二氧化硅和炭黑的研发、生产与销售的高新技术企业，蓝晓科技是一家销售高分子材料的化学新材料公司。联合科技和蓝晓科技通过交换彼此25%的股份进行合作，与此同时，联合公司将会向蓝晓公司提供吸附及离子交换树脂项目技术咨询服务等支持。联合公司和蓝晓公司结成的战略联盟的特点有（　　）。

A.联盟内成员之间的沟通不充分

B.有利于扩大企业的资金实力及长久合作

C.双方具有较好的信任感和责任感

D.企业对联盟的控制能力差

86 大型显示器制造商富林公司与光裕公司于2017年订立协议，双方结为股权式战略联盟。两年后，光裕公司以自己拥有独创的单元板制造技术为筹码要求提高在联盟的股权占比，遭到对方拒绝。此后，光裕公司在没有告知对方的情况下把股份转让给其他两家公司，致使联盟解体，富林公司的经营陷入困境。从订立协议角度看，富林公司与光裕公司战略联盟解体的原因有（ ）。

A.没有严格界定联盟的目标　　B.没有周密设计联盟结构

C.没有准确评估投入的资产　　D.没有规定违约责任和解散条款

87 20世纪80年代，Y牌卫生纸是高档卫生纸的代表，使用Y牌卫生纸是富有的象征，因此吸引了大量高收入消费群体购买。下列各项中，属于Y牌卫生纸竞争战略可能面临的风险的有（ ）。

A.狭小的目标市场导致的风险

B.购买者群体之间需求差异变小

C.竞争对手的进入与竞争

D.市场需求从注重价格转向注重产品的品牌形象

88 20世纪90年代，GL公司在中国推出微波炉产品。GL公司利用市场对微波炉产品价格的高度敏感，通过集中生产少数品种、减少各种要素成本、不断改进产品工艺设计等多种手段降低成本，以“价格战”不断摧毁竞争对手的防线，抬高行业的进入门槛，使自己成为微波炉行业的“霸主”。GL公司采用该竞争战略所面临的风险有（ ）。

A.新技术的出现可能使过去改进工艺设计的投资与积累的经验一笔勾销

B.消费者群体之间的需求差异变小

C.产业内其他企业不断发布更具智能化、更有设计感但价格相当的产品

D.市场需求从注重价格转向注重产品的品牌形象

89 松涛旅行社面对老年社会的到来，专注于组织老年消费者出国游业务，并在业内率先根据旅行中所在国家或地区的特点，开展健身要约、摄影、休闲、美食品尝与制作，探访居民等活动。面对越来越多的慕名而来的消费者，该社在国内设立了上百家分社或代理机构，复制推广上述业务模式，取得了远远高于行业平均水平的利润率。从零散产业的战略选择角度看，松涛旅行社的做法有（ ）。

A.连锁经营或特许经营　　B.提高产品差异化程度

C.目标集聚　　D.尽早发现产业趋势

90 蓝海战略是一种崭新的战略思维，其制定和实施的方法也完全不同于典型的战略规划。下列关于蓝海战略制定和执行的原则中，正确的有（ ）。

A.“重建市场边界”的原则可降低搜寻的风险

B.蓝海战略强调通过审视顾客间的差别来发现新的需求

C.为确保所建立的商业模式风险小，企业可按效用、价格、成本、接受的顺序来制定蓝海战略

D.企业应把战略执行与战略制定分开，否则会增加战略规划的风险

91 经营电影院的虹光公司面对不同电影院线之间同质化竞争异常激烈的局面，独辟蹊径地将旗下的一部分影院改造成家庭影院，按照消费者预定的时间、影片乃至餐席提供服务，使他们

在影院欣赏影片的同时享受亲友团聚和美味佳肴，结果大大提高了该公司的竞争力和市场占有率。依据红海战略与蓝海战略的关键性差异，本案例中虹光公司体现的蓝海战略的特征有（　　）。

A.拓展非竞争性市场空间　　B.创造并攫取新需求

C.打破价值与成本互替定律　　D.同时追求差异化与低成本

92　谷歌是一家全球领先的互联网公司。公司通过为普通用户提供免费的搜索服务、邮箱服务、地图服务等聚集了大量的消费者，并通过补贴吸引内容提供者，为搜索消费者扩大搜索内容库。之后，在积累了大量的搜索数据后，公司通过向广告商出售“关键词广告”获利。这一商业模式的价值主张所创造的价值通常体现为（　　）。

A.吸引不同的客户群体

B.为不同的客户群体提供开放的交易环境

C.仅有部分客户群体能为平台提供收益

D.定价决策决定了平台的商业成败

93　M+咖啡是一家兴起于上海的精品咖啡店，主要开设在中高档社区周边。考虑到附近消费者对于生活品质有更高的追求，店铺在咖啡机和咖啡豆的选择上都会格外考究。同时，该店还会为初次光顾的顾客，提供免费的甜品，用以搭配苦涩的咖啡。上述案例体现的市场细分依据包括（　　）。

A.地理因素　　B.人口因素　　C.心理因素　　D.行为因素

94　企业确定中间商数量有三种可供选择的分销策略：独家分销、选择分销和密集分销。下列关于这三种分销策略的表述中，正确的有（　　）。

A.独家分销适用于日常消费品的分销

B.选择分销比独家分销能给消费者购物带来更大的方便

C.相对于密集分销，独家分销更能够对中间商的服务水平保持控制

D.密集分销的渠道管理成本很高

95　在促销时，企业可以选择两个基本的促销策略：推式策略和拉式策略。下列有关这两个促销策略的表述中，正确的有（　　）。

A.推式策略大多面向销售人员和中间商展开

B.推式策略主要通过广告来刺激市场需求

C.拉式策略激励渠道成员购买产品并向最终消费者销售

D.企业可以将推式策略和拉式策略配合起来使用

96　江湾公司是一家水产品生产和销售企业，该公司为提升在超市的销售业绩采取了一些措施：增加小包装产品在超市的销售比例；在超市中采用体现公司形象的销售车进行销售；在国内几个一线城市开设20余家自营水产品超市进行直销；对喜庆消费者如庆生日者赠送水产品礼盒。本案例中，江湾公司在超市销售中采取的营销组合策略有（　　）。

A.产品策略　　B.促销策略　　C.分销策略　　D.价格策略

97　随着中国消费者对于高蛋白营养需求的日益增加，乳业集团蒙牛坚持基础研发投入，致力于以高质量、低碳排的方式为消费者提供这一营养需求。目前，蒙牛通过构建绿色低碳产业

链，推动“为养而种、种养结合、循环发展”模式，2023年累计减碳约18.5万吨。蒙牛研发的动力来源有（　　）。

A.市场需求　　B.技术进步　　C.创新文化　　D.社会责任

98 天澜公司是一家有机果蔬种植和销售企业。该公司采用温室种植和自然种植的方法向市场供应当季收获的果蔬，并在各种节假日期间推出有纪念或庆祝意义的果蔬篮；每年购买果蔬超过一定数量的客户自动成为贵宾客户，可享受价格优惠并定期免费参观该公司的果蔬种植园。上述天澜公司的生产运营战略涉及的主要因素有（　　）。

A.批量　　B.种类　　C.需求变动　　D.可见性

99 S国知名服装品牌Z公司在服饰行业以快速反应著称，该公司每年提供2万多种不同的产品供顾客选择，从设计理念到成品上架，仅需10天时间。公司总部设计师可以实时与全球各地的专卖店店长召开电话会议，了解销售情况和顾客反映，并同步调整数据库中款式、花色、面料等信息，而这些信息可与原料仓储数据库相联系，极大缩短了供应链的反应周期。本案例中，体现Z公司在生产运营战略的竞争重点有（　　）。

A.交货期　　B.质量　　C.成本　　D.制造柔性

100 Q公司是一家大型的食品公司，C公司是世界第二大连锁零售集团，C公司是Q公司的重要客户。双方协议，由Q公司管理库存，并及时根据C公司的实际销售情况及其对安全库存的需求，帮助C公司完成订单或补货指令。下列各项中，关于上述采购模式的说法正确的有（　　）。

A.有利于双方建立长期的合作关系

B.能够以最低的成本满足企业对产品的需求

C.增加了供应商的供货成本

D.对产品进货时间的计算量巨大

101 电脑制造商圣和公司根据生产需要对电脑零部件供应商瑞云公司下达订单，要求瑞云公司把适当数量、适当质量的电脑零部件在适当的时间送达适当的地点。下列各项中，属于圣和公司采用的采购模式的特点的有（　　）。

A.采购管理的科学性、便捷性、精细性、准确性空前提高，“降本增效”极为显著

B.企业与供应商之间按照利益共享、风险共担的原则，协商确定对相关管理费用的分担比例

C.企业与供应商建立长期稳定的合作关系

D.采购批量小，送货频率高

102 当公司的人力资源供给大于需求时，为使得人力资源的供给和需求在数量、质量以及结构上都达到平衡，企业可以采取的措施有（　　）。

A.采取多种方法提高现有员工的工作效率

B.扩大经营规模或者开拓新的增长点

C.冻结招聘

D.进行人员置换，清理不必要的员工，补充企业需要的人员

103 高效的招募、甄选与录用人才是企业获得持续竞争优势的关键。企业应选择与其竞争战略相匹配的人力资源获取策略。下列有关表述中，正确的有（　　）。

A.成本领先战略下，员工的晋升阶梯狭窄、不宜转换

B.成本领先战略下，技能是甄选员工的重要标准

C.差异化战略下，员工的主要来源是外部

D.集中化战略下，企业会用心理测试的方法来甄选员工

104 方圆公司财务数据显示，其资本成本为6%，投资回报率为8%，可持续增长率12%，销售增长率为15%。经进一步分析，该公司的高速增长将持续较长时间。方圆公司为支持其业务增长，下列说法正确的是（　　）。

A.考虑到方圆公司的高速增长会持续较长时间，故可以考虑短期周转借款来解决

B.提高经营效率是方圆公司的首选战略，从而提高其可持续增长率

C.方圆公司可增加权益资本，提供增长所需的资金，但这可能会分散控制权，稀释每股收益

D.方圆公司可考虑出售或重组部分业务以换取更多的现金流

105 R公司是一家传统的滤水壶生产企业。随着人们不断增加的对健康水源的需求，行业上涌现了大批科技驱动型的滤水壶生产企业，导致R公司产品竞争力逐渐下滑。虽然目前其业务能产生足够的现金流量维持自身发展，但业务的增长反而会降低企业的价值。在上述情况下，R公司应选择的财务战略有（　　）。

A.提高投资资本回报率　　B.降低资本成本

C.出售业务单元　　D.彻底重组

106 顺驰公司是国内一家汽车玻璃制造商。面对国内生产要素成本不断上涨和产品订单日趋减少，该公司把一部分资金和生产能力转移至生产综合成本相对较低的汽车产销大国M国。通过独立投资设厂和横向并购M国一家拥有国际知名品牌的企业，顺驰公司在M国不仅很快站稳脚跟，而且获得M国汽车制造商的大量订单，业务量大幅增长。在本案例中，顺驰公司向M国投资的动机有（　　）。

A.寻求效率　　B.寻求市场

C.寻求现成资产　　D.寻求资源

107 科晶公司原是国内一家实行纵向一体化的光伏企业，面对不断进入中国市场的跨国光伏巨头的巨大竞争压力，该公司于2019年与竞争优势明显的K国光伏企业曼威公司进行合作，采用对方的先进技术，专注于生产高效率光伏组件，并进军竞争激烈的国际市场，成为大部分购买者的首选品牌。从新兴市场本土企业战略选择的角度看，科晶公司实施的战略有（　　）。

A.“防御者”战略　　B.“躲闪者”战略

C.“抗衡者”战略　　D.“扩张者”战略

三、简答题

108 原本是地方特产的辣椒调味品“乡中情”辣酱，如今成了全国乃至世界众多消费者佐餐和烹饪的佳品。乡中情公司在国内65个大中城市建立了省级、市级代理机构。2001年，乡中情公司产品已出口欧洲、北美、澳洲、亚洲、非洲多个国家和地区。一个曾经的“街边摊”，发展成一个上缴利税上亿元的国家级重点龙头企业。

“乡中情”辣酱热销多年，无一家其他同类产品能与其抗衡，关键原因就在于其高度稳定的产品品质和低廉的价格。

“乡中情”辣酱恰到好处地平衡了辣、香、咸口味，让大多数消费者所接受。“乡中情”辣酱

制作从不偷工减料，用料、配料和工艺流程严谨规范，保持产品风味，迎合消费者的口味。乡中情公司对辣椒原料供应户要求十分严格，提供的辣椒全部要剪蒂，保证分装没有杂质。只要辣椒供应户出现一次质量差错，乡中情公司就坚决终止合作关系。为了确保原料品质与低成本的充足供应，乡中情公司在Z地区建立了无公害辣椒基地和绿色产品原材料基地，搭建了一条“企业+基地+农户”的农业产业链，90%以上的原料来源于这一基地。

中低端消费人群是“乡中情”辣酱的目标客户，与此相应的就是低价策略。“乡中情”产品相继开发的十几种品类中，主打产品风味豆豉和鸡油辣椒，210g规格的锁定在8元左右；280g规格的占据9元左右价位。其他几种品类产品根据规格不同，大多也集中在7～10元的主流消费区间。“乡中情”产品价格一直非常稳定，涨幅微乎其微。

多年来“乡中情”产品从未更换包装和瓶贴。乡中情公司的理念是，包装便宜，就意味着消费者花钱买到的实惠更多，而节省下来的都是真材实料的辣酱。事实上，“乡中情”产品土气的包装和瓶贴，已固化为最深入消费者内心的品牌符号。

乡中情公司不做广告，不搞营销活动。公司产品推广有两条绝招：一是靠过硬的产品，让消费者口口相传；二是靠广泛深入的铺货形成高度的品牌曝光，直接促成即时的现实销售。

乡中情公司的经销商策略极为强势：（1）先打款后发货，现货现款；（2）以火车皮为单位，量小不发货；（3）没有优惠政策支持，而且利润很低，一瓶甚至只有几毛钱；（4）大区域布局，一年一次经销商会。乡中情公司如此强势的底气来自产品，将产品做成了硬通货，经销商只要能拿到货，就不愁卖，流通速度快，风险小，是利润的可靠保障。

多年来，乡中情公司专注辣椒调味制品，着力打造“乡中情”品牌，坚持不上市、不贷款、不冒进、不投资控股其他企业，规避了民营企业创业后急于扩张可能面对的各种风险，走出了一条传统产业中家族企业稳健发展的独特之路。

要求：

（1）简要分析乡中情公司发展战略的类型及其适用条件。

（2）简要分析乡中情公司的营销组合策略。

109　近年来，乡村旅游因其特有的自然资源、风俗民情和历史脉络而对游客产生了越来越强的吸引力。然而刚刚起步的乡村旅游大多充斥着廉价的兜售、毫无地方特色的“农家乐”和旅游揽客，忽视了其特有的文化内涵，对少数成功案例盲目效仿，对周边村落缺乏统一有效的协调和对比借鉴，出现了定位趋同、重复建设的现象。

Y地区的“人物山水”完全不同于传统旅游项目，它将震撼的文艺演出现场效果与旅游地实景紧密结合起来，置身于秀丽山水之中的舞台，让观众在观赏歌舞演出的同时将身心融于自然。山水实景构筑的舞台、如梦似幻的视觉效果，给观众带来了特殊的感受。因为将歌舞与风景结合在一起，所以同时赢得了观光客和民歌爱好者的喜爱。

“人物山水”在运营上也有独到之处。剧组聘请了几百名演员，他们几乎都是当地的农户，没有经过系统的训练，以前也从未登台演出过。对于以体现当地民情民风为主的“人物山水”来说，启用这些乡村百姓，让观众更直观地体验到“人物山水”是真正从山水和农民中产生的艺术和文化。没有大牌明星的加入，使得剧组成本降低，还给当地人民带来经济利益，为当地旅游带来巨大的品牌效应。

除此之外，大量游客因为观赏“人物山水”而在Y地区出入和停留，使一条原本幽静的山道成为当地政府开发的新景点，让人们看到了一个旅游产业带动周边产业发展的经济现象。

以文艺演出的形式推出的“人物山水”，用其独有的魅力吸引着一批又一批来到当地旅游的国内外游客。它已经不仅是一场文艺演出，而且更是当地旅游的经典品牌。

要求：

（1）依据红海战略和蓝海战略的关键性差异，简要分析“人物山水”怎样体现了蓝海战略的特征。

（2）依据蓝海战略重建市场边界的基本法则（开创蓝海战略的路径），简要分析“人物山水”如何在竞争激烈的文化旅游领域，开创了新的生存与发展空间。

110 鹏辉重工是国内一家机械制造龙头企业，在它刚进入工程机械制造行业时，业内的普遍做法是从国外直接引进技术和产品。但鹏辉重工不满足于单纯的引进，而是以全球化视野进行全球采购，寻求性价比最优的组合，形成自己的生产要素，把国外技术转化为本土化的国产技术，目标就是打造出世界一流的产品。以泵车的臂架为例，当时中国人没有能力生产37米以上的臂架，必须依赖进口。鹏辉重工坚持国产化，从国外进口钢材和焊条，解决国产钢材和焊条不达标影响臂架生产的问题，减少浪费。很快，鹏辉重工打造出了首台国产臂架，一套价格仅30万元，而进口产品价格达130万，相当于每卖一台泵车就给鹏辉重工带来100万利润。就这样，本土品牌一步步突出重围，凭借自身的优势使得自身的市场份额逐渐实现了与外资、合资品牌的分庭抗礼，甚至逐步领先。

为了进一步增强自身在国际市场上的话语权，鹏辉重工尝试着开始向海外拓展业务。2001年，鹏辉重工与美国迪尔公司首次正式签订合作经销协议，这一协议拉开了鹏辉重工国际化战略经营的序幕。2002年，在新一轮宏观调控政策的作用下，鹏辉重工凭借低廉的价格打开了南亚和拉美市场，首次出口4台平地机到印度和摩洛哥。2004年，鹏辉重工分别与国际客户签订了价值80万美元和50万美元的两个合同大单，代表着鹏辉重工顺利拓展摩洛哥和阿尔及利亚市场。2006年，鹏辉重工先后投资了印度、美国、德国等地建设科研生产基地。此后，鹏辉重工又在海外基地事业部之外实施海外大区制，成立亚太、南非、北非、拉美等海外大区，海外产业布局基本成形。

实力的提升推动鹏辉重工大步迈出了海外并购的步伐。2012年，鹏辉重工斥资3.6亿欧元收购了被视为全球混凝土机械第一品牌的德国普茨迈斯特公司。普茨迈斯特有着先进的技术和丰富的国际化经验，有助于提高鹏辉重工在国际市场上的整体实力与产品质量，可以加快完善鹏辉重工的全球销售系统和服务网络。通过在国际市场的长期耕耘，鹏辉重工已经逐渐从中国品牌成为国际品牌。

要求：

（1）简要分析鹏辉重工所实施的竞争战略类型，并从资源和能力角度分析鹏辉重工实行这一竞争战略的条件。

（2）简要说明鹏辉重工国际化经营的主要方式。

（3）依据“新兴市场的企业战略”相关理论，简要分析鹏辉重工在与发达国家跨国公司的竞争中所采用的战略。

（4）简要说明鹏辉重工收购德国普茨迈斯特公司的动机。

第四模块　战略实施

一、单项选择题

111 华光眼镜是一家从事眼镜连锁专卖的企业，主要面向年轻消费者销售各类款式时尚的眼镜。公司市场总监认为当前的组织结构难以确定各个系列产品的盈亏情况，也较难基于市场需求的多样快速推动款式的更新迭代。华光眼镜采用的组织结构类型是（　　）。

A.创业型组织结构　　B.职能制组织结构

C.产品事业部组织结构　　D.矩阵制组织机构

112 升达公司是一家控股企业，下属多个分别主营石油化工、物渣、机械制造等业务的独立经营的子公司。升达公司不干预子公司的战略决策和业务活动，仅根据市场前景和子公司的经营状况做出对子公司增加或减少投资的决策。升达公司应采取的组织结构类型是（　　）。

A.事业部制组织结构　　B. H型组织结构

C.战略业务单位组织结构　　D. M型组织结构

113 P公司是一家高科技公司，其创新的产品在全球范围内销售。P公司有着世界一流的研发和工业设计能力，几乎其所有的科技和设计都诞生于此。而P公司把产品制造等其他职能分布在几个高效率、最具生产成本优势的国家或地区进行。根据以上信息，关于P公司的战略类型及其组织结构的说法中，错误的是（　　）。

A. P公司战略类型的特点是全球协作程度高，本土独立性和适应能力低

B. P公司的战略缺少对东道国当地需求的敏感反应和灵活性

C. P公司所采用的组织结构是全球区域分部结构

D.在P公司的结构下，下属公司并没有太大自主权，通常被视为供货的来源

114 鑫龙制药是一家较早成立于我国东北地区的大型制药公司，主要从事抗生素原料药及制剂的生产和销售，目前公司已进入成熟期。为了避免投资或经营风险，公司并购重组多家行业内优质医药企业，并依托原有的以抗生素为主的化学药作平台，打造生物药、中药、大健康产业等其他产业板块，逐渐向综合性医药公司转型。根据企业发展阶段与结构相关理论，从经营规模的角度，鑫龙制药适宜采用的组织结构是（　　）。

A.职能制组织结构　　B.事业部制组织结构

C.战略业务单位组织结构　　D.矩阵制组织结构

115 图美公司是某出版社所属的一家印刷厂，该公司按照出版社提供的文稿、图片和质量要求从事印刷、装订工作。图美公司适宜采用的组织协调机制是（　　）。

A.相互适应，自行调整　　B.共同价值观

C.工作成果标准化　　D.技艺（知识）标准化

116 华蓓公司是Y市一家生产婴幼儿用品的企业。多年来公司在Y市婴幼儿用品市场拥有稳定的市场占有率。为了巩固其竞争优势，华蓓公司运用竞争性定价阻止竞争对手进入其经营领域，并实施有利于保持高效率的“机械式”组织机制。华蓓公司所采取的组织战略类型属于（　　）。

A.防御型战略组织　　B.开拓型战略组织

C.反应型战略组织　　D.分析型战略组织

117 商水科技是一家专注于计算机视觉技术的初创企业，公司的宗旨是要聚力于基础的算法研究，从而更广泛地为各行业、各企业赋能。成立3年，商水科技成长迅猛，目前已有1 000名员工，其中80%以上为技术人员，其中还有200名博士。公司没有森严的等级制度，强调技术为王，崇尚创新，在处理复杂的算法问题时，鼓励员工形成不同的项目团队开展合作研究，努力打造最扎实、最先进的计算机视觉技术。根据以上信息，商水科技的企业文化类型属于（　　）。

A.权力导向型　　B.角色导向型

C.人员导向型　　D.任务导向型

118 2017年，主营电子商城业务的鑫茂公司制定和实施了新零售战略，对原有业务进行了较大调整，建立了多家商品销售实体店，线下线上业务协同开展。这一变革得到企业固有文化的支持。根据战略稳定性和文化适应性矩阵的要求，该公司在实施上述新战略时应（　　）。

A.以企业使命为基础　　B.加强协调作用

C.重新制定战略　　D.根据文化进行管理

119 深南医药是一家集生产制造、新药研发、药品流通服务、中药资源开发为一体的传统医药公司。2021年，该公司启动了“新医药，大健康”战略，以“药”为本，有序拓宽产业边界，向大健康纵深延伸，相较于原有业务有了较大改变。由于实施该战略需引进大量新技术、新装备，对员工的操作技能要求较高，现有员工面临被辞退的风险，因此遭到了大多数员工的反对。该公司处理企业战略稳定性与文化适应性的关系时应（　　）。

A.以企业使命为基础　　B.加强协调作用

C.根据文化的要求进行管理　　D.重新制定战略

120 狄尔激光是一家从事精密激光加工的独角兽企业，起步较晚，但受益于行业红利，狄尔公司规模也迅速扩张。但由于公司过分依赖产销规模扩大，研发投入不足，导致其产品竞争力持续落后，逐步失去了独角兽地位。狄尔公司战略失效的原因是（　　）。

A.企业外部环境出现了较大变化，现有战略一时难以适应

B.企业内部缺乏沟通，企业成员之间缺乏协作共事的愿望

C.战略实施过程中各种信息的传递和反馈受阻

D.公司管理者决策错误，使战略目标本身存在严重缺陷或错误

121 为了更加科学地衡量企业业绩，普华公司计划在原有的财务指标衡量体系的基础上，增设非财务指标衡量的方法。下列关于普华公司使用非财务指标衡量的原因中，错误的是（　　）。

A.比使用财务衡量指标提供企业业绩信息更为及时

B.有利于避免短期行为

C.更能反映业绩的真实情况

D.便于发现业绩变化或进行业绩比较

122 凤溪食品公司积极践行“绿色生活，美好未来”的企业使命，制定了多层级、多维度的ESG评价指标体系。在确定指标权重时，无须考虑的因素是（　　）。

A.行业特定性　　B.公司战略目标

C.利益相关方期望　　D.公司资源与能力

123 为高净值客户提供理财咨询服务的天元公司采用平衡计分卡衡量企业业绩，并把主要客户的收益率作为一项重要考核指标。该指标属于平衡计分卡的（　　）。

A.财务角度　　B.顾客角度

C.内部流程角度　　D.创新与学习角度

124 成田公司将数字化转型作为2024年核心战略目标。当前，公司能够通过测量记录、筛选加工、安全储存、互联传送等方式，让各部门员工随时获得必要的信息。成田公司应用数字化技术所处的发展阶段是（　　）。

A.信息化　　B.数字化　　C.数据化　　D.智能化

125 斯威公司是一家休闲服装生产企业。近期该公司与其他具有不同资源与优势的企业建立了以信息网络为基础的企业联盟体，通过网络来联系设计创意、制作人员和资产设备，共同开拓市场，共享技术与信息，费用分担。从组织结构角度看，上述企业联盟体（　　）。

A.是传统组织结构与新型组织结构的结合

B.是组织扁平化在企业之间的形式

C.是以资金流管理为核心的组织形式

D.具有灵活性较差的局限性

126 米家公司推出的智能家居系统，以手机App为中心，将米家电视、空气净化器、智能灯具、音响、体重秤、运动手环等产生的数据进行交互，从而为消费者提供了一个无缝的使用场景。本案例中，数字化技术对产品和服务的影响主要体现在（　　）。

A.个性化　　B.智能化　　C.自动化　　D.连接性

127 传统汽车制造企业华阳公司实施数字化战略转型，提高电子商务采购金额与总采购金额的比例以及ERP系统的覆盖率。根据上述情况，属于华阳公司数字化转型主要方面的是（　　）。

A.技术变革　　B.组织变革　　C.管理变革　　D.流程变革

128 传统采购模式下，佳鑫公司的采购流程非常复杂，需要占用大量的人力、时间成本，过程效率低下。随着数字化技术的发展，佳鑫公司开始采纳电子商务采购模式。这种新兴的采购模式打破了时间和空间的限制，缩短了采购周期，降低了交易成本，极大地提升了企业的效率。本案例中体现的管理变革是（　　）。

A.业务数字化管理　　B.生产数字化管理

C.财务数字化管理　　D.营销数字化管理

129 在数字化时代，企业通过收集消费者大量信息进行分析，利用标签精准描述用户画像，预测哪一类用户才是目标客户，预测消费者有多大可能去购买某种产品，然后针对性地实施个性化的精准推广。这体现的管理变革是（　　）。

A.业务数字化管理　　B.生产数字化管理

C.财务数字化管理　　D.营销数字化管理

二、多项选择题

130 大众火锅店规定：10万元以下的开支，每个分店的店长就可以做主。普通的一线员工，拥有免单权，而且可以根据客人的需求，赠送水果盘。根据组织纵向分工结构集权与分权理论，大众火锅店这种组织方式的优点有（ ）。

A.减少了信息沟通的障碍 B.易于协调各职能间的决策

C.提高企业对市场的反应能力 D.能够对普通员工产生激励效应

131 G公司是U国一家以电子设备制造为主的多元化经营公司，在全球130个国家拥有30多万名员工。为了集中利用人力、物力等各种资源，该公司设立了“战略业务单位”。调整后的短短几年时间，G公司的经营业绩有了巨大增长。属于该结构的特点有（ ）。

A.促进产品、市场和技术之间的协调配合

B.有助于实现规模经济

C.降低了资源争夺的摩擦

D.易于监控战略业务单位的绩效

132 威能公司是一家生产日常消费品的企业，有四大事业部，分别负责研发和生产洗发类产品、婴儿类产品、洗漱类产品和化妆类产品。每个事业部拥有多个产品线。公司总部对各个事业部统一进行资源配置。威能公司采取的组织结构类型的特点有（ ）。

A.能够通过资本回报率等方法对事业部进行绩效考核

B.集权化的决策机制放慢了反应速度

C.职权分派到事业部，并在事业部内部进行再次分派

D.为各事业部分配企业的管理成本比较困难

133 安森美半导体是应用于高能效电子产品的硅方案供应商，目前其产品主要应用于工业市场。该公司计划在未来3～4年通过自研和战略并购两条路径，着力发展汽车、云电源、物联网等市场，组建若干个事业部，并在每个事业部内设置多条产品线。下列各项中，属于安美森公司适合的组织结构类型的特点有（ ）。

A.各业务之间会为了争夺资源而产生摩擦

B.有利于减轻企业总部的工作量

C.便于对事业部的绩效进行评估和比较

D.可能导致权力划分不清晰

134 我国电信业正由高速成长期进入较为平缓的成熟发展期。A公司是我国一家二级电信运营商，专注于宽带接入业务。A公司当前的产品比较单一，主要目标是服务于居民小区，占领当地市场。根据以上信息，A公司采取的组织战略类型的特点有（ ）。

A.可采用竞争性定价的方式来阻止其他二级电信运营商抢占当地市场

B.常采取“机械式”结构机制

C.适合于较为稳定的产业，不会对市场环境做重大改变

D.往往不局限在现有的技术能力，而是根据现在和将来的产品结构确定技术能力

135 南汇公司实行全面预算管理，每年年底都以当年的实际业绩为基础编制下一年的预算。南汇

公司编制预算使用的方法的特征有（ ）。

A.与员工的业绩没有关系，没有提供降低成本的动力

B.容易使得企业管理层产生维持现状的保守观念，不利于企业创新

C.有利于根据实际需要合理分配资金

D.增加预算的科学性和透明度

136 润华公司是国内一家上市公司。润华公司对其下属的各个子公司实行全面预算管理，并通常采用增量预算的方式进行战略控制，子公司的预算需经过润华预算管理委员会批准后执行。2019年8月，润华公司投资了一个项目，并成立了新的子公司进行管理。2019年10月，润华公司启动2020年度预算编制工作。根据以上信息，符合该子公司编制预算使用方法的特征有（ ）。

A.预算编制工作量较少，相对容易操作

B.有利于避免因资金分配规则改变而导致的部门冲突

C.能够增强员工的成本效益意识

D.容易导致追求短期利益而忽视长期利益

137 甲公司采用流动比率、资产负债比率等财务指标进行绩效评价。下列各项中，属于甲公司上述做法的局限性的有（ ）。

A.鼓励短期行为

B.比率不可以用作目标

C.不能容易地发现业绩变化或进行业绩比较

D.忽视其他战略要素

138 为促使企业高管关注财务因素之外的战略性因素，甲公司将非财务指标纳入绩效评价体系。下列各项中，属于非财务指标衡量局限性的有（ ）。

A.通常比财务衡量指标更延迟

B.可能会鼓励短期行为

C.不能使用统一的标准

D.难以作为所有部门的共同业绩目标

139 科英医疗是一家个人防护装备及康复护理设备制造企业。该公司一直注重环境、社会和公司治理方面（ESG）的问题，并表现优良。该公司已通过各类排放检测，并取得相关认证和资质；另外，根据BSCI报告，科英医疗在公平的劳动实践、员工职业健康与安全、无不安定雇佣、无抵债劳动、商业道德行为等领域都得到A级评价。下列各项中，科英医疗各项ESG衡量指标的对应关系错误的有（ ）。

A.排放检测认证——社会维度

B.公平的劳动实践——治理维度

C.员工职业健康——治理维度

D.商业道德行为——社会维度

140 甲公司是一家不锈钢生产企业，为了提高企业竞争力，甲公司决定运用平衡计分卡衡量公司绩效，并选取了市盈率、对客户诉求的反应时间、客户满意度、员工建议采纳率等作为绩效衡量指标。甲公司选取的绩效衡量指标涵盖的角度有（ ）。

A.财务角度

B.内部流程角度

C.创新与学习角度

D.顾客角度

141 天方出租汽车公司于2017年开始利用基于大数据的预测性分析系统，对其投入运营的10 000多辆出租车进行数据收集与分析，实时检测这些车辆的行驶状况，以便及时地进行预防性维修，杜绝安全事故发生。天方出租汽车公司的上述做法所体现的数字化技术对产品和服务的影响有（　　）。

A.个性化　　B.多样化　　C.智能化　　D.连接性

142 平鸟是一家以消费者为中心的时尚零售品牌。近期，该公司拟投资8亿元用于数字化转型项目建设。项目成功实施后，平鸟可对消费者进行深度洞察与精准分析，进一步提高设计开发的精准度，实现精准营销；同时，该项目可大幅缩短存货采购周期，降低交易成本，运营质量得到明显提升。下列管理变革各项中，属于平鸟数字化战略转型的主要方面的有（　　）。

A.业务数字化管理　　B.生产数字化管理

C.财务数字化管理　　D.营销数字化管理

第五模块　公司治理

一、单项选择题

143 能帮助企业获得稀缺性资源的利益相关者往往能在企业中获得更多的话语权，即资源的依赖状况决定企业内部的权力分配状况。这一观点属于公司治理相关理论中的（　　）。

A.利益相关者理论　　B.产权理论

C.委托代理理论　　D.资源依赖理论

144 乌粱矿业公司主营稀土矿的开采业务。据有关监管机构查明，该公司存在股东与经理层之间的利益冲突问题。下列乌粱矿业公司被查明的问题中，属于经理人违背对股东的勤勉义务的是（　　）。

A.管理者在职消费水平过高

B.工资、奖金等收入增长过快，侵占利润

C.管理者敷衍偷懒不作为，致使员工矿井操作存在诸多安全隐患

D.盲目过度投资扩大稀土矿开采规模，经营行为短期化

145 佳宝公司是一家上市公司，最近连续两年亏损，经营陷入困境。经审计发现，佳宝公司的重大决策权一直被控股股东控制，控股股东把佳宝公司当作“提款机”，占用佳宝公司的资金累计高达10亿元。佳宝公司存在的公司治理问题属于（　　）。

A.股东与经理层之间的利益冲突

B.“内部人控制”问题

C.大股东与中小股东之间的利益冲突

D.股东与其他利益相关者之间的利益冲突

146 建安集团是一家上市公司，公开信息显示该公司2016年实现净利润3.8亿元。当年该公司股价波动区间为12~22元，市盈率波动区间为6~11倍，公司以每股5元的价格向控股股东定向增发1 000万股。从占用企业资源角度分析，建安集团的上述定向增发行为属于（　　）。

A.内幕交易　　B.关联性交易

C.掠夺性资本运作　　D.掠夺性融资

147 力天股份有限公司于2024年8月28日在科创板上市，采用双重股权结构。采用该结构对公司治理形成的正面影响是（　　）。

A.增强内部监督　　B.投资价值提高

C.缓解利益冲突　　D.强化市场监督

148 近年来，生产扫地机的厂商层出不穷，各家产品性能差异不大，且行业内大品牌收购中小厂商的案例屡见不鲜。因此，即使没有其他激励措施，各中小厂商的高管也在积极探索突出重

围的举措。这反映了公司外部治理的市场机制中的（　　）的作用。

A.产品市场　　B.资本市场

C.经理人市场　　D.劳动力市场

二、多项选择题

149 亚奥公司是一家生产各类工程机械的上市公司，其终极股东为尚荣公司。2015—2016年间，亚奥公司存在的“内部人控制”问题多次被媒体曝光。下列各项中，属于该公司股东与经理层之间的利益冲突或“内部人控制”问题表现的有（　　）。

A.部分关联交易未向投资者和社会公众披露

B.为尚荣公司对外借款违规担保人民币2亿元

C.未经正常审批程序投资房地产业，造成巨额亏损

D.将其生产的挖掘机、起重机以低于市场价格的价格出售给尚荣公司

150 公司内部治理结构是一套责权利相互制衡的制度体系。下列关于公司内部治理结构的说法中，错误的有（　　）。

A.相较于内部控制主导型治理模式，采用外部控制主导型治理模式的企业负债水平更低

B.依法转让股权是股东的权利，也是“用脚投票”的途径和体现

C.经理层的职权包括决定经营计划和投资方案

D.经理层是指由监事会聘任的、负责公司日常经营活动的经营管理团队

151 银月工作室是一家专业室内装修设计师事务所，该公司为特殊普通合伙企业。下列关于该企业的优点说法正确的有（　　）。

A.能够吸引领域内专业人士的参与，为企业提供高质量的专业服务

B.客户对其专业性和信任度较高，有利于企业推广市场和维护客户关系

C.合伙人的个人过错或过失无须承担无限责任

D.合伙人的利润分配方式更为灵活，可以自行商定利润的分配方式

152 天鸿科技有限公司是一家在科技创新领域颇具声望的公司，以下属于天鸿科技有限公司监事会的职权有（　　）。

A.决定公司内部管理机构设置

B.提议召开临时股东会会议，并向股东会会议提案

C.对董事、高级管理人员的行为进行监督，并纠正可能的利益损害行为

D.聘请会计师事务所对公司财务异常状况进行调查

153 科慧公司是一家在深圳证券交易所上市的企业。2017年5月，该公司实际控制人因散布虚假信息、操纵股票价格、扰乱股市交易秩序从而非法牟利，被证监会依据上市规则中的有关规定，开出巨额罚单并采取终身禁入证券市场措施，同时将其涉嫌犯罪行为移送公安机关。从公司治理基础设施角度看，本案例中，在科慧公司外部治理中发挥作用的监督机制包括（　　）。

A.行政监督　　B.司法监督

C.中介机构执业监督　　D.舆论监督

三、简答题

154 2013年，毕业于国内医学院的高晗与李宏分别出资60%、40%共同创立了研发和生产医疗试剂的安迪公司。2016年安迪公司在香港证券交易所挂牌上市。经多次增发股票，第一大股东高晗和第二大股东李宏分别持股25%和15%；高晗任董事长，李宏任总经理。公司上市后，李宏未能严格遵守资本市场的规则和港交所的规定，经常违反财务制度，随意使用公司资金，购买供李宏个人使用的高档家具和消费类电子产品；甚至与供应商签订虚假采购合同套取现金，与经销商签订虚假销售合同，虚增收入和利润，并且未如实发布真实财务报表。港交所对李宏的行为提出公开谴责，同时港监会对李宏和安迪公司实施了处罚。2017年1月，李宏获得高晗1.2亿元股权转让费后退出安迪公司，留下的总经理职位由高晗兼任。

2017年3月，经高晗提议并经股东会批准决定，安迪引入战略投资者富通公司，使后者成为仅次于高晗的第二大股东。富通公司的创始人和实际控制人张凯是高晗多年的朋友，高晗向其他股东隐瞒了与张凯的私人关系，并与张凯成为一致行动人。同年5月，高晗辞去公司总经理职务，由张凯接任。随后几年里，高晗暗中指使张凯在招标采购环节越过相关规章制度，与自己控制的多家公司签订长期供应协议；绕开董事会和股东会，为高晗控股的其他公司借款提供大额担保；未经董事会审批，擅自决定延长一家关联公司的安迪商标使用期限；违反人力资源招聘流程，直接安插家族成员担任安迪公司的监事、部门高管等职位，由安迪公司支付高额薪酬、奖金、在职消费费用等，引发员工强烈不满。高晗和张凯的行为触犯了相关法律法规底线，损害了公司、员工和供应商的利益。这些行为被媒体曝光后，主要供应商和员工采取一致行动，要求罢免张凯和高晗。2020年6月，安迪的员工举行罢工，主要供应商停止供货。面对生产经营停滞的困局，2020年9月，安迪董事会成立了运营委员会以维持公司的日常管理，同时宣布第三大股东王东担任该委员会负责人。同年11月，港交所对高晗和张凯的行为提出公开谴责。一个月后，安迪公司召开股东会，经多数股东联名提议和出席大会的股东投票作出决议：罢免高晗和张凯的职务。不久，高晗和张凯因涉嫌挪用资金罪遭到检方起诉。

要求：

（1）简要分析公司治理的主要问题在本案例中的表现。

（2）简要分析2017年及以后公司内部治理结构在本案例中的主要表现。

第六模块　风险与风险管理

一、单项选择题

155 近日，某石化公司无铅汽油罐区发生空间爆炸，引起罐区地面起火。经过消防扑救，大火在2小时内扑灭，造成2名操作工人受伤，直接财产损失25万元。经评估，后续厂区的修建费用将达到50万元。据调查，事故原因是操作工人对油罐进行作业时，由于疏忽错开了主控制阀，导致汽油外溢。根据上述材料，下列关于风险要素的说法中，错误的是（　　）。

A.操作工人的疏忽属于心理风险因素

B.“汽油罐区爆炸”属于风险事件

C.爆炸导致的“工人受伤”属于直接损失

D.爆炸导致的“财产损失”和“修建费用损失”属于间接损失

156 近年来，消费金融进入爆发式增长，除传统银行外，也涌现了大量的消费金融公司。乐投公司是一家创立2年的消费金融公司，为做好数据积累和管控，守住金融企业风险管理的生命线，公司管理层组织召开风险管理研讨会。下列各项研讨会的结论中，错误的是（　　）。

A.风险管理要既管理纯粹风险，也要管理机会风险

B.风险是不可能彻底消除的，这符合风险管理的广泛性

C.风险管理的核心目标是确保风险管理与总体战略目标相匹配

D.风险管理的职能包括计划职能、组织职能、指导职能和控制职能

157 成益公司董事会组织风险条线各级领导、核心骨干召开会议，就年初制订的各项风险应对计划进行了充分地解释与传达，并动员下属各单位成员积极实行风险管理计划。这体现的风险管理职能是（　　）。

A.计划职能　　B.组织职能　　C.指导职能　　D.控制职能

158 乙公司是一家国内知名的互联网企业。乙公司去年以来推出了多款新的互联网金融产品。为了消除部分客户对其产品风险的质疑，乙公司组织了来自学术界、企业界以及政府相关职能部门的专家，通过电子信箱发送问卷的调查方式征询专家对公司产品风险的意见。下列各项对乙公司采用的风险管理技术与方法优点的表述中，正确的是（　　）。

A.这种方法速度较快，容易开展

B.这种方法通过专家群体决策，产生尽可能多的设想

C.这种方法更有可能表达出那些不受欢迎的看法

D.这种方法能够激发专家们的想象力

159 面对未来国内外经济形势不确定因素增加的局面，鑫华基金公司按照较好、一般、较差三种假设条件，对公司未来可能遇到的不确定因素及其对公司收入和利润的影响作出定性和定量

分析。鑫华基金公司使用的风险管理技术与方法是（　　）。

A.情景分析法　　B.敏感性分析法

C.统计推论法　　D.马尔科夫分析法

160 科环公司计划在某市兴建一座垃圾处理场，并对占用土地的价格、垃圾处理收入和建设周期等不可控因素的变化对该垃圾处理场内部收益率的影响进行了分析。科环公司采取的风险管理方法是（　　）。

A.失效模式、影响和危害度分析法　　B.马尔科夫分析法

C.情景分析法　　D.敏感性分析法

161 克林医药科技公司拟投资开发一款新型人体健康体外试剂，并对该款试剂的前期研究、临床试验、成品生产、申请上市、市场推广等各个业务环节的潜在风险以及成因逐一进行了调查分析。下列各项风险管理技术与方法中，属于克林医药科技公司采用的是（　　）。

A.事件树分析法　　B.风险评估系图法

C.流程图分析法　　D.马尔科夫分析法

162 三笠普是一家从事偏光片产品研发和销售的公司，最近新开发了一款产品，公司根据与这一新产品相似的产品数据进行风险评估和分析。根据上述信息，三笠普公司采用的风险管理方法是（　　）。

A.逆推法　　B.旁推法　　C.前推法　　D.后推法

163 驿马公司是一家从事互联网金融的企业，为了对其经营风险进行较为准确的度量，该企业基于正常的市场条件，在给定的置信区间内，考虑了一段时间内预期可能发生的最大损失。下列关于该风险度量方法的表述中，错误的是（　　）。

A.该方法计算困难　　B.该方法对数据要求严格

C.该方法适用的风险范围大　　D.该方法具有通用、直观及灵活的特点

164 某医院感染管理科室现组织全院开展医院感染危险因素及医院感染率的风险评估工作，科室相关同事正在开展讨论。下列关于风险评估的讨论中，正确的是（　　）。

A.金医生：风险评估应当包括风险辨识、风险分析两个步骤

B.徐医生：在进行风险定量评估时，应针对各类感染风险制定不同的风险度量单位和模型

C.于医生：运用风险评估系图法对感染风险进行初步的定性分析，基于各类风险的可能性与严重程度，确定风险应对的优先次序

D.刘医生：可邀请各科室主任展开头脑风暴，确定风险指标，但该过程比较复杂，花费时间较长

165 庆云公司是国内一家研发、生产抗癌药品的企业。面对M国F公司生产的疗效和安全性更高的同类药品被越来越多的患者接受，庆云公司将业务转型为与F公司合作研发新一代抗癌药品，并销售F公司的产品，取得了比转型前更好的经营业绩。庆云公司采取的风险管理策略是（　　）。

A.风险转移　　B.风险规避　　C.风险补偿　　D.风险转换

166 鑫汇公司是O国一家承接水利电力工程的企业，近年来O国多地遭受暴雨侵袭，鑫汇公司

与O国政府合作，修建水坝防洪，防洪效果显著。在上述案例中，O国政府采用的风险管理工具是（ ）。

A.风险承担 B.风险转移 C.风险补偿 D.风险控制

167 甲公司在实施全面风险管理过程中，参照我国《内部控制基本规范》的要求，制定了若干政策或机制。下列各项中，符合《基本规范》要求的是（ ）。

A.根据内部监督要素的要求，企业应当加强内部审计工作，保证内部审计机构设置、人员配备和工作的独立性

B.根据控制活动要素的要求，授权批准与业务经办相关职务应当实行职责分离

C.企业应当定期对内部控制的某一或某些方面进行专项监督检查

D.内控评价中若发现重要缺陷，应当由股东会予以最终认定

168 企业的风险管理组织职能体系包括公司法人治理结构、风险管理委员会、风险管理职能部门、审计委员会、企业其他职能部门及各业务单位。下列关于风险管理组织的说法中，错误的是（ ）。

A.企业董事会下设审计委员会，负责审查企业内部控制，监督内部控制的有效实施和内部控制自我评价情况

B.审计委员会应结合企业财务报表的编制情况，对重大的财务报告事项和判断进行复核，但无须对财务报表后所附的与财务有关的信息进行复核

C.风险管理委员会的召集人应由不兼任总经理的董事长担任

D.风险管理职能部门负责组织建立风险管理信息系统

169 东光航空公司坚持全面风险管理，不断加强风险管理职能部门的建设。下列各项中，属于该公司风险管理职能部门应履行的职责是（ ）。

A.督导“顾客至尊、安全至上”的企业文化的培育

B.提交公司全面风险管理年度报告

C.组织协调全面风险管理日常工作

D.研究提出全面风险管理监督评价体系

170 甲公司每年最低运营资本是5 000万元，有10%的可能性维持运营需要5 800万元，有5%的可能性维持运营需要6 200万元。若甲公司风险资本为1 000万元，则该公司的生存概率为（ ）。

A. 10% B. 90%～95%

C. 95%以上 D. 90%

171 为了对可能给企业造成重大损失的风险事件进行有效管理，南方石油公司成立了自己的专属保险公司，为母公司提供保险，并由母公司筹集总计10亿元的保险费，建立损失储备金。下列各项中，属于南方石油公司采用的上述损失事件管理办法的优点的是（ ）。

A.降低内部管理成本 B.改善公司现金流

C.增加了其他保险的可得性 D.损失储备金充足

172 世界上第一款家用纯电动汽车于20世纪中后期在J国卡曼汽车制造公司问世。但是，当时的高储能电池、充电桩等配套产业研发滞后，公司忽略了相关市场的调研，最终导致这款汽车

无法产生用户价值并实现商业化生产。本案例中，卡曼汽车制造公司所面临的战略风险属于（ ）。

A.战略制定风险　　B.战略实施风险

C.战略调整风险　　D.战略复盘整改风险

173 西昌公司拟建立全面预算体系。根据全面预算管理风险与应对的相关理论，下列各项制度中，符合规定的是（ ）。

A.原则上，企业批准下达的预算可以调整

B.对于超预算或预算外的资金支付，应当实行严格的审批制度

C.可选择固定预算、弹性预算、滚动预算等方法编制预算，但不可综合应用

D.由于市场环境等客观因素导致预算执行发生重大差异确需调整时，可由公司财务经理调整预算

174 为应对组织架构相关风险，企业应当在组织架构的设计、运行与优化调整等方面制定相关举措。下列各项中，属于组织架构相关风险的主要表现的是（ ）。

A.组织结构与战略不匹配，企业战略无法落实到企业经营的各项业务中

B.人力资源缺乏或过剩、结构不合理、开发机制不健全

C.缺乏开拓创新、团队协作和风险意识

D.组织机构设置不科学，权责分配不合理

175 AB公司是一家婴幼儿用品生产商。最近，AB公司收到15宗与其刚推向市场三个月的新型号婴儿车有关的客户投诉。投诉内容是婴儿车的前扶手及两侧的金属铰链容易卡住小孩的手指从而导致婴儿受伤。公司主管担忧这类投诉会接踵而至，造成不良的公众影响，于是下令将售出产品紧急召回。依据社会责任风险与应对的相关理论，本案例中，AB公司所面临的主要风险是（ ）。

A.安全生产措施不到位，责任不落实，可能导致企业发生安全事故

B.产品质量低劣，侵害消费者利益，可能导致企业巨额赔偿、形象受损，甚至破产

C.采购验收不规范，付款审核不严，可能导致采购物资、资金损失或信用受损

D.销售过程存在舞弊行为，可能导致企业利益受损

176 东英化学公司在进行风险自查时发现，公司尚未对员工提供适当的安全、环保意识培训，安全管理体系也存在较多漏洞。东英化学公司面临的风险是（ ）。

A.社会责任风险　　B.人力资源风险

C.监管风险　　D.法律责任风险

二、多项选择题

177 保险公司规定，保险人对投保人或被保险人的道德风险因素所引起的经济损失，不承担赔偿或给付责任。下列各项中，保险公司无须赔偿的有（ ）。

A.投保人欺诈所导致的损失

B.被投保人纵火所导致的损失

C.由于投保后放松了对财产安全的管理所导致的损失

D.投保人随意丢弃烟蒂所导致的损失

178 鑫友公司是一家专注于流感特效药研发与生产企业。近年来。流感病毒变异速度过快，公司研发计划被频繁打乱，导致了大量研发资源浪费。即使如此，管理层仍然斥巨资邀请国内外药理专家专项讨论前期研发方案的调整，以最大程度降低浪费。经过半年努力，损失成本已控制在较低水平。本案例所体现的风险管理的特征有（　　）。

A.专业性　　B.广泛性　　C.可行性　　D.二重性

179 大王公司是一家无人机生产企业。面对不确定性日益增强的经营环境，该公司拟对其面对的战略风险进行系统分析，该企业应至少收集的与其相关的信息包括（　　）。

A.国外无人机企业战略风险失控导致企业蒙受损失的案例

B.无人机市场的产业环境和竞争环境信息

C.与本企业相关的市场供给、需求、价格等方面的信息

D.可能给本企业带来风险的社会、自然等方面的信息

180 东风林场为了加强对火灾风险的防控工作，组织有关人员深入分析了由于自然或人为因素引发火灾、场内消防系统工作、火警和灭火直升机出动等不确定事件下产生各种后果的频率。下列各项中，属于该林场采用的风险管理方法优点的有（　　）。

A.生动地体现事件的顺序

B.不会遗漏重要的初始事项

C.能够将延迟成功或恢复事件纳入其中

D.能说明时机、依赖性和多米诺效应

181 东方保险公司制定了完善的风险管理制度。该公司制定的下列风险管理制度中，属于风险管理策略组成部分的有（　　）。

A.确定公司的风险偏好和风险承受度

B.主要采用风险规避、风险控制、风险转移、风险补偿等风险管理工具

C.重点管理承保、理赔等业务环节的风险

D.合理配置人、财、物等各类风险管理资源

182 顺星公司是一家服装生产、销售企业。为专注于自身最擅长的业务，公司考虑将一部分货品运输和服装加工业务外包给外部机构。经过前期充分调研，公司管理人员在对业务外包进行风险度量时，可以判断各类风险发生的概率。在这种情况下，顺星公司适合采取的风险度量方法有（　　）。

A.期望值　　B.波动性

C.最大可能损失　　D.概率值

183 天语公司制定了风险管理监督与改进措施，下列选项中，符合《中央企业全面风险管理指引》的有（　　）。

A.聘请中介机构出具风险管理评估和建议专项报告

B.各部门应定期进行自查和检验，检验报告报送经理

C.风险管理职能部门应定期对各职能部门风险管理工作实施情况和有效性进行检查和检验

D.内部审计部门应每年至少一次对包括风险管理职能部门在内的各有关部门是否开展风险管理工作及工作效果进行监督评价

184 江辰公司之前一直购买灾害保险，但经过数据分析，认为保险公司历年的赔付不足以平衡相应的保险费用支出，因此不再续保；但为了应付可能发生的灾害性事件，公司与银行签订应急资本协议，规定在灾害发生时，由银行提供资本以保证公司的持续经营。在上述案例中，江辰公司采取过的风险管理工具有（　　）。

A.风险转换　　B.风险转移　　C.风险控制　　D.风险补偿

185 睿达公司是一家成立两年的初创型公司，计划两年内在创业板上市。为进一步规范公司的法人治理结构，睿达公司董事长兼总经理李仁要求提前实施《企业内部控制基本规范》，并制定具体的方案。下列各项关于优化治理结构的方案中，错误的有（　　）。

A.董事会就全面风险管理工作的有效性对股东会负责，并需落实做好培育风险管理文化的有关工作

B.董事会下设风险管理委员会，召集人由李仁担任

C.未来半年内，暂由财务部全面履行全面风险管理职责，并对董事会负责

D.设立审计委员会，并要求审计委员会每年对其权限及其有效性进行复核

186 秦峰公司是国内一家从事化工制品生产的大型企业，现拟根据《企业内部控制基本规范》修订企业当前的内部控制制度，下列修订不符合规定的有（　　）。

A.严格执行授权审批控制，对所有业务和事项，应当实行集体决策或联签制度

B.依法设置会计机构，设置财务总监1名，财务副总监3名，共同管理公司财务职能

C.加强财产保护控制，严格限制无关人员直接接触企业货币资金

D.将职业道德修养作为选拔和聘用员工的唯一标准，不断提升员工素质

187 松涛广告公司建立了比较完善的内部控制系统。根据COSO《内部控制框架》关于控制环境要素的要求与原则，下列各项中，属于该公司控制环境要素的有（　　）。

A.员工践行诚信为本、客户至上的价值观

B.董事会对内部控制的制定及其绩效施以监控

C.公司致力于吸引、发展、留任从事广告策划、设计、制作和营销等业务的优秀人才

D.公司在内部控制全过程的各个环节实行透明、对等的权责分配方法

188 绿野部落是一家以“丛林生活”为主题的酒店。为了加强对店内财产的保护，减少因盗窃、水管爆裂等意外事件造成的损失，绿野部门与甲金融机构签订了一份协议，约定一旦店内发生现金盗窃、抢劫或水管爆裂等事件，损失由甲金融机构进行赔付，而绿野部落仅需要支付相当于一晚套房的费用即可获得该项权益，有效期一年。关于上述协议，下列各项中表述错误的有（　　）。

A.绿野部落运用了应急资本来补偿风险可能造成的损失

B.绿野部落通过该协议将风险转移给甲，但甲金融机构的风险水平并不会因此而增加

C.该项协议既可保障纯粹风险，也可保障机会风险

D.绿野部落采用的是一种传统的风险规避的策略

189 企业的管理信息系统在风险管理中发挥着至关重要的作用。该系统应实现信息在各职能部门、业务单位之间的集成与共享，并能够进行对各种风险的计量和定量分析。上述信息反映

了风险管理信息系统所覆盖的环节有（ ）。

A.信息采集 B.信息加工、分析和测试

C.信息传递 D.信息报告和披露

190 为防范财务风险，贝尔公司广泛收集国内外企业财务风险失控导致危机的案例。贝尔公司分析财务风险的来源应考虑的因素包括（ ）。

A.预算编制、执行或考核存在偏差而导致的风险

B.筹资决策不当、筹集资金运用不合理可能引发的风险

C.担保决策失误、监控不当而导致的风险

D.企业签订贸易合同的条款设计不当等可能引发的风险

191 神龙公司是一家大型生产制造企业，业务遍布全球20多个国家和地区。但在这光鲜亮发展的背后，该公司藏匿了不少隐患。2020年，神龙公司将募集到的原本用于项目建设的资金转付给了某设备供应商，并在年度报告中虚假披露未存在用途变更。同时，考虑到全球贸易摩擦的影响，神龙公司将企业大量长期资金投放于回款周期很短的境外项目，避免投资失败，但却因此产生了高额的财务费用。神龙公司财务风险主要体现在（ ）。

A.筹资管理风险 B.投资管理风险

C.财务报告风险 D.资金营运管理风险

192 为降低企业因担保决策失误、监控不当而导致的风险，企业应针对担保业务制定管控措施。根据担保风险与应对的相关理论，下列各项管控措施中，错误的有（ ）。

A.重大担保业务由总经理审批

B.若被担保人出现财务状况恶化，企业应当立即停止担保

C.被担保人要求变更担保事项的，企业应当重新履行评估与审批程序

D.企业应拒绝向同时申请多方担保的申请人提供担保

193 尚杰公司正委托专业服务机构检查公司内部控制是否存在漏洞。根据各类运营风险应对措施的相关理论，下列各项中，属于内控漏洞的有（ ）。

A.为确保企业核心技术的先进性，企业应当定期评估专利技术等无形资产，但无须评估固定资产的技术先进性

B.企业应制定并完善应收款项管理制度，对于逾期账款，应由财会部门负责催收

C.重大研发项目应当报董事会或类似权力机构集体审议决策，但无须开展可行性研究

D.对于未实施竣工决算审计的工程项目，不得办理竣工验收手续

194 平昌制冷设备公司在对某客户提供个性化定制产品服务时，因缺乏经验，产品质量未达到客户的特殊要求，遭到该客户索赔，根据上述信息，平昌制冷设备公司遇到的风险类型有（ ）。

A.战略风险 B.运营风险

C.市场风险 D.法律风险和合规风险

195 赛德公司是国内最早从事锂电池电源管理系统及封装集成产品的生产制造企业。经过多年发展，公司积累了一定的先发技术优势，但由于市场准入的技术门槛较低，众多制造厂商竞相进入该行业，竞争愈发激烈。另外，随着公司经营规模扩大，公司也面临着组织效能低下、

权力斗争明显等管理问题。本案例中，赛德公司面临的风险有（ ）。

A.战略风险 B.市场风险 C.运营风险 D.财务风险

196 甲公司是M地区一家热力发电企业，负责给居民住宅和公共类建筑提供供暖服务。近年来，M地区频繁出现极端天气，用户对供暖需求更为突出，但甲公司并未充分意识到市场变化，仍采用传统的发热技术提供供暖，导致多处住宅或楼宇的温度未达到国家供暖标准，引发多起纠纷案件。甲公司面临的风险有（ ）。

A.市场风险 B.运营风险

C.战略风险 D.法律风险和合规风险

三、简答题

197 云博公司成立于2015年，致力于智能机器人的研发和制造，其产品广泛应用于冶金、医疗、金融、物流等领域。

云博公司的销售业务由一位主管副总经理负责，主管副总经理根据业务能力选拔、任用多名分别负责不同类别产品的销售经理。每位销售经理管理一个由5～8位销售人员组成的销售组，负责某一类产品的销售。销售组的年度销售计划由销售经理提出，经主管副总经理批准后实施。公司员工包括销售人员的薪酬取决于对公司确定的各项业绩目标所作出的贡献，“唯业绩”观念被公司员工普遍接受。因此，销售经理们往往制定较高的年度销售目标，并把该目标按月分解并分配给组内每一位销售人员。截至2019年年底，智能机器人市场一直供不应求，销售计划完成比较顺利，因此，主管副总经理对销售经理提出的销售计划往往不经仔细审核就签字通过。根据业绩目标完成情况，主管副总经理对销售经理进行季度考核和奖罚、销售经理对组内销售人员进行月度考核和奖罚。考核时间的短期化使销售人员时时感受到压力，彼此之间为完成业绩指标争夺客户的现象时有发生。在价格与合同管理上，公司为更快、更多地获取订单采用灵活的做法，赋予销售经理和销售人员可按最低8折价格与客户签订产品销售合同的权力。虽然公司制度规定销售合同须事先经财务、法务部门审核方能签订，但未得到严格执行。公司建立了对销售人员每半年进行一次职业规范、业务技能和相关法律法规培训的制度，但面对销售经理们销售任务重、抽不出时间参加培训的抱怨始终未能落实。

2020年年初，由于新冠疫情爆发，云博公司的产品订单急剧减少。但销售经理们和主管副总经理一致认为，疫情不会持久，市场需求会很快转旺，因此要求生产部门生产并储备比疫情发生前更多的产品。一年后，新冠疫情并未缓解，市场仍然低迷，云博公司的大量产品滞销、积压。有的销售经理未进行资信调查就向新客户赊销产品，造成大量货款至今没有收回。还有个别销售经理与客户合谋，擅自突破公司规定的产品价格折扣底线，以极低的价格出售产品并向对方收取“报酬”。公司内部控制和审计部门对销售过程中的失控和混乱现象未能及时发现和纠正。这些原因导致公司销售业务走入困境。半年后，云博公司由于巨额亏损濒临破产。

要求：

（1）简要分析云博公司销售业务的相关风险。

（2）依据我国《企业内部控制基本规范》的要求，简要分析云博公司的内部环境要素存在的内部控制缺陷。

第七模块　综合题演练

198　20世纪80年代初，在乡镇企业做水表玻璃的李耀国先生，通过一次偶然的机会了解到国内汽车玻璃全部依赖进口，价高难买，一个创业者和企业家的责任感油然而生。1987年光祖有限公司正式成立。

30多年来，光祖公司以"为C国人做一片属于自己的玻璃"为使命，围绕着人品、产品、品质、品味"四品一体"的经营理念，专注汽车玻璃、专注客户价值、专注质量经营，致力于将C国人的这片玻璃做到极致。

随着国内汽车产业的迅猛增长，光祖玻璃逐渐被全球知名品牌汽车企业认同，光祖公司产品需求日益增大。公司在国内十几个地区建立了现代化的生产基地。之后，作为全球化程度很高的产业——汽车制造的零部件供应商，光祖玻璃开启了进军国际市场的航程。

1991年9月，光祖公司开始向北美J国T公司出口汽车玻璃，将其业务拓展至北美的汽车配件市场。

1994年年底，光祖公司在北美U国成立了L玻璃工业有限公司，主营光祖汽车玻璃在北美的销售业务。

2001年，世界玻璃巨头U国P公司对C国维修用汽车前挡风玻璃发起倾销诉讼，U国商务部展开对C国维修用汽车前挡风玻璃的反倾销调查。同年3月，光祖集团作为20多家被调查企业中的唯一上市公司，收到U国国际贸易委员会的反倾销调查问卷。如果被判定倾销，企业需要缴纳高额的罚款，这会让一个正常经营的企业陷入困境。光祖公司认为公司并没有接受国家的补贴，更没有低价倾销，聘请U国律师，提供国际会计师事务所出具的财务报表，积极应诉。2004年10月，光祖集团取得历时三年多的反倾销案胜诉，成为C国汽车玻璃销售企业中唯一出口U国无须缴纳反倾销税的企业。

通过这一事件，李耀国意识到，作为一个新兴市场国家实力相对弱小的企业，急于扩大市场份额会让发达国家实力强大的企业产生危机感，从而会遭遇发达国家企业致命的挤压。因此，光祖集团要想在世界汽车产业市场寻求一席之地，必须学会当好"配角"。光祖集团不做大而全的公司，而是专注于汽车玻璃的高科技产品，当好汽车集团的"配角"。光祖集团在应诉的过程中，运用公关与市场策略，与发起倾销诉讼的世界玻璃巨头U国P公司化敌为友，后来双方还建立了契约式战略联盟关系，互补对方在欧美和亚洲市场的不足。

2008年全球金融危机之后，光祖集团加快了国际化经营"走出去"的步伐。

2008年的金融危机给汽车玻璃行业格局带来巨大的变化，国际同行因为原有的大批量生产模式与个性化、小批量的消费需求相悖，导致成本高涨。同时，汽车玻璃业务只是汽车制造集团多元业务的一块，因而被边缘化。由于光祖公司始终专注于做汽车玻璃，打造了核心竞争力，逐步赢得更多汽车厂商的信赖。

2011年6月，应发达国家D国Z汽车公司等合作伙伴之邀，光祖公司挺进R国，在该国投资2亿美元设厂，设计产能为年供应300万套汽车安全玻璃。2013年9月，项目一期100万套汽车玻璃顺利投产，使光祖公司成为R国汽车市场主要玻璃供应商。

2014年，光祖公司又启动U国项目，总投资6亿美元，这是C国汽车零部件企业在U国最大的投资项目。该工厂建成后将形成450万套汽车玻璃+400万片汽车配件的生产能力，成为全球最大的汽车玻璃单体厂房。项目一期已于2015年年底投产，国际品牌整车客户的订单络绎不绝。

2016年，光祖公司在继续完成U国项目二期建设、建立研发中心的同时，又在D国建立玻璃包边工厂。届时，光祖公司在全球已拥有四大设计中心，并以此为依托构建全球制造基地，光祖公司将实现全球客户需求与供应的即时对接、互联互通，进一步做大做强。

稳扎稳打的全球化布局，支撑光祖公司获得在全球的资源优势和规模经济优势，进而攀登上更高的起点。过去，海外市场收入占比不到一成，如今已有三分之一的收入来自海外市场。

长期以来，全球汽车玻璃市场被国外三大汽车玻璃制造商高度垄断。三家巨头连同其在世界各地的合资公司，共同占据了全球60%左右的市场份额。对比世界先进水平，C国玻璃产业在快速发展的过程中，长期积累的矛盾和问题日益凸显，产品结构不尽合理、低端产品产能过剩，高端市场的汽车玻璃技术严重短缺。更为严峻的是，国外跨国公司在汽车玻璃的新材料及应用技术上不断推陈出新，如此现状下要想直接购买技术或是仿造产品绝非易事。

光祖集团认识到，在全球汽车玻璃市场激烈的竞争中，C国企业要想寻求新的发展，必须大力推行“高附加值功能化汽车玻璃的智能工厂”建设，研发汽车玻璃新材料、新产品，突破材料、工艺、装备、检测试验等关键技术，带动上游材料、软件集成、装备各产业链技术升级。就整车而言，除提升安全性和舒适性之外，还对汽车玻璃节能环保、智能驾驶、功能集成方面提出了更高要求。

近几年，光祖公司联合高校和科研单位，成立“产学研用一体化”四方创新联合体，建立长效合作机制，共同策划和实施光祖公司智能制造新模式。光祖公司技术创新硕果累累。光祖镀膜前挡玻璃技术打破了国际巨头的垄断。机械加工设备实现自主研发生产，且基本达到国际先进装备水平。这些设备填补了一系列国内空白，解决了批量、成本、光学等矛盾，实现汽车玻璃规模化生产及出口业务的快速增长，成为U国知名汽车品牌的全球优秀供应商。

在工业4.0方兴未艾之际，光祖公司敏锐地把握机遇，乘势而上，从“制造”迈向“智造”。通过自动化和信息化不断融合，搭建数字化的链接通道，打通市场调研、研发、生产、管控、供给、销售等各个环节，实现定制化产品以销定产、自动化制造、智能化运营。

如今，光祖公司结合信息技术和自动化的生产工厂，已经走在全球同行业前列。“多品种、小批量”的柔性生产方式，不仅有效保证了品质和效率，而且降低了生产成本。高度柔性的生产方式可以在同一条生产线上，实现数十种不同汽车玻璃的生产，普通复杂度的玻璃品类切换通常只需1小时，一个车间一年可以生产上万种不同的汽车玻璃，从下订单开始，客户定购2 000片汽车玻璃最快仅需1天时间即可完成。不仅如此，生产线上的每一件产品的每一道加工工序都被电脑记录信息，在生产流程中形成了完整的可追溯体系。

在提升制造柔性化、智能化和高效率的同时，光祖公司还在力求让自己遍布全球各地的工厂更加紧密地联网，与客户和供应商无缝的信息化对接也在积极推进。以往光祖公司可能仅仅为客户提供一片片的汽车玻璃，而现在提供的是包括各种安装配件的汽车玻璃总成，甚至安装服务都由光祖公司负责。光祖公司的汽车玻璃制造与上下游产业链正在形成“你中有我、我中有你”的新格局。

要求：

（1）简要分析光祖公司40年来所选择的发展战略的主要类型及其适用条件。

（2）简要说明光祖公司国际化经营所采用的主要方式。

（3）简要分析2001年光祖公司市场风险的来源。

（4）简要分析光祖公司研发的类型与定位。

（5）运用价值链分析方法，简要分析光祖公司是如何构筑其竞争优势的。

（6）依据“新兴市场的企业战略”相关理论，简要分析光祖公司在与发达国家跨国公司竞争中所采用的几种主要战略。

199　**资料一**

1984年，国内最大的汽车零部件供应商万欣公司与U国L公司签订了每年贴牌生产20万套万向节的合作协议，开展代工生产OEM业务。1994年，万欣U国公司在U国注册成立，万欣公司正式进入U国汽车零部件市场。

虽然有为U国客户代工生产的经历，但是作为中国第一个走进U国的汽车零部件企业，万欣U国公司来自新兴市场的低端形象很难得到U国企业和消费者的认同。万欣U国公司在注册时就被当地同行奚落“你们还不如养马有前途”；公司向U国企业出售经检验没问题的油脂时却以质量不合格为由屡遭退货；公司向客户提供自己擅长的低价供货方案，客户根本不买账；公司尝试向U国K公司推销产品时，业务员连门都进不去，只能在传达室谈业务；公司初次收购U国当地企业并调整员工假期遭到工会强烈反对，工会声称“即使倒闭也不会让中国企业兼并”。接踵而来的歧视和挫败让万欣U国公司意识到自己不能凭借母公司在国内资源能力的优势获得认可，要在U国生存必须适应U国规则，并彻底融入U国的经济和社会文化体系。

万欣U国公司将“瞄准U国主流社会”的本地化改造作为首要任务，不再沿用母国总部的管理理念和方法。万欣U国公司聘请U国人为首席运营官和首席财务官，在内部建立起一套符合U国国情的运营体系，重新设计了一整套规范的工作程序。在用人方面，万欣U国公司打破从国内大量派人的老框框，从当地招聘人才，按当地标准付薪。这一系列本地化举措使万欣U国公司弱化了中国企业的形象，满足了U国市场对一家普通汽车零部件企业的基本期望。此外，万欣U国公司在与客户交往中的表现也一步步获得认可，例如在市场出现波动时，一家积压了大量库存的客户向万欣U国公司求助，尽管当时公司自身经营也有困难，但还是立即收回了库存并换新货给客户。后来这家客户主动搭桥，使一家知名企业成为万欣U国公司的大客户。

万欣U国公司在U国逐步立稳脚跟后，开始收购一些品牌价值高但经营不善的公司。1999年万欣U国公司收购L公司，这笔收购使它取代L公司成为世界上拥有最多万向节专利的公司。2000年万欣U国公司收购T公司，从而成为U国最大的汽车轮毂加工装配基地和供应商。2001年万欣U国公司又收购U国零售商A公司，获得了A公司的汽车制动器技术与品牌、U国连锁维修店和采购渠道。万欣U国公司非常注重规避跨国并购可能带来的风险，例如在收购L公司时，为了绕开工会的制约，万欣U国公司联手当地企业一起收购；在收购T公司时，万欣U国公司不仅没有解雇富余员工，还扩建厂房并招收新员工，帮助T公司渡过难关。

万欣U国公司在与当地客户的积极互动中彰显自己的信誉和能力，让外界逐渐了解并默许这家零部件企业的发展壮大。

资料二

2003年万欣U国公司正式成为主机厂的一级供应商，同年收购K公司，该公司是翼形万向节传动轴的发明者和全球最大的一级供应商；2005年万欣U国公司收购U国F汽车公司的一级供应商S公司和轴承企业G公司。一系列成功的收购进一步为万欣U国公司的信誉和形象加码。

2008年全球金融危机爆发，汽车产业是受影响最大的产业之一，U国三大汽车公司都陷入困境。原本现金流耐受力就较差的U国企业在危机冲击下纷纷倒下，众多供应商走向破产。而谨慎的资金管控措施让万欣U国公司在金融危机中保持良好的经营状况。此前万欣U国公司成功地帮助一些危机企业扭转局面在业内积累了不错的声誉，危机爆发后很多企业主动找到万欣U国公司希望能够被其收购。万欣U国公司曾经在竞购H公司时败于一家私募基金公司，而在金融危机的冲击下这家基金公司被迫清盘，H公司的管理层主动沟通希望被万欣U国公司收购。

金融危机中万欣U国公司找到了进一步发展的突破口万欣U国公司意识到金融危机前公司要尽可能适应和服从外部环境的要求，危机后公司则应当发挥自身优势，朝更有利的方向施加影响。

万欣U国公司运用自身和总部独有的优势整合内外部资源，帮助很多危机中的U国企业渡过难关，并做出“即使公司有困难，仍然保证一不裁员、二不减薪、三不减福利”的承诺。

DR公司是一家汽车电子感应器公司，在金融危机中不得不出售。出售前公司所有者联系了万欣U国公司收购过的公司，了解到这些公司被收购后得到万欣U国公司及其总部很好的资源整合，因此拒绝另外4家竞标收购者而决定出售给万欣U国公司。2007年U国AI公司被万欣U国公司并购后其大股东评价“万欣的并购会让现代化的U国汽车工业企业变得更加赚钱”。

2008年U国F汽车公司旗下的工厂因严重亏损被迫剥离，万欣U国公司收购工厂后对其生产经营方式进行全面改造。在并购公司后停掉了该公司的一些生产线，把它们搬到万欣公司中国公司来做，F公司主要负责组装、技术开发、测试、售后服务和物流，以发挥各自优势。在收购U国T-D公司后，万欣U国公司通过对T-D公司和中国总部进行优势和资源的对接，把等速驱动轴打造为继万向节之后又一个世界老大产品。2009年万欣U国公司收购U国DS汽车转向轴业务后，为十分不景气的U国汽车业挽救约150个工作岗位。一系列的并购及其之后的资源整合，不仅拯救了被并购公司，也让他们认识到万欣公司的强大实力与中国国内完备的产业配套能力。

在这一阶段万欣U国公司收购的企业多是一级供应商，万欣U国公司通过帮助它们为3 500位U国人保住了工作，也让万欣U国公司生产的零部件得以在U国三分之一的汽车上使用。

资料三

新能源汽车的问世对传统汽车制造业带来严峻的挑战。在全球环境保护的压力下，万欣公司也开始向新能源汽车领域挺进。但是由于起步晚、缺少高端技术研发人员和营销人员，万欣公司的电动车零部件核心技术远远落后于国内外的领先企业，也缺少整合供应链的资源和能力，更没有早期进入者所具有的经验曲线等成本优势。为了克服公司进入新能源汽车领域的诸多障碍，2012年年底，万欣U国公司协助集团总部参与竞购深陷破产危机的U国AB公司。

AB公司是U国一家研制和生产锂离子能量存储设备的厂商，曾被U国政府和市场寄予厚望。竞购期间U国诸多政府官员与行业专家强烈反对将AB公司卖给万欣公司，他们认为AB公司是U国重点企业且部分业务和军方有直接关联，若被万欣公司收购会威胁U国国家安全。为了减少万欣公司在U国受到的政治压力，万欣公司向国内备案以获得国家的背书，增加谈判筹码；万欣公司始终承诺整体收购，并维持其2 000多名员工的工作岗位，这与其他8个竞标者只对AB公司的部分业务感兴趣不同；更关键的是，万欣公司只收购AB公司的民用业务，绝对避开涉及军方的业务。万欣公司的收购方案展现了愿意承担社会责任的企业形象，得到了AB公司首席执行官的高度认可，妥善化解了来自外界的压力。

对AB公司的收购完成之后，万欣U国公司代替总部开始直接接管万欣公司在U国的新能源汽车业务。2013年公司聘请U国人R先生管理AB公司，要求他在不影响研发的前提下不断削减开支。R先生削减医疗福利，取消了免费食物和卡布奇诺咖啡机等待遇。在甩债务、拓业务、削福利这三板斧之后，AB公司终于扭转了亏损，开始步入正轨。之后，万欣公司继续向AB公司提供培养核心业务必要的财务支持，推动AB公司进入汽车电动化、电网储能及其他全球性市场，包括进入中国市场。

2013年10月万欣公司将其所有的电池制造业务交给AB公司承担，这成为双方建立互信的重要里程碑。万欣公司还开放了AB公司的实验室并建立“AB创业技术项目”，与20多家电池公司开展联合研发。万欣公司通过收购AB公司获得了世界顶尖的电池技术，与全球主流客户建立了业务联系，在新能源电池领域也更具号召力。

2014年年初，经过多轮角逐，U国批准了万欣U国公司对FS电动汽车公司的收购，标志着万欣公司全面进入新能源汽车整车制造产业。在收购FS公司期间，万欣U国公司同样遭到非议，被指责“偷窃U国技术”。然而FS公司所在州州长和议员对万欣U国公司表示支持“万欣U国公司在U国20多年，形象一直比较靠谱”。并购后，万欣U国公司履行承诺，将FS公司的工厂从欧洲F国搬回U国，复产后创造了300多个工作岗位。

2015年11月，FS公司宣布与D国BM公司结成重要合作伙伴关系，万欣U国公司认为这一合作不仅将技术和资本绑在一起，而且将名誉与品牌绑在一起。万欣U国公司又一次向U国新能源市场展现自身实力，也让评价者认可其在新业务中的行为和战略。

要求：

（1）简要分析万欣公司国际化经营进入U国市场的主要动因。

（2）简要分析万欣U国公司在U国采用并购战略的动机与所规避的主要风险。

（3）依据新兴市场的企业战略，简要分析万欣U国公司协同总部是如何在U国实施“抗衡者”战略的。

（4）依据企业资源能力的价值链分析理论，简要分析金融危机后，万欣U国公司协同总部是如何整合资源能力，重新构筑被并购企业的竞争优势的。

（5）简要分析万欣公司进入新能源汽车新兴产业所面对的发展障碍。

（6）依据社会责任风险的相关理论，简要分析万欣公司与万欣U国公司进入新能源汽车领域是如何规避履行社会责任风险的。

（7）简要分析万欣U国公司在U国实施发展战略的主要途径。

（8）简要分析万欣公司在全球价值链分工中角色的转变与企业升级类型的变化。

200 1994年，电表行业的巨头升达公司决定进军空调行业。由于当时国内空调产品还属于少数人的奢侈品，升达公司与业内其他公司一样，产品定位于比较高档的空调。但因为升达空调没有品牌优势，产品价格与竞争对手不相上下，所以升达空调在规模上一直没有多大突破，年产量不到60万台。

变化发生在1999年之后。经过几年的打拼，升达公司意识到，国内空调从少数人的奢侈品转为大众消费品的时机已经来临，市场需要大量老百姓买得起、用得起的“民牌”空调。处于弱势地位的升达公司找到了挑战竞争对手、壮大自身的法宝——以价格制胜。

经过缜密的策划之后，2002年4月，面对百余名记者，升达公司突然抛出《空调成本白皮书》，文中指出，一台1.5匹的冷暖型空调的生产成本为1 378元，加上销售费用370元、商家利润80元、厂家利润52元，市场零售价应该是1 880元，而当时市场上同为1.5匹的其他空调价格大多在2 800元到3 800元之间。

升达公司在公布空调成本的同时，其空调全线降价，平均降幅达20%。升达公司得罪了同行，却赢得了无数的消费者。2003年，升达空调销量达到了250万台，进入国内前三强，比2002年高出近100万台。升达公司的价格战也使空调整个行业的产品价格节节下滑，市场均价从2002年的2 500元降到2003年的2 000元。

升达公司在空调制造业发动价格战并非鲁莽之举，而是以其自身优势为底气的。

其一，在升达公司老家N市，做空调配件的企业很多，整个空调产业链已经成型，升达公司通过整合这些企业，产品零部件自制率达到90%，与同类企业一般不超过50%的自制率相比，在零部件成本、生产率、设备利用率、规模经济等诸方面都具备整机制造成本优势。以空调的关键元器件冷凝器和蒸发器为例，其成本在空调总成本中占据80%以上，从2000年年初升达自建立分厂以来，该种元器件的成本就下降至原来外购时的3/5左右，而且质量更好。

其二，公司在2001年引进全球最先进的信息化管理工具ERP，配合其内部各个部门严格的承包制，对提高企业效率和降低运营成本起到了极大的作用。

其三，在采购环节，升达公司同时采用自制和外购两条路线，当自制的质量和价格有优势时，采用自制；而当自制明显不如外购有竞争力时，就毫不犹豫地采用外购，甚至关掉自制部门。升达公司借鉴国外企业“全球论质比价采购”的模式，其加工蒸发器和冷凝器的自动生成设备购自J国；保证镀层10年不脱皮泛锈的瓦格纳喷涂设备是引进D国的；制造空调塑壳的ABS粉料来自H国；机身上的所有接插件购自M国。这些设备和原料共有的特点是品质在全球范围内相对较好，价格相对最低。

其四，以年轻人为主体的人员结构和灵活的民营企业机制是升达公司成本优势的又一源泉。升达公司是新办的企业，没有下岗职工和离退休人员的负担；升达公司发挥其灵活的民营企业机制，实施全方位的承包责任制，激发了各级人员的积极性、主动性和创造性，对于提高企业效率和降低运营成本发挥了重要作用。

然而，质疑甚至批评之声一直伴随着升达公司：“升达公司‘价格屠夫’策略是不是在自断创新之路？”“升达公司低价营销得到了规模优势，但牺牲了品牌优势”。近年来，随着国内消费升级与产品更新换代，大众的空调消费需求开始从“功能型”向“品质型”转变。升达公司日益认识到启动新的战略转型的必要性与紧迫性。

早在2012年，升达公司就敏锐察觉到互联网发展的大趋势，积极与电商平台合作，在整体布局上确定了互联网、智能化发展战略。

为了避开与国内空调行业优势品牌的正面较量，升达空调将目标客户聚焦于新一代网络消费群体，升达充分依托电商平台，用18～35岁年轻消费者熟悉的代言人和沟通方式，建立起年轻化、时尚化的品牌形象，打造了"倾国倾城""淑女窈窕"等情感化的明星产品，吸引了一批有时尚要求、重情感又注重性价比的年轻人群。这样的选择让升达公司的产品品质与创新力不断提升，从而实现了跨越式增长。

在随后的2013年，升达公司迈开步伐进行企业产品升级，累计投入超过30亿元用于技术创新和效率提升。先后推出二级供应链管理、引进全球领先检测设备、吸纳超过50%的硕博人才组成创新研究团队，从根本上把控产品品质。2017年升达公司智能工厂落成投产，以更加标准化、高周转率的技术实力，实现了产品品质的又一次提升；在J国建立研发中心，其智能化产品占比超过80%；筹建多个智能制造基地累计投资超过150亿元，为实现空调产业全智能一体化做好准备。

2017年下半年以来，升达公司意识到，虽然电商存量市场很大，但增长速度开始下降，线上流量红利在下滑。面对市场环境新的变化，升达公司采用了两个新的战略举措。

一是与国内著名电商普天组建联合团队，打通商家与平台的供应链，全面提升电商渠道供应链效率。升达公司和普天旗下天鸟、乐淘融合的智慧供应链系统销售预测准确率达到70%。升达空调原来的电商渠道供应链SOP（即标准操作程序）分为18个节点、共需33个小时，新的系统上线以后优化为6个节点，只需1个多小时，大大提升了供应链效率。

二是抓住国内电商平台纷纷下沉开店的机遇，向基层市场渗透，逐步熟悉终端零售商渠道。升达公司放弃了向经销商层层压货、完成销售任务后给予返利的销售模式，而是采用"互联网直卖"方式，只发展一层终端零售商，产品订货起点定为8台。这样的好处是投资少，不压货。目前升达公司拥有1.5万多家终端零售商，这些终端零售商通过手机App直接下单，升达公司接单后通过各区域的仓储中心调配，由第三方物流送货到店；升达公司已建成社会化的售后服务网点7 500个，可以覆盖98%的县市。终端零售商或用户通过云平台寻找所在地的升达公司售后服务人员，由他们抢单帮助安装、维修。在"互联网直卖"模式下，终端零售商不管卖多少台产品，每一台的利润都是固定的，不和总销量挂钩。这不仅有利于市场价格体系的稳定，也克服了传统模式下渠道库存严重、层层加价、经销商资金周转慢、利润不稳定等弊端。

2018年11月，升达公司与以线下销售为主的长宁家电零售公司合作，共创智慧零售新模式。升达公司作为长宁家电品牌主力军，通过长宁零售公司快速开启渠道下沉绿色通道，从线上渠道转移至线下渠道，在运营上借助长宁零售公司在市场上的口碑和服务，形成很强的品牌竞争力。

2018年12月，升达公司召开新闻发布会，宣布启动"双轮战略"规划，从以前"通过厂家直供的方式真正让利于经销商，打造至真至诚的利益共同体"进一步延伸到"以升达公司主导产业为基础搭建O2O（即Online to Offline，线上到线下）平台，为更多中小企业服务，全面赋能线下经销商"。"双轮战略"的实施，将进一步实现线上线下的融合，深耕零售发展道路。

2018年升达空调总销售量达到1 500万台，在国内排名第三；在电商平台上，升达是销量最大的空调品牌。升达空调致力于推动模式创新、技术革新、品质升级，已然成为国内家电行业的佼佼者、互联网时代空调智能化的"领头羊"。

要求：

（1）从市场情况与资源能力两个方面，简要分析从2002年开始升达公司实施成本领先战略的条件。

（2）依据红海战略和蓝海战略的关键性差异，简要分析作为跟跑者的升达空调在与竞争对手竞争时所体现的蓝海战略特征，并依据蓝海战略重建市场边界的基本法则，简要分析升达空调在竞争激烈的空调市场中开辟新的生存与发展空间的途径。

（3）依据企业价值链两类活动，简要分析升达空调的主要竞争优势。

（4）简要分析升达空调与普天公司、长宁公司结成战略联盟的动因。

（5）依据营销组合四个要素，简要分析升达空调在其三次战略转型进程中营销组合策略的变化。

第一模块　战略与战略管理
答案与解析

一、单项选择题

题号	答案	题号	答案	题号	答案	题号	答案	题号	答案
1	D	2	A	3	B	4	B	5	A
6	C	7	C	8	B	9	D	10	C

二、多项选择题

题号	答案	题号	答案	题号	答案	题号	答案
11	AB	12	ABCD	13	AC	14	BD

一、单项选择题

1 斯尔解析▶ D 本题考查的是战略相关概念。“在产品质量、客户服务和产品革新方面压倒竞争对手”和“整体成本低于竞争对手”均属于公司战略目标体系，因此上述变化体现的是公司战略目标的变化，选项D当选。本题中，不涉及战略层次、经营哲学以及宗旨（经营范围）的变化，因此选项ABC不当选。

2 斯尔解析▶ A 本题考查的是公司使命概念的辨析。对于公司而言（营利性质的组织），首要目的是为其所有者带来经济价值，例如通过满足客户需求、建立市场份额、降低成本等来增加企业价值（注意：落脚点是增加企业价值），其次目的是履行社会责任，因此选项A当选。选项B体现了公司目前和未来所从事的经营业务范围，属于公司宗旨，不当选。选项C体现了公司提倡的共同价值观，属于经营哲学，不当选。选项D体现了公司的目标（前三），它是公司使命的具体化，不是抽象的概念，而是行动的承诺，不当选。

3 斯尔解析▶ B 本题考查的是公司战略的层次。“公司计划在2024年进一步加强研发、生产、营销、人力资源、信息技术等各部门的协作，为各级战略做好服务”体现的是职能战略层次。各职能部门的主要任务不同，关键变量也不同，即使在同一职能部门中，关键变量的重要性也因经营条件不同而有所变化，因而难以归纳出一般性的职能战略，选项A不当选。选项CD均是总体战略（或公司层战略）的特征，不当选。

4 斯尔解析▶ B 本题考查的是创新生命周期。“惠蓝公司在激烈的竞争中形成了差别于其他企业的高基频化（光刻晶体）产品”说明惠蓝公司关注产品差异化，“并形成了生产该产品的特定技术能力”说明惠蓝公司在产品线上包括至少一种稳定或主导设计，符合过渡阶段的特点，因此选项B当选。

5 斯尔解析▶ A 本题考查的是创新生命周期及其特征。“不断调试技术参数”说明其生产流程带有实验性，“该技术目前的市场接受度不高，且有不少其他机构可以在检测的速度与准确性方面与之抗衡”说明了这个阶段有很大的不确定性，而且竞争对手之间的竞争重点是产品性能本身，符合流变阶段的特点。**在流变阶段，企业创新的竞争重点是产品性能，选项A当选。形成主导设计是过渡阶段创新的产品线特征，产品差异化是过渡阶段的竞争重点，降低成本、提高效率是成熟阶段的创新驱动因素**，因此选项BCD不当选。

6 斯尔解析▶ C 本题考查的是创新型组织的组成要素。知立公司作为一家创新型企业，帮助“每一位员工去挑战自己”体现的是创新型组织组成要素中的全员参与创新，因此选项C当选。虽然本题涉及“团队”这一字眼，但并没有提及团队合作相关的内容，因此选项A不当选。此外，题干没有涉及组织结构的信息，也没有涉及关键人物的信息，因此选项BD不当选。

7 斯尔解析▶ C 本题考查的是创新管理过程。**创新管理一般经历“搜索—选择—实施—获取”四个阶段，在不同阶段，企业的创新管理重点是不同的：搜索阶段的重点是找到创新的机会，选择阶段的重点是通过研究，在第一阶段发现的潜在创新机会中做出选择，实施阶段的重点是实现创新，获取阶段的重点是从创新中获得利益**。“其创新管理的重点是利用其首创的……带来的市场机会，大力拓展业务种类和规模……”，说明在这一阶段，通恒公司的创新已经开始实施，并落实到业务的开拓中（选项AB不当选），并开始“利用在业务拓展过程中获得的新知识来巩固目前的创新”，即对应实施阶段的另一特征——“运用更多的相关知识来巩固这次创新”，因此选项C当选。另外，题干中并没有提及通过创新实现利益，因此选项D不当选。

8 斯尔解析▶ B 本题考查的是权力的来源。榜样权和专家权是管理者的权力来源之一，属于企业利益相关者权力来源中“个人的素质和影响”的具体表现，因此选项B当选、选项CD不当选。榜样权和专家权在正式组织和非正式组织均会存在，选项A不当选。

9 斯尔解析▶ D 本题考查的是利益相关者的权力运用。“当得知N国劳动者工资水平高且经常在工会支持下提出增加福利的要求后，西奥公司修改了投资和建设方案，所需操作员工全部由机器人代替”表明当预期将要发生矛盾与冲突时，通过调整来躲避冲突，属于规避，因此选项D当选。

应试攻略

“规避”模式共有2种模式：一种是当预期将要发生矛盾与冲突时，通过调整来躲避冲突；另一种是当矛盾与冲突实际发生时主动或被动撤出。

10 斯尔解析▶ C 本题考查的是创新管理流程模型。“公司将大模型研发划分为若干阶段，每个阶段都要进行‘把关人’审验，以确定是否应该继续进行开发或返回修正”体现了该公司采用的是“阶段—门”模型。这一模型是对传统的线性创新管理过程的改进，选项A不当选。资源在每个阶段分配，而不是在整个项目启动时一次性分配，选项B不当选。决策门保证了及早发现和纠正问题，有效控制项目风险，选项C当选。注重从商业角度进行可行性评估是IPD流程的显著特点，选项D不当选。

二、多项选择题

11 斯尔解析▶ AB 本题考查的是创新的类型。“内部员工针对用户的潜在需求，研发出可隔热、智能调光的汽车玻璃”，属于产品创新，选项A当选；“员工注意到在玻璃生产过程中需要用到的3M胶成本较高，于是通过寻找可替代的胶”，属于流程创新，选项B当选；定位创新是通过重新定位对既有产品和流程的感知来实现的创新，案例中无体现。范式创新是指影响组织业务的思维模式和实践规范的变化，案例中无体现，选项CD不当选。

应试攻略

在解题过程中，要善于抓住关键词进行分析，闪耀公司生产的终端产品是汽车玻璃。“研发出可隔热、智能调光的汽车玻璃”是创造出了新的产品，属于产品创新。“员工注意到在玻璃生产过程中需要用到的3M胶成本较高，于是通过寻找可替代的胶”是对生产流程进行了改变，因此属于流程创新。定位创新的关键词往往比较直接，即“定位”，而范式创新的关键词为“管理层认为”或“盈利模式改变”等。

12 斯尔解析▶ ABCD 本题考查的是探索战略创新的不同方面。“世界上首款”，说明宇森公司的机器人使整个体系发生改变，体现的是突破性创新，属于创新的新颖程度，选项A当选。宇森公司是机器人生产商，同时也推出了新型多功能机器人（“可广泛用于航天探测、海洋打捞救援、森林灭火等领域”），说明宇森公司的基础产品是机器人，也是产品家族中的核心产品，选项B当选。宇森公司的创新是基于整个机器人，而非机器人的部分组件，因此其创新属于架构层面的创新，选项C当选。“这款新型机器人的性能和可靠性还有待市场检验”说明本阶段的竞争重点注重产品性能，体现的是流变阶段，属于创新生命周期，选项D当选。

13 斯尔解析▶ AC 本题考查的是企业利益与社会效益的矛盾与均衡。根据企业利益与社会效益的相关理论，企业应承担的社会责任包括三个方面。“企业要正确处理与供应者、购买者的利益分配，保护广大股民的基本权益”体现的是“保证企业利益相关者的基本利益要求”，选项A当选。“同时要积极支持公共卫生和教育事业”体现的是“赞助和支持社会公益事业”，选项C当选。企业的社会效益与企业利润最大化原则往往是不一致的，在社会效益与企业效益之间，企业实际上也总是处于一个讨价还价的均衡点，无法实现两者的同时最大化，选项D不当选。

14 斯尔解析▶ BD 本题考查的是利益相关者的权力运用类型。首先明确立场，题目提问的对象为“西陇公司”，“青江公司以遭遇不可抗力为由请求西陇公司同意延期并免责，被西陇公司回绝”，说明西陇公司根本不考虑对方要求，符合对抗的定义，因此选项D当选。“后经谈判，西陇公司派人与青江公司员工一起加班加点，所需费用由青江公司承担。此举保证了青江公司如期供货”，说明西陇公司既考虑了自己的利益（如期供货，保障生产），也考虑了对方的利益（一起加班加点），并最终寻求相互利益的最佳结合点（如期供货），符合协作的定义，因此选项B当选。

第二模块　战略分析
答案与解析

一、单项选择题

15	D	16	B	17	D	18	B	19	B
20	D	21	A	22	B	23	A	24	D
25	D	26	C	27	B	28	A	29	C
30	B	31	D	32	A	33	B		

二、多项选择题

34	BD	35	BC	36	AD	37	AC	38	CD
39	BCD	40	AB	41	BC	42	BCD	43	ABD
44	BCD								

一、单项选择题

15 斯尔解析▶ D 本题考查的是产品生命周期的判断。抓关键词：产品“同质化”现象加剧，“价格战”日趋激烈，体现的是产品生命周期成熟期的特点，选项D当选。另外，本题中的前几句话虽没有出现明显的关键词，但是可以基本锁定在成长期或成熟期，因此可快速排除选项BC。

应试攻略

对于产品生命周期模型的判断，核心的解题技巧就是掌握各阶段的关键词和关键结论，建议同学们适当记忆。

16 斯尔解析▶ B 本题考查的是产品生命周期的特征。首先判断产品生命周期的阶段，抓关键词："销售额达到前所未有的规模""各个企业生产的不同品牌的牙膏在质量和功效等方面差别不大""价格竞争十分激烈"，上述关键词均表明宝灵公司目前处于成熟期。其次对应该阶段的战略重点：成熟期的战略重点是在巩固市场份额的同时提高投资报酬率，选项B当选。

17 斯尔解析▶ D 本题考查的是产业五种竞争力中的潜在进入者的威胁（进入障碍）。"拥有10多个仓储物流中心，还控制了多个中药材交易市场……，构建一个中药材电子商务市场，并把它建成……中药材大宗交易平台"，说明达美公司拥有大量的关键资源（提示："拥有""控制"也是关键词），符合"现有企业对关键资源的控制（一般表现为对资金、专利或专有技术、原材料供应、分销渠道、学习曲线等资源及资源使用方法的积累与控制）"，因此选项D当选。

18 斯尔解析▶ B 本题考查的是产业五种竞争力中的潜在进入者的威胁（进入障碍）。"该公司拟通过加强对关键资源的控制来降低潜在进入者的威胁"说明企业对潜在进入者所设置的进入障碍为"现有企业对关键资源的控制"，具体表现为对资金、专利或专有技术、原材料供应、分销渠道、学习曲线等资源及资源使用方法的积累与控制，因此选项B当选。"进一步扩大生产规模，提高规模经济"体现了结构性障碍中的规模经济，选项A不当选。"提高产品质量，加强品牌优势"体现了结构性障碍中的市场优势，选项D不当选。"研发并制造性能、质量领先的农用无人机"，这一选项可以有多种理解。第一，该方法旨在通过差异优势来增强企业在产业内的竞争力，第二，该方法属于波特七分法中的产品差异或贝恩三分法中的市场优势（即品牌优势，是产品差异化的结果），选项C不当选。

19 斯尔解析▶ B 本题考查的是产业五种竞争力中供应者与购买者的讨价还价能力。海星公司的客户购买量越大（买方的业务量大），海星公司（卖方）讨价还价能力越弱，选项B当选。

应试攻略

对于讨价还价能力的"四化"水平，除一体化需单独记忆以外，其他"三化"都是呈正比关系，例如买方集中度越高，则其议价能力也越强（注意是同一方，而不是对方）。

20 斯尔解析▶ D 本题考查的是竞争对手分析中的假设。假设往往是企业各种行为取向的根本动因。分析竞争对手的假设可以考虑以下方面：（1）竞争对手的公开言论、领导层和销售队伍的宣称及其他暗示（选项A不当选）。（2）在诸如产品设计方法、产品质量要求、制造场所、推销方法、分销渠道等方面，竞争对手强烈坚持哪些方面。（3）竞争对手根深蒂固的价值观和观察、分析事物方法是什么。（4）竞争对手对产品的未来需求和产业发展趋势持何种看法（选项B不当选）。（5）竞争对手对其竞争者们的目标和能力的看法如何（选项C不当选）。戴琳公司的现行战略并非假设分析的考虑因素，选项D当选。

21 斯尔解析▶ A 本题考查的是竞争对手的能力分析。"丰瑞公司通过公开信息了解到，其国内竞争对手丙公司已在年初迅速启动新品研发，并计划在半年内推出极具竞争力的车型，以与新能源车企抗衡"体现了丰瑞公司对于环境的变化（"绿色出行理念盛行""传统车企垄断现状被打破"）迅速采取了正确的应对措施，符合快速反应能力分析的含义，因此选项A当选。

22 斯尔解析▶ B 本题考查的是战略群组分析。战略群组是依据战略群组特征的变量进行划分的，例如产品（或服务）差异化（多样化）的程度等。"该公司以产品多样性和销售区域覆盖率为变量对所在产业的所有企业进行分组"说明飞象公司进行了战略群组划分。战略群组分析的作用有：（1）**有助于很好地了解战略群组间的竞争状况**；（2）**有助于了解各战略群组之间的"移动障碍"**；（3）**有助于了解战略群组内企业竞争的主要着眼点**（选项B当选）；（4）**利用战略群组图还可以预测市场变化或发现战略机会**。选项A属于竞争对手分析的内容，选项C属于产业环境分析的方法（成功关键因素），选项D属于业务组合分析，因此选项ACD不当选。

23 斯尔解析▶ A 本题考查的是企业资源的类型。人力资源是指企业员工以及与员工相关的各种因素，主要包括三类：**第一类是员工的数量和结构，如年龄结构、受教育结构等**（选项BC不当选）。**第二类是员工拥有的知识、能力和素质**（选项D不当选）。**第三类是有效地组织、管理、培育、发展前两类人力资源的体制和机制**。选项A属于无形资源，当选。

24 斯尔解析▶ D 本题考查的是企业资源的不可模仿性。"凭借其长期积累形成的原料配制秘方和生产工艺诀窍等资源生产的多种卤制品"说明其资源优势是长期积累形成的，且不仅体现在秘方本身，也体现在生产工艺方面，因此属于具有路径依赖性的资源，选项D当选。

应试攻略

如果题目中不提及"生产工艺诀窍"，则该公司产品深受消费者喜爱的理由则可能仅是其配制秘方，属于"物理上独特的资源"。但仔细体会出题人的意图会发现，"长期积累形成"这几个字非常明显，而最与其匹配的标准就是"具有路径依赖性的资源"。

25 斯尔解析▶ D 本题考查的是决定企业竞争优势的企业资源判断标准。有形资源往往都有自己的损耗周期，而无形资源和组织资源则很难确定其贬值速度。"该公司秉承'一切从消费者角度考虑'的理念，……取得出色的经营业绩和竞争优势"说明公司获取竞争优势的来源是这一理念（即无形资源），而无形资源属于具有持久性的资源，选项D当选。可延展性和价值性均为核心能力的特征，选项BC属于干扰选项，不当选。

26 斯尔解析▶ C 本题考查的是核心能力的特征。**核心能力的整合性指的是企业将多个领域的多种优势资源融合在一起，从而产生协同作用的结果**。"鑫氏卫浴客户服务部联合数据、销售、财务等多个团队的骨干，共同建立了客户大数据体系"说明该企业在客户服务方面的核心能力是通过不同业务部门、不同职能领域的人员或团队密切协作而形成的，符合整合性的含义，选项C当选。本题中，未出现与“不可替代”“动态调整”“企业独有（或难以通过市场获取）”等关键词，因此选项ABD不当选。

27 斯尔解析▶ B 本题考查的是核心能力的识别与评价中的基准分析。房地产开发商与快消类巨头不属于同一行业，因此可直接排除选项AC。题干中并未提及与顾客预期相关的关键词，因此选项D不当选。而过程或活动基准的对象是不同产业但拥有相同或相似活动、流程的企业，彼此之间的产品不存在直接竞争（即不同行业无竞争），选项B当选。

28 斯尔解析▶ A 本题考查的是核心能力的识别与评价中的基准分析。耀胜体育和恒泰公司处于不同的国家，无法构成直接的竞争关系，选项C不当选；二者均属于体育用品行业，具有相同的业务功能，所以是一般基准，选项A当选。

29 斯尔解析▶ C 本题考查的是基准分析对象的选择。企业在进行基准对象选择时，主要关注三个方面：（1）**占用较多资金的活动**；（2）**能显著改善与顾客关系的活动**；（3）**能最终影响企业结果的活动**。根据成功关键因素理论，**啤酒行业的成功关键因素之一是批发分销商网络**，这是其在特定市场获得盈利必须拥有的技能和资产，可同时满足基准对象选择的三个方面，因此选项C当选。

30 斯尔解析▶ B 本题考查的是价值链活动的分类。**服务是指与保持和提高产品价值有关的活动，如培训、修理、零部件的供应和产品的调试等**。“该公司通过售后用户体验追踪系统随时掌握、分析不同车型的质量问题，并与汽车分销商共享信息，不断提高来维修的客户的满意度”，关键词是“售后用户体验追踪”和“提高前来维修的客户的满意度”，属于基本活动中的服务，选项B当选。

31 斯尔解析▶ D 本题考查的是波士顿矩阵。**波士顿矩阵中的相对市场占有率是以企业某项业务的市场份额与这个市场上最大的竞争对手的市场份额之比**。甲旅行社的出境游服务项目，其市场份额位列第二，表明其与市场份额位列第一的比值低于1，即相对市场占有率低。“中国公民出境游市场处于高速发展的阶段”表明其市场增长率高，因此根据波士顿矩阵可知，鸿湖集团的甲旅行社业务属于问题业务，选项D当选。

32 斯尔解析▶ A 本题考查的是波士顿矩阵。根据题干，万怡公司的家电产品属于现金牛业务，选项C不当选；但其经营者最好是市场营销型人物，选项A当选。“房地产业进入‘寒冬’期”说明市场增长率低，“公司的房地产业务一直未有起色”说明相对市场占有率低，因此房地产业务属于瘦狗业务，公司应当采取撤退战略，选项B不当选。“工业机器人行业近年来发展迅猛”说明市场增长率高，“工业机器人业务实现了迅猛增长”说明相对市场占有率高，因此工业机器人业务属于明星业务，公司应当采用发展战略，选项D不当选。

33 斯尔解析▶ B 本题考查的是波士顿矩阵。“数据网络传输设备的市场占有率位居行业第五”说明相对市场占有率小于1（提示：相对市场占有率是一个企业在某项业务上的市场份额与该业务市场上最大竞争对手的市场份额之比而言的），“近年来国内数据网络传输产业增速均在10%以上，市场呈现供不应求”说明市场增长率大于10%，因此东光公司的数据网络传输业务属于问题业务，对待问题业务应采取选择性投资战略，因此选项B当选。选项A是针对明星业务应采取的战略，选项C是针对现金牛业务应采取的战略，选项D是针对瘦狗业务应采取的战略，因此选项ACD不当选。

应试攻略

部分同学可能会根据“市场占有率位居行业第五”判断东光公司的数据网络传输业务的市场占有率很高，但错误在于，波士顿矩阵的横坐标是相对市场占有率而非绝对市场占有率，“市场占有率位居行业第五”虽然意味着绝对市场占有率处于较高水平，但是相对市场占有率处于低水平。

二、多项选择题

34 斯尔解析▶ BD　本题考查的是PEST分析。PEST分析是企业进行外部宏观环境分析的重要工具。选项AC属于企业自身因素考虑，关键词：战略、经验与技术、业务，不当选。而选项BD属于企业外部宏观环境因素，关键词：所在国、政府、税收、行业，因此选项BD当选。

应试攻略

对于PEST模型，同学们需要分清容易混淆的内容，例如政策一定是P吗？税收一定是P吗？“政府”类的一定是P吗？如果不记得了，赶紧翻看《精准冲刺99记》。另外，如果PEST模型出现在主观题中，往往会需要额外判断某一个因素是有利还是不利，此时，最关键是找准自己的立场，再来判断。

35 斯尔解析▶ BC　本题考查的是产业五种竞争力模型。“拥有国内一流的研发团队，专利数量远超行业平均值”体现了现有企业对关键资源的控制，选项B当选。“面对愈演愈烈的行业竞争，天邦公司开始了‘价格战’，把产品价格压到最低”体现了限制进入定价，选项C当选。

提示：限制性进入定价强调的是一种主动进攻，试图通过实施低价来告诉进入者自己是低成本的，进入将是无利可图的。

36 斯尔解析▶ AD　本题考查的是产品生命周期各阶段的成功关键因素。“市场上该类产品的品种、规格、质量都逐渐趋于一致，企业之间为争取市场份额而展开的价格战愈演愈烈”说明汇鑫公司正处于成熟期。选项AD分别属于成熟期企业在市场、研究开发方面的成功关键因素，当选。选项B属于衰退期企业在生产经营方面的关键成功因素，不当选。选项C属于衰退期企业在人力资源或研究开发方面的成功关键因素，不当选。

37 斯尔解析▶ AC　本题考查的是竞争对手分析。分析竞争对手未来战略的目标可以考虑以下因素：（1）**竞争对手的财务目标**；（2）**竞争对手对于风险的态度**；（3）**竞争对手的价值观**；（4）**竞争对手的组织结构**；（5）**竞争对手的会计系统、控制与激励系统**（选项A当选）；（6）**竞争对手领导阶层的情况**（选项D不当选）；（7）**对竞争对手行为的各种政府或社会限制，如反托拉斯法案等**。如果竞争对手是某个较大公司的一个子公司，则对竞争对手未来目标的分析除了上述内容外，还需注意以下方面：（1）母公司的总体目标和经营现状；（2）母公司对子公司及其业务的态度（选项C当选）；（3）母公司招聘、激励、约束子公司经理人员的方法。“如何看待橡胶轮胎行业的发展趋势”分析的是竞争对手的假设，选项B不当选。

38 斯尔解析▶ CD 本题考查的是企业资源的类型。“率先推出轨边自动化检测控制系统”属于无形资源中的技术资源，选项D当选。“拥有600余个机车和车辆检修基地、20个轨道焊轨中心”属于有形资源中的物质资源，选项C当选。

39 斯尔解析▶ BCD 本题考查的是企业资源的类型以及决定竞争优势资源的判断标准。和平饭店绝佳的地理位置应当是一种有形资源（选项A不当选）、是一种稀缺性资源且是物理上独特的资源（选项B当选）。和平饭店的历史文化是一种典型的无形资源，而无形资源由于很难确定其贬值速度，因此具有持久性（选项D当选），是其长期积累的、没有实物形成的资源。历史文化还是一种具有因果含糊性的资源（选项C当选），其形成原因并不能给出清晰的解释，竞争对手难以模仿，且有助于帮助和平饭店获得竞争优势。

40 斯尔解析▶ AB 本题考查的是核心能力特征。“奥优公司生产的水下摄影机比其他企业的同类产品操作更简便，拍摄出的图片更清晰”体现核心能力的价值性，选项A当选。“其技术实力与创新成果也一直被认为是行业标杆，至今未能被成功模仿”体现核心能力的独特性，选项B当选。本题中，未提及基于核心能力衍生出新的产品或产业，也未出现与“不可替代”有关的关键词，因此选项CD不当选。

提示：不可替代性并非指企业的核心能力不可被其他竞争对手替代（这更体现的是独特性），而是指该项能力不能被其他能力替代，且该项能力具有持久性。

41 斯尔解析▶ BC 本题考查的是钻石模型分析。选项A属于钻石模型中的相关与支持性产业（上下游），不当选。选项B属于PEST模型中的社会和文化因素，当选。选项C是政府对甲公司施行的一项限制政策，属于PEST模型中的政治和法律因素，当选。选项D属于钻石模型中的生产要素，不当选。

42 斯尔解析▶ BCD 本题考查的是价值链活动的分类。“开发了有助于失明患者进行义眼移植的Y产品，并且取得了发明专利”属于技术开发，选项D当选。“进货”属于内部后勤，选项C当选。“生产”和“建立了生产Y产品的工厂”（易忽略）属于生产经营，选项B当选。“发货”属于外部后勤，无对应选项。“服务和分销体系”分别属于基本活动中的服务和市场销售。

提示：部分同学认为“服务与分销体系”符合企业基础设施的内涵（即企业的组织结构、惯例、控制系统以及文化），但这忽略了一个关键，即基础设施与其他支持活动不同，它一般是用来支撑整个价值链的运行。“服务与分销体系”仅仅支持两个职能模块，无法支撑整个价值链的运行，因此选项A不当选。

43 斯尔解析▶ ABD 本题考查的是企业资源能力的价值链分析。“该公司在采购中采用产地速冻、向供应商提供专用保鲜容器等技术与方法，有效降低了采购品在流通中的损耗”说明价值链中基本活动（内部后勤）与支持活动（采购管理、技术开发）之间存在联系，选项B当选，且这些“技术与方法”帮助佳园公司“取得明显的竞争优势”，说明这些“技术与方法”（即技术开发）属于支持企业竞争优势的关键性活动，选项A当选。“向供应商提供专用保鲜容器等技术与方法”说明价值活动的联系不仅存在于企业价值链内部，而且存在于企业与企业的价值链之间，体现了价值系统内各项价值活动之间的联系，选项D当选。选项C说法不符合价值链分析的要点描述，故不当选。

44 斯尔解析▶ BCD 本题考查的是SWOT分析。房地产行业不景气，属于外部威胁（T），公司市场占有率低，属于内部劣势（W），因此应采用防御型战略（WT），选项B当选。新能源行业具有广阔的发展前景，属于外部机会（O），公司在该行业不具有竞争优势，属于内部劣势（W），因此应采用扭转型战略（WO），选项C当选。金融行业近年来发展势头明显回落，属于外部威胁（T），公司在该行业中具备一定优势，属于内部优势（S），因此应采用多种经营战略（ST），选项D当选。餐饮行业增长缓慢，属于外部威胁（T），公司市场占有率高，属于内部优势（S），因此应采用多种经营战略（ST），选项A不当选。

第三模块　战略选择
答案与解析

一、单项选择题

题号	答案	题号	答案	题号	答案	题号	答案	题号	答案
45	B	46	A	47	B	48	A	49	D
50	C	51	B	52	D	53	B	54	A
55	C	56	B	57	A	58	C	59	C
60	A	61	D	62	D	63	B	64	B
65	A	66	D	67	D	68	D	69	C
70	A	71	B	72	C	73	D	74	C
75	C	76	D	77	B	78	C		

二、多项选择题

题号	答案	题号	答案	题号	答案	题号	答案	题号	答案
79	AB	80	ABD	81	AB	82	AC	83	AB
84	ABD	85	BC	86	ABCD	87	ABC	88	ACD
89	ABCD	90	AC	91	AB	92	AD	93	ACD
94	BCD	95	AD	96	ABC	97	AD	98	ABCD
99	AD	100	AB	101	CD	102	BC	103	ABD
104	BC	105	ABC	106	ABC	107	BC		

一、单项选择题

45 斯尔解析▶ B　本题考查的是收缩战略的方式。**转向战略更多涉及企业经营方向或经营策略的改变**。本题中，竹岭公司为积极应对外部市场的变化，对旗下多个白酒品牌重新进行了定位，从满足公务消费转型为商务消费和大众消费，属于转向战略中的重新定位或调整现有的产品和服务，选项B当选。

应试攻略

对于转向战略，除了要明确其两种具体的形式主要是围绕着4P策略的调整，更别忘了“重新定位”也属于转向战略，这是一种整体性的转向。

46 斯尔解析▶ A　本题考查的是收缩战略的方式。“调整了管理层及领导班子，采用了更具有激励作用的薪酬制度”体现的是紧缩与集中战略中的机制变革，因此选项A当选。

47 斯尔解析▶ B　本题考查的是并购的动机。“销售网络扩展到全国三分之二以上的城市和部分乡镇，市场占有率提高了20%，进一步巩固了其行业领先地位”表明佳美公司进行并购的动机是克服企业负外部性，增强对市场的控制力，选项B当选。本题中佳美公司通过并购“进一步巩固了其行业领先地位”，这意味着作为中国最大的家电品牌厂家销售商，其并购的动机一定不会是争取市场机会，因此选项A不当选。选项CD均为战略联盟的动因，属于典型的“答非所问”，故不当选。

48 斯尔解析▶ A　本题考查的是战略联盟的特点。“签订战略合作协议，商定由东海公司免费向高胜公司开放相关数据收集平台，高胜公司则无偿为东海公司提供数据分析及应用方案”，属于契约式联盟。**相对于股权式战略联盟而言，契约式战略联盟由于更强调相关企业的协调与默契，从而更具有战略联盟的本质特征**，因此选项A当选。**股权式战略联盟有利于扩大企业的资金实力**（选项D不当选），**并通过部分“拥有”对方的形式**（选项B不当选），**增强双方的信任感和责任感，因而更有利于长久合作**（选项C不当选）。

49 斯尔解析▶ D　本题考查的是竞争战略类型的判断。“在种植区内增设了园林景观、运动场、游戏场等，到秋收季节，顾客可前来付费进行休闲娱乐等活动，同时能以市场最低的价格采摘和购买苹果”表明企业可以在为顾客提供更高的认可价值的同时，获得成本优势，属于混合战略，选项D当选。

50 斯尔解析▶ C　本题考查的是竞争战略的实施条件。“专为老年人提供洗澡、理发等上门清洁服务”说明福门公司实施的竞争战略是集中化战略。集中化战略的实施条件包括：（1）**购买者群体之间在需求上存在着差异**；（2）**目标市场在市场容量、成长速度、获利能力、竞争强度等方面具有相对的吸引力**；（3）**在目标市场上，没有其他竞争对手采用类似的战略**；（4）**企业的资源和能力有限**。选项A表明老年人清洁服务市场容量有限，不具有吸引力，不符合（2）的表述，因此选项A不当选。选项B，在目标市场上的成长速度缺乏吸引力，不符合（2）的表述，因此选项B不当选。选项C，符合（3）的表述，因此选项C当选。选项D不符合（1）的表述，因此选项D不当选。同学们可以简单来想，本题考查竞争战略实施条件，其实质就是在问，在怎样的条件下，企业会实施这样的竞争战略？根据题干，福门公司选择的是在老年人清洁服务这个细分市场上进行深耕。福门公司为什么要这么做？一定是因为这么做有一定的好处，而选项AB都是在表明这个细分市场存在一定的局限性，因此我们很容易排除选项AB。正是因为老年人清洁服务的需求与其他群体的差异很大，福门公司才能够在这一细分赛道上经营，这是企业赖以形成集中化战略的基础，因此选项D不当选。选项C表明在这一细分市场上竞争并不激烈，这是在这一细分市场上进行经营的好处，因此选项C当选。

51 斯尔解析▶ B 本题考查的是零散产业谨防潜在的战略陷阱。“在其拥有的所有分店统一推出智能健身设备……该设备受到健身者的好评。但由于购置、使用、维护智能健身设备耗资很大，而需求和使用率有限，永强公司入不敷出，经营陷入困境”，关键词是“所有分店统一推出”“设备耗资很大”“入不敷出”，说明永强公司对新产品做出了大量投资，但并未收回（这是教材中“对新产品做出过度反应”内涵的解释）。因此，永强公司进行战略选择时未能避免的战略陷阱是对新产品做出过度反应，选项B当选。

52 斯尔解析▶ D 本题考查的是蓝海战略的六项原则（制定原则和执行原则）。蓝海战略的执行原则包括：（1）**克服关键组织障碍**；（2）**将战略执行建成战略的一部分**。因此选项D当选。选项ABC为蓝海战略的制定原则，不当选。

53 斯尔解析▶ B 本题考查的是蓝海战略的重建市场边界的基本法则。跨越战略群组指不局限于现有产业边界，而是极力打破这样的边界条件，通过提供创新产品和服务，开辟并占领新的市场空间的战略。紫云公司原本是一家经营高档酒店的企业，后来“该公司引入中低档酒店的一些经营方式……为自身的发展开辟了一片蓝海”体现了紫云公司通过跨越酒店行业内的战略群组（从高档酒店到中低档酒店），打破了边界，重建了市场，选项B当选。

54 斯尔解析▶ A 本题考查的是市场细分的类型。德国、法国、意大利和中国大陆体现了地理因素，选项D不当选。德国的消费者购买滤水壶是为了降低当地水质的硬度，法国和意大利的消费者购买滤水壶是为了将其作为瓶装水的一种低成本替代品，体现了不同消费者购买的动机，属于心理因素。“进入中国大陆市场初期，X滤水壶定位于高端生活改善消费品，它代表健康的水质和时尚的生活感受”，体现了消费者的生活方式或追求的利益，属于心理因素，选项B不当选。“且通常只有在安置新房时考虑购买滤水器”，体现了消费者购买的时机，属于行为因素，选项C不当选。虽然题目中提及了“德国”“法国”等不同的国家，但不能将国家等同于国籍，这是完全不同的概念，因此本题不涉及人口因素，选项A当选。

55 斯尔解析▶ C 本题考查的是市场细分的类型。“89%的产品是被50%的顾客（重度饮用啤酒者）消费的，另外50%的顾客（轻度饮用啤酒者）的消费量只占总消费量的11%”说明嘉利啤酒公司进行市场细分的依据为消费者对某种产品（啤酒）的使用率，属于行为因素，选项C当选。

56 斯尔解析▶ B 本题考查的是目标市场选择策略。**差异性营销策略指企业决定同时为几个子市场服务，设计不同的产品，并在渠道、促销和定价方面都加以相应的改变，以适应各个子市场的需要**。“专注三、四线城市经济连锁酒店的优尚公司……开始了业务与品牌拓展，进军中高档酒店，以不断挖掘细分人群的需求”属于差异性营销的策略，因此选项B当选。

提示：该公司在业务拓展之前所采用的目标市场选择策略是集中性营销策略，即“专注三、四线城市经济连锁酒店”。

57 斯尔解析▶ A 本题考查的是市场定位策略。在国内白酒市场被众多老牌酒业瓜分的情况下，西涌酒业选择生产销售当前市场上尚没有的低端平价白酒“青小白”，避免了与老牌酒业的直接对抗，抢占或填补市场空位，属于避强定位，选项A当选。

58 斯尔解析▶ C 本题考查的是新产品开发策略。新产品开发策略下，新产品主要包括以下四类：（1）**全新产品**。这种产品的主要特点是研发时间长、难度大、成本高，开发成功后企业收益高，给顾客带来的价值大（选项A不当选）。（2）**替代产品**。这类产品的主要特点是开发相对容易，能使企业快速取得良好的收益，并使顾客需求得到较大程度的满足（选项D不当选）。（3）**改进产品**。这类产品的特点是开发的难度和成本比较低，开发速度比较快，对提高企业收益和对顾客需求的满足程度具有积极作用（选项B不当选）。（4）**模仿性新产品**。这类产品的主要特点是能够迅速提高企业竞争实力和增加销售收入（选项C当选）。

59 斯尔解析▶ C 本题考查的是基于成员关系的渠道系统。**水平渠道系统是指两个或两个以上企业进行横向联合，企业之间可以互相利用对方的渠道，也可以共同开发新的渠道**。本题中，望宜和农夫泉属于两个不同的企业（且不属于上下游关系），并通过利用对方的渠道形成优势互补，扩大了销售，符合水平渠道系统的含义，选项C当选。

60 斯尔解析▶ A 本题考查的是价格策略。美廉超市在确定零售商品价格时采取的是尾数定价的方法，“9.9元”“19.9元”“99.9元”的标价会使得消费者感觉比整数价格更便宜的消费心理。尾数定价属于心理定价策略，选项A当选。

提示：尾数标价不等于打折，因此尾数标价不属于折扣与折让定价策略的范畴。

61 斯尔解析▶ D 本题考查的是价格策略。“防晒系列”为该公司“顺势推出”的新产品。符合新产品定价策略的方法包括：**渗透定价策略、撇脂定价策略、温和定价策略、免费定价策略**。“价格定位于同类产品之上，依然供不应求”表明产品在上市之初的定价较高，属于撇脂定价策略，因此选项D当选。

62 斯尔解析▶ D 本题考查的是研发的模式。本案例中，多瑞医院采用的是合作研发模式，该模式的缺点有：合作成员之间可能由于利益不一致或沟通不畅、协调不力而导致研发效率低下甚至失败（选项A不当选）；立项企业在行业内难以取得技术产品独家领先的地位（选项B不当选）；技术秘密和知识产权的保护存在一定的困难（选项C不当选）。选项D是委托研发的缺点，当选。

63 斯尔解析▶ B 本题考查的是研发定位类型。“2005年，公司成功研发‘中国芯’，彻底打破国外芯片的垄断地位。2015年，发布VP画质引擎芯片，使信达公司正式比肩行业巨头”说明信达公司研发定位是成为成功产品的创新模仿者，因此选项B当选。这种方法必须有先驱企业开发第一代新产品并证明存在该产品的市场，然后由跟随的企业开发类似的产品。这种战略要求企业拥有优秀的研发人员和优秀的营销部门，而“信达公司以强大的研发实力为后盾，以优秀的销售团队为支撑，营业收入实现稳步增长”，符合该定位的内涵。

64 斯尔解析▶ B 本题考查的是生产运营战略中的配送网络模式。对于高价值、低需求量、需求不可预测的商品，直送模式的效益最大，因此选项B当选。

65 斯尔解析▶ A 本题考查的是平衡产能与需求的方法。公司管理层预计销售有所突破，再加上双十一来临，说明需求是可预测的，于是企业就加大公司下半年的产量作为库存，以应对未来需求的增长，属于库存生产式生产，选项A当选。

66 斯尔解析▶ D 本题考查的是货源策略的类型。灵川公司同时从三家公司进货，属于多货源少批量策略。在多货源少批量策略下，供应商之间的竞争使企业的议价能力增强，因此选项D当选。其余选项均为少数或单一货源采购策略的优点，因此选项ABC不当选。

67 斯尔解析▶ D 本题考查的是交易策略的类型。企业采用创新性联盟策略时，往往从某种新产品概念的提出就开始与供应商合作（“两方从最初的概念阶段便开展深入交流”），其产品的设计、试制、改进、定型、生产与供应商的产品和技术创新基本上同步进行、相互契合（“共同推动后续的试制、定型与生产，确保信息同步，促进资源协调”）。为了创新的最终成功和取得双赢的效果，双方需要进行紧密和持久的合作，包括双方发展战略的相互配合以及资金、人员等重要资源的协调使用（“各自派驻了骨干员工共同推动”），因此题干符合创新性联盟策略的含义，选项D当选。

68 斯尔解析▶ D 本题考查的是人力资源战略中的获取策略。“贝康公司是一家生产婴幼儿奶粉的企业，该公司近期率先推出一种营养成分最接近母乳且比其他奶粉更易于婴幼儿消化吸收的产品”说明贝康公司采取的基本竞争策略是差异化战略（关键词是“率先”），与这一基本竞争战略相匹配的人力资源获取策略是“多重方法”，即对员工的甄选采取较为严密的策略，因此选项D当选。面试和简历审查是采取成本领先战略的企业所采用的甄选方法，选项AB不当选。心理测试是采取集中化战略的企业所采用的甄选方法，选项C不当选。

69 斯尔解析▶ C 本题考查的是人力资源战略中的获取策略。“该公司率先采用生物技术生产的无毒级高效农药，深受种植企业欢迎”说明叶丰公司采用的是差异化战略，其甄选标准是强调与文化的契合，选项C当选。成本领先战略员工的甄选由人力资源部负责；甄选方法是简历和面试为主，选项BD不当选。选项A是本题难点，这并非教材原文，而是教材字里行间的提炼。对于采取成本领先战略的企业，员工招聘往往注重招聘成本；对于采取集中化战略的企业，更强调招聘工作的速度，常采用认知能力测试和人格测试等快速识别能够胜任工作的员工。因此这一选项实际上对应了两种竞争战略的获取策略，故该选项不当选。

70 斯尔解析▶ A 本题考查的是人力资源战略。“家庭主妇对品牌的忠诚度不高，但对价格变动非常敏感”，并且“各类产品与Y公司的产品大同小异”，因此Y公司最可能选择的竞争战略是成本领先战略。采取成本领先战略的企业，在员工招聘时，往往比较注重员工招聘成本，尤其对通用型和辅助型员工，可替代性强，采用的多是外部招募和人力资源外包（选项A当选），且公司往往通过设立企业大学或者定期培训来提升员工的知识和能力（选项B不当选），其评估范围狭窄，评估的信息来源单一（选项C不当选），更强调对外公平（选项D不当选）。本题选项BCD均为实施差异化战略的企业所对应的人力资源战略。

71 斯尔解析▶ B 本题考查的是产品生命周期不同阶段的财务战略。根据经营风险与财务风险反向搭配的原则，可以首先排除选项AD。“兆兴公司是一家提供基因检测解决方案的初创公司”“资金主要来源于专业投资机构的投资”“终端客户的接受程度与潜在市场规模等因素尚存在不确定性”这些信息表明该公司是一家处于产品导入期的高科技企业，主要使用权益筹资，具有高经营风险与低财务风险的特征，因此选项B当选。一家经营确定性高、主要使用借款筹资的企业才会采用低经营风险和高财务风险这样的搭配，因此选项C不当选。

72 斯尔解析▶ C 本题考查的是产品生命周期不同阶段的财务战略。“企业都以取得最大市场份额为战略目标。各个企业的产品在技术和性能上有较大差异”说明射频识别设备生产企业处于成长期，企业的市盈率高，因此选项C当选。选项AD是衰退期的经营特征，选项B是成熟期的经营特征，因此选项ABD不当选。

73 斯尔解析▶ D 本题考查的是全球价值链的分工模式。在关联型价值链下，产品规格非常复杂、难以编码，买卖双方必须要对那些难以编码的知识进行传递（“第一时间与邻国多家供应商沟通不同款式的设计思路与工艺细节，确保信息传递的准确性和及时性”），竞争力较强的供应商可以为领先企业提供具有竞争力的辅助性功能，因而双方之间易于产生相互依赖并进行平等合作（“该企业57%的供应商都在附近的邻国，如葡萄牙、摩洛哥和土耳其。借助地缘优势……”）。因此，上述案例符合关联型价值链的含义，选项D当选。

74 斯尔解析▶ C 本题考查的是全球价值链的分工模式。**俘获型价值链下，领先企业会寻求一些自身核心能力不强的供应商进行“锁定”。在这种分工模式中，供应商的生产活动通常被限制在一个狭窄的范围内，如简单组装、贴牌生产等。在这种模式中，领先企业要对供应商提供清晰的、已成文的指示，并在必要时提供技术支持，供应商才能生产出满足复杂规格需求的产品**。“D公司与Y国的一家整车组装公司成立P合资企业，该企业仅需按照D公司提供的技术方案进行简单组装即可”符合俘获型价值链的概念，因此选项C当选。

75 斯尔解析▶ C 本题考查的是国际化经营战略的类型。M公司在国际化经营的过程中，根据中国市场的需求，提供了更能满足当地市场需求的产品，这是典型的多国本土化战略，选项C当选。

应试攻略

本题前半段是极具迷惑性的描述。虽然M公司推行的是“标准化”，但此标准化是管理模式上的标准化，而非产品的标准化。因此，各位同学务必要仔细审题，不要看到“标准化”就冲动地选择了全球化战略。

76 斯尔解析▶ D 本题考查的是国际化经营战略的类型。“东盛公司在国内的母公司保留技术和产品开发的职能，在国外的子公司只生产由母公司开发的产品”，可以判断出东盛公司所采取的国际化经营战略是国际战略，选项D是国际战略的特点，当选。

77 斯尔解析▶ B 本题考查的是新兴市场的企业战略。“面对日益加剧的全球化压力”说明全球化压力大，“奇天公司于1998年开始实施全球化扩张行动，成功建成了全球性的市场网络和研发平台”说明其企业优势资源可以移植到其他市场。根据象限法，属于“抗衡者”战略。另外，本题还可以通过“战略定位”判断，奇天公司实施的是“全球化扩张行动”，即有可能与发达国家跨国公司在全球范围内展开正面竞争，我们称这种情况下的本土企业为“抗衡者”。同时，“奇天公司始终坚持在通信行业的主航道上聚焦，在国际市场上站稳了脚跟”说明奇天公司找到了一个定位明确又易于防守的市场，再次验证该战略为“抗衡者”，因此选项B当选。

78 斯尔解析▶ C 本题考查的是新兴市场的企业战略。“Z公司开始将精力放在AMOLED面板上，而不再投资传统的LCD面板业务”说明Z公司开始重新定义自己的核心业务，避开与跨国公司的直接竞争；“Z公司还与K国的某行业巨头已达成合作，专注于AMOLED面板的产能提升与技术改造”说明Z公司与跨国公司建立合资、合作企业。因此，Z公司扮演的角色是躲闪者，选项C当选。

提示：本题不适合采用象限法，而是要结合躲闪者战略举措的关键词进行判断。

二、多项选择题

79 斯尔解析▶ AB 本题考查的是一体化战略。根据题干，富华公司的产品“主要用于大型采矿机械、采油设备的生产”，所以参股海城矿山机械公司（对应采矿机械的生产）、与东港石油公司签订合作协议（对应采油设备的生产），属于前向一体化战略，选项AB当选。

应试攻略

铁矿资源是钢材生产企业的上游，因此该投资行为属于后向一体化，选项C不当选。煤炭集团可为富华公司提供能源支持，也是上游资源，因此属于后向一体化，选项D不当选。

80 斯尔解析▶ ABD 本题考查的是发展战略类型的判断。“顾客既可以按照公司提供的菜谱点餐”体现了该公司继续基于现有产品和现有市场进行经营，属于市场渗透战略，选项A当选。“可以自带菜谱和食材请公司的厨师加工烹饪”的方式可以吸引新的客户群体（即新市场）前来餐厅就餐，但公司本身依然提供的是餐饮服务（即现有产品），属于市场开发战略，选项B当选。“还可以在支付一定学习费用后在厨师指导下自己操作，从而在享受美食的同时提高厨艺”，此时餐厅除了提供餐饮服务之外，还提供了厨艺指导的服务，从而提高餐厅的差异化程度，满足客户新的需求，属于产品开发战略，选项D当选。

81 斯尔解析▶ AB 本题考查的是发展战略类型的判断。“逐步丰富产品品类，从液晶电视拓展到IoT智能终端和网络通信产品等”属于产品开发战略，选项A当选。“公司从2019年开始向全球市场进发，截至目前液晶电视ODM出货量累计排名全球第二”属于市场开发战略，选项B当选。

82 斯尔解析▶ AC 本题考查的是多元化战略的优点。上谷公司实施的发展战略是多元化战略。“凭借在粮油市场上积累的品牌信誉、设施技术等优势”体现了“运用企业在某个产业或某个市场中的形象和声誉来进入另一个产业或市场”和“利用未被充分利用的资源”，因此选项C当选。“受疫情影响，市场行情出现较大波动”体现了多元化战略“分散风险”的优点，选项A当选。本案例中，并未体现实施多元化战略有利于更容易从资本市场获得融资，选项B不当选。选项D是实施战略联盟的动因，属于“所答非所问”，不当选。

83 斯尔解析▶ AB 本题考查的是收缩战略的方式。“缩减兽医团队规模”属于紧缩与集中战略中的削减人工成本，因此选项A当选。“为解决部分客户因白天工作繁忙无法带宠物出门就诊的问题，增设线上下单医师夜间上门问诊的服务”属于转向战略中对现有产品或服务的调整，因此选项B当选。“将下午茶业务交由第三方承包经营”属于将产品或服务转移给承包方，属于放弃战略中的分包，因此选项CD不当选。

84 斯尔解析▶ ABD 本题考查的是并购类型的判断。“经双方充分协商”体现了友善并购，选项A当选。蓝太公司是非金融企业，从并购方的身份判断，属于产业资本并购，选项B当选。蓝太公司是金属产品的生产和经营企业，其所并购的Z公司拥有矿产资源，两者属于上下游关系，因此该并购属于纵向并购，选项D当选。

85 斯尔解析▶ BC 本题考查的是战略联盟的特点。联合公司和蓝晓公司通过交换彼此的股份而建立长期合作的关系，属于股权式战略联盟（相互持股投资）。股权式联盟的优点是：（1）**有利于扩大企业的资金实力**；（2）**通过部分“拥有”对方的形式，增强双方的信任感和责任感，因而更有利于长久合作**（选项BC当选）。选项AD是契约式联盟的特点，不当选。

86 斯尔解析▶ ABCD 本题考查的是战略联盟管控。具体而言，订立协议需要明确的基本内容包括：（1）**严格界定联盟的目标**；（2）**周密设计联盟结构**；（3）**准确评估投入的资产**；（4）**规定违约责任和解散条款**。因此选项ABCD当选。

提示：本题是2021年真题，但官方答案并未对应案例材料，仅起到了背景介绍的作用，考点冷门，考法也不太常规，适当关注即可。

87 斯尔解析▶ ABC 本题考查的是竞争战略的风险。“Y牌卫生纸是高档卫生纸的代表……吸引了大量高收入消费群体购买”表明Y牌卫生纸采用的是集中化战略，而集中化战略可能面临的风险包括：（1）**狭小的目标市场导致的风险**；（2）**购买者群体之间需求差异变小**；（3）**竞争对手的进入与竞争**，因此选项ABC当选。选项D是实施成本领先战略的风险，该选项不当选。

88 斯尔解析▶ ACD 本题考查的是竞争战略的风险。“GL公司利用市场对微波炉产品价格的高度敏感，通过集中生产少数品种、减少各种要素成本、不断改进产品工艺设计等多种手段降低成本，以‘价格战’不断摧毁竞争对手的防线”说明GL公司采用的是成本领先战略。成本领先战略的风险包括：（1）**技术的变化可能使过去用于降低成本的投资（如扩大规模、工艺革新等）与积累的经验一笔勾销**，因此选项A当选。（2）**产业的新加入者或追随者通过模仿或者以更高技术水平设施的投资能力，达到同样的甚至更低的产品成本**，因此选项C当选。（3）**市场需求从注重价格转向注重产品的品牌形象，使得企业原有的优势变为劣势**，因此选项D当选。消费者群体之间的需求差异变小是实施集中化战略的风险，因此选项B不当选。

89 斯尔解析▶ ABCD 本题考查的是零散产业的战略选择。“专注于组织老年消费者出国游业务”体现了专门化——目标集聚，选项C当选。“在业内率先根据旅行中所在国家或地区的特点，开展健身要约、摄影、休闲、美食品尝与制作，探访居民等活动”体现了增加附加价值——提高产品差异化程度，选项B当选。“面对越来越多的慕名而来的消费者，该社在国内设立了上百家分社或代理机构，复制推广上述业务模式”体现了连锁经营或特许经营，选项A当选。“在业内率先根据旅行中所在国家或地区的特点，开展……活动”属于尽早发现产业趋势，选项D当选。

90 斯尔解析▶ AC 本题考查的是蓝海战略的制定原则和执行原则。蓝海战略强调通过审视“非顾客”之间强大的共同点统合需求，而不是把目光集中在顾客间的差别上，以此能够最大限度地拓宽创建中的蓝海和启动新的需求，并能够最大限度地降低规模的风险，选项B不当选。企业应把战略的执行结合到战略制定的过程中，从而鼓舞人们行动起来，去执行蓝海战略，并使这种积极性根植于企业组织中并长久保持下去，选项D不当选。

91 斯尔解析▶ AB 本题考查的是蓝海战略的特征。“面对不同电影院线之间同质化竞争异常激烈的局面，独辟蹊径地将旗下的一部分影院改造成家庭影院”体现了该院线与其他院线的不同，关键词是“独辟蹊径”，因此选项A当选。“按照消费者预定的时间、影片乃至餐席提供服务，使他们在影院欣赏影片的同时享受亲友团聚和美味佳肴”体现了该院线为消费者提供了新服务，关键词是“消费者”，因此选项B当选。题干中未明确体现出成本的降低，因此选项CD不当选。

92 斯尔解析▶ AD 本题考查的是商业模式创新类型（平台商业模式）。**多边平台商业模式是指通过将众多独立但相互依存的客户群体连接在一起，促进不同群体间的互动和价值创造**。案例中的谷歌公司符合这一模式的含义。多边平台通过不断吸引用户加入其网络而让其价值持续提升的价值主张所创造的价值通常体现为：（1）吸引不同的客户群体（选项A当选）。（2）对不同的客户群体进行双边匹配。（3）提供交易闭环的环境，并降低交易成本（选项B不当选）。从收入来源看，在多边平台上各个细分客户群体都能够产生收益流（选项C不当选）；部分客户群体享受免费服务或补贴；定价（含补贴）决策决定了平台的商业成败（选项D当选）。

93 斯尔解析▶ ACD 本题考查的是消费者市场细分的依据。“主要开设在中高档社区周边”体现了地理因素，选项A当选。“考虑到附近消费者对于生活品质有更高的追求”体现了心理因素（即生活方式或追求的利益），选项C当选。“该店还会为初次光顾的顾客，提供免费的甜品”体现的是行为因素（即消费者进入市场的程度），选项D当选。

提示：本题案例中并未提及与“人口因素”直接相关的关键词，不能将“中高档社区”的消费者延伸至“收入水平高”的消费者。

94 斯尔解析▶ BCD 本题考查的是分销策略的类型。独家分销适用于技术含量较高，需要售后服务的专门产品的分销，密集分销更适用于日常消费品的分销，因此选项A不当选；独家分销是指生产企业在某一地区仅通过一家中间商推销其产品，选择分销指生产企业在某一地区仅通过几家精心挑选的、最适合的中间商推销产品，因此选择分销比独家分销能给消费者带来更大的方便，选项B当选；密集分销指生产企业以尽可能多的中间商销售企业的产品和服务，不容易对中间商的服务水平保持控制，选项C当选；密集分销的中间商销售企业众多，渠道管理成本很高，选项D当选。

95 斯尔解析▶ AD 本题考查的是促销策略的类型。推式策略大多面向销售人员和中间商展开，激励他们购买产品并向最终消费者销售，选项A当选；拉式策略主要是通过广告来刺激消费者的需求，选项B不当选；推式策略激励渠道成员购买产品并向最终消费者销售，而拉式策略是直接指向最终消费者，选项C不当选；企业可以将推式策略和拉式策略配合起来使用，即推拉结合策略，选项D当选。

96 斯尔解析▶ ABC 本题考查的是市场营销组合。“增加小包装产品在超市的销售比例”体现了产品策略，具体是扩大产品组合，因此选项A当选。“对喜庆消费者如庆生日者赠送水产品礼盒”体现了促销策略中的营业推广，“在超市中采用体现公司形象的销售车进行销售”体现了促销策略中的公关营销，因此选项B当选。“在国内几个一线城市开设20余家自营水产品超市进行直销”体现了分销策略，因此选项C当选。

97 斯尔解析▶ AD 本题考查的是研发的动力来源。“随着中国消费者对于高蛋白营养需求的日益增加，乳业集团蒙牛坚持基础研发投入”体现的是市场需求，选项A当选。“构建绿色低碳产业链，推动‘为养而种、种养结合、循环发展’模式”体现的是社会责任，选项D当选。技术进步侧重于“新技术的出现激发企业加大投入”，而本题中的研发投入动力来源是消费者的需求，选项B不当选。

98 斯尔解析▶ ABCD 本题考查的是生产运营战略涉及的主要因素。“该公司采用温室种植和自然种植的方法向市场供应当季收获的果蔬”体现了种类，选项B当选。“并在各种节假日期间推出有纪念或庆祝意义的果蔬篮”体现了需求变动，选项C当选。“每年购买果蔬超过一定数量的客户自动成为贵宾客户，可享受价格优惠”体现了批量，选项A当选。“并定期免费参观该公司的果蔬种植园”体现了可见性，选项D当选。

99 斯尔解析▶ AD 本题考查的是生产运营战略的竞争重点。“该公司每年提供2万多种不同的产品供顾客选择，从设计理念到成品上架，仅需10天时间”反映了Z公司能够向市场快速提供企业产品的能力，对应的竞争重点为交货期，选项A当选。“可以实时与全球各地的专卖店店长召开电话会议，了解销售情况和顾客反映，并调整数据库中款式、花色、面料等信息，而这些信息可与原料仓储数据库相联系，极大缩短了供应链的反应周期”反映了企业生产运作系统对外部环境做出反应的能力，能够满足市场日益个性化、多元化的趋势，对应的竞争重点为制造柔性，选项D当选。

100 斯尔解析▶ AB 本题考查的是采购模式的特点。“由Q公司管理库存，并及时根据C公司的实际销售情况及其对安全库存的需求，帮助C公司完成订单或补货指令”说明C公司所采用的采购模式为VMI采购模式。该模式的特点包括：（1）企业与供应商建立了的长期稳定的深层次合作关系（选项A当选）；（2）供应商通过共享企业实时生产消耗、库存变化、消耗趋势等方面的信息，及时制定并实施正确有效的补货策略（选项D不当选，VMI模式下无须大量计算，而MRP采购模式才具有此特点），不仅以最低的成本满足了企业对各类物品的需要（选项B当选），而且尽最大可能地减少了自身由于独立预测企业需求的不确定性造成的各种浪费，极大地节约了供货成本（选项C不当选）；（3）企业与供应商之间按照利益共享、风险共担的原则，协商确定对相关管理费用和意外损失的分担比例以及对库存改善带来的新增利润的分成比例，从而为双方的合作奠定了坚实的基础。

101 斯尔解析▶ CD 本题考查的是采购模式的特点。“电脑制造商圣和公司根据生产需要对电脑零部件供应商瑞云公司下达订单，要求瑞云公司把适当数量、适当质量的电脑零部件在适当的时间送达适当的地点”说明该公司所采用的采购模式为JIT采购模式，特点包括：（1）供应商数量少甚至是单一供应商；（2）企业与供应商建立长期稳定的合作关系（选项C当选）；（3）采购批量小，送货频率高（选项D当选）；（4）企业与供应商都关心对方产品的改进和创新，并主动协调、配合；信息共享快速可靠。选项A是数字化采购模式的特点，选项B是VMI采购模式的特点，因此选项AB不当选。

102 斯尔解析▶ BC 本题考查的是人力资源供需平衡策略。当公司的人力资源供大于求的时候，为了达到平衡，可以采取两种思路，一是减少供给，二是增加需求。企业应该采取的措施有：（1）扩大经营规模，或者开拓新的增长点（选项B当选）；（2）永久性的裁员或者辞退员工；（3）鼓励员工提前退休；（4）冻结招聘（选项C当选）；（5）缩短员工的工作时间，实行工作分享或者降低员工的工资；（6）对富余员工进行培训，相当于进行人员储备，为未来做打算。采取多种方法提高现有员工的工作效率是增加人力资源的供给，选项A不当选。进行人员置换是对人力资源的供给端进行结构性的调整，对供给的总量没有影响，选项D不当选。

103 斯尔解析▶ ABD 本题考查的是人力资源获取策略。成本领先战略下，员工的晋升阶梯狭窄，不宜转换，选项A当选。成本领先战略下，对应的员工甄选标准强调技能，选项B当选。差异化战略下，内部人员对企业文化比较熟悉，对企业目标有认同感，更能够有效地开展工作，选项C不当选。集中化战略下，企业会通过心理测试的方法来甄选员工，选项D当选。

104 斯尔解析▶ BC 本题考查的是基于创造价值或增长率的财务战略选择。投资回报率大于资本成本，销售增长率大于可持续增长率，属于增值型现金短缺。在实务中，首先应判明这种高速增长是暂时性的还是长期性的。高速增长通常是不可持续的，增长率迟早会下降。如果高速增长是暂时的，企业应通过借款来筹集所需资金，等到销售增长率下降后企业会有多余现金归还借款。如果预计这种情况会持续较长时间，不能用短期周转借款来解决，则企业必须采取战略性措施解决资金短缺问题，因此选项A不当选。长期性高速增长的资金问题有两种解决途径：一是提高可持续增长率，使之向销售增长率靠拢，其中提高经营效率是应对现金短缺的首选战略，选项B当选。二是增加权益资本，提供增长所需的资金，选项C当选。选项D是减损型现金短缺的财务战略选择，因此该选项不当选。

105 斯尔解析▶ ABC 本题考查的是基于创造价值或增长率的财务战略选择。“虽然目前其业务能产生足够的现金流量维持自身发展，但业务的增长反而会降低企业的价值”说明R公司的业务属于减损型现金剩余业务。其所对应的财务象限的特征是：投资资本回报率小于加权平均资本成本，销售增长率小于可持续增长率。对于该象限的业务应选择的财务战略包括提高投资资本回报率、降低资本成本、出售业务单元，因此选项ABC当选。彻底重组是减损型现金短缺业务的财务战略，选项D不当选。

106 斯尔解析▶ ABC 本题考查的是国际化经营的动因。顺驰公司把一部分资金和生产能力转移至生产综合成本相对较低的汽车产销大国M国，关键词“成本”，体现了寻求效率，选项A当选。获得M国汽车制造商的大量订单，业务量大幅增长，体现了寻求市场，选项B当选。横向并购M国一家拥有国际知名品牌的企业，体现了寻求现成资产，选项C当选。本案例中未提及与“自然资源”相关的关键词，因此选项D不当选。

107 斯尔解析▶ BC 本题考查的是新兴市场本土企业的战略选择。“与竞争优势明显的K国光伏企业曼威公司进行合作”体现与跨国竞争对手建立合资、合作企业，属于“躲闪者”战略的举措，选项B当选。“采用对方的先进技术，专注于生产高效率光伏组件”体现学习从发达国家获取资源，以克服自身技能不足和资本的匮乏，属于“抗衡者”战略的举措，选项C当选。“专注于生产高效率光伏组件，并进军竞争激烈的国际市场”体现在一个全球化的产业找到了一个合适的突破口，也仍属于“抗衡者”战略的举措，并符合“抗衡者”战略的定义，再次证明选项C当选。

三、简答题

108 斯尔解析▶

（1）密集型战略：

①市场渗透——现有产品和现有市场（0.5分）。这种战略强调发展单一产品，试图通过更强的营销手段来获得更大的市场占有率。“多年来，乡中情公司专注辣椒调味制品”（0.5分）。

对于乡中情公司而言，实施这一战略的主要条件是：

a.如果其他企业由于各种原因离开了市场，那么采用市场渗透战略比较容易成功（0.5分）。“‘乡中情’辣酱热销多年，无一家其他产品能与其抗衡，……”（0.5分）。

b.企业拥有强大的市场地位，并且能够利用经验和能力来获得强有力的独特竞争优势，那么实施市场渗透战略是比较容易的（0.5分）。“‘乡中情’辣酱热销多年，无一家其他产品能与其抗衡，关键原因就在于其高度稳定的产品品质和低廉的产品价格”（0.5分）。

c.当市场渗透战略对应的风险较低，且在需要的投资较少的时候，市场渗透战略也会比较适用（0.5分）。“多年来，乡中情公司专注辣椒调味制品，……不投资控股其他企业，规避了民营企业创业后急于扩张可能面对的各种风险，走出了一条传统产业中家族企业稳健发展的独特之路”（0.5分）。

②市场开发——现有产品和新市场。市场开发战略是指将现有产品或服务打入新市场的战略（0.5分）。“乡中情公司在国内65个大中城市建立了省级、市级代理机构。2001年，乡中情公司产品已出口欧洲、北美、澳洲、亚洲、非洲多个国家和地区”（0.5分）。

对于乡中情公司而言，实施这一战略的主要条件是：

a.存在未开发或未饱和的市场（0.5分）。“原本是地方特色的辣椒调味制品‘乡中情’辣酱，如今成了全国和世界众多消费者佐餐和烹饪的佳品”，说明地方特色产品开发为被全国乃至世界接受的产品（0.5分）。

b.企业在现有经营领域十分成功（0.5分）。“‘乡中情’辣酱热销多年，无一家其他产品能与其抗衡，关键原因就在于其高度稳定的产品品质和低廉的产品价格”（0.5分）。

c.企业拥有扩大经营所需的资金和人力资源；企业存在过剩的生产能力（0.5分）。“乡中情公司在Z地区建立了无公害辣椒基地和绿色产品原材料基地，搭建了一条‘企业+基地+农户’的农业产业链，90%以上的原料都来源于这一基地”“先打款后发货，现货现款，乡中情公司将产品做成了硬通货，经销商只要能拿到货，就不愁卖，流通速度快”“不贷款”（0.5分）。

d.企业的主业属于正在迅速全球化的产业（0.5分）。“原本是地方特产的辣椒调味品‘乡中情’辣酱，如今成了全国和世界众多消费者佐餐和烹饪的佳品”，说明地方特色产品变为全球化产品（0.5分）。

③产品开发——新产品和现有市场。这种战略是在原有市场上，通过技术改进与开发研制新产品（0.5分）。“‘乡中情’产品相继开发的十几种品类”（0.5分）。

对于乡中情公司而言，实施这一战略的主要条件是：

企业具有较高的市场信誉度和顾客满意度（0.5分）。“‘乡中情’辣酱热销多年，其无一家其他产品能与其抗衡，关键原因就在于其高度稳定的产品品质和低廉的产品价格”“‘乡中情’辣酱恰到好处地平衡了辣、香、咸口味，让最大多数消费者所接受。‘乡中情’辣酱制作从不偷工减料，用料、配料和工艺流程严谨规范，保持产品风味，虏获消费者的舌尖。乡中情公司对辣椒原料供应户要求十分严格，提供的辣椒全部要剪蒂，保证分装没有杂质”（0.5分）。

一体化战略：

纵向一体化战略中的后向一体化。是指获得供应商的所有权或加强对其控制权。（0.5分）“为了确保原料品质与低成本的充足供应，乡中情公司在Z地区建立了无公害辣椒基地和绿色产品原材料基地，搭建了一条‘企业+基地+农户’的农业产业链，90%以上的原料都来源于这一基地”（0.5分）。

对于乡中情公司而言，实施这一战略的主要条件是：

①企业现有的供应商供应成本较高或者可靠性较差而难以满足企业对原材料、零件等的需求（0.5分）。“为了确保原料品质与低成本的充足供应”（0.5分）。

②企业所在产业的增长潜力较大（0.5分）。“一个曾经的‘街边摊’，发展成为一个上缴利税上亿元的国家级重点龙头企业”（0.5分）。

③企业具备后向一体化所需的资金、人力资源等（0.5分）。“搭建了一条‘企业+基地+农户’的农业产业链”（说明企业具备人力资源）；“先打款后发货，现货现款，乡中情公司把产品做成了硬通货，只要能拿到货，就不愁卖，流通速度快”“不贷款”（都说明现金流充足）（0.5分）。

④企业产品价格的稳定对企业而言十分关键，后向一体化有利于控制原材料成本，从而确保产品价格的稳定（0.5分）。“‘乡中情’产品价格一直非常稳定，价格涨幅微乎其微”“为了确保原料品质与低成本的充足供应”（0.5分）。

（2）①产品策略（0.5分）。

a.产品组合策略。

乡中情公司的产品组合很简单，从产品组合的宽度看，就是1大类，“乡中情”辣酱。从产品组合的深度看，“乡中情”相继开发了十几种品类产品（0.5分）。

乡中情公司的产品组合策略，也是1种，扩大产品组合，加强产品组合的深度。“相继开发了十几种品类产品”（0.5分）。

b.品牌策略。

乡中情公司的品牌策略属于使用自己的品牌，且属于统一品牌。“着力打造‘乡中情’品牌”“多年来‘乡中情’产品从未更换包装和瓶贴，……，‘乡中情’产品土气的包装和瓶贴，已固化为最深入消费者内心的品牌符号”（0.5分）。

c.新产品开发策略（0.5分）。“相继开发了十几种品类产品”（0.5分）。

②促销策略（0.5分）。

在促销组合的四个要素构成（广告促销、营销推广、公关营销、人员推销）中，乡中情公司以其独特的方法，主要采用后两种。

a.公关营销（0.5分）。“二是靠广泛深入的铺货形成高度的品牌眼光，直接促成了即时的现实销售”（0.5分）。

b.人员推销（0.5分）。“一是靠过硬的产品让消费者口口相传”（0.5分）。

③分销策略（0.5分）。

“大区域布局，一年一次经销商会”（0.5分）。

④价格策略（0.5分）。

“中低端人群是‘乡中情’辣酱的目标客户，与此相应的就是低价策略”“‘乡中情’产品价格一直非常稳定，涨幅微乎其微”（0.5分）。

应试攻略

密集型战略与一体化战略很容易交叉出题，且这种类型的题目难度较高，要求大家对于这两大知识点的相关知识点非常熟悉，并对于一些“关键词”能建立起串联关系，请同学们结合《精准冲刺99记》中帮大家总结的内容进行全面复习。另外，密集型战略与市场营销战略也是天生的好兄弟，大家不要去纠结这两者的差异点，判断哪些信息是属于总体战略，哪些信息是职能层战略，其实二者并无本质上的层次区分。

109 斯尔解析▶

（1）①规避竞争，拓展非竞争性市场空间（0.5分）。“刚刚起步的乡村旅游……出现了定位趋同、重复建设的现象”“‘人物山水’完全不同于传统的旅游项目，……在运营上也有独到之处”“以文艺演出的形式推出的‘人物山水’，用其独有的魅力吸引着一批又一批来到当地旅游的国内外游客。它已经不仅是一场文艺演出，而且更是当地旅游的经典品牌”（0.5分）。

②创造并攫取新需求（0.5分）。“让观众在观赏歌舞演出的同时将身心融于自然。山水实景构筑的舞台、如梦似幻的视觉效果，给观众带来了特殊的震撼”“大量游客因为观赏‘人物山水’而在Y地区出入和停留，使一条原本幽静的山道成为当地政府开发的新景点，让人们看到了一个旅游产业带动周边产业发展的经济现象”（0.5分）。

③打破价值与成本互替定律，同时追求差异化和低成本，把企业行为整合为一个体系（0.5分）。“启用这些乡村百姓，让观众更直观地体验到‘人物山水’是真正从山水和农民中产生的艺术和文化。没有大牌明星的加入，使得剧组成本降低，还给当地人民带来实在的经济利益，为当地旅游带来了巨大的品牌效应”（0.5分）。

（2）①审视他择产业或跨越产业内不同的战略群组（0.5分）。“将歌舞与风景结合在一起，所以同时赢得了观光客和民歌爱好者的喜爱”“以文艺演出的形式推出的‘人物山水’用其独有的魅力吸引着一批又一批来到当地旅游的国内外游客。它已经不仅是一场文艺演出，而且更是当地旅游的经典品牌”（0.5分）。

②放眼互补性产品或服务（0.5分）。“将歌舞与风景结合在一起”“它已经不仅是一场文艺演出，而且更是当地旅游的经典品牌”（0.5分）。

③重设客户的功能性或情感性诉求（0.5分）。“它将震撼的文艺演出现场效果与旅游地实景紧密结合起来，置身于秀丽山水之中的舞台，让观众在观赏歌舞演出的同时将身心融于自然。山水实景构筑的舞台、如梦似幻的视觉效果、给观众带来了特殊的感受”（0.5分）。

④跨越时间参与塑造外部潮流（0.5分）。“以文艺演出的形式推出的‘人物山水’，用其独有的魅力吸引着一批又一批来到当地旅游的国内外游客。它已经不仅是一场文艺演出，而且更是当地旅游的经典品牌”（0.5分）。

应试攻略

蓝海战略的答题策略具体请参见《精准冲刺99记》对应内容的【通关绿卡】。本题很好地体现了蓝海战略主观题的答题技巧，且关键词明确，例如“‘人物山水’完全不同于传统的旅游项目……在运营上也有其独到之处”体现的是“我与你不同”，因此对应的是“规避竞争，拓展非竞争性市场空间”。另外，需要提醒同学们的是，“创造并攫取新需求”对应的关键词是“消费者”，但是在不同场景下，“消费者”会发生改变，例如游客、观众都可以是“消费者”。

110 斯尔解析▶

（1）鹏辉重工实施了成本领先战略（0.5分）。“鹏辉重工打造出了首台国产臂架，一套价格仅30万元，而进口产品价格达130万，相当于每卖一台泵车就给鹏辉重工带来100万利润”“在新一轮宏观调控政策的作用下，鹏辉重工凭借低廉的价格打开了南亚和拉美市场，首次出口4台平地机到印度和摩洛哥”（0.5分）。

实施成本领先战略应具备的资源和能力包括：

①选择适宜的交易组织形式（0.5分）。“但鹏辉重工不满足于单纯的引进，而是以全球化视野进行全球采购”（0.5分）。

②降低各种要素成本（0.5分）。“寻求性价比最优的组合，形成自己的生产要素”（0.5分）。

③提高生产能力利用程度（0.5分）。“鹏辉重工坚持国产化，从国外进口钢材和焊条，解决国产钢材和焊条不达标影响臂架生产的问题，减少浪费”（0.5分）。

④提高生产率（0.5分）。“鹏辉重工坚持国产化，从国外进口钢材和焊条，解决国产钢材和焊条不达标影响臂架生产的问题，减少浪费”（0.5分）。

（2）鹏辉重工国际化经营进入海外市场所采用的模式包括出口贸易、对外直接投资、非股权投资。

①出口贸易（0.5分）。“2002年……鹏辉重工凭借低廉的价格打开了南亚和拉美市场，首次

出口4台平地机到印度和摩洛哥”“2004年，鹏辉重工分别与国际客户签订了价值80万美元和50万美元的两个合同大单”（0.5分）。

②对外直接投资（0.5分）。“2006年，鹏辉重工先后投资了印度、美国、德国等地建设科研生产基地。此后，鹏辉又在海外基地事业部之外实施海外大区制，成立亚太、南非、北非、拉美等海外大区，海外产业布局基本成形”“2012年，鹏辉重工斥资3.6亿欧元收购了被视为全球混凝土机械第一品牌的德国普茨迈斯特公司”（0.5分）。

③非股权投资（0.5分）。“鹏辉重工与美国迪尔公司首次正式签订合作经销协议”（0.5分）。

（3）鹏辉重工在与发达国家跨国公司的竞争中所采用的是“抗衡者”战略（0.5分）。

“本土品牌一步步突出重围，凭借自身的优势使得自身的市场份额逐渐实现了与外资、合资品牌的分庭抗礼，甚至逐步领先”“通过在国际市场的长期耕耘，鹏辉重工已经逐渐从中国品牌成为国际品牌”（0.5分）。

①不要拘泥于成本上竞争，而应该比照行业中的领先公司来衡量自己的实力（0.5分）。“但鹏辉重工不满足于单纯的引进，而是以全球化视野进行全球采购，寻求性价比最优的组合，形成自己的生产要素，把国外技术转化为本土化的国产技术，目标就是打造出世界一流的产品”（0.5分）。

②学习从发达国家获取资源，以克服自身技能不足和资本的匮乏（0.5分）。“但鹏辉重工不满足于单纯的引进，而是以全球化视野进行全球采购”“鹏辉重工坚持国产化，从国外进口钢材和焊条，解决国产钢材和焊条不达标影响臂架生产的问题，减少浪费”“2012年，鹏辉重工斥资3.6亿欧元收购了被视为全球混凝土机械第一品牌的德国普茨迈斯特公司”（0.5分）。

③找到一个定位明确又易于防守的市场（0.5分）。“鹏辉重工坚持国产化，从国外进口钢材和焊条，解决国产钢材和焊条不达标影响臂架生产的问题，减少浪费”“鹏辉重工尝试着开始向海外拓展业务。2001年，鹏辉重工与美国迪尔公司首次正式签订合作经销协议，这一协议拉开了鹏辉重工国际化战略经营的序幕”（0.5分）。

④在一个全球化的产业中找到一个合适的突破口（0.5分）。“鹏辉重工坚持国产化，从国外进口钢材和焊条，解决国产钢材和焊条不达标影响臂架生产的问题，减少浪费”“为了进一步增强自身在国际市场上的话语权，鹏辉重工尝试着开始向海外拓展业务”“鹏辉重工凭借低廉的价格打开了南亚和拉美市场，首次出口4台平地机到印度和摩洛哥”“鹏辉重工先后投资了印度、美国、德国等地建设科研生产基地。此后，鹏辉又在海外基地事业部之外实施海外大区制，成立亚太、南非、北非、拉美等海外大区，海外产业布局基本成形”（0.5分）。

（4）①避开进入壁垒，迅速进入，争取市场机会，规避各种风险（0.5分）。“有助于提高鹏辉重工在国际市场上的整体实力与产品质量，可以加快完善鹏辉重工的全球销售系统和服务网络”（0.5分）。

②获得协同效应（0.5分）。“普茨迈斯特有着先进的技术和丰富的国际化经验”“加快完善鹏辉重工的全球销售系统和服务网络”（0.5分）。

③克服企业负外部性，减少竞争，增强对市场的控制力（0.5分）。“有助于提高鹏辉重工在国际市场上的整体实力与产品质量，可以加快完善鹏辉重工的全球销售系统和服务网络”（0.5分）。

应试攻略

本题将难度较高的“成本领先战略”与“新兴市场企业战略”结合在一起考查，综合性强。在“新兴市场企业战略”中，难度最高的是“抗衡者”战略，特别是同学们不清楚如何寻找与“找到一个定位明确又易于防守的市场”匹配的案例内容。一般来说，有两类描述对应这句话：第一，与国外的公司达成合作，如建立联盟，这样就不会被“攻击”；第二，企业能够在产业价值链中找到特定的环节或位置，而非“大而全”的布局整个产业链条。

第四模块　战略实施
答案与解析

一、单项选择题

111 B	112 B	113 C	114 C	115 C
116 A	117 D	118 A	119 D	120 D
121 D	122 D	123 B	124 A	125 B
126 D	127 C	128 A	129 D	

二、多项选择题

130 ACD	131 AD	132 ACD	133 ABC	134 ABC
135 AB	136 CD	137 AD	138 CD	139 ACD
140 ABD	141 CD	142 AD		

一、单项选择题

111 斯尔解析▶ B 本题考查的是横向组织结构的类型。“难以确定各个系列产品的盈亏情况”说明该结构难以确定各项产品产生的盈亏，“也较难基于市场需求的多样快速推动款式的更新迭代”说明在该结构下，集权化的决策制定机制会放慢反应速度。以上均属于职能制组织结构的确定，因此选项B当选。

112 斯尔解析▶ B 本题考查的是横向组织结构的类型。“升达公司不干预子公司的战略决策和业务活动，仅根据市场前景和子公司的经营状况做出对子公司增加或减少投资的决策”符合H型组织结构的特征，选项B当选。H型组织结构的下属子企业具有独立的法人资格，控股企业与其他企业类型相区别开来的一个关键特点就是其业务单元的自主性，尤其是业务单元对战略决策的自主性。从做题技巧的角度来看，看到案例第一句话中的“控股企业”，便可以基本锁定正确选项。

113 斯尔解析▶ C 本题考查的是横向组织结构的类型。**全球化战略是向全世界的市场推销标准化的产品和服务，并在较有利的国家集中进行生产经营活动，由此形成经验曲线和规模经济效益，以获得高额利润**。P公司“其创新的产品在全球范围内销售……把产品制造等其他职能分布在几个高效率、最具生产成本优势的国家或地区进行”符合全球化战略的描述，因此选项AB不当选。在全球化战略下，P公司所采用的组织结构是全球性产品分部结构，选项C当选。在该结构下，下属公司并没有太大自主权，通常被视为供货的来源，选项D不当选。

114 斯尔解析▶ C 本题考查的是横向组织结构的类型。“目前公司已进入成熟期。为了避免投资或经营风险，公司并购重组多家行业内优质医药企业，并依托原有的以抗生素为主的化学药作平台，打造生物药、中药、大健康产业等其他产业板块，逐渐向综合性医药公司转型”说明鑫龙制药采用的是多元化经营战略。根据企业发展阶段与结构相关理论，这时企业应根据经营规模、业务结构和市场范围，分别采用更为复杂的组织结构，如战略业务单位组织结构、矩阵制组织结构或H型组织结构。本题提问的是从“经营规模”角度，因此适宜采用的组织结构为战略业务单位组织结构，选项C当选。

115 斯尔解析▶ C 本题考查的是组织协调机制。**工作成果标准化的协调机制只规定最终目标、不限定达到目标的路径、方法、手段和过程**。本题中，图美公司“按照出版社提供的文稿、图片和质量要求从事印刷、装订工作”，即按照出版社的质量标准完成任务，符合工作成果标准化机制的内涵，选项C当选。

116 斯尔解析▶ A 本题考查的是组织战略类型。防御型组织的目标是创造一个稳定的经营领域（“为了巩固其竞争优势”）。在这个有限的市场中，防御型组织常采用竞争性定价或高质量产品等经济活动来阻止竞争对手进入它们的领域（“华蓓公司运用竞争性定价阻止竞争对手进入其经营领域”），保持自己的稳定。为解决这一问题，防御型组织常常采取“机械式”结构机制（“并实施有利于保持高效率的‘机械式’组织机制”）。因此案例中的关键词符合防御型组织的特点，选项A当选。

117 斯尔解析▶ D 本题考查的是企业文化类型。任务导向型企业强调的是速度和灵活性，以解决问题、实现目标为主，专长是个人权力和职权的主要来源（技术为王）。这类文化常见于新兴产业中的企业，特别是一些高科技企业。本题中商水公司是高科技公司，在处理复杂问题时，鼓励员工部门合作，具有无连续性，均属于任务导向型的特点，因此选项D当选。

118 斯尔解析▶ A 本题考查的是战略稳定性和文化适应性。“对原有业务进行了较大调整，建立了多家商品销售实体店，线下线上业务协同开展”说明组织要素变化大，“这一变革得到企业固有文化的支持”说明这些变化大多与企业目前的文化有潜在的一致性，因此该公司处理企业战略稳定性与文化适应性的关系时应以企业使命为基础，选项A当选。

119 斯尔解析▶ D 本题考查的是战略稳定性和文化适应性。“该公司启动了‘新医药，大健康’战略，以‘药’为本，有序拓宽产业边界，向大健康纵深延伸，相较于原有业务有了较大改变”说明组织要素变化多，“遭到了大多数员工的反对”说明这些变化与企业目前的文化不一致，即潜在一致性小，因此该公司处理企业战略稳定性与文化适应性的关系时应重新制定战略，选项D当选。

120 斯尔解析▶ D 本题考查的是战略失效的原因。“公司过分依赖产销规模扩大，研发投入不足，导致其产品竞争力持续落后，逐步失去了独角兽地位”说明公司战略定位或决策有误，从而导致其失去独角兽地位，选项D当选。本题中，外部环境是积极因素（行业红利），因此选项A不当选。另外，也并未提及内部沟通、信息传递等关键词，选项BC不当选。

121 斯尔解析▶ D 本题考查的是企业业绩衡量指标。企业使用非财务指标衡量、评价企业业绩的主要原因有：（1）**能够反映和监控非财务方面的经营业绩**；（2）**通常比使用财务衡量指标提供企业业绩信息更为及时**（选项A不当选）；（3）**容易被非财务管理人员理解并使用**；（4）**有利于激励企业高管关注财务因素之外的因素甚至决定企业成败的战略因素**；（5）**一些衡量企业长期业绩的非财务指标有利于避免短期行为**（选项B不当选）；（6）**往往需要同时采用定性和定量分析、衡量，因此更能反映企业业绩的真实情况**（选项C不当选）；（7）**激励、控制的人员范围较广，覆盖了对财务结果无任何责任的人员**。使用非财务指标衡量不能容易地发现业绩变化或进行业绩比较，这是使用财务指标衡量的优点，因此选项D当选。

122 斯尔解析▶ D 本题考查的是ESG评价方法。确定指标权重时，应主要依据以下因素包括行业特定性、公司战略目标、利益相关方期望、投资者偏好和法规和标准，因此选项ABC不当选，选项D当选。

123 斯尔解析▶ B 本题考查的是平衡计分卡。客户的收益率属于平衡计分卡中的顾客角度，选项B当选。

124 斯尔解析▶ A 本题考查的是数字化技术的发展历程。信息化的基本功能是开发信息资源，其主要任务是通过测量记录、筛选加工、安全存储、互联传送，让人们随时获得必要的信息，因此题干符合信息化的特征，选项A当选。

125 斯尔解析▶ B 本题考查的是数字化技术对组织结构的影响。在数字化技术发展的背景下，一些新型的组织结构得以出现，“该公司与其他具有不同资源与优势的企业建立了以信息网络为基础的企业联盟体，通过网络来联系设计创意、制作人员和资产设备，共同开拓市场，共享技术与信息，费用分担”体现的是虚拟组织，即建立在信息网络基础上的共享技术与信息、分担费用、联合开发的、互利的企业联盟体。虚拟组织是一种新型的组织结构（选项A不当选），是组织扁平化在企业之间的形式（选项B当选），是以信息流管理为核心的组织形式（选项C不当选），这种结构的优点在于灵活性较强（选项D不当选）。

126 斯尔解析▶ D 本题考查的是数字化技术对产品和服务的影响。数字化技术对产品和服务的影响主要体现在以下四个方面：个性化、智能化、连接性和生态化。“以手机App为中心，将米家电视、空气净化器、智能灯具、音响、体重秤、运动手环等数据进行交互”体现的是智能产品之间的连接，因此选项D当选。

127 斯尔解析▶ C 本题考查的是数字化转型的主要方面。“提高电子商务采购金额与总采购金额的比例以及ERP系统的覆盖率”，其中，电子商务采购比率体现的是业务数字化管理，提高ERP系统的覆盖率体现的是财务数字化管理，业务数字化管理和财务数字化管理都属于管理变革，因此选项C当选。

128 斯尔解析▶ A 本题考查的是数字化转型的主要方面。采购是企业的常规业务活动。本案例中，佳鑫公司对原有的采购模式进行了变革，采纳了电子商务采购模式，属于业务数字化管理，选项A当选。

应试攻略

数字化背景下，企业的管理变革体现在四个方面：业务数字化管理、生产数字化管理、财务数字化管理、营销数字化管理。其中，财务数字化管理和营销数字化管理比较容易识别。业务数字化管理和生产数字化管理容易混淆。生产数字化管理与生产环节息息相关，除生产外的采购（供）、存储（存）、销售（销）环节的数字化变革都属于业务数字化管理的范畴。

129 斯尔解析▶ D 本题考查的是数字化转型的主要方面。企业通过大数据技术对海量客户信息进行挖掘和利用，将数据转化为改进营销方式的切入点，有利于企业实现精准营销，因此选项D当选。

二、多项选择题

130 斯尔解析▶ ACD 本题考查的是纵向组织结构的类型及其特点。大众火锅店实行的是分权型决策机制。分权型决策的优点：**减少了信息沟通的障碍**（选项A当选），**提高了企业对市场的反应能力**（选项C当选），**能够为决策提供更多的信息并对员工产生激励效应**（选项D当选）。选项B属于集权型决策的优点，不当选。

131 斯尔解析▶ AD 本题考查的是横向组织结构的类型。战略业务单位结构的优点包括：（1）**降低了总部的控制跨度**；（2）**减轻了总部的信息过度**；（3）**有利于产品、市场和技术之间的协调配合**（选项A当选）；（4）**易于监控、评估每个战略业务单位的绩效**（选项D当选）。该结构的缺点包括：（1）**总部与事业部和产品层的关系变得更疏远**；（2）**各战略业务单位总裁为争夺企业资源引发竞争和摩擦，影响企业总体绩效**（选项C不当选）。选项B是职能制结构的优点，不当选。

132 斯尔解析▶ ACD 本题考查的是横向组织结构的类型及其特点。"每个事业部拥有多个产品线"属于典型的M型组织结构（1个事业部+N个产品线），选项ACD均为M型组织结构的特点，选项ACD当选。M型组织结构并不是纯集权的管控模式，而是一种"集权+分权"的结构，该结构可以增强对外部环境变化的适应能力，因此选项B不当选。

133 斯尔解析▶ ABC 本题考查的是横向组织结构的类型及其特点。"该公司计划在未来3～4年……组建若干个事业部，并在每个事业部内设置多条产品线"，说明安美森适合的组织结构类型是M型组织结构，因此选项ABC当选。选项D属于矩阵制组织结构的缺点，不当选。

134 斯尔解析▶ ABC 本题考查的是组织战略类型。"电信业正由高速成长期进入较为平缓的成熟发展期"说明该公司正处于一个较为稳定的行业，且"主要目标是服务于居民小区，占领当地市场"说明该公司追求一种稳定的环境，占领一部分产品市场，因此可以判断A公司的组织战略类型为防御型组织。对于防御型组织而言，常采用竞争性定价或高质量产品等经济活动来阻止竞争对手进入他们的领域，选项A当选。在行政管理上，防御性组织常采取“机械式”结构机制，选项B当选。防御型组织适合于较为稳定的产业（电信行业），但是该产业也有潜在的风险，不可能对市场环境做重大的改变，选项C当选。防御型组织要创造出一种具有高度成本效率的核心技术，而开拓型组织往往不局限在现有的技术能力，而是根据现在和将来的产品结构确定技术能力，选项D不当选。

应试攻略

根据我们在【通关绿卡】中所总结的，防御型战略组织的关键词包括：创造稳定的经营领域（现有产品、现有市场）、竞争性定价或高质量产品、机械式组织（功能清晰、程序规范）、生产与成本专家主导。在本题中，除了最后一个关键词没有出现，其余词汇均已包含。所以，战略客观题真的不能凭感觉作答，抓关键词是非常核心的方法，出题老师都是在围着关键词“转圈”出题的，所以记住关键词，任何考题都不怕！

135 斯尔解析▶ AB 本题考查的是预算编制方法。**每年年底都以当年的实际业绩为基础编制下一年的预算说明其是增量预算**。选项AB属于增量预算的缺点，因此选项AB当选。选项CD属于零基预算的优点，因此选项CD不当选。

136 斯尔解析▶ CD 本题考查的是预算编制方法。该子公司属于润华公司全新的子公司，没有可以参考的基数，预算编制时必须要根据自己的经验判断，以及对周围环境变化的预期做预算，属于零基预算。选项AB是增量预算的优点，不当选。选项C为零基预算的优点，当选。选项D是零基预算的缺点，当选。

137 斯尔解析▶ AD 本题考查的是企业业绩衡量指标的特点。“流动比率、资产负债比率等财务指标”说明甲公司使用比率来进行绩效评价。选项AD属于使用财务比率进行绩效评价的局限性，选项AD当选。财务比率适合用作业绩目标，选项B不当选。采用非财务指标衡量的局限性之一是不能容易地发现业绩变化或进行业绩比较，而通过比较不同时期的财务比率可以很容易地发现它们的变动，并且财务比率提供了总结企业业绩和经营成果的工具、方法，便于在同类企业之间进行比较，因此选项C不当选。

138 斯尔解析▶ CD 本题考查的是企业业绩衡量指标的特点。采用非财务指标衡量的局限性包括：（1）**不能使用统一的比率标准，因此不能容易地发现业绩变化或进行业绩比较**（选项C当选）。（2）**指标通常产生于各个经营部门并被它们分别使用，不能作为所有部门的共同业绩目标即企业整体性业绩目标**（选项D当选）。（3）**难以避免外部环境中某些因素的变化，造成不能客观、真实地衡量和反映企业业绩**。非财务指标衡量通常比使用财务衡量指标提供企业业绩信息更为及时（选项A不当选）。非财务指标有利于避免短期行为，而财务比率衡量可能鼓励短期行为（选项B不当选）。

139 斯尔解析▶ ACD 本题考查的是企业业绩衡量指标（ESG）。排放检测认证对应ESG指标中的“环境维度”，选项A当选。员工职业健康对应ESG指标中的“社会维度”，选项C当选。商业道德行为对应ESG指标中的“治理维度”，选项D当选。

140 斯尔解析▶ ABD 本题考查的是平衡计分卡。市盈率属于财务角度，选项A当选。对客户诉求的反应时间和员工建议采纳率属于内部流程角度，选项B当选。客户满意度属于顾客角度，选项D当选。

提示：员工建议采纳率虽有“员工”二字，但不属于创新与学习指标。

141 斯尔解析▶ CD 本题考查的是数字化技术对产品和服务的影响。“对其投入运营的10 000多辆出租车进行数据收集与分析”体现了数字化技术的连接性，选项D当选。“实时检测这些车辆的行驶状况，以便及时地进行预防性维修”体现了数字化技术的智能化，即通过数据的实时抓取进行分析、应用，选项C当选。

142 斯尔解析▶ AD 本题考查的是数字化转型的主要方面。“平鸟可对消费者进行深度洞察与精准分析，进一步提高设计开发的精准度，实现精准营销”体现了营销数字化管理，选项D当选。“该项目可大幅缩短存货采购周期，降低交易成本，运营质量得到明显提升”体现了业务数字化管理，选项A当选。

第五模块　公司治理
答案与解析

一、单项选择题

143	D
144	C
145	C
146	D
147	B
148	B

二、多项选择题

149	AC
150	CD
151	ABD
152	BCD
153	AB

一、单项选择题

143 斯尔解析▶ D 本题考查的是公司治理相关理论。**资源依赖理论认为企业需要通过获取环境中的资源来维持生存，没有企业可以完全实现资源自给，企业经营所需的资源大多需要在环境中进行交换获得**。题干表述符合资源依赖理论的观点，选项D当选。

144 斯尔解析▶ C 本题考查的是股东与经理层之间的利益冲突问题。股东与经理层之间的利益冲突问题中，经理人违背勤勉义务的主要表现包括：（1）**信息披露不完整、不及时**；（2）**敷衍偷懒不作为**（选项C当选）；（3）**财务杠杆过度保守**；（4）**经营过于求稳、缺乏创新**。选项ABD均属于经理人违背忠实义务的主要表现，不当选。

145 斯尔解析▶ C 本题考查的是公司治理的主要问题。判断公司治理问题的类型，关键在于找到"谁在犯坏"。"佳宝公司的重大决策权一直被控股股东控制，控股股东把佳宝公司当作'提款机'"表明是佳宝公司的控股股东在"犯坏"，且控股股东身份明确，因此该问题属于大股东与中小股东之间的利益冲突（或隧道挖掘问题，又名"剥夺型公司治理问题"），选项C当选。

146 斯尔解析▶ D 本题考查的是大股东与中小股东之间的利益冲突。"当年该公司股价波动区间为12～22元，市盈率波动区间为6～11倍，公司以每股5元的价格向控股股东定向增发1 000万股"说明公司向终极股东低价定向增发股票，属于掠夺性融资行为，选项D当选。

147 斯尔解析▶ B 本题考查的是双重股权结构对公司治理的影响。正向影响为控制权集中、融资便利、决策高效、发展稳定以及投资价值高；负面影响为削弱内部监督、造成利益冲突、弱化市场监督以及阻碍公司治理改革。因此选项B当选。

148 斯尔解析▶ B 本题考查的是公司外部治理的市场机制。当公司现有经理人员经营不努力时，企业的业绩就可能下降，企业的股票价格就会下跌。这时，就会有人通过资本市场上的收购，取得这家公司的控制权。即使没有其他的激励措施，经理人员也可能付出更多的努力，从而有可能使其行为与股东利益和公司价值最大化目标更趋一致。因此，本案例体现了资本市场对公司（经理人员）的监控和约束，选项B当选。

二、多项选择题

149 斯尔解析▶ AC 本题考查的是公司治理的主要问题。“部分关联交易未向投资者和社会公众披露”体现了违背勤勉义务中的信息披露不规范、不及时，选项A当选。“未经正常审批程序投资房地产业，造成巨额亏损”体现了违背忠诚义务中的盲目过度投资，经营行为的短期化，选项C当选。利用公司为终极股东违规担保、虚假出资为“隧道挖掘”问题（或大股东与中小股东之间的利益冲突），不属于“内部人控制”问题，选项B不当选。以非市场价格进行交易，向终极股东公司进行利益输送，同样属于“隧道挖掘”问题而非“内部人控制”问题，选项D不当选。

应试攻略

本题有一个快速的判断方法，如果选项中涉及了终极股东尚荣公司，就可以判断为错误，因为内部人控制问题不涉及终极股东。

150 斯尔解析▶ CD 本题考查的是公司内部治理结构。从资产负债率的角度，内部控制主导型治理模式高于外部控制主导型治理模式，选项A不当选。选项B为教材原文，表述正确，不当选（对比：表决权是普通股股东参与对公司重大经济行为的决策与监督，实施“用手投票”的途径和体现）。经理层的职权包括组织实施公司年度经营计划和投资方案，而不是决定，选项C当选。经理层是指由董事会聘任的、负责公司日常经营活动的经营管理团队，选项D当选。

151 斯尔解析▶ ABD 本题考查的是公司治理中特殊的普通合伙企业。特殊的普通合伙企业的优点包括：（1）吸引领域内专业人士的参与，提高企业的专业水平和行业竞争力（选项A当选）；（2）受到行业监管和职业资格的要求，客户对其专业性和信任度较高，有利于企业推广市场和维护客户关系（选项B当选）；（3）合伙人的利润分配方式更为灵活，可以自行协商设定利润的分配方式（选项D当选）。尽管特殊普通合伙人对合伙企业债务承担有限责任，但对合伙人的个人过错或过失仍需承担无限责任，这可能导致个别合伙人面临重大财务风险，选项C不当选。

152 斯尔解析▶ BCD 本题考查的是监事会的职权。监事会的职权包括：（1）监事会是公司的专门监督机构，对公司董事、高级管理人员行为进行监督，纠正董事、高级管理人员的利益损害行为，必要时可以向董事和高级管理人员提出罢免建议或提起诉讼（选项C当选）；（2）监事会对股东会负责，有权提议召开临时股东会会议，并有权向股东会会议提案（选项B当选）；（3）监事可以列席董事会会议，并对董事会决议事项提出质询或者建议；（4）监事会发现公司财务、经营等情况异常，可以进行调查；必要时，可以聘请会计师事务所等协助其工作（选项D当选）。选项A属于董事会的职权，不当选。

153 斯尔解析▶ AB 本题考查的是公司治理外部监督机制。“被证监会依据上市规则中的有关规定，开出巨额罚单并采取终身禁入证券市场措施”体现了行政监督，选项A当选。“将其涉嫌犯罪行为移送公安机关”体现了司法监督，选项B当选。

三、简答题

154 斯尔解析▶

（1）①股东与经理层之间的利益冲突（0.5分）。该问题在本案例中表现为经理人违背对股东的忠诚义务。主要表现有：

a.过高的在职消费（0.5分）。“购买供李宏个人使用的高档家具和消费类电子产品”（0.5分）。

b.侵占资产（0.5分）。“经常违反财务制度，随意使用公司资金……甚至与供应商签订虚假采购合同套取现金”（0.5分）。

c.会计信息作假、财务作假（0.5分）。“与经销商签订虚假销售合同，虚增收入和利润，并且未如实发布真实财务报表”（0.5分）。

②大股东与中小股东之间的利益冲突（0.5分）。该问题在案例中表现为大股东占用企业资源。主要表现有：

a.直接占用资源（0.5分）。“绕开董事会和股东会，为高晗控股的其他公司借款提供大额担保”（0.5分）。

b.关联性交易（0.5分）。“高晗暗中指使张凯在招标采购环节越过相关规章制度，与自己控制的多家公司签订长期供应协议”“未经董事会审批，擅自决定延长一家关联公司的安迪商标使用期限”（0.5分）。

c.费用分摊活动（0.5分）。“违反人力资源招聘流程，直接安插家族成员担任安迪公司的监事、部门高管等职位，由安迪公司支付高额薪酬、奖金、在职消费费用等”（0.5分）。

③股东与其他利益相关者之间的利益冲突（0.5分）。该问题在案例中的主要表现有：

a.与供应商的关系（0.5分）。“李宏……与供应商签订虚假采购合同套取现金”“高晗暗中指使张凯在招标采购环节越过相关规章制度，与自己控制的多家公司签订长期供应协议；……损害了……供应商的利益”（0.5分）。

b.与经销商的关系（0.5分）。“李宏……与经销商签订虚假销售合同，虚增收入和利润”（0.5分）。

c.与员工的关系（0.5分）。“高晗暗中指使张凯……违反人力资源招聘流程，直接安插家族成员担任安迪公司的监事、部门高管等职位，由安迪公司支付高额薪酬、奖金、在职消费费用等，引发员工强烈不满。……损害了……员工……的利益”（0.5分）。

（2）①董事会（董事长）与总经理之间的制衡作用（0.5分）。“留下的总经理职位由高晗兼任”“高晗辞去公司总经理职务，由张凯接任。随后几年里，高晗暗中指使张凯在招标采购环节越过相关规章制度……绕开董事会和股东会……未经董事会审批……”。董事会（董事长）与总经理之间没有发挥制衡作用（0.5分）。

②**股东会与董事会（董事长）、总经理之间的制衡作用**（0.5分）。“随后几年里，高晗暗中指使张凯……绕开董事会和股东会……”“安迪公司召开股东会，经多数股东联名提议和出席大会的股东投票做出决议：罢免高晗和张凯的职务”。最初股东会与董事会（董事长）、总经理之间没有发挥制衡作用，事件曝光后股东会与董事会（董事长）、总经理之间发挥了制衡作用（0.5分）。

应试攻略

本题考点虽然常规，但是在答案构成上与以往年度不太相同。首先，本题首次考查了股东与其他利益相关者之间的利益冲突，这是一个重要信号，若后续在题目中看到股东（或公司）与其他利益相关者存在利益输送或不当商业关系时，则可以对应“股东与其他利益相关者之间的利益冲突”。另外，本题考查了内部治理结构的表现。若参考历年答案，同学们仅需要回答出题目中所出现的内部治理相关机构（股东会、董事会、监事会、经理层等），并把相关案例信息复制在对应机构之后即可，但本题答案却分析了内部治理机构之间相关制衡的有效性问题，请适当关注这一回答套路。

第六模块　风险与风险管理
答案与解析

一、单项选择题

155 D	156 B	157 C	158 C	159 A
160 D	161 C	162 B	163 C	164 C
165 B	166 D	167 B	168 B	169 C
170 B	171 B	172 A	173 B	174 D
175 B	176 C			

二、多项选择题

177 AB	178 ACD	179 AB	180 AD	181 ABD
182 ABD	183 ACD	184 BD	185 ABC	186 ABD
187 ABCD	188 ACD	189 BC	190 ABC	191 ABCD
192 ABD	193 ABC	194 BD	195 BC	196 ABD

一、单项选择题

155 斯尔解析▶ D 本题考查的是风险要素。爆炸导致的“工人受伤”和“财产损失”属于直接损失，爆炸导致的“修建费用损失”属于间接损失，选项D当选。

提示：间接损失是指由直接损失引起的其他损失，包括额外费用损失、收入损失和责任损失，间接损失有时大于直接损失。

156 斯尔解析▶ B 本题考查的是风险管理的相关概念、特征、原则与职能。选项B，风险是不可能彻底消除的，这符合风险管理的客观性的特征，而广泛性指的是风险管理涉及许多领域的管理，当选。

应试攻略

对于风险管理的目标，注意以下内容的辨析：

（1）基本目标：企业和组织在面临风险和意外事故的情形下能够维持生存和发展。

（2）直接目标：保证组织的各项活动恢复正常运转；尽快实现企业持续稳定的收益。

（3）核心目标：风险管理与总体战略目标相匹配。

（4）支撑目标：加强企业文化建设。

157 斯尔解析▶ C 本题考查的是风险管理的职能。风险管理的指导职能是对风险应对计划进行解释、判断，传达计划方案（“就年初制订的各项风险应对计划进行了充分地解释与传达”），交流信息和指挥活动，也就是组织该机构的成员去实现风险管理计划（“并动员下属各单位成员积极实行风险管理计划”），因此本案例与该职能的定义相符，选项C当选。

158 斯尔解析▶ C 本题考查的是风险管理技术与方法。“乙公司组织了来自学术界、企业界以及政府相关职能部门的专家，通过电子信箱发送问卷的调查方式征询专家对公司产品风险的意见”说明乙公司采用的是德尔菲法。选项C是德尔菲法的优点，选项C当选，选项ABD是头脑风暴法的优点，选项ABD不当选。

应试攻略

注意区分头脑风暴法与德尔菲法：

头脑风暴法	德尔菲法
不一定是专家	必须是专家
速度快	速度慢（耗时长）
实施成本高（需要聚集）	实施容易（不必聚集）

159 斯尔解析▶ A 本题考查的是风险管理技术与方法。自变量是某些情景：“较好、一般、较差”，因变量是后果及其可能性：“对公司未来可能遇到的不确定因素及其对公司收入和利润的影响作出定性和定量分析”，属于情景分析法，选项A当选。

应试攻略

注意区分情景分析法与敏感性分析法：

情景分析法	敏感性分析法
起点：不同情景	起点：某个因素增减一定幅度
终点：后果和可能性	终点：被影响因素的变化率
定性+定量方法	定量方法

160 斯尔解析▶ D 本题考查的是风险管理技术与方法。“科环公司……对占用土地的价格、垃圾处理收入和建设周期等不可控因素的变化对该垃圾处理场内部收益率的影响进行了分析”，即是针对潜在的风险性，研究项目的各种不确定因素变化至一定幅度时，计算其主要经济指标变化率及敏感程度的一种方法，属于敏感性分析法，选项D当选。

161 斯尔解析▶ C 本题考查的是风险管理技术与方法。“对该款试剂的前期研究、临床试验、成品生产、申请上市、市场推广等各个业务环节的潜在风险、风险产生的原因及可能造成的损失”说明克林公司对试剂开发的各个环节进行拆分以及对每一环节进行调查分析，体现的是流程图分析法，选项C当选。

162 斯尔解析▶ B 本题考查的是风险管理技术与方法。**旁推法是利用类似项目的数据进行外推，用某一项目的历史记录对新的类似建设项目可能遇到的风险进行评估和分析，当然这还得充分考虑新环境的各种变化**。三笠普公司用类似的产品预测新产品的风险，属于旁推法，选项B当选。

163 斯尔解析▶ C 本题考查的是风险度量方法。“基于正常的市场条件，在给定的置信区间内，考虑了一段时间内预期可能发生的最大损失”说明驿马公司采用的风险度量方法是在险值法，在险值具有通用、直观、灵活的特点。在险值的局限性是适用的风险范围小，对数据要求严格，计算困难，对肥尾效应无能为力。因此选项C当选，选项ABD不当选。

164 斯尔解析▶ C 本题考查的是风险评估的相关结论。风险评估应当包括风险辨识、风险分析、风险评价三个步骤，选项A不当选。在进行风险定量评估时，应统一制定各风险的度量单位和风险度量模型，选项B不当选。头脑风暴法的优点是速度较快并易于开展，但德尔菲法的缺点是过程比较复杂，花费时间较长，选项D不当选。

165 斯尔解析▶ B 本题考查的是风险管理策略。**风险规避是指企业回避、停止或退出蕴含某一风险的商业活动或商业环境，避免成为风险的所有人**。“面对M国F公司生产的疗效和安全性更高的同类药品被越来越多的患者接受”即该公司所面临的风险是自身药品竞争力弱，于是“庆云公司将业务转型为与F公司合作研发新一代抗癌药品，并销售F公司的产品”，说明庆云公司不再生产原有药品，避免了与F公司的竞争，属于风险规避，选项B当选。

166 斯尔解析▶ D 本题考查的是风险管理策略。**风险控制是指通过控制风险事件发生的动因、环境、条件等，来达到减轻风险事件发生时的损失或降低风险事件发生概率的目的。控制风险事件发生后的损失的例子如修建水坝防洪、设立质量检查防止次品出厂等**。题干中“修建水坝防洪”符合风险控制的定义，选项D当选。

提示：其他教材举例，如在生产车间建立严格的产品质量检验流程防止次品出厂等，请适当关注。

167 斯尔解析▶ B 本题考查的是内部控制系统。企业应当加强内部审计工作，保证内部审计机构设置、人员配备和工作的独立性，属于内部环境要素的要求，选项A不当选。专项监督的范围和频率应当根据风险评估结果以及日常监督的有效性等予以确定，而非定期开展，选项C不当选。重大缺陷应当由董事会予以最终认定，选项D不当选。

168 斯尔解析▶ B 本题考查的是风险管理组织职能体系。审计委员会应对财务报表后所附的与财务有关的信息进行复核，这是审计委员会在合规方面的要求，选项B当选。选项A是我国

《企业内部控制基本规范》对于内部环境的描述，不当选。风险管理职能部门负责组织建立风险管理信息系统，而其他职能部门及各业务单位应做好本职能部门或业务单位建立风险管理信息系统的工作，选项D说法正确，不当选。

169 斯尔解析▶ C 本题考查的是风险管理组织职能体系。风险管理职能部门的职责包括：（1）研究提出全面风险管理工作报告；（2）研究提出跨职能部门的重大决策、重大风险、重大事件和重要业务流程的判断标准或判断机制；（3）研究提出跨职能部门的重大决策风险评估报告；（4）研究提出风险管理策略和跨职能部门的重大风险管理解决方案，并负责该方案的组织实施和对该风险的日常监控；（5）负责对全面风险管理有效性的评估，研究提出全面风险管理的改进方案；（6）负责组织建立风险管理信息系统；（7）负责组织协调全面风险管理日常工作（选项C当选）；（8）负责指导、监督有关职能部门、各业务单位以及全资、控股子企业开展全面风险管理工作；（9）办理风险管理的其他有关工作。选项A为董事会的职责，选项B为风险管理委员会的职责，选项D为审计委员会中内部审计部门的职责，因此选项ABD不当选。

170 斯尔解析▶ B 本题考查的是运用金融工具实施风险管理策略。当风险资本为800万元时，其生存概率是90%；当风险资本为1 200万元时，其生存概率是95%。因此，当风险资本为1 000万元时，其生存概率在90%~95%，选项B当选。

171 斯尔解析▶ B 本题考查的是运用金融工具实施风险管理策略。“南方石油公司成立了自己的专属保险公司，为母公司提供保险，并由母公司筹集总计10亿元的保险费，建立损失储备金”属于专业自保，改善公司现金流属于专业自保的优点，选项B当选。专业自保公司的缺点是提高内部管理成本，减少其他保险的可得性，损失储备金不足，因此选项ACD不当选。

172 斯尔解析▶ A 本题考查的是战略风险的主要表现。“当时的高储能电池、充电桩等配套产业研发滞后，公司忽略了相关市场的调研，最终导致这款汽车无法产生用户价值并实现商业化生产”说明公司缺乏明确且符合企业发展实际的战略目标，导致企业脱离实际盲目发展，难以形成竞争优势，丧失发展机遇和动力，是战略制定风险的主要表现，选项A当选。

173 斯尔解析▶ B 本题考查的是财务风险中的全面预算管理风险。原则上，企业批准下达的预算应当保持稳定，不得随意调整，选项A不当选。企业可以选择或综合运用固定预算、弹性预算、滚动预算等方法编制年度全面预算，选项C不当选。由于市场环境、国家政策或不可抗力等客观因素，导致预算执行发生重大差异确需调整预算的，应由企业预算执行部门逐级向预算管理部门提出书面申请，并履行严格的审批程序，选项D不当选。

174 斯尔解析▶ D 本题考查的是组织架构相关风险的主要表现。选项A属于战略实施风险的主要表现，选项B属于人力资源相关风险的主要表现，选项C属于企业文化相关风险的主要表现，因此选项ABC不当选，选项D当选。

175 斯尔解析▶ B 本题考查的是运营风险中的社会责任风险。“投诉内容是婴儿车的前扶手及两侧的金属铰链容易卡住小孩的手指从而导致婴儿受伤”说明AB公司的产品存在质量问题，“公司主管担忧这类投诉会接踵而至，造成不良的公众影响”说明该事件可能导致企业形象受损，选项B当选。

提示：选项CD虽然“看起来”有一定道理，但均不属于社会责任风险的范畴，选项CD不当选。另外，本题并未提及与“安全生产”相关的关键词，因此选项A不当选。

176 斯尔解析▶ C　本题考查的是法律风险和合规风险。监管风险的表现形式之一为：企业未能识别并遵守国家健康、安全和环保方面的法律与规范；未对员工提供适当的安全、环保意识培训；安全管理体系不健全，或相关管理制度无法有效执行；缺少突发事件报告体系，可能导致企业财产损失。因此，本案例符合这一表现形式的内涵，选项C当选。

应试攻略

本题有较高难度，对于细节的考查较为严苛。具体说明如下：

其一，社会责任风险的表现主要包括：

（1）安全生产措施不到位，责任不落实，可能导致企业发生安全事故。

（2）产品质量低劣，侵害消费者利益，可能导致企业巨额赔偿、形象受损，甚至破产。

（3）环境保护投入不足，资源耗费大，造成环境污染或资源枯竭，可能导致企业巨额赔偿，缺乏发展后劲，甚至停业。

（4）促进就业和员工权益保护不够，可能导致员工积极性受挫，影响企业发展和社会稳定。

上述表现均指的是企业未能对外履行应尽的社会责任，而非与内部员工有关。

其二，人力资源风险的表现主要包括：

（1）人力资源缺乏或过剩、结构不合理、开发机制不健全，可能导致企业发展战略难以实现。

（2）人力资源激励约束制度不合理、关键岗位人员管理不完善，可能导致人才流失、经营效率低下或关键技术、商业秘密和国家机密泄露。

（3）人力资源退出机制不当，可能导致法律诉讼或企业声誉受损。

上述表现未明确提及与员工培训相关的内容，所以也不符合题意。

二、多项选择题

177 斯尔解析▶ AB　本题考查的是风险因素。**道德风险因素是与人的品德修养相关的无形因素，即由于个人不诚实、不正当或不轨企图促使风险事件发生或提高已发生风险事件的损失程度的原因和条件，如欺诈、抢劫、盗窃、贪污等。**选项AB均属于道德风险因素所导致的损失，因此保险公司无须赔偿，当选。心理风险因素是与人的心理状态相关的无形因素，即由于人们主观上的过失或疏忽，而增加风险事件发生的概率，或提高风险事故的损失程度的原因和条件。选项CD均属于心理风险因素所导致的损失，不符合题意，不当选。

178 斯尔解析▶ ACD　本题考查的是风险管理的特征。“公司研发计划被频繁打乱，导致了大量研发资源浪费……管理层仍然斥巨资邀请……损失成本已控制在较低水平”反映了风险的可控性质，即在成本有效的情况下，风险管理成本越大（斥巨资），风险损失成本可能越低（损失控制在较低水平），选项C当选。同时，这也符合二重性的含义，即当风险损失不能避免时，尽量减少损失至最小化（损失最小化管理），选项D当选。“邀请国内外药理专家专项讨论”体现了风险管理的专业性，选项A当选。

179 斯尔解析▶ AB 本题考查的是风险管理流程中的收集风险管理初始信息。企业分析战略风险时，应广泛收集国内外企业战略风险失控导致企业蒙受损失的案例（选项A当选），本企业制定和实施发展战略的依据、效果，并收集与本企业相关的诸如国内外宏观环境、产业环境、竞争环境（选项B当选）以及企业内部环境等方面的重要信息。选项C是分析市场风险所收集的信息，选项D是分析运营风险所收集的信息，选项CD不当选。

180 斯尔解析▶ AD 本题考查的是风险管理的技术与方法。东风林场所选择的风险管理方法是事件树分析法。该方法的主要优点包括：（1）以清晰的图形显示了经过分析的初始事项之后的潜在情景，以及缓解系统或功能成败产生的影响；（2）它能说明时机、依赖性，以及很烦琐的多米诺效应（选项D当选）；（3）它生动地体现事件的顺序（选项A当选）。但是该方法也有一定的局限性：（1）一切潜在的初始事件都要进行识别，这可能需要使用其他分析方法，但总有可能错过一些重要的初始事件（选项B不当选）；（2）只分析了某个系统的成功及故障状况，很难将延迟成功或恢复事项纳入其中（选项C不当选）；（3）任何路径都取决于路径上以前分支点处发生的事项。

应试攻略

注意区分事件树分析法与决策树法：

事件树分析法	决策树法
起点：某一初始事件	起点：某个待决策方案
终点：该事件的后续结果和概率	终点：该决策方案的期望收益
定性+定量方法	定量方法

181 斯尔解析▶ ABD 本题考查的是风险管理策略组成部分。风险管理策略的组成部分包括：（1）风险偏好和风险承受度（选项A当选）；（2）全面风险管理的有效性标准；（3）风险管理的工具选择（选项B当选）；（4）全面风险管理的资源配置——明确如何安排人力、财力、物资、外部资源等风险管理资源（选项D当选）。

182 斯尔解析▶ ABD 本题考查的是风险度量的方法。由于顺星公司可获取各类风险发生的概率，因此更适合采取与概率相关的风险度量方法，选项ABD当选。在无法判断发生概率或无须判断概率的时候，企业可使用最大可能损失作为风险的衡量方法，选项C不当选。

183 斯尔解析▶ ACD 本题考查的是风险管理流程中风险管理监督与改进。各部门应定期进行自查和检验，检验报告报送风险管理职能部门，选项B不当选。

184 斯尔解析▶ BD 本题考查的是风险管理策略。“江辰公司之前一直购买灾害保险”属于风险转移，选项B当选。“与银行签订应急资本协议，规定在灾害发生时，由银行提供资本以保证公司的持续经营”属于风险补偿（损失融资），选项D当选。

185 斯尔解析▶ ABC 本题考查的是风险管理组织职能机构。董事会作为一个权力机构，应当是“督导企业风险管理文化的培育”，并非“落实做好”，选项A当选。风险管理委员会的召集人应由不兼任总经理的董事长担任；董事长兼任总经理的，召集人应由外部董事或独立董事担任。本题中，李仁是董事长兼任总经理，因此不符合规定，选项B当选。企业应设立专职部门或确定相关职能部门履行全面风险管理的职责，因此由财务部承担相关职责符合规定，但是该部门对总经理或其委托的高级管理人员负责，而非对董事会负责，选项C当选。审计委员会应当每年对其权限及其有效性进行复核，选项D不当选。

186 斯尔解析▶ ABD 本题考查的是内部控制系统。根据授权审批控制的相关规定，企业对于重大的业务和事项，应当实行集体决策审批或者联签制度，任何个人不得单独进行决策或者擅自改变集体决策，选项A当选。根据会计系统控制的相关规定，大中型企业应当设置总会计师或者财务总监，设置总会计师或者财务总监的单位，不得设置与其职权重叠的副职，选项B当选。根据财产保护控制的相关规定，一般情况下，对货币资金、有价证券、存货等变现能力强的资产必须限制无关人员的直接接触，选项C不当选。根据内部环境要素的相关规定，企业应当将职业道德修养和专业胜任能力作为选拔和聘用员工的重要标准，切实加强员工培训和继续教育，不断提升员工素质，选项D当选。

187 斯尔解析▶ ABCD 本题考查的是COSO《内部控制框架》关于控制环境要素的要求与原则。控制环境包括员工的诚信度、职业道德和才能；管理哲学和经营风格；权责分配方法、人事政策；董事会的经营重点和目标等。具体而言，控制环境要素应当坚持以下原则：（1）**企业对诚信和道德价值观做出承诺**（选项A当选）；（2）**董事会独立于管理层，对内部控制的制定及其绩效施以监控**（选项B当选）；（3）**管理层在董事会的监控下，建立目标实现过程中所涉及的组织架构、报告路径以及适当的权利和责任**（选项D当选）；（4）**企业致力于吸引、发展和留任优秀人才，以配合企业目标达成**（选项C当选）；（5）**企业根据其目标，使员工各自担负起内部控制的相关责任**。

188 斯尔解析▶ ACD 本题考查的是运用金融工具实施风险管理策略。“损失由甲金融机构进行赔付，而绿野部落仅需要支付相当于一晚套房的费用即可获得该项权益”，说明绿野部落与甲金融机构签订的是一项保险合同，而非应急资本协议（保险公司为预定的损失支付补偿，作为交换，在合同开始时，购买保险合同的一方要向保险公司支付保险费），选项A当选。保险合同降低了购买保险一方的风险，把损失的风险转移给了保险公司。但保险公司也会通过损失的分散化来降低自己的风险，因此该协议并不会直接增加甲金融机构的风险，选项B不当选。可保风险是纯粹风险，机会风险不可保，选项C当选。保险是风险转移的传统手段，而非风险规避，选项D当选。

189 斯尔解析▶ BC 本题考查的是风险管理信息系统。“系统应实现信息在各职能部门、业务单位之间的集成与共享”反映的是信息传递环节，选项C当选。“能够进行对各种风险的计量和定量分析”反映的是信息加工、分析和测试环节，选项B当选。需要说明的是，信息集成指的是对信息的有机融合与利用，是信息采集之后步骤，因此选项A不当选。

190 斯尔解析▶ ABC 本题考查的是企业面对的财务风险。分析财务风险的来源应主要考虑以下因素：（1）**因预算编制、执行或考核存在偏差而导致的风险**（选项A当选）；（2）**因筹资**

决策不当、筹集资金运用不合理可能引发的风险（选项B当选）；（3）因资金调度不合理、管控不严而导致的风险；（4）因企业投资决策不当、缺乏投资实施管控而导致的风险；（5）因财务报告编制、分析、披露不准确、不完整可能引发的风险；（6）因企业担保决策失误、监控不当而导致的风险（选项C当选）。选项D属于分析法律风险与合规风险的考虑因素，不当选。

191 斯尔解析▶ ABCD 本题考查的是企业面对的财务风险。“神龙公司将募集到的原本用于项目建设的资金转付给了某设备供应商”体现了筹资管理风险，即未按审批的筹资方案执行筹资活动，擅自改变资金用途，选项A当选。“并在年度报告中虚假披露未存在用途变更”体现了财务报告风险，即提供虚假财务报告，选项C当选。“神龙公司将企业大量长期资金投放于回款周期很短的境外项目，避免投资失败，但却因此产生了高额的财务费用”既体现了投资管理风险（投资决策失误，引发盲目扩张或丧失发展机遇，可能导致资金链断裂或资金使用效益低下），也体现了资金营运管理风险（资金调度不合理、营运不畅，导致企业陷入财务困境或资金冗余），选项BD当选。

192 斯尔解析▶ ABD 本题考查的是财务风险中的担保业务。重大担保业务，应当报经董事会或类似权力机构批准，选项A当选。若发现被担保人出现财务状况恶化、资不抵债、破产清算等情形，企业应当合理确认预计负债和损失，选项B当选。被担保人要求变更担保事项的，企业应当重新履行评估与审批程序，选项C不当选。担保申请人同时向多方申请担保的，企业应当在担保合同中明确约定本企业的担保份额和相应的责任，选项D当选。

193 斯尔解析▶ ABC 本题考查的是各类运营风险的应对措施。企业应定期对固定资产技术先进性进行评估，选项A属于内控漏洞，当选。企业应制定并完善应收款项管理制度，把回款目标的完成情况纳入绩效考核，实行奖惩制度。销售部门负责应收款项的催收，催收记录（包括往来函电）应妥善保存，财会部门负责办理资金结算并监督款项回收，选项B属于内控漏洞，当选。企业需根据研发计划和实际需要，提出项目立项申请，开展可行性研究，对项目资源、经费、技术等进行客观评估论证，编制可行性研究报告，选项C属于内控漏洞，当选。

194 斯尔解析▶ BD 本题考查的是企业面对的风险类型。“因缺乏经验，产品质量未达到客户的特殊要求”属于运营风险，选项B当选。“遭到该客户索赔”属于法律风险和合规风险，选项D当选。

195 斯尔解析▶ BC 本题考查的是企业面对的风险类型。“众多制造厂商竞相进入该行业，竞争愈发激烈”体现的是市场风险中的“潜在进入者、竞争者、替代品的竞争带来的风险”，选项B当选。“组织效能低下”体现的是运营风险中的“企业组织效能、管理现状、企业文化及高、中层管理人员和重要业务流程中专业人员的知识结构、专业经验等可能引发的风险”，“权力斗争明显”体现的是运营风险中的“因企业内、外部人员的道德缺失和不当行为导致的风险”，选项C当选。

196 斯尔解析▶ ABD 本题考查的是企业面对的风险种类。“但甲公司并未充分意识到市场变化”体现了市场风险影响因素中的“产品或服务的价格及供需变化带来的风险”，选项A当选。“但甲公司并未充分意识到市场变化，仍采用传统的发热技术提供供暖”体现了运营风险影响因素中的"对企业现有业务流程和信息系统操作运行情况的监管、运行评价及持续改进的能力不足可能引发的风险"，选项B当选。"导致多处住宅或楼宇的温度未达到国家供暖标准，引发多起纠纷案件"体现了法律风险和合规风险影响因素中的"企业发生重大法律纠纷案件所引发的风险"，选项D当选。

三、简答题

197 斯尔解析▶

（1）①**销售政策和策略不当，市场预测不准确，销售渠道管理不当，可能导致销售不畅、库存积压、经营难以为继**（0.5分）。"销售组的年度销售计划由销售经理提出……销售经理们往往制定较高的年度销售目标""主管副总经理对销售经理提出的销售计划往往不经仔细审核就签字通过""由于新冠疫情爆发，云博公司的产品订单急剧减少。但销售经理们和主管副总经理一致认为，疫情不会持久，市场需求会很快转旺，因此要求生产部门生产并储备比疫情发生前更多的产品。一年后，新冠疫情并未缓解，市场仍然低迷，云博公司的大量产品滞销、积压""考核时间的短期化使销售人员时时感受到压力，彼此之间为完成业绩指标争夺客户的现象时有发生"（0.5分）。

②**客户信用管理不到位，结算方式选择不当，账款回收不力等，可能导致销售款项不能收回或遭受欺诈**（0.5分）。"有的销售经理未进行资信调查就向新客户赊销产品，造成大量货款至今没有收回"（0.5分）。

③**销售过程存在舞弊行为，可能导致企业利益受损**（0.5分）。"个别销售经理与客户合谋，擅自突破公司规定的产品价格折扣底线，以极低的价格出售产品并向对方收取'报酬'""云博公司由于巨额亏损濒临破产"（0.5分）。

（2）①**不符合我国《企业内部控制基本规范》关于"企业应当结合业务特点和内部控制要求设置内部机构，明确职责权限……正确行使职权"的要求**（0.5分）。"主管副总经理对销售经理提出的销售计划往往不经仔细审核就签字通过""有的销售经理未进行资信调查就向新客户赊销产品""个别销售经理与客户合谋，擅自突破公司规定的产品价格折扣底线""虽然公司制度规定销售合同须事先经财务、法务部门审核方能签订，但未得到严格执行""公司内部控制和审计部门对销售过程中的失控和混乱现象未能及时发现和纠正。这些原因导致公司销售业务走入困境"（0.5分）。

②**不符合我国《企业内部控制基本规范》关于"企业应加强内部审计工作……对内部控制的有效性进行监督检查"的要求**（0.5分）。"审计部门对销售过程中的失控和混乱现象未能及时发现和纠正。这些原因导致公司销售业务走入困境"（0.5分）。

③**不符合我国《企业内部控制基本规范》关于"企业应当制定和实施有利于企业可持续发展的人力资源政策"的要求**（0.5分）。"考核时间的短期化使销售人员时时感受到压力，彼此之间为完成业绩指标争夺客户的现象时有发生""公司建立了对销售人员每半年进行一次职业规范、业务技能和相关法律法规培训的制度，但面对销售经理们销售任务重、抽不出时间参加培训的抱怨始终未能落实"（0.5分）。

④**不符合我国《企业内部控制基本规范》关于"企业应当将职业道德修养和专业胜任能力作为选拔和聘用员工的重要标准，切实加强员工培训和继续教育，不断提升员工素质"的要求**（0.5分）。

“主管副总经理根据业务能力选拔、任用多名分别负责不同类别产品销售的销售经理”“公司建立了对销售人员每半年进行一次职业规范、业务技能和相关法律法规培训的制度，但面对销售经理们销售任务重、抽不出时间参加培训的抱怨始终未能落实”（0.5分）。

⑤**不符合我国《企业内部控制基本规范》关于“企业应当加强文化建设，培育积极向上的价值观和社会责任感”的要求**（0.5分）。“‘唯业绩’观念被公司员工普遍接受”“公司建立了对销售人员每半年进行一次职业规范、业务技能和相关法律法规培训的制度，但面对销售经理们销售任务重、抽不出时间参加培训的抱怨始终未能落实”（0.5分）。

⑥**不符合我国《企业内部控制基本规范》关于“企业应当加强法制教育”的要求**（0.5分）。“公司建立了对销售人员每半年进行一次职业规范、业务技能和相关法律法规培训的制度，但面对销售经理们销售任务重、抽不出时间参加培训的抱怨始终未能落实”（0.5分）。

应试攻略

本题是近年来难度颇高的简答题，主要难度在于与《企业内部控制基本规范》的五大要素从未在主观题考查过大段的背诵默写。如果在考场上遇到此类情况，该如何处理呢？首先，你需要清楚的是，把《企业内部控制基本规范》全部背诵下来是不可能完成的任务，也完全没必要，还是建议大家掌握关键词即可。其次，如果考场真的需要默写，那就结合“关键词”以及案例原文，用自己的语言提炼、总结出内控缺陷即可，无须追求与原文一模一样。

第七模块　综合题演练
答案与解析

198 斯尔解析▶

（1）第一，密集型战略（0.5分）。

①市场渗透——现有产品和现有市场（0.5分）。“坚守阵地”，这种战略强调发展单一产品，试图通过更强的营销手段来获得更大的市场占有率（0.5分）。

对于光祖集团而言，实施这一战略的主要条件是：

a.当整个市场正在增长时，那些想要增加市场份额的企业能够以较快的速度达到目标（0.5分）。“随着国内汽车产业的迅猛增长，光祖玻璃逐渐被全球知名品牌汽车企业认同，光祖集团产品需求日益增大”（0.5分）。

b.当市场渗透战略对应的风险较低，且需要的投资较少的时候，市场渗透战略也会比较适用（0.5分）。“作为一个新兴市场国家实力相对弱小的企业，急于扩大市场份额会让发达国家实力强大的企业产生危机感，因而会遭遇发达国家企业致命的挤压。因此，光祖想在世界汽车产业市场寻求一席之地，必须学会当好‘配角’。光祖不会去做大而全的公司，而是会专注于汽车玻璃的高科技产品，当好汽车集团的‘配角’”（0.5分）。

c.企业拥有强大的市场地位，并且能够利用经验和能力来获得强有力的独特竞争优势，其实施市场渗透战略是比较容易的（0.5分）。“由于光祖公司始终专注于做汽车玻璃，打造了核心竞争力，逐步赢得更多汽车厂商的信赖”（0.5分）。

②市场开发——现有产品和新市场（0.5分）。市场开发战略是指将现有产品或服务打入新市场的战略。

对于光祖集团而言，实施这一战略的主要条件是：

企业的主业属于正在迅速全球化的产业（0.5分）。“作为全球化程度很高的产业——汽车制造的零部件供应商，光祖玻璃开启了进军国际市场的航程”（0.5分）。

③产品开发——新产品和现有市场（0.5分）。这种战略是在原有市场上，通过技术改进与开发研制新产品。

对于光祖集团而言，实施这一战略的主要条件是：

a.企业产品具有较高的市场信誉度和顾客满意度（0.5分）。“成为U国知名汽车品牌的全球优秀供应商”（0.5分）。

b.企业所在产业属于适宜创新的高速发展的高新技术产业（0.5分）。“国外跨国公司在汽车玻璃的新材料及应用技术上不断推陈出新。如此现状下要想直接购买技术，或是仿造产品绝非现实”（0.5分）。

c.企业所在产业正处于高速增长阶段（0.5分）。“C国玻璃产业快速发展的过程中”（0.5分）。

d.企业具有较强的研究与开发能力（0.5分）。“光祖公司在全球已拥有四大设计中心。以此为依托构建全球制造基地”“近几年，光祖公司联合高校和科研单位，成立‘产学研用一体化’四方创新联合体，建立长效合作机制，共同策划和实施光祖公司智能制造新模式”（0.5分）。

第二，一体化战略（0.5分）。

①纵向一体化战略（0.5分）。纵向一体化战略是指企业沿着产品或业务链向前或向后，延伸和扩展企业现有业务的战略。

对于光祖集团而言，实施这一战略的主要条件是：

a.企业所在产业的增长潜力较大（0.5分）。“C国玻璃产业快速发展的过程中”（0.5分）。

b.企业具备前向一体化与后向一体化所需的资金、人力资源等（0.5分）。“光祖公司结合信息技术和自动化的生产工厂，已经走在全球同行业前列……在提升制造柔性化、智能化和高效率的同时，光祖还在力求让自己遍布全球各地的工厂更加紧密地联网，与客户和供应商无缝的信息化对接也在积极推进”（0.5分）。

②横向一体化战略（0.5分）。横向一体化战略是指企业向产业价值链相同阶段方向扩张的战略。“公司在国内十几个地区建立了现代化的生产基地。之后，作为全球化程度很高的产业——汽车制造的零部件供应商，光祖玻璃开启了进军国际市场的航程”（0.5分）。

对于光祖集团而言，实施这一战略的主要条件是：

a.企业所在产业竞争较为激烈（0.5分）。“全球汽车玻璃市场激烈的竞争”（0.5分）。

b.企业所在产业的规模经济较为显著（0.5分）。“支撑光祖获得在全球的规模经济优势”。

c.企业所在产业的增长潜力较大（0.5分）。“C国玻璃产业快速发展的过程中”（0.5分）。

d.企业具备横向一体化所需的资源能力（0.5分）。“2008年的金融危机给汽车玻璃行业格局带来巨大的变化，国际同行因为原有的大批量生产模式与个性化、小批量的消费需求相悖，导致成本高涨。而且，汽车玻璃业务只是其集团多元业务的一块，因而渐渐被边缘化。由于光祖公司始终专注于做汽车玻璃，打造了核心竞争力，逐步赢得更多汽车厂商的信赖”（0.5分）。

（2）第一，出口贸易（0.5分）。“1991年9月，光祖公司开始向北美J国T公司出口汽车玻璃，将其业务拓展至北美的汽车配件市场。1994年年底，光祖公司在北美U国成立了L玻璃工业有限公司，主营光祖汽车玻璃在北美的销售业务”（0.5分）。

第二，对外直接投资（0.5分）。“2011年6月……光祖公司挺进R国，在该国投资2亿美元设厂，设计产能为年供应300万套汽车安全玻璃。2014年，光祖公司又启动U国项目，总投资6亿美元，这是C国汽车零部件企业在U国最大的投资项目。该工厂建成后将形成450万套汽车玻璃+400万片汽车配件的生产能力，成为全球最大的汽车玻璃单体厂房。……2016年，光祖在继续完成U国项目二期建设、建立研发中心的同时，又在D国建立玻璃包边工厂。届时，光祖公司在全球已拥有四大设计中心”（0.5分）。

第三，非股权安排（战略联盟）（0.5分）。“与发起倾销诉讼的世界玻璃巨头U国P公司化敌为友，后来双方还建立了契约式战略联盟关系，互补对方在欧美和亚洲市场的不足”“应发达国家D国Z汽车公司等合作伙伴之邀，光祖公司挺进R国”（0.5分）。

（3）光祖公司2001年市场风险的来源是潜在进入者、竞争者、与替代品的竞争带来的风险。（0.5分）“2001年，世界玻璃巨头U国P公司对C国维修用汽车前挡风玻璃发起倾销诉讼”“光祖公司意识到，作为一个新兴市场国家实力相对弱小的企业，急于扩大市场份额会让发达国家实力强大的企业产生危机感，因而会遭遇发达国家企业致命的挤压”（0.5分）。

（4）光祖集团研发的类型包括：

①**产品研发**（0.5分）。“研发汽车玻璃新材料、新产品”（0.5分）。

②**技术研发**（0.5分）。“研发汽车玻璃新材料、新产品，突破材料、工艺、装备、检测试验等关键技术，带动上游材料、软件集成、装备各产业链技术升级”“光祖公司技术创新硕果累累”（0.5分）。

③**工艺研发**（0.5分）。“研发汽车玻璃新材料、新产品，突破材料、工艺、装备、检测试验等关键技术，带动上游材料、软件集成、装备各产业链技术升级”“机械加工设备实现自主研发生产，且基本达到国际先进装备水平”（0.5分）。

④**流程研究**（0.5分）。“光祖集团敏锐地把握机遇，乘势而上，从‘制造’迈向‘智造’。通过自动化和信息化不断融合，搭建数字化的链接通道，打通研发、生产、管控、销售等各个环节，实现定制化产品、自动化制造、智能化运营”（0.5分）。

光祖集团研发的定位：

①**成为成功产品的创新模仿者**（0.5分）。“光祖镀膜前挡玻璃技术打破了国际巨头的垄断。机械加工设备实现自主研发生产，且基本达到国际先进装备水平。这些设备填补了一系列国内空白”（0.5分）。

②**成为向市场推出新技术产品的企业**（0.5分）。“光祖集团结合信息技术和自动化的生产工厂，已经走在全球同行业前列”（0.5分）。

（5）第一，**确认支持企业竞争优势的关键性活动**（0.5分）。价值链的每项活动对企业竞争优势的影响是不同的，在关键活动的基础上建立和强化这种优势很可能使企业获得成功。“改变C国制造的形象，必须从提高质量入手”“在全球汽车玻璃市场激烈的竞争中，C国企业要想寻求新的发展，必须大力推行‘提升高附加值功能化汽车玻璃的智能工厂’建设，研发汽车玻璃新材料、新产品，突破材料、工艺、装备、检测试验等关键技术，带动上游材料、软件集成、装备各产业链技术升级。就整车而言，除提升安全性和舒适性之外，对汽车玻璃节能环保、智能驾驶、功能集成方面提出更高要求”。说明光祖集团在初创时期和近几年，都分别抓住了支持企业竞争优势的关键性活动——生产经营（质量管理）和研究开发（0.5分）。

第二，**明确价值链内各种活动之间的联系**（0.5分）。选择或构筑价值链中各种活动最佳的联系方式对于提高价值创造和战略能力是十分重要的。“光祖集团……通过自动化和信息化不断融合，搭建数字化的链接通道，打通市场调研、研发、生产、管控、供给、销售等各个环节，实现定制化产品以销定产、自动化制造、智能化运营”“‘多品种、小批量’的柔性生产方式，不仅有效保证了品质和效率，而且降低了生产成本”。光祖集团从“制造”迈向“智造”的这一进程，体现了选择和构筑价值链中各种活动最佳的联系方式（0.5分）。

第三，**明确价值系统内各项价值活动之间的联系**（0.5分）。价值活动的联系不仅存在于企业价值链内部，而且存在于企业与企业的价值链之间。“在提升制造柔性化、智能化和高效率的同时，光祖还在力求让自己遍布全球各地的工厂更加紧密地联网，与客户和供应商无缝的信息化对接也在积极推进。以往光祖公司可能仅仅为客户提供一片片的汽车玻璃，而现在提供的是包括各种安装配件的汽车玻璃总成，甚至安装服务都已经由光祖负责。光祖的汽车玻璃制造与上下游产业链正在形成‘你中有我、我中有你’的新格局”。反映出光祖集团不断优化价值系统内各项价值活动之间的联系方式（0.5分）。

（6）第一，“躲闪者”战略：避开跨国公司的冲击（0.5分）。对于光祖集团而言，实施这一战略的主要做法是：

①根据自身的本土优势专注于细分市场，将业务重心转向价值链中的某些环节（0.5分）；

②生产与跨国公司产品互补的产品（0.5分）。“通过这一事件，李耀国意识到，作为一个新兴市场国家实力相对弱小的企业，急于扩大市场份额会让发达国家实力强大的企业产生危机感，因而会遭遇发达国家企业致命的挤压。因此，光祖想在世界汽车产业市场寻求一席之地，必须学会当好‘配角’。光祖不做大而全的公司，而是专注于汽车玻璃的高科技产品，当好汽车集团的‘配角’”（0.5分）。

第二，“扩张者”战略：向海外延伸本土优势（0.5分）。“随着国内汽车产业的迅猛增长，光祖玻璃逐渐被全球知名品牌汽车企业认同，光祖集团产品需求日益增大。公司在国内十几个地区建立了现代化的生产基地。之后，作为全球化程度很高的产业——汽车制造的零部件供应商，光祖玻璃开启了进军国际市场的航程”（0.5分）。

第三，“抗衡者”战略：在全球范围内对抗（0.5分）。新兴市场的企业也可以羽翼渐丰，最后成长为跨国公司（0.5分）。对于光祖集团而言，实施这一战略的主要做法是：

①不要拘泥于成本上的竞争，而应该比照行业中的领先公司来衡量自己的实力（0.5分）。“对比世界先进水平，C国玻璃产业在快速发展的过程中，长期积累的矛盾和问题也日益凸显，产品结构不尽合理、低端产品产能过剩，同时高端市场的汽车玻璃技术严重短缺，供远低于求，更为严峻的是，国外跨国公司在汽车玻璃的新材料及应用技术上不断推陈出新。……光祖集团认识到，在全球汽车玻璃市场激烈的竞争中，C国企业要想寻求新的发展，必须大力推行‘提升高附加值功能化汽车玻璃的智能工厂’建设，研发汽车玻璃新材料、新产品，突破材料、工艺、装备、检测试验等关键技术，带动上游材料、软件集成、装备各产业链技术升级。就整车而言，除提升安全性和舒适性之外，对汽车玻璃节能环保、智能驾驶、功能集成方面提出更高要求”（0.5分）。

②找到一个定位明确又易于防守的市场（0.5分）。“光祖想在世界汽车产业市场寻求一席之地，必须学会当好‘配角’。光祖不做大而全的公司，而是专注于汽车玻璃的高科技产品，当好汽车集团的‘配角’”“汽车玻璃业务只是其集团多元业务的一块，因而被边缘化。由于光祖公司始终专注于做汽车玻璃，打造了核心竞争力，逐步赢得更多汽车厂商的信赖”（0.5分）。

③在一个全球化的产业中找到一个合适的突破口（0.5分）。“国际同行因为原有的大批量生产模式和个性化、小批量的消费需求相悖，导致成本高涨”“在工业4.0方兴未艾之际，光祖集团敏锐地把握机遇，乘势而上，从‘制造’迈向‘智造’。通过自动化和信息化不断融合，搭建数字化的链接通道，打通研发、生产、管控、供给、销售等各个环节，实现定制化产品以销定产、自动化制造、智能化运营”“如今，光祖集团结合信息技术和自动化的生产工厂，已经走在全球同行业前列。‘多品种、小批量’的柔性生产方式，不仅有效保证了品质和效率，而且降低了生产成本”（0.5分）。

④学习从发达国家获取资源，以克服自身技能不足和资本的匮乏（0.5分）。“届时，光祖公

司在全球已拥有四大设计中心，并以此为依托构建全球制造基地，光祖公司将实现全球客户需求与供应的即时对接、互联互通，进一步做大做强”“稳扎稳打的全球化布局，支撑光祖获得在全球的资源优势和规模经济优势，进而攀登上更高的起点”（0.5分）。

应试攻略

本题难度较大，不同知识点之间交叉考查的内容较多，其中最容易失分的是密集型战略与一体化战略的适用条件。其实这两个知识点之间有很多内容是共通的，例如市场渗透战略适用条件中“整个市场正在增长”与横向一体化适用条件中的“企业所在产业的增长潜力较大”本质上就是同一含义，因此在答案段中很可能就会对应同一句案例内容。类似的交叉知识点在本案例中还有很多，建议同学们首先要对这种类型的考查形成预期，不必害怕，其次要不断地进行总结、积累，便能轻松应对。

199 斯尔解析▶

（1）①寻求市场（0.5分）。“2003年万欣U国公司正式成为主机厂的一级供应商”“也让万欣U国公司生产的零部件得以在U国三分之一的汽车上使用”（0.5分）。

②寻求现成资产（0.5分）。“1999年万欣U国公司收购了L公司，这笔收购使它取代L公司成为世界上拥有最多万向节专利的公司。2000年万欣U国公司收购了T公司，从而成为U国最大的汽车轮毂加工装配基地和供应商。2001年万欣U国公司又收购了U国零售商A公司，获得了A公司汽车制动器技术与品牌、U国连锁维修店和采购集团等渠道”“万欣U国公司在2003年收购了K公司，该公司是翼型万向节传动轴的发明者和全球最大的一级供应商”“万欣公司收购AB公司不仅获得了世界顶尖的电池技术，与全球主流客户建立了业务联系，在新能源电池领域也更具号召力”“万欣U国公司对FS电动汽车公司的收购，标志着万欣公司全面进入新能源汽车整车制造产业”（0.5分）。

（2）万欣U国公司在U国采用并购战略的动机有：

①避开进入壁垒，迅速进入，争取市场机会（0.5分）。“为了克服公司进入新能源汽车领域的诸多障碍，2012年年底，万欣U国公司协助集团总部参与竞购深陷破产危机的U国AB公司”（0.5分）。

②获得协同效应（0.5分）。“在这一阶段万欣U国公司收购的企业多是一级供应商，万欣U国公司通过帮助它们为3 500位U国人保住了工作，也让万欣U国公司生产的零部件得以在U国三分之一的汽车上使用”“万欣U国公司收购工厂后对其生产经营方式进行全面改造。在并购公司后停掉了该公司的一些生产线，把它们搬到万欣公司中国公司来做，F公司主要负责组装、技术开发、测试、售后服务和物流，以发挥各自优势”“在收购U国T-D公司后，万欣U国公司通过对T-D公司和中国总部进行优势和资源的对接，把等速驱动轴打造为继万向节之后又一个世界老大产品”“AB公司终于告别了亏损，开始步入正轨。之后，万欣公司继续向AB公司提供培养核心业务必要的财务支持，推动AB公司进入汽车电动化、电网储能及其他全球性市场，包括进入中国市场。……万欣公司收购AB公司不仅获得了世界顶尖的电池技术，与全球主流客户建立了业务联

系，在新能源电池领域也更具号召力”“万欣U国公司对FS电动汽车公司的收购，标志着万欣公司全面进入新能源汽车整车制造产业。……万欣U国公司履行承诺，将FS公司的工厂从欧洲F国搬回U国，复产后创造了300多个工作岗位”（0.5分）。

③**克服企业负外部性，减少竞争，增强对市场的控制力**（0.5分）。“万欣公司收购AB公司不仅获得了世界顶尖的电池技术，与全球主流客户建立了业务联系，在新能源电池领域也更具号召力”“在这一阶段万欣U国公司收购的企业多是一级供应商，万欣U国公司通过帮助它们为3 500位U国人保住了工作也让万欣公司生产的零部件得以在U国三分之一的汽车上使用”（0.5分）。

所规避的主要风险：

①**并购后不能很好地进行企业整合**（0.5分）。“万欣U国公司非常注重规避跨国并购可能带来的风险，例如在收购L公司时，为了绕开工会的制约，万欣U国公司联手当地企业一起收购；在收购T公司时，万欣U国公司不仅没有解雇富余员工还扩建厂房并招收新员工，帮助T公司渡过了难关”“DR公司是一家汽车电子感应器公司，危机中公司不得不出售。公司所有者联系了万欣U国公司收购过的公司，了解到这些公司被收购后得到万欣U国公司及其总部很好的资源整合，因此拒绝了另外4家竞标收购者”“一系列的收购及其后的资源整合，不仅拯救了被并购公司，也让他们认识到万欣公司的强大实力与中国国内完备的产业配套能力”（0.5分）。

②**跨国并购面临政治风险**（0.5分）。“竞购AB公司期间U国诸多政府官员与行业专家强烈反对将AB公司卖给万欣公司，他们认为AB公司是U国重点企业且部分业务和军方有直接关联，若被万欣公司收购会威胁U国国家安全。为了减少万欣公司在U国受到的政治压力，万欣公司向国内备案以获得国家的背书，增加谈判筹码；万欣公司始终承诺整体收购，并维持其2 000多名员工的工作岗位，这与其他8个竞标者只对AB公司的部分业务感兴趣不同；更关键的是，万欣公司只收购AB公司的民用业务，绝对避开涉及军方的业务。万欣公司的收购方案展现了愿意承担社会责任的企业形象，得到了AB公司首席执行官的高度认可，妥善化解了来自外界的危机和压力”“在收购FS公司期间，万欣U国公司同样遇上了非议，被指责‘偷窃U国技术’。然而FS公司所在州州长和议员对万欣公司表示支持，‘万欣公司在U国20多年，形象一直比较靠谱’。并购后，万欣公司履行承诺，将FS公司的工厂从欧洲F国搬回U国，复产后创造了300多个工作岗位”（0.5分）。

（3）①**不要拘泥于成本上竞争，而应该比照行业中的领先公司来衡量自己的实力**（0.5分）。“公司向客户提供自己擅长的低价供货方案，客户根本不买账”“万欣U国公司将瞄准U国主流社会的本地化改造作为首要任务”（0.5分）。

②**找到一个定位明确又易于防守的市场**（0.5分）。“这一系列本地化举措使万欣U国公司弱化了中国企业的形象，满足了U国市场对一家普通汽车零部件企业的基本期望”“2003年万欣U国公司正式成为主机厂的一级供应商”（0.5分）。

③**在一个全球化的产业中找到一个合适的突破口**（0.5分）。“金融危机中万欣U国公司找到了进一步发展的突破口。万欣U国公司意识到金融危机前公司要尽可能适应和服从外部环境的要求；危机后公司则应当发挥自身优势，朝更有利的方向施加影响”（0.5分）。

④**学习从发达国家获取资源，以克服自身技能不足和资本的匮乏**（0.5分）。“1999年万欣U国公司收购了L公司，这笔收购使它取代L公司成为世界上拥有最多万向节专利的公司。2000年万欣U国公司收购了T公司，从而成为U国最大的汽车轮毂加工装配基地和供应商。2001年万欣U国公

司又收购了U国零售商A公司，获得了A公司汽车制动器技术与品牌、U国连锁维修店和采购集团等渠道”“万欣U国公司在2003年收购了K公司，该公司是翼型万向节传动轴的发明者和全球最大的一级供应商；2005年万欣U国公司收购了U国F汽车公司的一级供应商S公司和轴承企业G公司”“万欣公司收购AB公司不仅获得了世界顶尖的电池技术，与全球主流客户建立了业务联系，在新能源电池领域也更具号召力”“万欣U国公司对FS电动汽车公司的收购，标志着万欣公司全面进入新能源汽车整车制造产业。……万欣U国公司认为这一合作不仅是技术和资本绑在一起，而且是名誉与品牌都绑在了一起”（0.5分）。

（4）①**确认支持企业竞争优势的关键性活动**（0.5分）。“2008年U国F汽车公司旗下的工厂因严重亏损被迫剥离，万欣U国公司收购工厂后对其生产经营方式进行全面改造。在并购公司后停掉了该公司的一些生产线，把它们搬到万欣公司中国公司来做，F公司主要负责组装、技术开发、测试、售后服务和物流，以发挥各自优势”（在U国公司和中国国内公司各自强化自身优势活动）（0.5分）。

②**明确价值链内各种活动之间的联系**（0.5分）。“了解到这些公司被收购后得到万欣U国公司及其总部很好的资源整合”“万欣U国公司收购M工厂后对其生产经营方式进行全面改造”“万欣U国公司通过对T-D公司和国内总部进行优势和资源的对接，把等速驱动轴打造为继万向节之后又一个世界老大产品”（0.5分）。

③**明确价值系统内各项价值活动之间的联系**（0.5分）。“一系列的收购及其之后的资源整合，不仅拯救了被并购公司，也让他们认识到万欣公司的强大实力与中国国内完备的产业配套能力”（中国国内完备的产业配套能力包括整个价值系统的配套能力）（0.5分）。

（5）①**专有技术选择、获取与应用的困难**（0.5分）。“由于起步晚、缺少高端技术研发人员和营销人员等因素，万欣公司的电动车零部件核心技术远远落后于国内外的先锋企业”（0.5分）。

②**原材料、零部件、资金与其他供给的不足**（0.5分）。“也缺少整合供应链的资源和能力”（0.5分）。

③**缺少承担风险的胆略与能力**（0.5分）。“为了克服公司进入新能源汽车领域的诸多障碍，2012年年底，万欣U国公司协助集团总部参与竞购深陷破产危机的U国AB公司”（说明万欣公司克服了这一障碍）（0.5分）。

（6）依据社会责任风险的相关理论，万欣公司与万欣U国公司进入新能源汽车领域所规避履行社会责任风险有：

①**环境保护投入不足，资源耗费大，造成环境污染或资源枯竭，可能导致企业巨额赔偿、缺乏发展后劲，甚至停业**（0.5分）。“在全球环境保护的压力下，万欣公司也开始向新能源汽车领域挺进”（0.5分）。

②**促进就业和员工权益保护不够，可能导致员工积极性受挫，影响企业发展和社会稳定**（0.5分）。“万欣公司始终承诺整体收购，并维持其2 000多名员工的工作岗位”“并购后，万欣U国公司履行承诺，将FS公司的工厂从欧洲F国搬回U国，复产后创造了300多个工作岗位”（0.5分）。

（7）①**外部发展（并购）**（0.5分）。“1999年万欣U国公司收购了L公司”“2000年万欣U国公司收购了T公司”“2001年万欣U国公司又收购了U国零售商A公司”“万欣U国公司在2003年收购了K公司”“2005年万欣U国公司收购了U国F汽车公司的一级供应商S公司和轴承企业G公司”“DR公司拒绝了另外4家竞标收购者而决定出售给万欣U国公司”“2007年U国AI公司被万欣U国公司并购”“2008年U国F汽车公司旗下的工厂因严重亏损被迫剥离，万欣U国公司收购工厂后对其生产经营方式进行全面改造”“收购U国T-D公司”“2009年万欣U国公司收购U国DS汽车转向轴业务”“对AB公司的收购完成”“2014年万欣U国公司对FS电动汽车公司的收购”（0.5分）。

②内部发展（新建）（0.5分）。“1994年，万欣U国公司在U国注册成立，万欣公司正式进入U国汽车零部件市场”“万欣U国公司将‘瞄准U国主流社会’的本地化改造作为首要任务，不再沿用母国集团的管理理念和方法。万欣U国公司聘请U国人为首席运营官和首席财务官，在内部建立起一套符合U国国情的运营体系，重新设计了一整套规范的工作程序”（0.5分）。

③战略联盟（0.5分）。“2015年11月，FS公司宣布与D国BM公司达成重要合作伙伴关系，万欣U国公司认为这一合作不仅是技术和资本捆在一起，而且是名誉与品牌捆在了一起”（0.5分）。

（8）从全球价值链中企业的角色定位考查，万欣公司早期是其他层级供应商（0.5分）。“1984年，国内最大的汽车零部件供应商万欣公司与U国L公司签订了每年贴牌生产20万套万向节的合作协议，开展OEM业务”（0.5分）。

2003年以后，万欣公司成为一级供应商（0.5分）。“2003年万欣U国公司正式成为主机厂的一级供应商”“在这一阶段，万欣U国公司收购的企业多是一级供应商”“在收购U国T-D公司后，万欣U国公司通过对T-D公司和中国总部整合国内零部件生产资源能力的优势相对接（体现一级供应商‘起到在领先企业和本地供应商之间的桥梁作用’）”（0.5分）。

从在全球价值链中企业升级类型考查，万欣公司最终实现了向价值链升级的跨越（0.5分）。“1984年，国内最大的汽车零部件供应商万欣公司与U国L公司签订了每年贴牌生产20万套万向节的合作协议，开展OEM业务”“2014年年初……U国批准了万欣U国公司对FS电动汽车公司的收购，标志着万欣公司全面进入新能源整车制造产业”（0.5分）。

应试攻略

本题整体难度不高，但有几问属于冷门考点，同学们需要适当关注。重点提示以下几个问题：

（1）本题中的价值链分析非常经典，是基于并购背景下的企业内部价值链整合以及企业与企业之间的价值链联系，因此在寻找价值链分析的第二句话和第三句话时，基本可以锁定在与并购相关的案例段落中。

（2）本题第（3）问考查的是新兴市场的企业战略，其中，同学们可以较为容易的找到“在一个全球化的产业中找到一个合适的突破口”所对应的案例内容，因为原案例中直接给出了同样的关键词，但是大家仍然要准确理解这句话的含义，它指的是在面对全球化产业的竞争中，对自身业务和流程的重组、重塑等，通过“改变自己”成为“更好的自己”。虽然案例中并未明确地说明万欣U国公司是如何“改变自己”的，但陈述了其“改变自己”的大方向，即“金融危机前公司要尽可能适应和服从外部环境的要求；危机后公司则应当发挥自身优势，朝更有利的方向施加影响”。

200 斯尔解析▶

（1）市场情况：

①**产品具有较高的价格弹性，市场中存在大量的价格敏感用户**（0.5分）。“国内空调从少数人的奢侈品转为大众消费品的时机已经来临，市场需要大量老百姓买得起、用得起的‘民牌’空调”“升达得罪了同行，却赢得了无数的消费者”（0.5分）。

②**购买者不太关注品牌**（0.5分）。“市场需要大量老百姓买得起、用得起的‘民牌’空调”（0.5分）。

③**价格竞争是市场竞争的主要手段，消费者的转换成本较低**（0.5分）。“升达公司在公布空调成本的同时，其空调全线降价，平均降幅达20%。升达公司得罪了同行，却赢得了无数的消费者”（0.5分）。

资源和能力：

①**在规模经济显著的产业中装备相应的生产设施来实现规模经济**（0.5分）。“在升达公司老家N市，做空调配件的企业很多，整个空调产业链已经成型，升达公司通过整合这些企业，产品零部件自制率达到90%，在……规模经济等诸方面都具备整机制造成本优势”（0.5分）。

②**降低各种要素成本**（0.5分）。“在升达公司老家N市，做空调配件的企业很多，整个空调产业链已经成型，升达公司通过整合这些企业，产品零部件自制率达到90%，在零部件成本……诸方面都具备整机制造成本优势”“在采购环节，升达公司同时采用自制和外购两条路线……这些设备和原料共有的特点是品质在全球范围内相对较好，价格相对最低”“以年轻人为主体的人员结构和灵活的民营企业机制是升达公司成本优势的又一源泉。升达公司是新办的企业，没有下岗职工和离退休人员的负担……对于降低运营成本发挥了重要作用”（0.5分）。

③**提高生产率**（0.5分）。“在升达公司老家N市，做空调配件的企业很多，整个空调产业链已经成型，升达公司通过整合这些企业，产品零部件自制率达到90%，在……生产率等诸方面都具备整机制造成本优势”“公司在2001年引进全球最先进的信息化管理工具ERP，配合其内部各个部门严格的承包制，对提高企业效率和降低运营成本起到了极大的作用”“年轻的人员架构和灵活的民营企业机制是升达公司成本优势的又一源泉。升达公司是新办的企业，没有下岗职工和离退休人员的负担……对于提高企业效率发挥了重要作用”（0.5分）。

④**提高生产能力利用程度**（0.5分）。“在升达公司老家N市，做空调配件的企业很多，整个空调产业链已经成型，升达公司通过整合这些企业，产品零部件自制率达到90%，在……设备利用率……诸方面都具备整机制造成本优势”（0.5分）。

⑤**选择适宜的交易组织形式**（0.5分）。在不同情况下，是采取内部化生产，还是靠市场获取，成本会有很大的不同。“在采购环节，升达公司同时采用自制和外购两条路线，当自制的质量和价格有优势时，采用自制；而当自制明显不如外购有竞争力时，就毫不犹豫地采用外购，甚至关掉自制部门……这些设备和原料共有的特点是品质在全球范围内相对较好，价格相对最低”（0.5分）。

（2）升达空调在与恒立等强大竞争对手竞争时所体现出的蓝海战略特征：

①**规避竞争，拓展非竞争性市场空间**（0.5分）。“为了避开与国内空调行业优势品牌的正面较量，升达空调将目标客户聚焦在新一代的网络消费群体”（0.5分）。

②**创造并攫取新需求**（0.5分）。“升达充分依托电商平台，用18～35岁年轻消费者熟悉的代言人和沟通方式，建立起年轻化、时尚化的品牌形象，打造了‘倾国倾城’‘淑女窈窕’等情感化的明星产品，吸引了一批有时尚要求、重情感又注重性价比的年轻人群”（0.5分）。

③**打破价值与成本互替定律，同时追求差异化和低成本**（0.5分）。“吸引了一批有时尚要求、重情感又注重性价比的年轻人群”（0.5分）。

升达空调在竞争激烈的空调市场中开辟新的生存与发展空间的途径：

①**重新界定产业的买方群体**（0.5分）。“升达空调将目标客户聚焦在新一代的网络消费群体……充分依托电商平台，用18～35岁年轻消费者熟悉的代言人和沟通方式，建立起年轻化、时尚化的品牌形象”（0.5分）。

②**重设客户的功能性与情感性诉求**（0.5分）。“打造了‘倾国倾城’‘淑女窈窕’等情感化的明星产品，吸引了一批有时尚要求、重情感又注重性价比的年轻人群”（0.5分）。

③**跨越时间，参与塑造外部潮流**（0.5分）。“早在2012年，升达公司就敏锐察觉到互联网发展的大趋势，积极与电商平台合作，在整体布局上确定了互联网、智能化发展战略”（0.5分）。

（3）基本活动：

①**内部后勤**（0.5分）。“在升达公司老家N市，做空调配件的企业很多，整个空调产业链已经成型”“公司在2001年引进全球最先进的信息化管理工具ERP，配合其内部各个部门严格的承包制，对提高企业效率和降低运营成本起到了极大的作用”（0.5分）。

②**生产经营**（0.5分）。“升达公司通过整合这些企业，产品零部件自制率达到90%，与同类企业一般不超过50%的自制率相比，在零部件成本、生产率、设备利用率、规模经济等诸方面都具备整机制造成本优势”“升达公司迈开步伐进行企业产品升级，累计投入超过30亿元用于技术创新、效率提升。先后推出二级供应链管理、引进全球领先检测设备、吸纳超过50%的硕博人才组成创新研究团队，从根本上把控产品品质。2017年升达智能工厂落成投产，以更加标准化、高周转率的技术实力，实现了产品品质的又一次提升；在J国建立研发中心，实现了智能化产品占比超过80%，筹建多个智能制造基地累计投资超过150亿元，为实现空调产业全智能一体化做好准备”（0.5分）。

③**外部后勤**（0.5分）。“公司在2001年引进全球最先进的信息化管理工具ERP，配合其内部各个部门严格的承包制，对提高企业效率和降低运营成本起到了极大的作用”“这些终端零售商通过手机App直接下单，升达公司接单后通过各区域的仓储中心调配，由第三方物流送货到店”（0.5分）。

④**市场销售**（0.5分）。“升达充分依托电商平台，用18～35岁年轻消费者熟悉的代言人和沟通方式，建立起年轻化、时尚化的品牌形象，打造了‘倾国倾城’‘淑女窈窕’等情感化的明星产品，吸引了一批有时尚要求、重情感又注重性价比的年轻人群”“与国内著名电商普天组建联合团队，打通商家与平台的供应链”“抓住国内电商平台纷纷下沉开店的机遇，向基层市场渗透，逐步熟悉终端零售商渠道”“升达公司与以线下销售为主的长宁家电零售公司合作，共创智慧零售新模式”“升达公司召开新闻发布会，宣布启动‘双轮战略’规划，从以前‘通过厂家直供的方式真正让利于经销商，打造至真至诚的利益共同体’，进一步延伸到‘以升达公司主导产业为基础搭建O2O（即Online to Offline，线上到线下）平台，为更多中小企业服务，全面赋能线下经销商’”（0.5分）。

⑤**服务**（0.5分）。“升达公司已建成社会化的售后服务网点7 500个，可以覆盖98%的县市。终端零售商或用户通过云平台寻找所在地的升达公司售后服务人员，由他们抢单帮助安装、维修”（0.5分）。

支持活动：

①**采购管理**（0.5分）。“在采购环节，升达公司同时采用自制和外购两条路线，当自制的质量和价格有优势时，采用自制；而当自制明显不如外购有竞争力时，就毫不犹豫地采用外购，甚至关掉自制部门。升达公司借鉴国外企业‘全球论质比价采购’的模式，其加工蒸发器和冷凝器的自动生产设备购自J国；保证镀层10年不脱皮泛锈的瓦格纳喷涂设备是引进D国的；制造空调塑壳的ABS粉料是来自H国；机身上的所有接插件购自M国。这些设备和原料共有的特点是品质在全球范围内相对较好，价格相对最低”（0.5分）。

②**技术开发**（0.5分）。“升达公司迈开步伐进行企业产品升级，累计投入超过30亿元用于技术创新、效率提升。先后推出二级供应链管理、引进全球领先检测设备、吸纳超过50%的硕博人才组成创新研究团队，从根本上把控产品品质。2017年升达智能工厂落成投产，以更加标准化、高周转率的技术实力，实现了产品品质的又一次提升；在J国建立研发中心，其智能化产品占比超过80%，筹建多个智能制造基地累计投资超过150亿元，为实现空调产业全智能一体化做好准备”（0.5分）。

③**人力资源管理**（0.5分）。“以年轻人为主体的人员结构和灵活的民营企业机制是升达公司成本优势的又一源泉。升达公司是新办的企业，没有下岗职工和离退休人员的负担；升达公司发挥其灵活的民营企业机制，实施全方位的承包责任制，激发了各级人员的积极性、主动性和创造性，对于提高企业效率和降低运营成本发挥了重要作用”“吸纳超过50%的硕博人才组成创新研究团队，从根本上把控产品品质”“终端零售商或用户通过云平台寻找所在地的升达公司售后服务人员，由他们抢单帮助安装、维修”（0.5分）。

④**企业基础设施**（0.5分）。“升达公司意识到，国内空调从少数人的奢侈品转为大众消费品的时机已经来临”“早在2012年，升达公司就敏锐察觉到互联网发展的大趋势，积极与电商平台合作，在整体布局上确定了互联网、智能化发展战略”“2017年下半年以来，升达公司意识到，虽然电商存量市场很大，但增长速度开始下降，线上流量红利在下滑。面对市场环境新的变化，升达公司采用了两个新的战略举措”（0.5分）。

（4）①**促进技术创新**（0.5分）。“打通商家与平台的供应链，全面提升电商渠道供应链效率……升达空调原来的电商渠道供应链SOP（即标准操作程序）分为18个节点、共需33个小时，新的系统上线以后优化为6个节点、只需1个多小时，大大提升了供应链效率”（0.5分）。

②**避免经营风险**（0.5分）。“2017年下半年以来，升达公司意识到，虽然电商存量市场很大，但增长速度开始下降，线上流量红利在下滑。面对市场环境新的变化，升达公司采用了两个新的战略举措”（0.5分）。

③**避免或减少竞争**（0.5分）。“打通商家与平台的供应链”“通过厂家直供的方式真正让利于经销商，打造至真至诚的利益共同体”（0.5分）。

④**实现资源互补**（0.5分）。“打通商家与平台的供应链，全面提升电商渠道供应链效率”“升达公司作为长宁家电品牌主力军，通过长宁零售公司快速开启渠道下沉绿色通道，从线上渠道转

移至线下渠道，在运营上借助长宁零售公司在市场上的口碑和服务，形成很强的品牌竞争力”（0.5分）。

⑤开拓新的市场（0.5分）。“将进一步实现线上线下的融合，深耕零售发展道路”（0.5分）。

（5）①产品策略（0.5分）。“1994年，由于当时国内空调产品还属于少数人的奢侈品，升达公司与业内其他公司一样，产品定位于比较高档的空调”“1999年之后，经过几年的拼打，升达公司意识到，国内空调从少数人的奢侈品转为大众消费品的时机已经来临，市场需要大量老百姓买得起、用得起的‘民牌’空调。处于弱势地位的升达公司找到了挑战竞争对手、壮大自身的法宝——以价格制胜”“2012年之后，随着国内消费升级与产品更新换代，大众的空调消费需求开始从‘功能型’向‘品质型’转变。升达公司日益认识到启动新的战略转型的必要性与紧迫性。升达空调将目标客户聚焦新一代的网生消费群体。升达充分依托电商平台，用18～35岁年轻消费者熟悉的代言人和沟通方式，建立起年轻化、时尚化的品牌形象，打造了‘倾国倾城’‘淑女窈窕’等情感化的明星产品，吸引了一批有时尚要求、重情感又注重性价比的年轻人群”（0.5分）。

②促销策略（0.5分）。“2002年4月，面对百余名记者，升达突然抛出《空调成本白皮书》……升达公司在公布空调成本的同时，其空调全线降价，平均降幅达20%”“2012年之后，升达充分依托电商平台，用18～35岁年轻消费者熟悉的代言人和沟通方式，建立起年轻化、时尚化的品牌形象，打造了‘倾国倾城’‘淑女窈窕’等情感化的明星产品，吸引了一批有时尚要求、重情感又注重性价比的年轻人群”（0.5分）。

③分销策略（0.5分）。“早在2012年，升达公司就敏锐察觉到互联网发展的大趋势，积极合作电商平台，在整体布局上确定了互联网、智能化发展战略”“2017年下半年以来，抓住国内电商平台纷纷下沉开店的机遇，向基层市场渗透，逐步熟悉终端零售商渠道”“2018年12月，‘双轮战略’的实施，将进一步实现线上线下的融合，深耕零售发展道路”（0.5分）。

④价格策略（0.5分）。“1999年之后，升达公司在公布空调成本的同时，其空调全线降价，平均降幅达20%……升达‘价格屠夫’策略”“2012年之后，吸引一批有时尚要求、重情感又注重性价比的年轻人群”（0.5分）。

应试攻略

本题难度适中，但“价值链活动”这一问很容易失分，提示以下三点：

（1）价值链活动中的“内部后勤”侧重说明企业的原材料供应充足，或者上游供应商体系完善、质量稳定等，但“采购管理”则侧重说明企业在采购环节所做的决策（如自制还是外购）、采用的模式（如询价模式）等。

（2）“公司在2001年引进全球最先进的信息化管理工具ERP，配合其内部各个部门严格的承包制，对提高企业效率和降低运营成本起到了极大的作用”为何既出现“内部后勤”又出现在“外部后勤”？关键是同学们需要知道ERP的作用是什么。ERP的核心思想是供应链管理，它跳出了传统企业边界，是一种可以提供跨地区、跨部门甚至跨公司整合实时信息的企业管理信息系统，它实现了企业内部资源和企业相关的外部资源的整合。

通过软件把企业的人、财、物、产、供销及相应的物流、信息流、资金流、管理流、增值流等紧密地集成起来实现资源优化和共享。因此，当大家了解这个背景后，就不难理解为何会出现在两个价值活动中。不过，引进ERP原则也可以视为是对企业基础设施的构建，只不过在参考答案中没有提及，同学们可以补充进去。

（3）按照价值链模型的原理来看，“企业基础设施”指的是组织结构、惯例、控制系统以及文化等，还包括高管人员。从主观题案例角度，前几个相对明确，但是“高管人员”如何在案例中定位呢？赶紧对照《精准冲刺99记》的相关内容巩固一下吧！